Soziale Arbeit mit Frauen und Mädchen

Dimensionen Sozialer Arbeit Band 1

Herausgegeben von der Katholischen Stiftungsfachhochschule München
Abteilungen Benediktbeuern und München

Soziale Arbeit mit Frauen und Mädchen

Positionsbestimmungen und Handlungsperspektiven

Herausgegeben von
Tilly Miller und Carmen Tatschmurat

Ferdinand Enke Verlag Stuttgart 1996

Prof. Dr. Tilly Miller
Prof. Dr. Carmen Tatschmurat
Kath. Stiftungsfachhochschule München
Preysingstraße 83
D-81667 München

Die Deutsche Bibliothek - CIP-Einheitsaufnahme

Soziale Arbeit mit Frauen und Mädchen:
Positionsbestimmungen und Handlungsperspektiven / hrsg. von
Tilly Miller und Carmen Tatschmurat - Stuttgart: Enke, 1996
   (Dimensionen Sozialer Arbeit; Bd. 1)
   ISBN 3-432-27461-0
NE: Miller, Tilly (Hrsg.); GT

Das Werk, einschließlich aller seiner Teile, ist urheberrechtlich geschützt. Jede Verwertung ist ohne Zustimmung des Verlages außerhalb der engen Grenzen des Urheberrechtsgesetzes unzulässig und strafbar. Das gilt insbesondere für Vervielfältigungen, Übersetzungen, Mikroverfilmungen und die Einspeicherung und Verarbeitung in elektronischen Systemen.

© 1996 Ferdinand Enke Verlag, P.O.Box 30 03 66, D-70443 Stuttgart
Umschlagabbildung:© Medienzentrum München des Institut Jugend Film Fernsehen
Printed in Germany
Druck: Gruner Druck GmbH, D-91058 Erlangen   5   4   3   2   1

	Seite
Vorwort zur Reihe Karljörg Schäflein	1
Vorwort der Herausgeberinnen Tilly Miller, Carmen Tatschmurat	3

Inhalt

Einführung: Theorien Sozialer Arbeit - Feministische Theoriepositionen - Praktisches Handeln: Drei Koordinaten für die Arbeit mit Mädchen und Frauen Tilly Miller, Carmen Tatschmurat	4

1. Positionsbestimmungen

Feministisch orientierte Soziale Arbeit: Parteilich handeln - dekonstruktivistisch denken? Carmen Tatschmurat	9
Der prozessual-systemische Ansatz von Silvia Staub-Bernasconi Tilly Miller	29
Der prozessual-systemische Ansatz von Silvia Staub-Bernasconi als Handlungsinstrument für die Praxis Sozialer Arbeit Brigitte Irmler, Tilly Miller	58

2. Handlungsperspektiven

„... na ja, dann hör ich auf mit den Drogen, und dann pflege ich meine Haare und mach meine Nägel". Die Suchtproblematik unter eine prozessual-systemischen Sichtweise bedarf der Kategorie Geschlecht Jutta Schmidt	84

Wege von Mädchen in die Sucht und ohne Sucht - macht 109
Frausein krank oder wie kann Frausein gesund sein?
Monika Fröschl

Vom Überleben zum Leben. 120
Gruppenarbeit mit Mädchen und jungen Frauen als
Chance gegen die isolierende und ausgrenzende Wirkung
von sexuellem Mißbrauch
Roswitha Reger

Kompetenz-Elemente feministischer Sozialer Arbeit - 137
unter Bezugnahme auf die professionelle Arbeit in einem
großstädtischen Frauenhaus
Anna Margareta Völkl-Maciejczyk

„Ich hau dir in die Fresse" sagte Vanessa drohend. 157
Aggression als Überlebensstrategie - am Beispiel geschlossener Heimerziehung
Sabine Pankofer

Soziale Arbeit mit Mädchen in Obdachlosensiedlungen als 172
„Life Model"
Sonja Lindmeier-Dankerl

Mädchen und junge Frauen mit Behinderungen in der 186
parteilichen und feministisch orientierten Sozialarbeit
Tina Kuhne

Integration (un)erwünscht?! 202
Emanzipatorische Soziale Arbeit mit geflüchteten Frauen,
Müttern, Mädchen und Kindern in Sammellagern
Hester Butterfield

„Crazy on the Road" - filmend sich selbst begegnen. 229
Reflexionen zu einer aktiven Medienarbeit mit Mädchen
und jungen Frauen in der offenen Jugendarbeit
Elke Hardegger

Autorinnen 245

Vorwort zur Reihe

Ausgehend von Seminarveranstaltungen zu Methoden und Formen der Öffentlichkeitsarbeit in Verbindung mit eingehenden Überlegungen um eine zeitgemäße und zukunftsweisende Studienordnung für den Fachhochschulstudiengang Soziale Arbeit in Bayern entstand auch eine Diskussion zur Frage der Corporate Identity der Katholischen Stiftungsfachhochschule München und deren Vermittlung an die Fachöffentlichkeit.
Es waren vor allem die in letzter Zeit zahlreich neuberufenen Kolleginnen und Kollegen, die auf die wichtige Aufgabe einer periodisch erscheinenden Buchreihe der Hochschule hinwiesen. So fiel 1994 die Entscheidung, unter dem Serientitel „Dimensionen Sozialer Arbeit" eine Buchreihe mit Beiträgen von Lehrenden und Studierenden aus der Hochschule, aber auch von PraktikerInnen aufzulegen.

Es bildete sich sodann ein Redaktionsteam, welches alsbald die Themata für die ersten drei Bände festlegte, wobei ein gleichermaßen interessierter wie interessanter Verlag und die zuständige Verlagslektorin mit konstruktiven Anregungen die Planung deutlich erleichterten.

Band 1 dieser Buchreihe wurde dem Themenkreis „Soziale Arbeit mit Frauen und Mädchen - Positionsbestimmungen und Handlungsperspektiven" gewidmet. Die Herausgeberinnen, Frau Prof. Dr. Tilly Miller und Frau Prof. Dr. Carmen Tatschmurat, praxisorientiert lehrend und wissenschaftlich erfahren, nehmen selbst im Zusammenhang mit den Beiträgen zu diesem Themenkreis zu grundlegenden Aspekten der Sozialarbeitstheorien und feministischer Theoriepositionen sowie deren Einbezug in sozialarbeiterische Handlungsansätze Stellung. Ihre Arbeit wurzelt auch in der langen und beispielgebenden Geschichte von herausragenden Frauenpersönlichkeiten dieser Hochschule und ihrer Vorgängereinrichtungen.

Ich begrüße es sehr, daß gerade eine frauenspezifische und praxisorientierte Themenstellung diese Buchreihe eröffnet. Ich sehe darin eine Würdigung des wichtigen Beitrages von Frauen zur Sozialen Arbeit wie auch eine Würdigung der hochschulpolitischen Arbeit der Frauenbeauftragten in der Katholischen Stiftungsfachhochschule München, stellvertretend für die Bemühungen von vielen Kolleginnen und Kollegen, von Frauenbeirat und Frauenreferat.

Die Erstellung von Band 1 der Buchreihe „Dimensionen Sozialer Arbeit" der Katholischen Stiftungsfachhochschule München brachte eine stattliche Anzahl von Menschen mit Ideen und Anregungen zusammen und bereitete den Mitwirkenden nach deren Bekunden nicht nur viel Arbeit, sondern auch viel Freude. Wir wünschen uns eine begeisterte aber auch kritische Leserschaft.

München, im Februar 1996

Prof. Dipl.-Psych. Karljörg Schäflein
Präsident der Katholischen Stiftungsfachhochschule München

Vorwort der Herausgeberinnen

Dieses Buch ist nicht Ergebnis eines Forschungsprojekts, es entstand sozusagen „nebenher": Neben Lehrtätigkeit bzw. praktischer Tätigkeit der Herausgeberinnen und Autorinnen. Diese Art der Arbeit war nicht immer einfach für alle Beteiligten und für das berufliche und private Umfeld. Daß es dennoch zustande kam, zeigt uns, daß hier manches überfällig war, niedergeschrieben zu werden. Für die freundliche Unterstützung in diesem Prozeß des Schreibens und Koordinierens haben wir vielen Personen zu danken. Einige möchten wir namentlich erwähnen.

Als Herausgeberinnen und Autorinnen danken wir dem Präsidenten der Hochschule, Prof. Karljörg Schäflein, für die kollegiale Unterstützung unseres Vorhabens durch das Zur-Verfügung-Stellen von Ressourcen. Unseren Kollegen und Kolleginnen, Helmtrude Engelhart, Prof. Dr. Hanne Schaffer, Prof. Walter Schild, Prof. Dr. Dionys Zink danken wir für ihre wertvollen Anregungen bei der kritischen Durchsicht unserer Beiträge. Unsere Denk- und Suchbewegungen haben davon nachhaltig profitiert.
Wir bedanken uns bei Dr. Daniela Burkhardt, die die Verlagskontakte hergestellt und gepflegt hat und die unser Vorhaben von Anfang an mit viel Interesse und Engagement mitbegleitet hat.
Isabella Oswald und insbesondere Silvia Nietzold, unsere Tutorinnen, sowie Alexander Buck vom Audiovisuellen Zentrum der Hochschule haben uns von der technisch-organisatorischen Seite her kompetent und zuverlässig unterstützt. Vielen Dank dafür.
Wir bedanken uns bei Frau Dr. Marlis Kuhlmann für die konstruktive Zusammenarbeit und ihre wertvollen Anregungen.
Den Autorinnen danken wir nicht nur für das Einlassen auf unser Vorhaben, sondern auch auf unsere unregelmäßigen Arbeitsweisen, je nach Semesterbelastung. Wir bedanken uns für die Mühe der dann immer wieder kurzfristig notwendigen Überarbeitungen.

München, im Februar 1996
Tilly Miller
Carmen Tatschmurat

Einführung
Theorien Sozialer Arbeit - Feministische Theoriepositionen - Handlungsansätze: Drei Koordinaten für die Arbeit mit Frauen und Mädchen

Tilly Miller, Carmen Tatschmurat

Soziale Arbeit mit Mädchen und Frauen ist eine „Wachstumsbranche": Der überwiegende Teil der Adressatinnen der Sozialen Arbeit ist weiblich. Überall dort, wo die Frauenbewegung den Blick auf Situationen gelenkt hat, in denen Frauen und Mädchen Gewalt angetan wird, in denen sie aufgrund ihres Geschlechts diskriminiert, verfolgt, geschlagen, ausgegrenzt werden und wo in der Folge autonome und/oder institutionell abgesicherte Einrichtungen aufgebaut wurden, um hier Abhilfe zu schaffen, zeigte sich, daß diese Einrichtungen und Angebote nicht nur stark frequentiert sind, sondern auch zum Teil erheblich weiter ausgebaut werden könnten.
Auch die Professionellen, die SozialarbeiterInnen, sind meist weiblich. So helfen vor allem Frauen denjenigen, die Unrecht erfahren, marginalisiert und verletzt werden, oder die sich teilweise auch selbst ins „Aus" manövrieren. Eine wesentliche Ressource der Sozialarbeiterin ist dabei ihr professionelles Wissen, insbesondere die Auseinandersetzung mit **Sozialarbeitstheorien, Handlungswissen** und mit **feministischen Theoriepositionen.**

Der vorliegende Band entstand in der Absicht, diese drei Dimensionen nicht nur aufzuzeigen, sondern hinsichtlich des konkreten Feldes auch miteinander zu verbinden. So zielten wir darauf, Autorinnen zu gewinnen, die sich dem Vorhaben stellten, ein relevantes theoretisches Konzept der Sozialen Arbeit vorzustellen, gleichzeitig eine feministische Position zu reflektieren wie auch praxisorientiert zu argumentieren. Die Gewichtung der einzelnen Dimensionen sollte dabei je nach Fragestellung und Feld durchaus unterschiedlich angelegt sein können. Insgesamt geht es uns nicht um eine breite Diskussion von sozialarbeitstheoretischen Konzepten oder feministischen Positionen, sondern um sozialarbeiterische Handlungsansätze, die je spezifisch (sozialarbeits-) theoretisch und feministisch rückgekoppelt sind. Sozialarbeitstheoretisch ordnen sich einzelne Positionen im Band auffallend deutlich dem aktuellen „Systemischen Paradigma" zu. Vor allem der

prozessual-systemische Ansatz von Silvia Staub-Bernasconi, der zugleich auch die Kategorie Geschlecht miteinbindet, wird aufgegriffen. Es war uns ein Anliegen, diesen Ansatz nicht einfach zu favorisieren, sondern seine Möglichkeiten, aber auch seine Schwächen kritisch zu prüfen.
Von seiten feministischer Theorieansätze steckt die Parteilichkeitsdebatte bis hin zur (De-)Konstruktion den Rahmen ab, in dem sich die hier vertretenen Autorinnen orientieren.
Fast alle Autorinnen sind (auch) Sozialarbeiterinnen und können von daher Beziehungen zwischen mindestens zwei, oft drei der genannten Dimensionen vor dem Hintergrund ihrer persönlichen Praxiserfahrungen herstellen.

Die Autorinnen sind in ihrer Mehrzahl repräsentativ für die junge Sozialarbeiterinnen-Generation, die sich im Rahmen ihres Studiums nicht nur schwerpunktmäßig mit dem methodischen Handeln Sozialer Arbeit beschäftigen, sondern die sich ebenso der Diskussion um die Bedeutung einer eigenen Sozialarbeitswissenschaft stellten. Obwohl in der Theorieentwicklung hier noch Pionierarbeit zu leisten ist, zeigt sich doch sehr deutlich, daß bereits vorhandene theoretische Entwürfe und Konstrukte nicht nur das Selbstverständnis dieser Generation nachhaltig geprägt haben, sondern auch deren Handlungsprämissen begründen. Auch sind die Autorinnen teilweise „Töchter" der Frauenbewegung, d.h. sie sind partiell Nutznießerinnen deren erster Errungenschaften. So hatten sie während ihres Studiums die Möglichkeit, feministische Sichtweisen kennenzulernen und kritisch zu reflektieren.

Ein Teil der Texte erwuchs aus Abschlußarbeiten an der Katholischen Stiftungsfachhochschule München. Durch die Veröffentlichung sollen Ergebnisse, die wir für interessant und wichtig im oben geschilderten Sinn halten, einer größeren Fachöffentlichkeit vorgestellt werden. Wir erachten dies als sinnvoll, auch wenn manche der hier dargestellten Gedanken noch nicht nach allen Seiten hin abgesichert sind und zum Teil eher Entwürfen als fertigen (Theorie-)Gebäuden gleichen. Dennoch meinen wir, daß die exemplarischen Aufarbeitungen konkreter Fragen und Probleme aus der Praxis und deren Reflexion anhand einzelner Theoriebausteine beidem nützen kann: der Weiterentwicklung theoriegestützten Handelns wie auch der Ausdifferenzierung der an Praxis orientierten Theorie.

Zu den Beiträgen im einzelnen:
Im **ersten Teil** werden unter der Überschrift „**Positionsbestimmungen**" die

drei Dimensionen: Feministische Theoriepositionen, Sozialarbeitstheorie und Handlungswissen theoretisch-reflexiv verhandelt.
Carmen Tatschmurat geht der Frage nach, aus welchem feministischen Erkenntnisinteresse heraus heute Soziale Arbeit mit Frauen und Mädchen denkbar und machbar ist und wie mit dem Widerspruch zwischen praktisch-politisch notwendiger Parteilichkeit und der feministischen Theoriedebatte um Konstruktion und Dekonstruktion der Kategorie Geschlecht fruchtbar umgegangen werden kann.
Tilly Miller referiert und analysiert den prozessual-systemischen Ansatz von Silvia Staub-Bernasconi, der gerade unter feministisch orientierten Sozialarbeiterinnen als vielversprechendes Konzept gehandelt wird. Insbesondere wird das Theoriegebäude auf seine Begründungsprämissen, seine theoretische Konsistenz und vor allem auf seine systemische Fundierung hin befragt.
Anhand einer Fallskizze aus der Familienarbeit prüfen im Anschluß daran **Brigitte Irmler** und **Tilly Miller** die praktische Anwendungsmöglichkeit der prozessual-systemischen Denkfigur von Silvia Staub-Bernasconi.

Im **zweiten Teil**, den „**Handlungsperspektiven**", werden Frage- und Problemstellungen aus unterschiedlichen Feldern der Sozialen Arbeit mit Frauen und Mädchen vorgestellt und bearbeitet. (Sozialarbeits-)theoretische und/oder feministische Positionen sollen in konkrete Handlungsansätze münden.
Die ersten beiden Beiträge greifen das Thema **Suchtabhängigkeit** auf.
Die Suchtproblematik bedarf der Kategorie Geschlecht, so die These von **Jutta Schmidt**. Suchtmittelkonsum, dessen Ursachen und Folgen sowie dessen Bewältigung weisen geschlechtstypische Merkmale auf. Mit Hilfe der Ausstattungskategorien und Arbeitsweisen von Silvia Staub-Bernasconi beschreibt und erklärt die Autorin spezifische Probleme drogenabhängiger Frauen und zeigt konkrete Handlungsschritte für die Soziale Arbeit auf.
Monika Fröschl beschäftigt sich mit Magersucht und Medikamentenmißbrauch als relativ unauffälligem, frauentypischem Suchtverhalten und stellt Zusammenhänge mit traditioneller, „normaler" weiblicher Sozialisation her. Ein Durchbrechen dieser eingespielten Mechanismen kann, so ihre Schlußfolgerung, nur gelingen durch kritische Aufarbeitung der eigenen Sozialisation und Förderung von körperlicher und psychischer Selbstbestimmung.

Das Thema **Gewalt** steht im Zentrum der folgenden drei Beiträge.
Roswitha Reger berichtet aus der Arbeit in einer Zufluchtsstelle für Mädchen und junge Frauen, die sexuelle Gewalt erfahren haben. Diese Initiative, ein Projekt der autonomen Frauenbewegung, arbeitet entschieden parteilich. Anhand von Beispielen wird ausgeführt, daß diese Position einen

befreienden, für die Betroffenen möglicherweise den einzig gangbaren Weg in ein Leben eröffnet, das mehr ist als nur „Überleben". Deutlich wird aber auch, daß es ein weiter Weg ist, mit vielen Widersprüchlichkeiten. So kann manches, was im „Normalalltag" als selbstzerstörerisch angesehen werden muß, durchaus „sinnvoll", d.h. überlebensnotwendig sein. Hier emphatisch und doch mit Distanz dabeizubleiben, stellt hohe Anforderungen an die Begleiterinnen auf diesen Wegen.

Die Frage nach den Kompetenzen für die Soziale Arbeit im Frauenhaus stellt **Anna Margareta Völkl-Maciejcyk** in den Mittelpunkt ihrer Betrachtungen. Dieser Beitrag, der vor allem auf Interviews mit Sozialarbeiterinnen in einem Münchner Frauenhaus basiert, zeigt das Dilemma auf, daß reflexive Kompetenzen (wie die Auseinandersetzung mit den eigenen Gewaltphantasien und Ängsten) bisher nur zum geringsten Teil im Studium erworben werden konnten und mühsam im Laufe des Berufslebens selbst angeeignet werden mußten - obwohl sie essentieller Bestandteil dieser Arbeit sind.

Auch **Sabine Pankofer** thematisiert das komplizierte Beziehungsverhältnis zwischen Sozialpädagoginnen und Klientinnen. Im Zentrum ihres Beitrags steht aggressives und gewalttätiges Verhalten von Mädchen im geschlossenen Heim. Sie macht deutlich, daß Strategien wie Aggression und Autoaggression, die auf den ersten Blick nur destruktiv und kontraproduktiv erscheinen, überlebensnotwendig sind. Um diese Mechanismen zu überwinden, bedarf es intensiver gemeinsamer Arbeit. Möglich ist dies nur, wenn die Pädagogin sich ihrer eigenen aggressiven und auch ihrer Angst-Gefühle bewußt wird.

Die folgenden drei Texte werfen einen Blick auf Mädchen und Frauen, die aus unterschiedlichen Gründen und auf unterschiedliche Weise **marginalisiert** sind, an den Rand gedrängt werden:

Sonja Lindmeier-Dankerl beschreibt anhand eines exemplarischen Falles die Alltagssituation von Mädchen in einer Obdachlosensiedlung: Die selbstverständliche Einbindung in die „weibliche" Hausarbeit, der Zwang, patriarchalen Familienstrukturen unterworfen zu sein, mangelnde weibliche Identifikationsmöglichkeiten, Stigmatisierungen, Schulschwierigkeiten usw. Anhand des „Life Models" arbeitet die Autorin Zielsetzungen für die Soziale Arbeit heraus: u.a. die Stärkung des Durchhalte- und Standvermögens, die Vermittlung alternativer Lebensperspektiven und Identifikationsmöglichkeiten. Am Beispiel der Gruppenarbeit werden konkrete Vorgehensweisen zu deren Realisierung aufgezeigt.

Im Zentrum des Beitrags von **Tina Kuhne** über die besondere Lebenssituation von Mädchen und jungen Frauen mit unterschiedlichen Behinderungen stehen die strukturellen Hindernisse, die durch Leistungsbereiche der Gesetze (Kinder- und Jugendhilfegesetz auf der einen und Bundessozialhilfegesetz auf der anderen Seite) aufgebaut werden, und die eine sinnvolle emanzipatorische und feministisch orientierte Arbeit erheblich erschweren. Der Tatbestand, daß die Mitarbeit und der Kontakt zu Mädchen und jungen Frauen mit Behinderungen in der parteilichen feministischen Mädchenarbeit eher spärlich ist, verweist jedoch nicht nur auf finanzielle und strukturelle Probleme, sondern auch auf einen blinden Fleck in der Optik von nichtbehinderten Sozialpädagoginnen.

Schließlich lenkt **Hester Butterfield**, Amerikanerin, den Blick auf das Leben von Frauen in den Asylunterkünften. Sie arbeitet mit geflüchteten Frauen, Müttern, Mädchen und Kindern in Sammellagern. Ihre persönliche Situation als Ausländerin in Deutschland prägt dabei sehr nachhaltig ihre Arbeit mit den Betroffenen. Anschaulich beschreibt sie nicht nur die bedrückenden Problemlagen der Asylbewerberinnen, sondern sie entwickelt ein Handlungsmodell im Kontext gemeinwesenorientierter Sozialarbeit, das u.a. Themen wie Integration, Macht, Selbstorganisation und Hilfe zur Selbsthilfe, Vernetzung und Projektentwicklung aufgreift.

Der abschließende Beitrag von **Elke Hardegger** beschreibt, wie mit Mädchen und jungen Frauen noch gearbeitet werden kann: indem sie lernen, filmend sich selbst zu begegnen. Gezeigt wird dies an zwei Videoprojekten in der **offenen Jugendarbeit**. Vor dieser Arbeit steht die Eroberung von Räumen (hier in den Freizeitheimen) und die Aneignung des Mediums Film durch die Mädchen - ein Schritt, der von Sozialpädagoginnen mitinitiiert wurde. Grundlage dafür ist eine aktive, handlungsorientierte Medienarbeit auf der Basis parteilich feministischer Mädchenarbeit. Daß diese Verknüpfung nicht nur pädagogisch sinnvoll ist, sondern darüber hinaus auch noch Spaß machen kann, ist die zentrale Botschaft dieses Textes. Der verliehene Preis für das Produkt stärkte wiederum das Selbstbewußtsein aller Beteiligten.

Soziale Arbeit steht nach wie vor im Rampenlicht der Professionalisierungsdebatte. Der vorliegende Band soll hier keine Lücke schließen, sondern PraktikerInnen und StudentInnen motivieren, sich auf die „Dreidimensionierung" Sozialer Arbeit vor Ort einzulassen. Der Band ist einerseits ein Zeichen dafür, daß in der fachlichen Diskussion viele Fragen theoretisch wie praktisch noch offen und ungeklärt sind. Er setzt jedoch andrerseits Akzente und intendiert konkrete Anregungen wie auch Orientierungen für das eigene theoretische Selbstverständnis und das praktische Handeln.

Feministisch orientierte Soziale Arbeit: Parteilich handeln, dekonstruktivistisch denken?

Carmen Tatschmurat

„Can we ever *not* do gender?"[1]

Frauen: Gleich oder verschieden?

Die feministischen sozialwissenschaftlichen und philosophischen Theoriedebatten sind verwirrender, uneindeutiger denn je. Postmoderne, dekonstruktivistische, differenztheoretische, systemische Paradigmata werden als Markierungen angeboten. Vieles ist anregend, die Auseinandersetzungen sind lustbetont, nach jahrzehntelangem zähem Kampf um Gleichberechtigung wird endlich wieder ein Hauch von Utopie spürbar, der Dualismus von Teilhabe an der Macht versus Ohnmacht wird - zumindest im Denken - aufgebrochen. Gewiß ist: längst haben weitreichende Differenzierungen der einfachen, überschaubaren, Sicherheit gebenden Perspektive auf Frauen als „Unterdrückte", „Benachteiligte", „Diskriminierte" oder gar „Opfer" Platz machen müssen. Die veränderte Sichtweise, die sich auf den ersten Blick als „neue Unübersichtlichkeit"[2] zeigt, hat auch in der feministischen Theorie dazu geführt, daß manche vermeintlichen Eindeutigkeiten von Opfern und Tätern nicht mehr ohne weiteres haltbar sind.

Ich will im folgenden nachzeichnen, vor welchem theoretischen Hintergrund parteilich-feministische Sozialarbeit heute (noch?) erfolgreich arbeitet und welchen Relativierungen und Irritationen sie sich durch die Anfragen konstruktivistischer, diskurstheoretischer Theoriedebatten ausgesetzt sieht. Anschließend werden einige Hinweise dazu gegeben, weshalb es so schwer ist, diese neuen Denkmuster in die Praxis umzusetzen und wie es dennoch gelingen kann, handlungsfähig zu bleiben, ohne die Frauen, um die es geht, zu verraten. Die oben gestellte Frage, ob es - wenn es denn überhaupt wünschenswert ist - jemals möglich sein wird, anders als in geschlechtlich formierten Vorgaben zu handeln, wird, dies vorab, nicht beantwortet werden. Sie wird aber am Schluß nochmals aufgegriffen.

---

[1] West/Zimmermann 1987, nach: Hagemann-White 1993, 71.
[2] So der Titel einer Aufsatzsammlung von Jürgen Habermas (1985) zur Bestimmung von Moderne und Postmoderne.

Ich bin Soziologin, keine Sozialarbeiterin. Daher werde ich mich von außen, das heißt abstrakter als die anderen Autorinnen dieses Bandes, dem Gegenstandsbereich nähern. Meine Frage zielt auf eine Vergewisserung und Infragestellung der Grundlagen, auf die feministisch orientierte Sozialarbeiterinnen (wie auch Praktikerinnen und Forscherinnen in anderen Bereichen) sich beziehen können, von denen aus ihr Handeln glaubwürdig **und** erfolgreich sein kann.

„Parteilichkeit" vor dem Hintergrund des Paradigmas der „Betroffenheit"

In der Sozialen Arbeit scheint die Welt noch in altbewährter Un-Ordnung zu sein. Denn: ihre Adressatinnen sind in doppeltem Sinne Verliererinnen. Erstens sind für sie, denen es um die Befriedigung der **materiellen Grundbedürfnisse** von Wohnen, Essen, Arbeiten, nachts in Ruhe schlafen usw. geht, die postmodernen Verheißungen - Freiheit von einengenden Vorgaben auf vielfältigsten Ebenen des Lebens und die Chance, individuell, selbstbestimmt, das eigene Leben zu planen und diesen Lebensentwurf dann auch einzulösen - kein Thema. Ihr Bezugsrahmen ist, daß sie sich noch nicht einmal voll auf die Moderne hin orientieren konnten, da sie, etwa mangels qualifizierter Ausbildung, den Einstieg in den Arbeitsmarkt und damit eine Möglichkeit zur finanziell selbständigen Lebensgestaltung nicht geschafft haben. Insofern sie in ihrer Lebensplanung und Alltagsrealität, in ihren Chancen und Diskriminierungen auf das Projekt „Arbeitsgesellschaft" hin fixiert sind, agieren sie in der Rationalität der Moderne - die allerdings längst ihre „utopischen Energien aufgezehrt hat" (Habermas 1985, 143).[3] Und für die gesellschaftlich Marginalisierten geht es um die Teilhabe an den - für manch andere schon längst nicht mehr attraktiven - Errungenschaften der Marktwirtschaft. Auch die Prozesse der Freisetzung der Menschen aus traditionellen Bindungen und Abhängigkeiten, zusammengefaßt als „Individualisierung", sind als Phänomen der noch unvollendeten Moderne zu sehen (Tatschmurat 1996).
Gleichzeitig untergräbt sich die auf Rationalität basierende Moderne im Entwurf der Individualisierung selbst ihr Fundament, denn konsequent zuende gedacht führt sie zu einer potentiell unendlichen Pluralität der Lebensentwürfe: anything goes. Die eigene Lebensentscheidung muß nicht mehr rational begründet werden - vor welcher Instanz auch? Inwieweit diese Lebensentwürfe dann real lebbar sind, ist eine ganz andere Frage - hier

---

[3] Der Aspekt der „Moderne" auf den ich hier abziele, ist die zunehmende Durchsetzung rationaler, sachlicher, nachprüfbarer Entscheidungsmuster, die in engem Zusammenhang mit der sich ausdifferenzierenden Arbeitsgesellschaft zu sehen sind.

prallen die „modernen" Strukturen der gesellschaftlichen Realität (Arbeitsmarkt-Abhängigkeit) und die „postmodernen" Denkmuster teilweise äußerst schmerzhaft aufeinander. Deutlich wird dies auch und vor allem im Sozialarbeits-Alltag. So zum Beispiel dann, wenn immer noch Re-Habilitation, Re-Sozialisierung, Wieder-Eingliederung unhinterfragt über die Einübung von Arbeitsmarkt-Qualifikationen läuft und andere Fähigkeiten, die für diejenigen, die am Rande leben, mindestens ebenso wichtig sind - wie Aktivierung von eigenen Ressourcen, Aufbau und Pflege von Netzwerken usw. - kaum je zu Bestandteilen offizieller Programme werden.

Zweitens sind viele Adressatinnen der Sozialen Arbeit nicht nur sozial randständig, als Marginalisierte sind sie auch potentielle Verliererinnen einer **patriarchal strukturierten Gesellschaft**: sie sind durch ihre soziale und/oder ethnische Herkunft, in Verbindung mit ihrer eher traditionell orientierten Sozialisation, durch ihr Denken in Bindungen und Beziehungen, durch ihren Wunsch, geliebt zu werden, in das Räderwerk der Justiz, die Mühlen der Heime oder Obdachlosen-Unterkünfte gekommen, können sich aus der Abhängigkeit von schlagenden Männern und vergewaltigenden Vätern oft nicht mehr aus eigener Kraft befreien.[4] Autonomie, selbstbestimmte Lebensentwürfe, sind für sie weder von den realen Möglichkeiten noch von den eigenen Wünschen her eine Perspektive, sie wollen beschützt werden und ihrerseits beschützen. Wenn dies nicht gelingt - und es ist offenkundig, daß dies heute nur mehr in den seltensten Fällen gelingen kann -, dann können Drogen, Alkohol, Eßprobleme, Medikamente als Ersatzabhängigkeiten ins Spiel kommen, dann „macht Frausein krank"[5]. Oder es wird statt des einen gewalttätigen Mannes immer aufs Neue ein nächster gesucht, in der Hoffnung, daß mit ihm „alles anders" wird.

Für Sozialarbeiterinnen stecken diese beiden Pole - die Notwendigkeit der materiellen Grundsicherung und damit die Ausrichtung auf eigenständige Sicherung des Lebensunterhalts durch Erwerbsarbeit und die mehr oder weniger romantischen, unrealistischen Wunschphantasien der Frauen rund um das Thema „Liebe" - den Rahmen ihrer alltäglichen Arbeit mit Frauen ab, sei es in Frauenprojekten mit feministischem Ansatz oder in traditionellen Institutionen der Jugendarbeit, der Sozialverwaltung, der Justiz. Beides, materielle Lebenssituation und Sozialisation, stehen dabei in einem Wechselverhältnis, das zum dritten noch in der historischen Dimension betrachtet werden kann (Einfluß von Sozialisation und marginaler Situation der Eltern).

---

[4] Viele der Klientinnen der Sozialarbeit sind zu Straffälligen, zu Wohnungslosen, zu Frauen mit Suchtverhalten geworden, weil sie „zu sehr lieben" (in Anlehnung an Norwood, 1986). Für die Straffälligen wurde dies überzeugend ausgeführt von Einsele 1994.
[5] So der Anfang des Titels des Beitrags von Monika Fröschl (in diesem Band).

Feministische Theorie ging (und geht zum Teil noch heute) davon aus, daß die Sozialisation, welche die Adressatinnen der Sozialen Arbeit durchlaufen haben, den Sozialarbeiterinnen selbst im Kern bekannt ist, da beide durch die Schule des Patriarchats gegangen sind. Für beide gilt: „Man kommt nicht als Frau zur Welt, man wird es" (Beauvoir 1972, 265). Beide wurden auf Sorge für andere hin erzogen, auf „brav" sein, nicht auffallen, auf das Aushalten der Doppelbelastung von Beruf und Familie, darauf, daß im Zweifelsfall die Familie vorgeht usw. Eine wichtige theoretische Fundierung und Zuspitzung bekam diese Position durch Carol Gilligans Buch „Die andere Stimme" (1984), in dem sie - in der Tradition der Kognitionstheorie Kohlbergs[6] - die Entwicklung moralischer Urteilsfähigkeit bei Mädchen und Jungen untersuchte und herausarbeitete, daß Mädchen sich in ihrem moralischen Urteil von dem Prinzip des „care"(caritas), der Orientierung an und der Sorge für konkrete Andere bestimmen lassen, wohingegen für Jungen eher abstraktes Recht und Gerechtigkeit im Vordergrund ihrer Urteilsbildung stehen. Die entscheidende Wende, die durch Gilligan eingeleitet wurde, war, daß diese andere Moral der Frauen nicht als unreif (wie in den Untersuchungen Kohlbergs), sondern als eine gleichwertige betrachtet wird. In ihren weiterführenden Arbeiten kommt sie zu folgendem Ergebnis: Beiden Geschlechtern stehen in moralischen Dilemmata beide Regelsysteme zur Verfügung: Recht und Gesetz **und** Fürsorge. Jungen sind sich bei weiterem Nachdenken gar nicht mehr sicher, ob ihr System das passende ist. Mädchen dagegen fällt zuerst auch das dominierende System (Gerechtigkeit) ein, aber in der Reflexion darüber halten sie weitaus häufiger das eigengeschlechtliche Modell für das Überlegenere. Das heißt: das männliche Modell ist das Dominante, das mit der höheren Legitimität. Aber auch die sog. „weibliche" Moral hat einen Wert in sich, den auch Männer erkennen und anwenden können.[7] Mädchen, so die Schlußfolgerung auch ihrer neuen Veröffentlichung, haben schon sehr früh gelernt, in Beziehungen zu denken, und vor allem: für Harmonie, für das Fortbestehen der Beziehungen zu sorgen, zu verhindern, daß „Dinge außer Kontrolle geraten" (Brown/Gilligan 1994, 243). Für die einen - die Adressatinnen der Sozialen Arbeit - führt diese Zurichtung in der Kindheit oft zu heillosen Verstrickungen im Gefüge der Bindungen und Beziehungen[8] und im Extremfall zu Abhängigkeit von Behörden, TherapeutInnen, SozialarbeiterInnen. Die anderen - die Professionellen - haben eine Möglichkeit gefunden, dieses Programm zu leben, indem sie einen sozialen Beruf ergriffen, konnten ihre Gefühle „kommerzialisieren" (Hochschild 1990), ihre auf Mitmenschlichkeit gerichtete Moral in die Soziale Arbeit hinein kanalisieren (Rommelspacher 1992, 131ff.).

---

[6]Vgl. dazu zusammenfassend Zimbardo 1992, 79-83.
[7]Hier zusammengefaßt nach Hagemann-White 1993, 73.
[8]Zur psychoanalytischen Seite dieser Problematik s. Benjamin 1990.

Des weiteren wurde patriarchatskritisch argumentiert, daß nicht nur von den Ambivalenzen geschlechtstypischer Sozialisation, sondern auch und insbesondere von Gewalterfahrungen grundsätzlich alle Frauen betroffen seien, denn jede Frau kenne das Gefühl der Angst in bestimmten Situationen und könne - anders als ein Mann - sich empathisch in die Situation einer Frau einfühlen, der Gewalt angetan wurde.[9] Freilich ist das Ausmaß der existentiellen Betroffenheit im Einzelfall sehr verschieden. Dennoch ermöglicht dieser gemeinsam geteilte biographische Hintergrund, **Betroffenheit und Parteilichkeit** in die sozialarbeiterische Praxis zu integrieren. Ausgangspunkt dieser „methodischen Postulate der Frauenforschung" in der ursprünglichen Version von Maria Mies (1984) ist die doppelte Seins- und Bewußtseinslage von Forscherinnen: sie sind sowohl Betroffene, die die Unterdrückung in unterschiedlicher Weise selbst erfahren haben, und gleichzeitig sind sie Forschende, die sich dieser Unterdrückung und den Möglichkeiten ihrer Aufhebung wissenschaftlich zuwenden. Dieses doppelte Bewußtsein soll - so Mies - in den Forschungsprozeß einbezogen werden. Daraus solle dann die Chance erwachsen, Herrschaftsverhältnisse auch von der Seite der Unterdrückten her zu erfassen und daher sensibler und umfassender zu analysieren.

Die „Betroffenheit" läßt sich dann überführen in eine **bewußte Parteilichkeit**, die die Situation der Forscherin mitreflektiert.[10] Aus dieser gemeinsamen Betroffenheit, der im Prinzip geteilten Machtlosigkeit und dem Ausgeliefertsein an Gewaltverhältnisse (wenn auch aus hierarchisch unterschiedlichen gesellschaftlichen Positionen heraus), aber auch aus dem unterschiedlich großen Aktionsradius der je konkreten Frauen und der verfügbaren Ressourcen resultiert Parteilichkeit auch in der feministischen Sozialen Arbeit. Dies bedeutet zunächst: auf der Seite der Hilfesuchenden zu stehen (zum Beispiel wenn eine wohnungslose Frau ein Dach über dem Kopf braucht), ihr zu glauben (zum Beispiel wenn eine junge Frau von Erfahrungen sexueller Gewalt berichtet), für alle ihre Probleme da zu sein (zum Beispiel in einer Zufluchtsstelle keine Frau, kein Mädchen abzuweisen), ihr Handeln als (Über-) Lebensprogramm zu akzeptieren aus dem Wissen um ihre Lebenssituation und ihre Möglichkeiten heraus (zum Beispiel bei Eßverweigerung und Autoaggression).[11]

---

[9] Vgl. zusammenfassend: Hagemann-White 1983.
[10] Die Konzeption der „Betroffenheit" nimmt einen alten Streit der Soziologie wieder auf, kritisiert den Objektivitäts- und Universalitätsanspruch der positivistischen Wissenschaftskonzeptionen. Das explizit „Feministische" daran ist die Bindung von „Betroffenheit" an das Geschlecht. Die Frage ist dann freilich, inwieweit es gelingt, trotzdem historisch (und nicht biologistisch) zu argumentieren.
[11] Zahlreiche Beispiele dazu finden sich bei Reger (in diesem Band). Zur Konzeption der Parteilichkeit in der Sozialen Arbeit s.a. Bitzan 1993.

Dieser Ansatz hat eine eminent politische Implikation, ist patriarchatskritisch gemeint und wirksam: Die Rechte der betroffenen Frauen sollen auch deshalb vertreten werden, weil mit deren Verletzung auch die eigenen Rechte verletzt werden. Feministisch orientierte Sozialarbeiterinnen stellen sich damit (wie die feministischen Forscherinnen) auf die Seite der Frauen als Gruppe, rechnen sich selbst diesem Teil der Gesellschaft, ja der Menschheit zu, wollen gemeinsam die Unterdrückung erkennen und zu überwinden suchen.[12] Weil sie sich den Lebenssituationen der Frauen auch professionell zuwenden, kommt auch ihnen - wie den Forscherinnen - eine doppelte Bewußtseinslage zu, die es ihnen ermöglicht, die Frauen darin zu unterstützen, von den erlernten, typisch weiblichen Verhaltensweisen Abschied zu nehmen, ihnen zu zeigen, daß sie es alleine schaffen, daß es geht, ohne Mann zu leben oder in einer Beziehung mit einem Mann und mit Kindern zu leben und dennoch das eigene Leben, die eigenen Identitätsvorstellungen nicht zu übersehen.[13] Darin ist dann wiederum die Chance enthalten, Frauen nicht nur zu befähigen, an den Errungenschaften der Moderne teilzunehmen, sondern auch Herrschaftsverhältnisse am eigenen Leib wahrzunehmen und ansatzweise zu überwinden. Im Vordergrund feministischer Bemühungen stehen daher sowohl die Sicherung des eigenen Lebens durch Einstieg in den Arbeitsmarkt, die Entwicklung eigener Wünsche und Utopien sowie die Unterstützung bei der Umsetzung mithilfe der Rückbesinnung auf die je individuell vorhandenen Ressourcen, die Lösung aus behindernden Vorstellungen und Bindungen, aus emotionalen und materiellen Abhängigkeiten als auch die solidarische Vergewisserung der Gemeinsamkeiten von Erfahrungen und Ressourcen.

Geschlechterverhältnisse - eine gemeinsame Inszenierung

Gleichzeitig führt kein Weg daran vorbei: Frauen haben selbst dann (und vielleicht gerade dann), wenn sie sich an den Rändern der Gesellschaft ansiedeln müssen, in den Asylbewerber- oder Unterkunftsheimen, auf dem Drogenstrich, auf den Parkbänken, im Umfeld von Teestuben und Suppenküchen, in U-Bahnhöfen, ihren Part an den Inszenierungen der Geschlechterverhältnisse in dieser Gesellschaft. Auch wenn sie die Regeln des Zusammenlebens nur zum kleinen Teil inhaltlich mitbestimmen können, so füllen sie sie doch permanent

---

[12] Auf weitere Postulate - Ganzheitlichkeit, Selbstaufklärung - gehe ich hier nicht ein. Vgl. zusammenfassend: Szemerédy 1995, 15f.
[13] Einige der Beiträge in diesem Band zeugen davon, wie hilfreich und befreiend diese Arbeit unter dem Postulat von Parteilichkeit ist (Kuhne, Reger, Völkl-Maciejczyk).

mit Leben[14]. Frauen sind an der Interpretation der Wirklichkeit in geschlechtssegregierten Rastern, und damit an der Konstruktion von Deutungsmustern, ebenso aktiv beteiligt wie Männer. Könnten all die Bilder - etwa von der züchtigen Hausfrau, dem männermordenden Vamp, der geheimnisvollen Fremden, dem wilden Mädchen, der gezähmten jungen Frau, der romantischen Verliebten, der aufopfernden Mutter, der Gattin im Hintergrund, der armen Alten, der weisen Alten usw. - immer wieder belebt werden, wenn nicht auch die realen Frauen hier mit Regie führten? Frauen tun dies häufig unbewußt, nicht unbedingt zu ihrem eigenen Vorteil, und nicht aus der ersten Reihe - aber sie tun es.

Dieser - konstruktivistische - Ansatz, der davon ausgeht, daß Frauen wie Männer an der Herstellung der Geschlechterverhältnisse aktiv mitbeteiligt sind, ist weitreichender als die traditionelle Rollentheorie. Die Rollentheorie postuliert, daß Verhaltenserwartungen Frauen wie Männer als Träger einer bestimmten, gesellschaftlich vorgeformten, sozialen Rolle treffen. Die Verhaltenserwartungen werden formuliert von den verschiedenen Bezugsgruppen, denen die Frau (der Mann) angehört - wobei die Zugehörigkeit durchaus nicht immer freiwillig ist. Diese Bezugsgruppen schreiben als Repräsentantinnen der Gesellschaft sozusagen das Drehbuch für das Rollenspiel. Sie formulieren, was sie/er tun soll, sie haben normative Erwartungen. Bezugsgruppen wie Eltern, Schwiegereltern, NachbarInnen, KollegInnen, FreundInnen erwarten zum Beispiel, daß eine Frau den Haushalt organisieren kann. Und sie haben Erwartungen, **wie** sie das konkret tut, nämlich nicht, indem sie die Wäsche vom StudentInnenschnelldienst waschen läßt. In der Sprache der Theorie der Symbolischen Interaktion müssen Rollen interpretiert, gedeutet und übernommen werden. Die Frau (der Mann) muß sich also zu den Erwartungen, die in der Rolle enthalten sind, aktiv verhalten. Denn zum erfolgreichen Handeln in den zugemuteten Rollen gehört immer auch eine zusätzliche Interpretations- und Verständigungsleistung des Menschen. So, wie Rollenerwartungen von anderen an mich herangebracht werden, so sind die anderen meinen Erwartungen ausgesetzt. Es muß also zwischen den beteiligten Personen eine gemeinsame Situationsdefinition, und das heißt auch: Rollendefinition, erreicht werden, um die auszuübenden Rollen auszuhandeln. Ein Teil der Rollenerwartungen ist demnach normiert, von dem anderen Teil wird erwartet, daß er in der Interaktion frei gestaltet wird. Die Normierungen sind je nach Rolle unterschiedlich hoch, in der Regel sind sie höher in Positionen der Öffentlichkeit, im Beruf, und geringer im Privatbereich.

---

[14] Wie z.B. die Frau, die auf der Straße lebt, aber regelmäßig in der Teestube für wohnungslose Frauen ihren Plissee-Faltenrock wäscht und bügelt.

Hier schließt die Konstruktionsdebatte an: Wurde in der Rollentheorie noch davon ausgegangen, daß „wir alle (...) Theater" spielen (Goffman 1969), uns also weitgehend in vorgegebenen Rollen und Masken bewegen, die wir nur zum Teil selbst ausgestalten bzw. zurückweisen können, so wird von VertreterInnen konstruktivistischer Positionen betont, jede und jeder bestimme das Drehbuch, die Spielregeln (Normen), die Ausstattung der Selbstinszenierung auf der Bühne des gesellschaftlichen Lebens mit. Dies ist kein prinzipieller Widerspruch, wohl aber ein für die Geschlechterfrage entscheidender Perspektivenwechsel: Der Focus liegt nun auf der Eigentätigkeit in der Aneignung der Geschlechtsidentität (Bilden 1991). Also auf dem, was wir selbst dazu tun, als eine Frau (oder ein Mann) wahrgenommen zu werden.

Anders formuliert: Geschlecht ist nicht etwas, das wir haben, sondern etwas, das wir tun. Im Englischen wird dies deutlich in der Formulierung des **„doing gender"** oder auch des **„girling"**. So tragen wir alle durch diese ständige Selbstdarstellung als Frau/als Mann und durch die wechselseitigen geschlechtstypisch normierten Verhaltenserwartungen dazu bei, daß der kulturell vorhandene Dualismus der zwei Geschlechter reproduziert wird. Wir stellen die Ordnung der Geschlechter immer wieder selbst her durch unser Handeln anderen gegenüber und unseren Umgang mit uns selbst. Denn die bestehende Ordnung bleibt nur bestehen, indem wir uns weiterhin qualitativ unterscheiden. Dieser Ansatz ist kognitionstheoretisch leicht zu erklären: Wir eignen uns unser Geschlecht aktiv an, durch Selbstbestätigung (Tillmann 1990, 82ff.). Wir gehören einem sozialen Geschlecht an und bekräftigen selbst ständig diesen Anspruch auf Zugehörigkeit. Wir verständigen uns innerhalb des symbolischen Systems der Zweigeschlechtlichkeit und wirken damit auch kontinuierlich an dessen kultureller Re-Konstruktion mit.

In der Fortsetzung dieser Argumentation wird deutlich, daß nicht nur das Geschlechterverhältnis konstruiert ist. Konsequent zuende gedacht wird „Frau" („Mann") selbst zum sozialen Konstrukt. Denn: von wem ist überhaupt die Rede, wenn von „Frauen" gesprochen wird?

„Wenn an Beauvoirs These, daß man nicht als Frau zur Welt kommt, sondern dazu **wird,** tatsächlich etwas richtig ist, folgt daraus, daß die Kategorie **Frau** selbst ein prozessualer Begriff, ein Werden und Konstruieren ist, von dem man nie rechtmäßig sagen kann, daß es gerade beginnt oder zu Ende geht. Als fortdauernde diskursive Praxis ist dieser Prozeß vielmehr stets offen für Eingriffe und neue Bedeutungen". (Butler 1991, 60)

Diese Zuspitzung in der Forschung traf zusammen mit der politischen Wahrnehmung der gewaltigen Bandbreite der Differenzen unter den Frauen (weißschwarz, arm-reich usw.). **Die** weibliche Sichtweise wurde immer fraglicher. Es wurde (zuerst in den USA) deutlich, daß im Kern nur die Sichtweise der westlichen, weißen, privilegierten Frauen, der Frauen der „Dominanzkultur" (Rommelspacher 1994) gemeint war. Und weiter: Meinen wir junge Frauen, Mädchen? Heterosexuelle Frauen? Lesbische Frauen? Mütter? Zölibatär lebende Frauen? Witwen? Arme Frauen? Reiche Frauen? Haben sie alle eine vergleichbare Lebenswirklichkeit, gibt es überhaupt einen Grundkonsens etwa zwischen einer illegal in einer westdeutschen Großstadt lebenden jungen Frau von den Philippinen und einer vielleicht gleich alten Frau, die in den neuen Bundesländern lebt und sich zur „neuen Rechten" zählt? Und wie ist es zwischen den Generationen? Selbst bei einer Beschränkung auf den Kontext „Deutschland" brechen hier Unterschiede auf. In kaum einem Land der Welt ist der Unterschied zwischen zwei Frauengenerationen so groß wie in Deutschland: Die eine[15], die vor 1945 geborene, wurde erzogen zu Stärke, Nationalstolz und Abgrenzung, in der Folge galt für sie Empathie als Schwäche, die eigenen Gefühle mußten in die Tiefe des Unbewußten versenkt werden und das eigene psychische Überleben wurde durch Wegschauen gesichert.[16] Die nächste erfuhr (jedenfalls zum Teil) in der Abkehr von diesen rigiden Mustern entscheidende Impulse durch die Studenten- und Frauenbewegung, erlebte ErzieherInnen, deren Wertorientierungen nicht mehr überzeugten, suchte Orientierung in Therapie und in Selbsterfahrungsgruppen. Und schließlich die „dritte" Generation: Haben die heute 20- bis 25-jährigen jungen Frauen wirklich etwas gemeinsam mit den 60-, den 70-jährigen? Auch gegenüber den Vertreterinnen der Generation der neuen Frauenbewegung, den heute 40- bis 50-jährigen, haben die jungen Frauen heute einen völlig anderen Erfahrungshintergrund, der es ihnen auch leichter macht, sich auf Dekonstruktionsdebatten und -experimente lustvoll einzulassen und ihre Geschlechtsidentität phantasiereich zu inszenieren.

Wenn Geschlecht jedoch ein soziales, ein kulturelles Konstrukt ist, ist es nicht mehr zwingend, von nur zwei Geschlechtern auszugehen, sondern es könnte durchaus 3,4,7 (oder 77...) Geschlechter geben. Das ist nichts anderes als eine Frage des Blickwinkels, des Interesses an Differenzierung, der Definition.[17] Erst durch eine solchermaßen erweiterte Sicht könnte die dem Dualismus geschuldete Hierarchie der Geschlechter aufgelöst (oder zumindest entschärft) werden.[18]

---

[15] Ich rede von den nichtjüdischen, nichtverfolgten deutschen Frauen.

[16] Alexander und Margarethe Mitscherlich (1967) und Alice Miller (1980) wiesen nach, daß diese Muster auf ganz unterschiedliche Weise noch bis weit in die nächste Generation hinein wirksam sind.

[17] S. dazu Butler 1991 sowie deren Rezeption, z.B. bei Gildemeister/Wetterer 1992; Hagemann-White 1993; Szemerédy 1995.

[18] Gefragt wird schließlich auch nach dem biologischen Substrat des Geschlechts selbst. Ist es überhaupt biologisch so eindeutig klar, was das ist, eine Frau (oder ein Mann)? Judith

In der aktuellen Praxis jedoch halten Frauen wie Männer die Systeme von Dominanz und Unterordnung weiterhin aufrecht. So stellt denn auch Annette Treibel mit mäßigem Optimismus fest: „Die Chancen, dieses Konstruktionsprinzip zu durchbrechen und die dichotome durch eine 'multiple' Geschlechtlichkeit zu ersetzen, sind gering" (1993, 147).
Denn: Die Tatsache, daß wir alle beständig an der sozialen Konstruktion unseres (und des anderen) Geschlechts mitwirken, bedeutet nicht, daß der Rahmen offen ist, daß wir also je nach Belieben die Masken wechseln oder auch nur die Attribute frei ausgestalten können. Erstens ist die soziale Konstruktion des Geschlechts ein interaktiver Vorgang, an dem unsere gesamte Umwelt mitbeteiligt ist. Wir sind essentiell auf deren Mitwirkung angewiesen.[19] Die Gestaltung der sozialen Wirklichkeit ist die Sache der Frauen nicht weniger als die der Männer. Zweitens reproduziert sich durch die Gestaltung kultureller Differenz in Formen der Zweigeschlechtlichkeit auch die Hierarchie der Macht immer aufs Neue. Und hier sind die Mächtigeren - die, empirisch sichtbar, eben in der Überzahl männlichen Geschlechts sind - im historischen Vorteil, da sie weitaus mehr Ressourcen und Privilegien anhäufen konnten.

Dekonstruktivistisches Denken - und Handeln?

Die konstruktivistische Perspektive auf das Geschlechterverhältnis wird der Diskurstheorie zugeordnet: Interpretationen von Sinnzusammenhängen stellen sich über den gesellschaftlichen Diskurs her. Hier sind die Deutungsmuster bezüglich Weiblickeit und Männlichkeit derzeit alles andere als eindeutig. Nahezu täglich können neue Sinnprovinzen entdeckt bzw. kreiert werden. Wenn man sich nur das Fernseh-Abendprogramm daraufhin anschaut, welches Frauenbild dort vermittelt wird, dann gibt es vielfältigste Konstruktionen von Weiblichkeit, die unterschiedliche „Väter" und „Mütter" haben. Es gibt die Karrierefrau, die Hausfrau, der weiße Wäsche das Wichtigste sein soll, ältere, großmütterliche Frauen usw. Jedes dieser Bilder wird durch einen Diskurs am Leben erhalten, an dem reale Frauen beteiligt sind, die sich darin wiederfinden.

Butler, die Protagonistin der feministischen Dekonstruktionsdebatte, denkt letztendlich auch den Körper selbst als diskursiv und prozessual hervorgebracht. Darauf gehe ich hier nicht näher ein.

[19] So haben zum Beispiel Männer sicher mit schmerzhaften Sanktionen zu rechnen, wenn sie einen Rock tragen möchten oder gegenüber langjährigen Freunden plötzlich schwule Verhaltensweisen zeigen würden. Der Spielraum der Selbstdarstellung ist generell für Frauen derzeit größer. Die Frage ist, weshalb: weil sie ihn sich erkämpft haben? Oder weil sie weniger wichtig genommen werden?

Es versteht sich von selbst, daß es auch Realitäten gibt, die dort nicht auftauchen, weil ihre Existenz einen Angriff auf die Ordnung der Geschlechter darstellen würde. Denn - dies ist eine soziologische Binsenweisheit - der Diskurs ist nicht herrschaftsfrei. Je mehr jedoch Vermarktbarkeit gewittert wird, desto höher sind derzeit die Chancen, daß auch „Abweichendes" sich Raum schaffen kann.

Dessen eingedenk kann trotzdem gesagt werden, daß wir den Mechanismus des „doing gender" auch nutzen können. Frauen wie Männer können sich vor allem dort erfolgreich in den Diskurs einmischen, wo traditionelle Weiblichkeits- und Männlichkeitsbilder schwankend geworden sind. Sie können Stereotypen parodieren, können spielerisch, ironisch für produktive Verwirrung sorgen - und sie tun es längst. Wichtig ist, in welchen Bereichen durch Parodie zentrale Machtstrukturen fragwürdig werden können oder wo das Jonglieren mit Attributen der kulturellen Formierung der Geschlechter belangloses Spiel bleibt. Dies ist jedoch von vornherein nicht zu entscheiden.[20] Die Variabilität in der Geschlechterinszenierung ist relativ leicht wahrzunehmen (im doppelten Wortsinn) in Bereichen, in denen wir spielen können und wollen, wie der Mode. Hier sind junge Frauen (und auch Männer) heute oft sehr gerne bereit zu Verwirrspielen (vgl. auch diverse Popstars wie Boy George, Michael Jackson und andere, deren Aussehen ständig verändert wird).[21]

Weitaus schwerer zu überschreiten ist die Grenze der anerzogenen Gefühle. Der eher Frauen eigene Wunsch, im kleinen, überschaubaren Rahmen gebraucht zu werden, sich unersetzlich zu fühlen, ist auch mit Machtphantasien verbunden. Bei Männern gibt es andere Konnotationen: Körperwahrnehmungen hängen zusammen mit angelernter Aggressivität, denn: „das Leben ist hart, ist Kampf". Sich ohne Grund spielerisch, sanft zu verhalten, ohne jahrelange Selbsterfahrung in Männergruppen, „einfach so", ist mindestens genauso schwer, wie für Frauen das Hinter-Sich-Lassen des Fürsorgedenkens. Für beide Geschlechter gilt: sich unbeschwert als VagantIn, VagabundIn zwischen Welten zu bewegen, die erst zu konstruieren - und wieder zu dekonstruieren - sind, muß mühsam gelernt und alltäglich realisiert werden. Auch und vor allem sind Gefühle und Begierden als Ergebnis der alltäglichen Produktion der Geschlechterordnung zu sehen. Und diese sind

---

[20] Vgl. zu „Gender Blending", „Parodie", „Ironie": Szemerédy 1995, zu den „queer interventions" Hark 1993.

[21] Diese modischen Verwirrspiele, so merkwürdig sie vielleicht auf den ersten Blick scheinen, greifen nicht nur in die Frau-Mann-Trick-Kiste: Wie will man/frau mit den bekannten Deutungsmustern folgenden Kopfschmuck interpretieren: Glatze und kleiner, dünner, langer Zopf: Skin? Chinese? Oder: Grüne oder blaue Haare - was für traditionelle Sinn-Bilder stehen hier als Interpretation zur Verfügung? Oder soll gar nicht mehr gedeutet werden? Hinschauen und wieder wegschauen? Ist das alles?

so sehr mit unserer Identität verbunden, daß hier nur sehr langsam etwas in Bewegung gerät.

Wenn nun „Frau" kulturell konstruiert ist und es nicht ein weibliches Geschlecht, sondern viele, potentiell unendlich viele davon gibt, stellt sich in der Praxis folgendes Problem: Die Kategorie Frau, die ja auch politisch wichtig war, wird aufgelöst, dekonstruiert. Wie aber legitimiert sich dann überhaupt noch die politische Bezugnahme auf „Frauen"? Kann durch den dekonstruktivistischen Ansatz, der die bisher so emphatisch auf die Fahnen geschriebenen Gemeinsamkeiten verblassen läßt, das zentrale feministische Potential so weit in den Hintergrund treten, daß Entpolitisierung die Folge ist? Die auf den ersten Blick mangelnde Politikfähigkeit dieser Position ist tatsächlich ein Aspekt, der mancherorts dazu führt, daß Denkverbote auferlegt werden[22], denn politisch ist ja das Fundament des Projekts „Frauen"bewegung die Einigkeit qua Geschlecht (und letztendlich qua biologischem Geschlecht). Erst durch die Bewußtmachung der Universalität der Unterdrückung konnten politische Programme gemeinsam entwickelt und umgesetzt werden. Jetzt wird diese erlebte Realität konfrontiert mit der Tatsache, daß alles kontingent ist. Erfahrung und theoretische Erkenntnis klaffen also auseinander (Hirschauer 1993, 56).

Wie kann beispielsweise die politische Forderung nach einer Frauenquote noch begründet werden, wenn „Frau" als kulturelles Konstrukt gefaßt wird, wenn erkenntnistheoretisch davon ausgegangen werden muß, daß „Frau" nicht mehr nur ein Geschlecht, sondern mehrere, ganz unterschiedliche Geschlechter meinen kann? Welche Gruppen von Frauen sollen dann in die Quote? Die Alten, die Jungen, die Kranken, die Gesunden, die Mütter, die Alleinlebenden, die Sozialhilfeempfängerinnen? Oder muß die Quote wiederum quotiert werden? Was sind die Kriterien? Vor dieser Problematik steht nicht nur die Politik und die parteiliche Frauenforschung, sondern auch die feministisch orientierte Soziale Arbeit.

Und auch noch etwas anderes hindert uns, offener und variabler unterschiedliche Geschlechtsausprägungen zu sehen und zu leben: Der Wunsch nach eindeutiger, klarer Identität. Wir nehmen uns als Frauen (Männer) wahr. Daß wir diese Identität nicht „haben", sondern daß dies vielmehr ein Prozeß ist, der auch im Erwachsenenalter durch unsere aktive Mithilfe ständig weiter geführt wird, der so, aber auch anders entwickelt werden könnte, ist ein ungewohnter und unbequemer Gedanke.[23] Unsere Wahrnehmung und

---

[22] S. dazu die von Gildemeister/Wetterer konstatierte und vielfach zitierte „Rezeptionssperre" gegenüber den Theorieentwürfen der „Differenz" (1992, 203).
[23] Frappierend deutlich wird das vor Augen geführt durch die Transsexuellen-Forschung von Garfinkel. Transsexuelle betreiben auch nach dem operativen Eingriff eine beständige,

unsere Wünsche nach Geschlechtsidentität suchen „Anschlußfähigkeit an Selbstdeutungen der eigenen Geschlechtszugehörigkeit" (Hirschauer 1993, 56). Die prozeßhafte und aktivitätsorientierte Sichtweise des „doing gender" sperrt sich gegen diesen Wunsch nach „natürlicher" Eindeutigkeit. Damit ist - wieder einmal - das Konzept der Identität selbst umzuschreiben. Angestoßen durch die Individualisierungsprozesse der Moderne wurde es dem Individuum bereits abverlangt, sich ständig neu zu orientieren, zwischen den Logiken der verschiedenen Lebensbereiche zu pendeln, das, was diese Sinninseln für das eigene Leben bedeuten könnten, herauszulösen und die Teile, die Bruchstücke, selbständig, mit nur wenigen Vorgaben, zu integrieren in das Patchwork des eigenen Lebens (Keupp 1992). Und dies immer wieder aufs Neue: „fragmentierte Identität" wird zunehmend zur Perspektive für das ganze Leben (Keupp 1995). Personale Identität, die Fähigkeit zu selbstbestimmtem Leben, geordnet nach einem unverwechselbaren eigenen Strickmuster, eine Utopie vom (eigenen!) guten Leben, wird viel bedeutsamer als die Orientierung an den Wünschen und Bedürfnissen der Umwelt, dem, was traditionell als „soziale Identität" bezeichnet wurde (Tatschmurat 1996, 144).
Wenn nun auch noch die Geschlechtsidentität keinem vorgegebenen Muster mehr entsprechen muß (soll, kann), ist dies noch ein Teil mehr, der zu gestalten ist, noch mehr Verunsicherung für die einen, noch mehr produktive Herausforderung für die anderen. „Sicherheit" in bezug auf die eigene Identität, die eigene Position im Leben, als Basis für Offenheit, Stärke, Halt für andere, erwächst so letztendlich aus der permanenten Instabilität, der Beweglichkeit, den Schwankungen - allerdings auf der Basis eines sicheren materiellen, psychischen, ethischen Fundaments und mittels eines eigenen Ich-Kerns, der sich immer wieder auf dieses Fundament hin einschwingt.[24]

Konsequenzen für eine feministisch orientierte Soziale Arbeit

So kann festgehalten werden, daß sich in der feministisch orientierten Sozialen Arbeit in der Praxis die Parteilichkeit bisher bewährt hat, obwohl

---

bewußte Anpassung an das (neue) Geschlecht, dem sie ja körperlich längst angehören. Auch dies ist ein Hinweis darauf, daß die Biologie nicht unbedingt das Entscheidende ist (vgl. Treibel 1993, 139ff.).

[24] Dieses Bild, das an die Bewegung des Gehens erinnert, verdanke ich Barbara Pieper. Die Frage, wie das „gehen" kann, wird Theorie und Praxis (nicht nur feministischer) Sozialer Arbeit zukünftig zentral beschäftigen. Ich widerspreche hier auch Heiner Keupp, der das Bild eines inneren Kristallisationspunkts für Identitätsbildung offenbar nur als „Panzer" (1995, 44) sehen kann und nicht als eine Seinsweise, die veränderbar und konsistent zugleich ist.

immer unklarer wird, wer mit wem warum parteilich sein sollte. Als Orientierung für die Gegenwart und die nächste Zukunft bleibt zunächst nur dies: Es ist notwendig, die Aporie zu leben zwischen der Schwierigkeit, theoretisch genau bestimmen zu können, was „Frau" ist und gleichzeitig so zu handeln, als ob dies zweifelsfrei feststünde.

Notwendig ist eine Vorgehensweise,
„welche die Differenzperspektive abwechselnd ernst nimmt und außer Kraft setzt. Ernst nehmen heißt, die Unterscheidbarkeit und vermutete Unterschiedlichkeit von Frauen gegenüber Männern vorauszusetzen und sich auf deren einfühlsame Beschreibung einzulassen. Außer Kraft setzen müssen wir aber diese Perspektive, wenn wir die Befunde interpretieren und sie dann in einen weiterführenden Forschungsprozeß wieder einspeisen wollen: Im Lichte dieses Vorhabens wird all das, was 'geschlechtstypisch' vorkam, als Mittel der Herstellung, Fortschreibung und persönlichen Darbietung von Geschlechterpolarität gelten müssen" (Hagemann-White 1993, 75).

Susanne Szemerédy liefert Hinweise dazu, wie es möglich sein könnte, das Paradox von kognitiver Dekonstruktion der Kategorie Geschlecht und deren emotionaler und realer Beibehaltung in der sozialarbeiterischen Praxis umzusetzen. Zunächst stellt sie fest, daß „es blanker Zynismus wäre, wollte man den 'Mädchen'[25] in der Zufluchtstelle mit ihren geschlechtsbezogenen Gewalterfahrungen den spielerischen Umgang mit ihrer geschlechtlichen Identität vorschlagen" (1995, 65).[26]

Daher muß und kann sich die praktische Soziale Arbeit weiterhin einzig auf das beziehen, was für die betroffenen Mädchen und Frauen „durchlebte und durchlittene Realität" ist (ebd., 66). Und das ist eben in der Regel Folge des Geschlechterverhältnisses, wie es mit Macht aufrechterhalten wird - zum Vorteil der einen und zum Nachteil der anderen.
„Die Erfahrungen der 'Mädchen' in diesem Bereich der Gewalt sind - mehr oder weniger - traumatisch und die seelische Verwundung ist und bleibt eine Realität in ihrem Leben. Eine Verwundung, die sich in der zweigeschlechtlich konstruierten Wirklichkeit in hohem Maße auf ihre erlebte Geschlechtlichkeit bezieht. Nur mittels eines geschlechtsspezifischen Ansatzes kann Soziale Arbeit den Erfahrungen dieser 'Mädchen' gerecht werden und eine erfolgreiche Bearbeitung speziell der Gewaltproblematik (ausgelöst durch die hierarchisch konstruierte Zweigeschlechtlichkeit) stattfinden." (ebd., 67)

---

[25] Szemerédy schreibt „Mädchen" und „Frau" in Anführungszeichen, um deutlich zu machen, daß wir nicht wissen, was das ist.
[26] Es geht hier um die Münchner Zufluchtstelle für Mädchen zwischen 14 und 21 Jahren in Not- und Krisensituationen, die physischer, psychischer und/oder sexueller Gewalt ausgesetzt sind. Sie wurde 1988 gegründet von IMMA (Initiative Münchner Mädchenarbeit, s. dazu auch den Artikel von Reger in diesem Band).

Die aktuell für die Praxis der Sozialen Arbeit grundlegendste Arbeitsweise ist die der Ressourcenerschließung mithilfe des von Silvia Staub-Bernasconi vorgelegten Rasters sowie die Umwandlung von behindernden Machtstrukturen in begrenzende Machtstrukturen. Beide Prozesse sind nicht als voneinander abgekoppelte zu sehen, sondern können nur im Zusammenspiel sinnvoll wirksam werden. Als Machtquellen werden u.a. angesehen: der eigene Körper, die Sprache, sozioökonomische Ressourcen, die Möglichkeit zu modellhaftem Denken sowie die Möglichkeit, sich in soziale Netzwerke einzubinden, bzw. solche aufzubauen (Staub-Bernasconi 1994).[27]

In einem zweiten Schritt allerdings - wobei hier kein zeitliches Nacheinander, sondern ein Wechsel der Perspektive gemeint ist - kann die Blickrichtung wieder geändert werden, können Selbstverständlichkeiten hinterfragt werden: bei den Mädchen in der Zufluchtsstelle, bei den Mädchen im Heim, bei suchtabhängigen Frauen, bei alleinerziehenden Frauen, kurz: bei jedem Gegenüber in der Sozialen Arbeit. Es muß jedoch sorgfältig und verantwortungsvoll überlegt werden, inwieweit sie dem „fremden Blick" ausgesetzt werden können. Was kann die Expertin (und ihre Institution) der Hilfesuchenden an Verunsicherungen zumuten, was sich von ihr zumuten lassen? Wenn das Geschlecht keine gegebene feste Konstante mehr ist, wird möglicherweise auch die eigene Identität der Professionellen fragwürdig. Welcher Anteil von Geschlechtsidentität wird von der Expertin in der feministisch orientierten Praxis gefordert, was ist ausgeschlossen?
Um deutlicher zu werden: Welchen Lebensentwurf mutet eine Institution den Frauen, den Mädchen zu? Welche Vorbilder setzt sie durch die Stellenbesetzungspolitik? Autonome, emanzipierte, alleinlebende unabhängige Frau (lesbisch oder nicht wäre dann eine weitere Differenzierung) oder eventuell auch verheiratete Frau mit Kind(ern?) - oder gar Männer? (Szemerédy 1995, 69ff.). Wo können sie gemeinsam - auf der Basis welcher Gemeinsamkeit? - trotz allem parodistisch, ironisch, spielerisch vorgehen, um den Prozeß der Konstruktion von Zweigeschlechtlichkeit ein Stück weit zu dekonstruieren? Das Märchen „Des Kaisers neue Kleider" von Hans Christian Andersen zeigt, was passieren kann, wenn die Inszenierungen der Macht einfach nicht ernst genommen werden - aber auch, wo die Grenzen sind. Der König, der als „nackt" entlarvt wird, muß möglicherweise zurücktreten, die Institution der Monarchie bleibt davon - zunächst - unberührt. Der Verlust der Legitimität von Herrschaft ist nicht gleichzusetzen mit einer realen Machtveränderung, möglicherweise aber - wenn es nicht bei einem

---

[27]Eine zusammenfassende Darstellung und Kritik des Ansatzes von Staub-Bernasconi findet sich bei Miller, zu Anwendungsbeispielen s. Irmler/Miller sowie Schmidt (alle in diesem Band).

einmaligen Akt der Respektlosigkeit bleibt - mit einer Schwächung der Macht.

Gerade die Herausarbeitung der persönlichen Ressourcen der Klientinnen als Machtquellen bietet immer wieder Möglichkeiten, Geschlechtermodelle auf ihre Wirksamkeit und ihre identitätsstiftende Funktion hin zu überprüfen und auch (jedenfalls mit jungen Mädchen) spielerisch andere Muster auszutesten. So kann etwa die Gestaltung eines Gruppenabends unter Mädchen zu dem Thema „Mann oder Frau - wer weiß es genau?" stattfinden:
„Dabei sollte die Gruppe geteilt werden in 'Mädchen' und 'Jungen', die Inszenierung der 'männlichen' Rolle sollte gerade auch in Bezug auf das Äußere möglichst perfekt sein, als Aktivität schlage ich das Benutzen von öffentlichen Verkehrsmitteln und einen Besuch im Billardsalon vor" (Szemerédy 1995, 82).

Bei einer anschließenden Reflexion kann klarwerden,
„daß auch die 'weibliche' Geschlechtsrolle im Grunde eine Inszenierung ist, die nicht zwanghaft in dieser Form erfolgen muß. Neue Möglichkeiten (in Bezug auf die zwanghaft komplementäre Begehrensposition und das subjektive Empfinden von 'Weiblichkeit') stehen im Raum" (ebd.).

Dermaßen auf mehreren Ebenen zu agieren ist anstrengend, verwirrend, es stellt nicht nur die eigenen Sicherheiten in Frage, sondern es macht auch einsam, was das Bezugsnetz betrifft, denn eine Sozialarbeiterin, die parteilich und dekonstruktivistisch zugleich denkt und handelt,
„hat ihrerseits keinen Ort, an dem sie - Distanz und Erholung suchend - ein 'wahres' Selbst jenseits der Zweigeschlechtlichkeit erleben und bestätigen könnte, um ihren Blick von außen zu stabilisieren. Im Gegenteil: ....(sie wird) im Kreise ihrer ... Bezugsgruppe geradezu emphatisch auf ihr Frausein eingeschworen, vielleicht auch hochnotpeinlich befragt, wie sie es mit den feministischen Grundanliegen hält, wenn die Andersartigkeit weiblichen Lebens und Erlebens für sie zur Disposition steht" (Hagemann-White 1993, 75, im Original auf Forscherinnen bezogen).

Befriedigung kann allerdings daraus gezogen werden, daß Dekonstruktion ein erfolgversprechender Weg ist, die herrschende Ordnung zu unterlaufen, ihr die Legitimation abzusprechen und sie nicht ständig zu reproduzieren:

„Wer Selbstverständliches in Frage stellt, muß fremd sein und fremd sein wollen, außenstehend im Inneren, fragebedürftig und uneingebunden, störrisch gegenüber allen Vereinnahmungen - das ist kein Denken aus der Position von Herrschaft und Herrschaftssicherheit, sondern ein Versuch der praktizierten Herrschaftsabsage, der Nichtpraktizierung von Herrschaft" (Thürmer-Rohr 1995, 96).

Der Einwand, daß diese Position nur lebbar ist auf der Basis von realen Spielräumen, sei es materieller Art oder auch im Bereich der zur Verfügung stehenden symbolischen Interpretationsmuster, und daß dies alles für die Adressatinnen der Sozialen Arbeit kaum zutreffe, geht am Kern der Veränderungsprozesse der Gesellschaft vorbei. Außer Zweifel ist, daß eine materielle und psychische Überlebensbasis geschaffen werden muß. Gleichzeitig wird aber in der Praxis auch immer wieder deutlich, daß der von Sozialarbeiterinnen und Klientinnen geteilte Wunsch nach Sicherheit, nach Eindeutigkeit um so illusionärer bleibt, je starrer die Muster sind, auf die zurückgegriffen wird. Und vielleicht sind die Ressourcen derjenigen, die existentielle Marginalisierungserfahrungen machen mußten, oft größer als angenommen. Vielleicht „können" sie das Leben aus der Bewegung heraus, aus der Unsicherheit heraus eher besser als bürgerliche Mittelschichtsfrauen in gesicherten Verhältnissen. Diese Fähigkeiten gilt es, in den Blick zu bekommen und begrifflich zu fassen. Als Nebeneffekt könnte dadurch die professionsimmanente Fixierung auf Defizite der KlientInnen abgemildert werden.

Can we ever not do gender?

In der neueren feministischen Forschung wird immer weniger danach gefragt werden, ob es ein Substrat „Frau" mit zu benennenden Eigenschaften gibt, mittels derer ein Konsens hergestellt werden könnte über inhaltliche Gemeinsamkeiten dieser Gruppe. Denn damit würde sich Forschung nur wieder an der kulturellen Fortschreibung und Einengung der Entgegensetzung der Geschlechter beteiligen - ohne damit die hierarchische Asymmetrie des Geschlechterverhältnisses grundlegend verändern zu können. Produktiver für die Zukunft sind daher Fragen wie:
- Welche Konstruktionen von Weiblichkeit/Männlichkeit, bzw. auch des „Zwischengeschlechtlichen", sind auffindbar?
- Wozu, wem dienen diese Konstruktionen, welche Funktion haben sie?
- Welche Gruppen, Personen definieren, welche Macht steht dahinter, welche anderen Diskurse fügen sich hier ein? (Seifert 1992, 273)
- Was kann, was soll mit Parodie, mit Ironie erreicht werden?
- Und eine weitere, vielleicht die weitreichendste, Frage: Können wir es eigentlich unterlassen, am Geschlechterdualismus mitzuarbeiten, „can we ever not do gender"? Cadace West und Don Zimmermann sagen vorsichtig „nein". Denn, so die Argumentation, insofern eine Gesellschaft in Frauen und Männer unterteilt ist und diese Zuordnung wichtig genommen und real durchgesetzt wird, können wir die eigene Mitwirkung daran nicht unterlassen. Damit aber vollziehen wir gleichzeitig Männlichkeit als Dominanz und Weiblichkeit als Unterordnung symbolisch mit (vgl. Hagemann-White 1993, 71).

Dazu abschließend eine persönliche Erfahrung. Ich denke, es ist hilfreich, manchmal den Blick von den Makro- auch auf die Mikrostrukturen zu richten. Innerhalb von reinen Frauengruppen, die über längere Zeit zusammenarbeiten oder auch zusammenleben, kann man feststellen daß der Geschlechterdualismus an Bedeutung verliert, da es gar nicht mehr nötig ist, sich zu vergleichen. Das Leben orientiert sich - zumindest zeitweise und in klar abgegrenzten Räumen - nicht mehr in Zuordnung zu oder Abgrenzung vom Mann. So vermitteln einige der Frauen Liebe, Stärke, Gelassenheit, zeigen diese Eigenschaften manchmal in weiblicher, manchmal in männlicher Ausprägung und manchmal auch gar nicht zuordenbar. Inseln, die es zu entdecken gilt!

Literatur

Beauvoir, Simone de 1968: Das andere Geschlecht. Reinbek (Original 1949)
Benjamin, Jessica 1990: Die Fesseln der Liebe. Psychoanalyse, Feminismus und das Problem der Macht. Basel/Frankfurt/M.
Bilden, Helga 1991: Geschlechtsspezifische Sozialisation. In: Hurrelmann, Klaus/Ulich, Dieter (Hrsg.): Neues Handbuch der Sozialisationsforschung. Weinheim/Basel, 279-301
Bitzan, Maria 1993: Parteilichkeit zwischen Politik und Professionalität. In: Heiliger, Anita/Kuhne, Tina (Hrsg.): Feministische Mädchenpolitik. München, 196-206
Brown, Lyn M./Gilligan, Carol 1994: Die verlorene Stimme. Wendepunkte in der Entwicklung von Mädchen und Frauen. Frankfurt/M.
Butler, Judith 1992: Das Unbehagen der Geschlechter. Frankfurt/M.
Einsele, Helga 1994: Mein Leben mit Frauen in Haft. Stuttgart
Gilligan, Carol 1985: Die andere Stimme. Lebenskonflikte und Moral der Frau. München
Gildemeister, Regine/Wetterer, Angelika 1992: Wie Geschlechter gemacht werden. In: Knapp, Gudrun-Axeli/Wetterer, Angelika (Hrsg.): TraditionenBrüche. Entwicklungen feministischer Theorie. Freiburg, 201-254
Goffman, Erving [3]1969: Wir alle spielen Theater. München
Habermas, Jürgen 1983: Die neue Unübersichtlichkeit. Frankfurt/M.
Hagemann-White, Carol 1983: Gewalt. In: Beyer, Johanna u.a. (Hrsg.): Frauenhandlexikon. München, 114-118
Hagemann-White, Carol 1984: Sozialisation: Weiblich - männlich? Opladen

Hagemann-White, Carol 1993: Die Konstrukteure des Geschlechts auf frischer Tat ertappen? Methodische Konsequenzen einer theoretischen Einsicht. Feministische Studien H.2, 68-78
Hark, Sabine 1993: Queer Interventions. Feministische Studien H.2, 103-109
Hirschauer, Stefan 1993: Dekonstruktion und Rekonstruktion. Feministische Studien H.2, 55-67
Hochschild, Arlie Russel 1990: Das gekaufte Herz. Zur Kommerzialisierung der Gefühle. Frankfurt/M.
Keupp, Heiner 1992: Identitätsverlust oder neue Identitätsentwürfe? In: Zoll, Rainer (Hrsg.): Ein neues kulturelles Modell. Zum soziokulturellen Wandel in Gesellschaften Westeuropas und Nordamerikas, Opladen 100-117
Keupp, Heiner 1995: Aktuelle Befindlichkeiten: Zwischen postmoderner Diffusion und der Suche nach neuen Fundamenten. Psychologie und Gesellschaftskritik, H.1, 29-56
Mies, Maria 1984: Methodische Postulate der Frauenforschung. Beiträge zur feministischen Theorie und Praxis H.11, 7-25
Miller, Alice 1980: Am Anfang war Erziehung. Frankfurt/M.
Mitscherlich, Alexander/Mitscherlich, Margarethe 1967: Die Unfähigkeit zu trauern. München
Norwood, Robin 1986: Wenn Frauen zu sehr lieben. Reinbek
Rommelspacher, Birgit 1992: Mitmenschlichkeit und Unterwerfung. Frankfurt/M.
Rommelspacher, Birgit 1994: Frauen in der Dominanzkultur. In: Krémovic, Olga/Oerter, Gundula (Hrsg.) Frauen zwischen Grenzen. Rassismus und Nationalismus in der feministischen Diskussion. Frankfurt/M., 19-32
Seifert, Ruth 1992: Entwicklungslinien und Probleme der feministischen Theoriebildung. In: Knapp, Gudrun-Axeli/Wetterer, Angelika (Hrsg.): TraditionenBrüche. Entwicklungen feministischer Theorie. Freiburg/Br., 255-286
Staub-Bernasconi, Silvia 1994: Soziale Probleme, soziale Berufe, soziale Praxis. In: Heiner, Maja u.a.: Methodisches Handeln in der Sozialen Arbeit. Freiburg/Br., 11-101
Szemerédy, Susanne 1995: Oh boy, it's a girl. Die Kritik der Kategorie Geschlecht - dekonstruktivistisches Denken: Angriff auf oder geheimer Impetus feministisch orientierte(-r) Sozialarbeit, im besonderen bezogen auf eine Übergangseinrichtung für mißbrauchte/mißhandelte „Mädchen"? Unveröffentlichte Diplomarbeit, Kath. Stiftungsfachhochschule. München

Tatschmurat, Carmen 1996: Individualisierung - die alte Arbeitsteilung im neuen Gewand? In: Sattel, Ulrike (Hrsg.): Sozialisation, Bildung und Erwerbstätigkeit von Frauen. Weinheim, 126-151

Thürmer-Rohr 1995, Christina: Denken der Differenz. Feminismus und Postmoderne. Beiträge zur feministischen Theorie und Praxis. H.39, 87-97

Tillmann, Klaus-Jürgen 1990: Sozialisationstheorien. Reinbek

Treibel, Annette 1993: Geschlecht als soziale Konstruktion: Ethnomethodologie und Feminismus. In: dies.: Einführung in soziologische Theorien der Gegenwart. Opladen, 131-152

Zimbardo, Philip G. ^{5}1992: Psychologie. Berlin

Der prozessual-systemische Ansatz von Silvia Staub-Bernasconi

Tilly Miller

Die Suche nach einer eigenen „Identität" und damit verbunden nach einem eigenem Theorieverständnis Sozialer Arbeit sowie deren Etablierung als eigenständige Fachdisziplin hat in den letzten Jahren zunehmend an Bedeutung gewonnen. Im Zuge der theoretischen und ausbildungsmäßigen Etablierung Sozialer Arbeit wurden zwar unterschiedliche Einzeltheorien entwickelt, die sich auf verschiedene Dimensionen Sozialer Arbeit beziehen (Institutionen, Felder, gesellschaftlicher Auftrag, Methoden u.a.)[1], eine Zäsur in der Theoriediskussion oder, mit Kuhn zu sprechen, ein Paradigmawechsel[2] läßt sich jedoch erst seit den 80er Jahren durch das Angebot von handlungstheoretischen Entwürfen beobachten. Entwickelt worden sind insbesondere Ansätze sogenannter Rahmen- bzw. Metatheorien Sozialer Arbeit, die in einer systemischen Auffassung hinsichtlich des Erklärens und Erfassens sozialer Wirklichkeit wurzeln. Hierzu gehören sowohl „ökosoziale" Ansätze[3] wie auch der prozessual-systemische Ansatz von Silvia Staub-Bernasconi. Bei diesen Zugängen wird der Versuch unternommen, nicht nur den Gegenstandsbereich von Sozialer Arbeit zu definieren, sondern einen Theorierahmen vorzustellen, der die Komplexität der Sozialarbeitspraxis theoretisch zu fassen vermag.

Hinführung zum Ansatz von Silvia Staub-Bernasconi

Zunächst einige Hinweise zur Person der Autorin: Silvia Staub-Bernasconi ist Schweizerin, 1936 geboren und seit 1967 Dozentin an der Schule für Soziale Arbeit Zürich, an der sie auch ihre Ausbildung zur Sozialarbeiterin

---

[1] Einen Überblick siehe bei Engelke 1992; Staub-Bernasconi 1986; Thiersch/Rauschenbach 1987.

[2] Nach Kuhn (1976) bedeutet Paradigma die modellhafte Erklärung eines wissenschaftlichen Problems. Dabei geht es insbesondere um die Übereinstimmung theoretischer Erklärungsmodelle mit realen Phänomenen. Mit dem „Life Model" von Germain/Gitterman (1988) sieht beispielsweise Lowy (1983, 89ff, u. 123) den Beginn einer paradigmatischen Sozialarbeitswissenschaft. Demgegenüber sieht Engelke (1992, 140ff.) bereits seit 1968 unterschiedliche Paradigmen in der Sozialarbeitswissenschaft als gegeben an.

[3] Vgl. u.a. Germain/Gitterman 1988; Wendt 1990; Zink 1991.

absolvierte. Dieser Ausbildung folgte dann ein Studium der Soziologie, Sozialethik und Pädagogik.

„Soziale Probleme - Dimensionen ihrer Artikulation" (1983) ist das Grundlagenwerk der Autorin, an das alle weiteren Veröffentlichungen rückgebunden sind. Um den theoretischen Überbau ihres Ansatzes zu erfassen erscheint es unabdingbar, sich mit diesem Werk zu befassen. Doch die Beschäftigung damit bereitet durchaus Schwierigkeiten. Die LeserInnen sind gefordert, Sinn und Bedeutung unhandlicher semantischer Satzkonstruktionen und z.T. unklarer Begrifflichkeiten zu erschließen. Dies erschwert nicht nur die Wiedergabe des Ansatzes im Sinne des von der Autorin Gemeinten, sondern auch dessen Kommunizierbarkeit und Prüfbarkeit. Die fachliche Rezeption des Ansatzes zeigt sich durchaus ambivalent, angefangen von lobender Zustimmung (s. Engelke 1992, 292-304) bis hin zu fundamentaler Kritik (s. Sidler 1993). Der Ansatz von Silvia Staub-Bernasconi ist in den letzten Jahren mehr und mehr in die Fachdiskussion gerückt und wird heute an verschiedenen Fachhochschulen für Sozialwesen mehr oder weniger als sozialarbeitstheoretisch evident betrachtet und auch gelehrt.

Im Rahmen der Lehre fällt mir auf, daß gerade feministisch orientierte Studentinnen das theoretische Konzept von Silvia Staub-Bernasconi favorisieren. Ein Grund, der immer wieder angeführt wird, ist die Tatsache, daß die Autorin eine Frau ist und die Kategorie Geschlecht miteinbindet. Bei Diskursen über den Ansatz in den Seminaren und in Diplomarbeiten, die die prozessual-systemische Denkfigur zugrunde legen, fällt jedoch auf, daß der grundsätzlichen „Sympathie" der Autorin und deren Ansatz gegenüber häufig Schwierigkeiten in der konkreten theoretischen und praktischen Auseinandersetzung folgen. Die Entschlüsselung der z.T. schwierigen Satz- und Begriffskonstruktionen wird immer wieder als mühsam empfunden. Häufig wird dann nach dem Prinzip verfahren: „Ich hole mir aus dem Ansatz das, was ich brauchen kann". Frau (wie auch Mann) verfährt dann ekklektizistisch. Als hilfreiche Unterstützung zur Vermittlung des Ansatzes dienen auch von StudentInnen verfaßte Manuskripte. Diese wiederum haben für manche/n durchaus Substitutsfunktion und ersetzen die Originaltexte. Wiederum andere geben auf, fühlen sich überfordert, was dann ebenso schnell zu einer plakativen Abqualifizierung des Ansatzes führen kann.

Die Beschäftigung mit dem Ansatz von Staub-Bernasconi im Rahmen der Lehre wirft somit etliche Fragen und Probleme auf. Zu fragen ist zunächst, ob es sich für StudentInnen überhaupt praktikabel erweist, sich mit einem Theoriegebäude zu beschäftigen, das sie in weiten Teilen aufgrund der z.T. komplizierten Diktion sprachlich und terminologisch nur sehr schwer entschlüsseln können. Hierzu bedürfte es grundlegender Vermittlungs-Hilfen, die zwar in einem Theorie-Seminar angebracht sind, die Kapazität anderer Lehrangebote jedoch übersteigen. Die Ausgangslage zeigt sich somit wenig zufriedenstellend für eine kritische theoretische Auseinandersetzung, denn das Nutzbarmachen von Theoriebausteinen, auf deren Basis dann praktische Problemdefinitionen vorgenommen und -lösungsschritte entwickelt werden, sowie die Kategorie Geschlecht genügen nicht. Den produktiven Gehalt für die Praxis, der daraus erfolgen kann, möchte ich keineswegs in Abrede stellen. Doch die Diskussion um Sozialarbeitswissenschaft und die Frage der Tauglichkeit einer Theorie bedarf weiterer Kriterien.

Meine Motivation, diesen Beitrag zu verfassen, läßt sich auf zwei Ebenen begründen. Sie entspringt zunächst einer **wissenschaftlichen Intention**: Eine zentrale Aufgabe wissenschaftlichen Tuns ist das Prüfen von Theorien hinsichtlich ihrer Leistungsfähigkeit. So möchte ich in diesem Beitrag die **theoretische** Leistungsfähigkeit des Ansatzes von Silvia Staub-Bernasconi anhand bestimmter Argumentationsstränge kritisch diskutieren. In dem daran anschließenden Beitrag (Miller/Irmler) soll dann die Theorie auf ihre **praktische** Anwendungstauglichkeit hin geprüft werden.
Meine Motivation entspringt des weiteren einer **herausgeberischen Intention**: In dem hier vorgelegten Sammelband beziehen sich verschiedene Autorinnen auf den Ansatz von Silvia Staub-Bernasconi. Dessen Nutzung erfolgt vor allem über das Heranziehen der Ausstattungs- und Machtkategorien. Aus arbeitsökonomischen Gründen wurde mit den Autorinnen vereinbart, daß sie sich im Rahmen ihrer einzelnen Beiträge lediglich auf jene theoretischen Aussagen beziehen, die für die Bearbeitung der jeweiligen Fragestellung aussagekräftig erscheinen. So wurde auf eine grundlegendere Darstellung des Ansatzes in den einzelnen Beiträgen weitgehend verzichtet. Meine kritische Rezeption spiegelt dabei nicht unbedingt die Positionen der Autorinnen wieder, die sich in diesem Band auf den prozessual-systemischen Ansatz bezogen haben.

Darstellung des theoretischen Bezugrahmens

Grundsätzlich ließe sich die These aufstellen, daß wir es bei Silvia Staub-Bernasconi mit einer „frauentypischen" Theoretikerin zu tun haben; - frauen-typisch, was die Auswahl des Gegenstandes (Soziale Probleme) betrifft und frauentypisch deshalb, weil ihr Denken[4] und ihr theoretisches Zugreifen einen komplexen, sozialphilosophischen sowie integrativen Charakter aufweist. Komplex deshalb, weil sie in vernetzten gesamtgesellschaftlichen Bezügen denkt; sozialphilosophisch, weil sie Fragen nach einer sozial

---

[4] Bzgl. frauentypisches Denken siehe auch Belenkey 1991.

gerechten Gesellschaft aufwirft und sich mit der Kategorie „Macht" beschäftigt; integrativ, weil sie einen meta-theoretischen Bezugsrahmen zu entwickeln versucht, der verschiedene theoretische Ansätze zu verbinden trachtet. Dadurch nimmt sie Abstand vom „Einzelwissenschaften-Denken". Frauentypisch läßt sich ihr Zugang auch deshalb bezeichnen, weil ihr theoretischer Anspruch eine praktische Handlungsorientierung impliziert. Eine Handlungstheorie hat ihrer Auffassung nach fünf Ebenen zu verknüpfen:

- Sie hat den **Gegenstandbereich** Sozialer Arbeit zu fassen und die Frage zu beantworten, mit welchen Fragen und Problemen sich Soziale Arbeit zu befassen hat.
- Sie benötigt **Erklärungswissen**, dahingehend, warum soziale Probleme entstehen, was sie fortbestehen bzw. verändern läßt.
- Sie benötigt **Wertwissen**, das darauf verweist, was sein soll.
- Sie benötigt **Verfahrenswissen**, d.h. theoretisch begründete Pläne und Vorgehensweisen, um soziale Probleme zu verändern, und schließlich
- benötigt sie **Funktionswissen**, um nach den Folgen von Handlungsweisen fragen zu können. (Staub-Bernasconi 1986, 7-9)

Im Zentrum ihrer Arbeit steht die Frage, wie sich „Soziale Probleme" dimensionieren und „konzeptualisieren" lassen. So geht es der Autorin primär um eine Theorie Sozialer Probleme und damit verbunden um die Entwicklung eines Bezugsrahmens zu deren Erfassung. Zentraler Ansatzpunkt ist dabei, daß sie soziale Probleme unabhängig von ihrer gesellschaftlichen Artikulation[5] theoretisch zu konzipieren versucht (Staub-Bernasconi 1983, 4). Darauf aufbauend sieht sie vor, in einem zweiten Schritt eine Sozialarbeitstheorie auszuarbeiten.

Als Soziales Problem bezeichnet die Autorin eine Abweichung vom „Normalen". Worin gründet nun aber eine solche Abweichung? Staub-Bernasconi zielt darauf, „ein von einer Normalitätsvorstellung her als abweichend, unerwartet oder überraschend definiertes Phänomen zu erklären". Dies erfolgt in Zusammenhang mit „gesamtgesellschaftlichen Strukturen und Prozessen" (Staub-Bernasconi 1983, 13, 26). Der Konzeptualisierung einer Theorie Sozialer Probleme legt sie eine „prozessual-systemische Denk-Figur" zugrunde (Staub-Bernasconi 1983, 10)[6]. Grundlegend für diese Denk-Figur sind dabei die Begriffe „Substanzen" als wesen-

---

[5] Hier setzt sich die Autorin vor allem von Blumer und damit der Theorie des Symbolischen Interaktionismus ab. Blumer vertritt die Auffassung, daß Soziale Probleme Ergebnisse eines gesellschaftlichen Definitionsprozesses seien. Sie existierten so lange nicht, so lange sie nicht definiert seien (Staub-Bernasconi 1983, 95f.; s.a. Blumer 1975).

[6] Staub-Bernasconi orientiert sich vor allem an den Systemkonzepten von Bertalanffy, Fischer und Laszlo. Spezifische Literaturangaben dazu bei Staub-Bernasconi 1983, 37 und 252ff.

hafte Dinge und „Prozesse" als relationierte Ereignisse. Beide werden als „Bausteine" des Wirklichen betrachtet (Staub-Bernasconi 1983, 40ff.). Substanzen versteht die Autorin als „Dinge", die so sind, wie sie sind, die sich also zunächst einmal nicht verändern. Dagegen verweisen Prozesse auf Dynamik „im Sinne eines permanenten Werdens und Wandels". Hieraus wiederum folgt das „Ereignishafte", das sich aus diesen Basiselementen entwickelt. Die Autorin bleibt in der Darstellung dieser Grundelemente sehr knapp und abstrakt. Es wird theoretisch nicht geklärt, was diese Basiselemente im Eigentlichen ausmacht und wodurch das „Prozesshafte" überhaupt in Gang kommt. Ausgehend von diesen Grundannahmen leitet Staub-Bernasconi über zu dem Begriff der „Muster"-bildung. Gemeint ist damit, daß mit Eintreten von Ereignissen bestimmte „Konfigurationen" und Anordnungen von System-Einheiten erfolgen. Auch hier bleibt die Autorin abstrakt. Das Ganze wird nicht näher konkretisiert und veranschaulicht. So führe ich als Beispiele für solche Musterbildungen eine Familie, einen Verband oder eine Gesellschaft an. In all diesen Einheiten bzw. Systemen gibt es sogenannte „Relationen" (Beziehungen, Austauschprozesse) zwischen den Elementen, und zwar interne wie externe. Die Systeme zeigen über eine bestimmte Zeit hinweg eine gewisse Dauerhaftigkeit in ihrer Konfiguration (Struktur), zeigen gleichzeitig aber auch Wandel. Mit Blick auf Soziale Probleme spricht nun Staub-Bernasconi von sog. „Organisations-Problematiken" bzw. von „sozialen Relationierungs-Fehlern" (1983, 42)

„...innerhalb denen Inkompatibilitäten grösseren oder kleineren Ausmasses auftreten können, welche die Genese, Persistenz oder Transformation einer Entität dadurch behindern, dass sie die E t a b l i e r u n g der hiezu notwendigen und hinreichenden, internen oder externen R e l a t i o n e n und damit Austauschprozesse e r s c h w e r e n und im Extremfall v e r h i n d e r n" (1983, 41).

Was bedeutet die Aussage? Auch hier führe ich zur Veranschaulichung ein Beispiel ein: Von sozialen Relationierungs-Fehlern können wir dann sprechen, wenn aufgrund gesellschaftlicher Bedingungen und damit zusammenhängender Bewußtseinsstrukturen beispielsweise Frauen der Zugang zu gesellschaftlichen Positionen qua Geschlecht verwehrt oder erschwert wird und Frauen dadurch in ihrer Entwicklung und Entfaltung und in ihrer Teilhabemöglichkeit an der Gestaltung gesellschaftlicher Prozesse gehindert werden. Staub-Bernasconi kommt es darauf an, die Strukturen, die Ursachen und Wechselwirkungen für die Entstehung und Erhaltung von sozialen Relationierungs-Fehlern sowie deren Veränderungsmöglichkeiten zu untersuchen (1983, 51). Um dies zu leisten, führt die Autorin systemische Grundkategorien ein, innerhalb derer sich Musterbildungen vollziehen, und zwar

- „physico-kognitive Systeme": gemeint sind hier Individuen als im Großen und Ganzen sich selbst steuernde Einheiten;
- „sozio-konkrete und sozio-kulturelle Felder und -Systeme"; gemeint sind hier Gesellschaften von Individuen, aus denen sich Teile wiederum als Sub-Systeme verselbständigen können, z.B. Gemeinden oder soziale Organisationen. (Staub-Bernasconi 1983, 58)

Bei den sozialen Relationierungsfehlern, so die Autorin, lasse sich nun nicht immer klar bestimmen, welche Konfigurationen zwischen physico-kognitiven Systemen und sozio-kulturellen Feldern und Systemen sog. Relationierungsfehler hervorbringen. Gemeint sind damit

„Sachverhalte, bei denen ein Teil-System ein anderes so von ihm abhängig macht, dass das letztere in der Entfaltung seines Zweckes oder seiner Intention gehemmt wird und das erstere sich dafür ungehemmt, d.h. ohne negative Rückkoppelungen entwickeln und ausdehnen kann." (Staub-Bernasconi 1983, 59)

Die Autorin geht in der Konstituierung von Relationierungsfehlern von dynamischen Wechselwirkungen zwischen den o.g. Einheiten aus. Damit distanziert sie sich von „statisch-atomistischen" Ansätzen, die entweder das Individuum oder die gesellschaftliche Totalität als „grundlegende Problem-Einheit" definieren. Bei ersterem Zugang wird nach biologischen und sozialen Defiziten des Individuums gefragt. Würden diese aufgehoben, wäre auch das soziale Problem beseitigt. Bei zweitem wäre die gesellschaftliche Totalität Ursache sozialer Probleme, die das Individuum vollkommen vereinnahmt. Eine Lösung wäre hier nur in einer Veränderung des gesellschaftlichen Systems zu sehen (Staub-Bernasconi 1983, 61f.). Demgegenüber wird durch den prozessual-systemischen Zugang von einseitigen Ursache-Wirkungs-Schemata oder Schuldzuweisungen Abstand genommen. Soziale Probleme sind vielmehr als Produkte der Wechselwirkungen zwischen den Systemeinheiten zu verstehen. Individuen wie auch die sozialen Systeme können somit ihre entsprechenden Anteile bei Relationierungsfehlern aufweisen. Diese Anteile sind nicht von vornherein festgelegt, sondern stellen sich in der jeweils konkreten Situation durchaus unterschiedlich in ihrem Zustandekommen und ihren Wechselwirkungen dar. Alle beteiligten Einheiten wären somit aus dieser Sichtweise potentielle Problem-Träger.

Staub-Bernasconi unterscheidet nun bei den fehlerhaften Musterbildungen zwei Grund-Problematiken, nämlich „Ausstattungs- und Relationierungs-Problematiken" (Staub-Bernasconi 1983, 62f.; 108).

„Systemische Ausstattungs-Problematiken: Sie beziehen sich auf materielle wie symbolische sowie reflexive und produktionsmässige Ausstattung eines individuellen Systems oder eines sozio-kulturellen Interaktions-Feldes und dessen Einheiten.

Dazu kommen Problematiken der Ausstattung mit sozialen Beziehungen." (Staub-Bernasconi 1983, 63)

Solche Ausstattungs-Problematiken haben sowohl qualitative als auch quantitative Bezugspunkte hinsichtlich „der Teilhabe und Teilnahme von Individuen und/oder Kollektiven an den zu einer bestimmten Zeit in einer Gesellschaft vorhandenen und produzierten Ressourcen." (1983, 122). Die Autorin geht dabei von drei Grundvorstellungen aus:
- Von der **qualitativ und quantitativ optimalen Ausstattung**. Sie umfaßt die Teilnahmemöglichkeit an den vorhandenen Ressourcen in einem Umfang, der individuelle Bedürfnisse befriedigen läßt.
- Von der **qualitativ oder/und quantitativ defizitären Ausstattung**. Hier fehlen beispielsweise qualitative Dimensionen oder es läßt sich quantitativ ein Grundbedarf nicht sichern (absolutes Defizit) bzw. Bedürfnisse nicht befriedigen (relatives Defizit).
- Von der **qualitativ oder/und quantitativ überschüssigen Ausstattung**. „Qualitativ" meint hier eher einseitige Ausdifferenzierungen, bei denen man von „isolierten 'Pyramidisierungen' und daraus entstehenden Ungleichgewichten sprechen" kann. Quantitativ überschüssig wäre hingegen eine Ausstattung, „die (weit) über einem bestimmten Saturationsniveau liegt" (1983, 122f.).

Silvia Staub-Bernasconi benennt nun in einem weiteren Schritt sechs spezifische Ausstattungskategorien, an denen sich Überschüsse und Defizite festmachen lassen (1983, 123ff.).
In der Begrifflichkeit hat die Autorin im Laufe der Jahre Modifikationen vorgenommen, so daß ich im folgenden eine Veröffentlichung von 1994a (15ff.) miteinbeziehe.

Die körperliche Ausstattung

In diese Kategorie gehören u.a. Gesundheit, Geschlecht, Größe, Gewicht, Alter, Hautfarbe, körperliche Attraktivität; ebenfalls Gehirnfunktionen als Voraussetzung der Informationsverarbeitung. Staub-Bernasconi führt dazu aus, daß es bei dieser Ausstattungskategorie nicht um die Thematisierung der körperlichen Ausstattung an sich geht, sondern um den „Zusammenhang mit Problemen des Sozialen". Dazu gibt sie ein Beispiel:

„So können schwere, längerdauernde bis chronische Krankheiten sowie körperliche Behinderungen in bezug auf die verschiedenen Sinne, den Bewegungsapparat etc. direkte und indirekte soziale Folgen haben; die mithin defizitäre körperliche

Ausstattung beeinträchtigt z.B. Wahrnehmungs-, Arbeits- und Beziehungsfähigkeit, aber auch die personale und soziale Identität" (1983, 124).

Ebenfalls hält sie fest, daß körperliche Merkmale wie Alter, Geschlecht oder Hautfarbe zu einer Besser- oder Schlechterstellung z.B. bei der soziöokonomischen Ausstattung führen können. Körpermerkmale haben demzufolge eine sozial zugeschriebene Bedeutung (1983, 124).

Die sozioökonomische und sozialökologische Ausstattung

In diese Kategorie gehören Bildung, Arbeit, Einkommen, Vermögen, woraus sich Niveaus von Bildung, Qualifikation, Konsum, Sicherheit, Wohnqualität, Einkommen und damit verbunden der gesellschaftlichen Positionierung ableiten lassen. In diese Kategorie gehören ebenfalls infrastrukturelle Niveaus der Wohnumgebung und die Ausstattung z.B. des individuellen Bildungs- oder Arbeitsplatzes.

Die Ausstattung mit Erkenntniskompetenz

„Prozesse des Empfindens, Fühlens, der Aufmerksamkeit, des Gedächtnisses, der Wahrnehmung, des Lernens, Denkens, der Begriffsbildung und -verknüpfung einschließlich des Bewertens von Sachverhalten, der Bildung von Zielen und Plänen - und schließlich als übergeordnete Funktion: die Ermöglichung von (Selbst)Bewußtsein" gehören in diesen Bereich. Hinsichtlich der Informationsverarbeitung verweist die Autorin auf die Unterscheidung zwischen einem „ästhetisch-emotionalen, einem normativen und einem kognitiven Umgang mit Gegebenem und Vorgängen" (1994a, 15f.) Qualitativ defizitär wären ihrer Ansicht nach u.U. kognitive Erlebensweisen z.B. „(durch) und bei 'Nur-Hausfrauen'", oder das Fehlen von emotionalen oder normativen Erkenntnisweisen. Eine qualitativ überschüssige Ausstattung dagegen verweist auf einseitige Dominanz von emotionalen, normativen oder kognitiven Erkenntnisweisen, z.B. eine „Neurotische Informationsverarbeitung als Dominanz des normativen Erlebensmodus" (1983, 128f.). Eine Quantifizierung in diesem Bereich sieht Staub-Bernasconi eher als schwierig an.

Die symbolische Ausstattung

Diese Ebene beinhaltet das Verfügen über „Begriffe, Aussagen und Aussagesysteme". Es gehören dazu „Bilder als Beschreibungswissen: Codes als

Erklärungswissen; Werte/Ziele als Wertwissen; Pläne, Normen/Regeln als Handlungswissen usw." Ebenfalls gehören dazu Selbstbilder wie auch Fremdbilder, sowie „Bilder und Theorien über andere Menschen, Gesellschaft, Natur, Gottheiten usw." (1994a, 16). Qualitativ defizitär wären nach Staub-Bernasconi u.a. Bilder und Codes, die „die Welt- und Handlungsorientierung des Menschen beeinträchtigen", die bezüglich ihrer „Beschreibungs-, Bewertungs- und Anweisungsfunktion zu wenig ausdifferenziert sind". Qualitativ defizitär wären ebenfalls „mangelnde Ausdifferenzierungen der personalen oder/und sozialen Identität, sei es als Abwesenheit von aktiven Ich-Leistungen und Rolleninterpretationen ... oder als Abwesenheit der Internalisierung von gruppenbezogenen Erwartungen (z.B. Normen bezüglich Rechten und Pflichten)". „Konzeptuelle Inhalte" wären dagegen qualitativ überschüssig, wenn sie „einseitig auf Kosten anderer isoliert und übermässig ausgebaut werden" (1983, 132f.). Von quantitativen Defiziten und Überschüssen spricht die Autorin dann, wenn „Symbol-Vorräte" aus der „organisierten Wissenschaft" einerseits oder aus Subkulturen andererseits entweder fehlen oder inflationieren. Bei etwaigen Defiziten fehlen somit Bilder und Codes, um die für das Individuum „relevante Umwelt zu beschreiben, verstehen wie planvoll mit ihr umzugehen"; bei Überschüssen kann die Fülle an Bildern und Codes quantitativ nicht mehr verarbeitet werden (1983, 135).

Die Ausstattung mit Handlungskompetenz

Die Autorin unterscheidet hier zwischen routinisiertem (z.B. Autofahren), rollenbezogenem und kognitiv gesteuertem Verhalten. Merkmale von letzterem sind: „komplexe Situationsanalysen, bewußt reflektierte, individuelle wie soziale Werte, flexible, mehrheitlich selbstdefinierte Ziele und Regeln und die Nutzung von Handlungsspielräumen" (1994a, 16f.). Alle drei Handlungsweisen in einer ausdifferenzierten Form zusammengenommen ermöglichen eine optimale Handlungskompetenz. Die Autorin spricht von qualitativen Defiziten, wenn einzelne Handlungsweisen nicht zureichend ausdifferenziert sind. Von „qualitativ überschüssig" ist dann die Rede, wenn „isolierte, rigid strukturierte" Handlungsweisen gegeben sind, die einseitige Dominanzen aufweisen (z.B. im technischen Können). Eine „Quantifizierung" der Probleme hält die Autorin nur für „teilweise sinnvoll", bestenfalls in Verbindung mit Zeitstudien. „Die 'ärmste' Einheit wäre diejenige, deren Tag praktisch ausschließlich mit technisch-ausführenden Operationen ausgefüllt ist" (1983, 138f.).

Die Ausstattung mit sozialen Beziehungen und Mitgliedschaften

Gemeint sind hier sowohl zugeschriebene wie erworbene, informelle und formelle soziale Beziehungen und Mitgliedschaften (1994a, 17; 1983, 139ff.). Die Fähigkeiten für Aufbau und Pflege sozialer Beziehungen und Mitgliedschaften bezeichnet Staub-Bernasconi mit dem Begriff der „interpersonalen Kompetenz". Sie umfaßt

- die Möglichkeit der „Interaktion" (körperlich wie auch bzgl. des Austausches von Gütern),
- die Möglichkeit „der einfühlenden wie gedanklichen Bezugnahme auf die Erlebensweisen" anderer („Ko-Reflexion"),
- die Möglichkeit des „Austausches von Symbolen, Bildern und Codes" („Kommunikation") sowie
- die Möglichkeit der „Zusammen-Arbeit" („Ko-Produktion") (1983, 140).

Auch hier bestimmen jeweils einseitig hoch oder niedrig ausdifferenzierte Niveaus mögliche qualitative Defizite oder Überschüsse. Defizitär kann dabei auch sein, wenn in einem Interaktionsfeld (z.B. Familie, Organisation) lediglich eine Binnenorientierung erfolgt und Interaktionen nach außen wenig Berücksichtigung finden (1983, 140). Von qualitativen Überschüssen kann dann die Rede sein, „wenn eine Einheit alle externen Beziehungen des sozialen Systems aktualisiert und unter Umständen monopolisiert". Die Autorin führt in diesem Zusammenhang das Verhältnis zwischen Mann und Frau an (1983, 140f.). Als quantitatives Defizit wären „soziale Isolation" oder „Beziehungs-Armut" zu nennen. Ein quantitativer Überschuß dagegen wäre dann gegeben, wenn das Maß an Beziehungen derart überschritten wäre, daß eine optimale Gestaltung verhindert würde (1983, 141).

Kurz zusammenfassend läßt sich sagen: Soziale Probleme sind dann gegeben, wenn in den einzelnen Ausstattungs-Bereichen Defizite oder Überschüsse vorhanden sind.
Die Unterschiede in den Ausstattungsbereichen dürfen dabei nicht als „naturgegeben" betrachtet werden, sondern als sozial gemacht. (Staub-Bernasconi 1983, 63).
Die sich daraus ergebenden „Sozialen Probleme" bezeichnet die Autorin als „Behinderung der Beschaffung der für die Sub-Einheit relevanten Ausstattung durch die monopolisierende Kontrolle des Zuganges zu den Ressourcen, ihre unmittelbaren Folgen als Benachteiligung und Privilegierung bezüglich Güter, Symbole, Beziehungen etc." (Staub-Bernasconi 1983, 70).

„Problematische Organisierungs- wie Relationierungs-Akte sind prinzipiell in jedem sozialen Interaktionsfeld vorfindbar, also zwischen Befreundeten, Mann und Frau, zwischen Familienmitgliedern, Berufsträgern, in und durch Organisationen, in und durch politisch organisierten Gemeinden, Gesellschaften wie im internationalen System. Prozessual-systemisch argumentiert müsste man sagen, dass sie sich gegenseitig bedingen wie verstärken, aber allenfalls auch gegenseitig stören und gar kumulativ behindern. Das schliesst nicht aus, dass bestimmte gesellschaftliche Gruppen wie Organisationen etc. - bei genügend Ressourcen - die Chance wahrnehmen, ihre Macht so behindernd einzusetzen, das man von einem starken Machtgefälle und dominanten Einfluss zwischen ganz bestimmten, gut identifizierbaren Akteuren sprechen muss. Doch die Frage und Suche nach dem 'Wer' der Behinderung darf das Problem nicht verdecken, dass auch der behinderte 'Underdog' an seiner eigenen Behinderung 'mitarbeitet' ... " (Staub-Bernasconi 1983, 84).

Staub-Bernasconi stellt in diesem Zusammenhang ausdrücklich fest, daß die Konzeptualisierung Sozialer Probleme nicht darauf reduziert werden kann, wie zufrieden oder unzufrieden Individuen sind. Soziale Probleme gelten nicht nur als Bewußtseinszustände, sondern als real existierend. (Staub-Bernasconi 1983, 84, 103, 112).

Im Zuge der Definition von Ausstattungs-Überschüssen und -Defiziten versucht nun Silvia Staub-Bernasconi folgenden Fragen zu beantworten:

„(1) Welches ist die optimale qualitative und quantitative Grundausstattung von Einheiten ... ?
(2) Welches sind die optimalen horizontalen Beziehungen oder Austauschmuster zwischen Einheiten ... ?
(3) Welches sind die optimalen vertikalen Kontroll-Beziehungen oder Verknüpfungs-Muster zwischen Einheiten ... ?
(4) Welches sind die für bestimmte Problemkonfigurationen entstandenen, explizierten Wert- und damit Problemlösungs-Vorstellungen ... ?" (1983, 119)

Hier geht es also um die Suche nach einem Maßstab, anhand dessen das Optimale, das Defizitäre und das Überschüssige festzumachen ist. Ankerpunkt zur Bestimmung eines solchen Maßstabes ist nach Staub-Bernasconi „der Stand der individuellen und kollektiv/gesellschaftlichen Ausstattungsmöglichkeiten". Es sind die Ressourcen, die aufgrund von Evolution, historischer und sozio-materieller Entwicklung gegeben sind. Ressourcen auf der „physikalischen Wirklichkeitsebene" sind die geophysikalische Beschaffenheit eines Landes, klimatische Bedingungen, Rohstoffe etc. Ressourcen auf der „biologischen Wirklichkeitsebene" sind u.a. Pflanzen- und Tiervorkommen, menschliche Körper und deren Physiologie. Ressourcen auf der „psychischen Wirklichkeitsebene" sind u.a. Bedeutungsstrukturen der Menschen und Erlebens- und Wahrnehmungsweisen. Ressourcen auf der „sozialen Wirklichkeitsebene" sind u.a. soziale Beziehungsweisen (Sexualität, Güteraustausch, Liebe, Freundschaft, Arbeit und Produktion, soziale Anerkennung), die Ausdifferenzierung institutioneller Ordnungen

und gesellschaftlicher Sektoren und die Möglichkeit an sozialen Mitgliedschaften. Ressourcen auf der „kulturellen Wirklichkeitsebene" umfassen Werte, Kriterien, Know-How (Staub-Bernasconi 1983, 120f.).
Obwohl Staub-Bernasconi sehr wohl davon ausgeht, daß in und durch die verschiedenen Gesellschaftsformen und deren Bedingungen sehr unterschiedliche Vorstellungen in bezug auf eine optimale Ausstattung von Individuen und Kollektiven vorhanden sind, geht sie von folgenden Grundvoraussetzungen im Verhältnis Mensch-Umwelt aus:
- „Alle Menschen müssten prinzipiell gleichermaßen Zugang zur entstandenen qualitativen Differenzierung von Ressourcen haben, um den ihrem aktuellen Menschsein in einer bestimmten Gesellschaft und Kultur entsprechenden allgemeinen Bedarf befriedigen zu können;"
- „zudem müsste jeder Mensch und jede Menschen-Gruppe an einer ressourcenmässigen Ausstattung teilhaben bzw. an deren Produktion und Verteilung teilnehmen können, die auf seine/ihre je besonderen Bedürfnisse abgestimmt ist."
(Staub-Bernasconi 1983, 121)

Bedarf und Bedürfnisse sind demnach in Übereinstimmung zu bringen mit den vorhandenen Ressourcen. Gelingt dies nicht, ist eben nach den fehlerhaften Musterbildungen zu suchen und sind Problematiken in den Ausstattungskategorien ausfindig zu machen.
In Verbindung mit den Ausstattungsproblemen sieht Silvia Staub-Bernasconi drei grundlegende Ebenen, auf denen Ausstattungsprobleme zu betrachten und die ihrer Meinung nach für eine Gegenstandsbestimmung Sozialer Arbeit relevant seien (1994a, 14 u. 20-44; 1983, 144-179):
- Austauschprobleme
- Machtprobleme
- Kriterien-Probleme

Austauschprobleme

Zur Befriedigung ihrer Bedürfnisse und Wünsche, so die Autorin, sind Menschen auf Austauschbeziehungen angewiesen. Die Austauschinhalte bezeichnet sie als „Tauschmedien". Diese sind:
- sozioökonomische Güter;
- symbolische Ressourcen (Wissensformen);
- Gefühle, normative und kognitive als auch Handlungskompetenzen (Know-how);
- soziale Beziehungen.

Die Austauschbeziehungen seien nun „Quelle sowohl von Kooperation und Solidarität als auch von Konflikt und Instrumentalisierung zwischen Menschen" (1994a, 21). Die Autorin spricht in diesem Zusammenhang von „Problemen des asymmetrischen Austausches unter Menschen" im Gegensatz zum symmetrischen Austausch (Gleichwertigkeit des Ausgetauschten). Asymmetrien entstehen dann, wenn der Austausch dem einen immer ein Weniger, dem anderen dagegen ein Mehr an Nutzen und Gewinn einbringt.

Kriterien-Probleme

Als „Kriterien" bezeichnet Staub-Bernasconi eine „symbolisierte, wünschbare abstrakte Wirklichkeit, die unterschiedlich kulturell institutionalisiert, formalisiert und tradiert wird" (1983, 151). „Kriterien" sind als abstrakte Definitionen dessen zu verstehen, WAS grundsätzlich sein soll (z.B. Freiheit, Gerechtigkeit), ohne dieses WAS jedoch dezidiert auszuformulieren. Durch die Abstraktheit kommt solchen Kriterien, so die Autorin, eine sinn- und konsensstiftende Funktion zu, auch dahingehend, was als Gut, Schön, Richtig und Wahr zu bezeichnen ist (1994a, 41). Der Kriterien-Begriff wird mit dem Werte-Begriff gleichgesetzt. Die Institutionalisierung von Kriterien bzw. Werten erfolgt u.a. durch Regelungen, Gesetze und Deklarationen (1994a, 41); „je größer das Machtgefälle", so die These der Autorin, „desto höher die Wahrscheinlichkeit der Entstehung subkultureller Werte" (1984a, 41).

In Verbindung mit den Ausstattungskategorien nennt Staub-Bernasconi folgende Kriterien/Werte:
- körperliche Ausstattung: u.a. Gesundheit, Überleben;
- sozioökonomische Ausstattung: bedürfnis- und leistungsgerechte Teilhabe;
- Erkenntnisweisen: Wahrheit, moralische Richtigkeit, Zufriedenheit;
- Handlungsweisen: Rollenfunktionalität, Effizienz bzgl. Handlungskompetenzen;
- soziale Beziehungen und Mitgliedschaften: Austauschgerechtigkeit, Nächstenliebe, Solidarität; (1994a, 42).

Nach Staub-Bernasconi können dann Probleme in Zusammenhang mit Kriterien entstehen, wenn
- Kriterien nicht verwirklicht werden können;
- keine Kriterien vorhanden sind;
- bestehende Kriterien nicht befolgt bzw. beachtet werden;
- Kriterien willkürlich angewendet werden;
- Kriterien aktiven Dekonstruktionen unterworfen werden
(durch lächerlich machen, abwerten).

Machtprobleme

Die Autorin geht davon aus, daß der Zugang zu den verschiedenen Ressourcen vor allem durch die Verfügungsmöglichkeit über Macht und damit verbunden durch Machtquellen geregelt ist. Die Quellen von Macht ordnet Staub-Bernasconi wiederum den verschiedenen Ausstattungskategorien zu:
- körperliche Ebene: physische Stärke, Absentismus, Hungerstreik u.a.;
- sozioökonomische Ebene: Boden, Kapital, Bildung;
- Erkenntnisweisen: Artikulationsmacht;
- symbolische Ausstattung: Definitions-, Modellmacht, symbolisches Kapital;
- Handlungskompetenzen: Positionsmacht, funktionsbezogene Autorität;
- soziale Beziehungen: Organisationsmacht, soziales Kapital. (1994a, 24)

Den Machtbegriff verwendet die Autorin zunächst neutral, was bedeutet, daß die Kategorie Macht von diesem Ansatz her nicht von vornherein negativ bewertet wird. Macht wird dann problematisch, wenn durch sie Zugangsmöglichkeiten zu Ressourcen und deren Verteilung einseitig geregelt werden. Staub-Bernasconi führt in diesem Zusammenhang zwei Macht-Typen ein:
- **Begrenzungsmacht** im Sinne einer dem Menschen gerechten und legitimen Macht und
- **Behinderungsmacht** im Sinne einer den Menschen behindernden und illegitimen Macht.

Begrenzungsmacht zielt darauf, Zugang zu den Ressourcen zu verschaffen, eine gerechte Verteilung vorzunehmen (auch bzgl. sozialer Positionen), für das Wohlbefinden von Schwächeren wie für eine gerechte Arbeitsteilung zu sorgen sowie zu verhindern, daß Menschen ihre Ausstattungen einseitig zum Nachteil von anderen ausbauen (1994a, 28f.).

Behinderungsmacht ist dann gegeben, wenn Ressourcen „durch einige wenige kontrolliert, nach Belieben ausgeweitet oder auch fiktiv knapp gemacht werden können." Hier geht es also um einseitige Benachteiligung und Bevorzugung auf den unterschiedlichsten Ebenen (1994a, 32f.). Eine Einflußnahme verläuft nach Staub-Bernasconi von „oben nach unten" (1994a, 34; 1983, 66).

Mit dem hier aufgezeigten theoretischen Material skizziert Staub-Bernasconi soziale Problemdimensionen, die nicht nur als Gegenstand sozialer Arbeit gelten sollen, sondern die ihrer Meinung nach basal sind für eine Sozialarbeitstheorie.

„Eine S o z i a l a r b e i t s - T h e o r i e hätte die gleiche inhaltliche und logische Grundstruktur wie die skizzierte allgemeine Problem-Theorie. Der einzige Unterschied wäre der, dass eine Sozialarbeits-Theorie im engeren Sinn in jedem Fall einen Interventionsanteil aufzuweisen hätte. Die eingangs der Arbeit gestellte Frage nach dem engeren Objektbereich der Sozialarbeit kann nun so beantwortet werden, dass sich Sozialarbeit mit k u m u l a t i v e n S o z i a l e n P r o b l e m a t i k e n, insbesondere mit der kumulativen Wirkung von Ausstattungs-, Beziehungs- und Kriterien-Defizienzen in Wechselwirkung mit sozialen Behinderungen auseinanderzusetzen hat." (1983, 224)

In ihrer neueren Veröffentlichung von 1994a versucht die Autorin, den praktischen Transfer der Theorie aufzuzeigen. Dies soll Gegenstand des anschließenden Beitrages (Irmler/Miller) sein.

Diskussion

Die nun folgende Auseinandersetzung mit dem Theoriegebäude von Silvia Staub-Bernasconi hat nicht den Anspruch einer systematischen wissenschaftstheoretischen Diskussion. Vielmehr konzentriert sie sich auf spezifische Einzelargumentationen zu ausgewählten theoretischen Bezugspunkten und Begründungskonzepten des prozessual-systemischen Ansatzes. Näher eingehen werde ich auf
- den Problemgegenstand Sozialer Arbeit;
- den systemischen Zugang;
- den normativen Zugang der Autorin;
- die Bedeutung ihres Ansatzes hinsichtlich einer feministisch orientierten Sozialen Arbeit.

Die Diskussion erfolgt dabei nicht auf „neutralem" Boden, sondern ist gleichsam auch als Spiegel des eigenen Erkenntnishintergrundes zu sehen. So möchte ich an dieser Stelle offenlegen, daß ich selbst starke Affinitäten zu systemtheoretischen Modellen zur Beschreibung und Erklärung sozialer Wirklichkeit habe (vgl. Miller 1993, 1995). Dies wird die nun anschließende Auseinandersetzung nachhaltig beeinflussen.

Der Ansatz von Silvia Staub-Bernasconi weist folgende zentrale Momente auf, die m.E. positiv hervorzuheben sind:

- Er faßt den Problemgegenstand Sozialer Arbeit und liefert damit die genuine Voraussetzung dafür, daß sich Soziale Arbeit als wissenschaftliche Disziplin etablieren kann.
- Der Ansatz ist so umfassend angelegt, daß er die heterogenen Arbeitsfelder Sozialer Arbeit mit ihren jeweils spezifischen sozialen Problemen

und Arbeitsweisen theoretisch zu verorten vermag, diesen demzufolge ein sozialarbeitstheoretisches „Dach" anbietet, ohne im Bereichspezifischen verhaftet zu bleiben.
- Der Ansatz integriert gleichzeitig die Kategorie Geschlecht und erlaubt demgemäß geschlechtsspezifische Fragestellungen.
- Nicht das Individuum ist ausschließlicher Bezugspunkt Sozialer Arbeit, sondern ebenfalls größere soziale Entitäten. Soziale Probleme lokalisieren sich als Knotenpunkte zwischen Person und Umwelt. Persönlichkeitssysteme wie auch soziale Unweltsysteme sind auf ihre Anteile in bezug auf Problementstehung, -konsolidierung und -lösungen zu befragen.
- Der dargelegte Theorierahmen ist grundsätzlich daraufhin angelegt, Soziale Arbeit als Leitdisziplin zu etablieren und die Bezugswissenschaften auf ihre Bedeutung für die Soziale Arbeit hin zu befragen und zu integrieren. Welche praktische Bedeutung ein solcher Zugang zur Etablierung des Faches Soziale Arbeit hat (und möglicherweise mit intendiert hat) zeigt die Änderung der Rahmenstudienordnung für den Fachbereich Sozialwesen in Bayern, wodurch nun Soziale Arbeit als Zentralfach verankert wird.
- Silvia Staub-Bernasconi nennt die Bausteine einer Handlungstheorie Sozialer Arbeit (Gegenstandwissen, Erklärungswissen, Wertwissen, Verfahrens- und Funktionswissen) und umreißt damit das theoretische Anforderungsprofil an eine Sozialarbeitstheorie.

Die Bausteine stehen in ihrer Zusammenschau für einen Theorie-Praxis-Bezug. Gleichzeitig verweisen sie aber auch auf die schwierige theoretische Aufgabenstellung im Rahmen einer Theoriebildung, da unterschiedliche Erkenntnisebenen (erklärende, normative) miteinander in Beziehung zu setzen sind. Ebenfalls sind Erkenntnisse auf metatheoretischer Ebene mit der Handlungsebene zu verknüpfen. Ich weise an dieser Stelle ganz bewußt auf diese Punkte hin, da ich in der weiteren Diskussion auf theoretische Probleme, die sich daraus für den Ansatz von Staub-Bernasconi ergeben, eingehender zu sprechen komme. Eine kritische Befragung des vorgelegten Ansatzes kann und darf m.E. nicht darüber hinwegsehen, daß das Anforderungsprofil an eine Theorie Sozialer Arbeit bereits aus sich heraus theoretische Dilemmata aufwirft.

Der Gegenstandsbereich Sozialer Arbeit als Defizitansatz

Auffallend und gleichzeitig grundlegend für ihren Ansatz ist die Tatsache, daß Silvia Staub-Bernasconi den Gegenstandsbereich Sozialer Arbeit von Defiziten her entwickelt. Damit bleibt sie in der Tradition Sozialer Arbeit

verhaftet im Sinne: „Soziale Arbeit ist die Antwort auf Soziale Probleme". Für einen Defizit-Zugang sprechen die historischen Implikationen der praktischen Entwicklung Sozialer Arbeit und der damit verbundene gesellschaftliche Auftrag, sich genuin mit Not und problematischen Lebenslagen zu beschäftigen. Gegen einen solchen Zugang steht die Frage, ob ein so angelegter Defizitansatz nicht Produkt eines überholten Sozialarbeitsverständnisses ist, das Soziale Arbeit notwendigerweise als eine Art Feuerwehrfunktion begreifen muß. Ebenfalls wäre kritisch zu fragen, ob ein solcher Ansatz nicht Gefahr läuft, Momente der Selbstbestimmung und Fähigkeitsorientierung von KlientInnen zu marginalisieren? Zu fragen wäre ebenfalls, welcher Stellenwert der präventiven Aufgabe Sozialer Arbeit zukommt und wie sich eine solche dann im Kontext des Ansatzes der Autorin theoretisch verankern läßt. Doch wie man es auch dreht und wendet, auch ein präventiver Ansatz Sozialer Arbeit ist letztlich damit zu begründen, was es zu verhindern gilt und welche präventiven Maßnahmen zu welchem Zweck erfolgen sollen. Auch hier bestimmt sich die soziale Aufgabe und das Handeln doch letztendlich aus den antizipierbaren potentiellen Problementwicklungen und den damit verbundenen Defiziten. Auf der metatheoretischen Ebene sehe ich deshalb zunächst keine grundlegende Diskrepanz, den Gegenstandsbereich Sozialer Arbeit defizitorientiert anzulegen, um deren Blickwinkel festzuschreiben, nämlich soziale Probleme. Ob dieser Zugang uneingeschränkt für den Transfer auf die praktische Arbeit geeignet ist, oder ob hier nicht noch weitere theoretische Hilfskonstruktionen einzuführen wären, möchte ich weiter unten nochmals aufgreifen.[7]
Hervorzuheben bei der Gegenstandsbestimmung ist m.E. die von der Autorin vorgenommene Systematisierung sozialer Problematiken durch die Einführung von Ausstattungs-, Austausch-, Kriterien- und Machtproblemen. Durch eine solche Differenzierung lassen sich Soziale Probleme klar benennen und spezifizieren und in ihrer gegenseitigen Verschränkung und Verstärkung aufzeigen. Die Problemdimensionierungen verweisen auf die Mikro-, Meso- und Makroebene und schließen damit von vornherein eine gesellschaftspolitische Blickrichtung ein.

Das „Systemische" an der prozessual-systemischen Denkfigur

Die Gegenstandsbestimmung erfolgt bei Staub-Bernasconi im Kontext von Person-Umwelt. Die Autorin operiert hier mit der sog. **„systemischen Denkfigur"**. Die Auffassung, daß soziale Probleme nicht nur in subjektiven Ursachen begründet, sondern vor allem auch gesellschaftlich gemachte

---

[7] In Ergänzung dazu siehe auch den folgenden Beitrag Irmler/Miller, in dem diese Fragestellung anhand einer praktischen Fallskizze ebenfalls kritisch diskutiert wird.

Probleme sind, ist dabei nicht neu. Sie wird diskutiert und vertreten, seit über Soziale Arbeit fachlich reflektiert wird. Staub-Bernasconi bleibt demzufolge mit ihrer systemischen Denkfigur (bewußt) in der Tradition sozialarbeiterischer Problemwahrnehmung. Ihre eher plakative Absetzung der prozessual-systemischen Denkfigur gegenüber atomistischen Erklärungsansätzen, insbesondere bei den Devianztheorien, ist wohl eher als kontrastierende Methode zu verstehen, um die Implikationen eines systemischen Zugangs zu veranschaulichen. Auf der bloßen Inhaltsebene erscheint eine solche Kontrastierung dagegen eher überzeichnet, da der Bedeutungsgehalt atomistischer Ansätze innerhalb der Fachdiskussion in den letzten Jahrzehnten doch mehr als relativiert wurde.[8]

Zu fragen ist also, was die prozessual-systemische Denkfigur grundsätzlich Neues zu leisten vermag. Ein „potentieller" Vorteil läge m.E. in der Nutzung systemischen Erklärungswissens zur Beschreibung, Erklärung und Veränderung sozialer Wirklichkeit. Auffallend ist jedoch, daß die Autorin dieses Potential nicht hinlänglich nutzt. Aus der systemtheoretischen Perspektive heraus stellt sich deshalb die Frage, warum die Autorin die prozessual-systemische Denkfigur lediglich als Mittel betrachtet, „die Bewegung der Dinge in ihrem Wechsel" darzustellen und warum sie die in der Fachliteratur vorhandenen systemtheoretischen Erkenntnisse eher randständig einbindet. So werden grundlegende systemtheoretische Konzepte und Positionen ausgeklammert, vor allem jene Konzepte, die sich insbesondere mit strukturellen, funktionalen und selbstreferentiellen System-Umwelt-Fragen beschäftigen, wie z.B. das Konzept von Luhmann. Dadurch kommt die Autorin über grobe Feststellungen, daß soziale Probleme Produkte von Wechselwirkungen zwischen den Systemeinheiten seien, nicht hinaus. Die Stärke struktureller Ansätze sehe ich aber gerade dort gegeben, wo Erklärungswissen angeboten wird, aus dem wiederum Folgerungen gezogen werden könnten, warum beispielsweise soziale Probleme und die damit verbundenen Mißstände sich nicht ändern oder aufgrund welcher Systemmechanismen sie sich ggf. verstärken. Wenn es Aufgabe einer Handlungstheorie ist, einen Theorie-Praxis-Bezug herzustellen und theoretische Voraussetzungen für praktisches Handeln zu schaffen, wäre doch gerade dieses Wissenspotential von großem Nutzen. So bleibt das Systemische bei Staub-Bernasconi lediglich eine Hilfskonstruktion, die mit systemtheoretischem Beschreibungs- und Erklärungsmaterial relativ grobrastig ausgestattet ist. Verfolgt man die Kritik der Autorin gerade am Ansatz Luhmanns (siehe Staub-Bernasconi 1983, 110f.), tut sich alsbald der Verdacht auf, als passe dieser strukturalistisch angelegte Systemansatz nicht in ihr „weltanschauliches" Konzept und werde deshalb ausgespart.

---

[8] Vgl. dazu auch Kritik von Sidler 1993, 33.

Grundsätzlich stellt sich die Beurteilung der Autorin, warum ein systemtheoretisches Konzept als tauglich oder nicht tauglich für ihren Ansatz erscheint, nicht ganz schlüssig dar. Bei einem Ansatz, der sich als „systemisch" ausgibt, wäre zunächst zu erwarten, daß die Auswahl der systemischen Ansätze auf der systemischen Erkenntnisebene diskutiert und begründet wird. Bei Staub-Bernasconi dagegen bleibt es bei relativ knappen Abhandlungen, welche Ansätze sie favorisiert und welche nicht. Bei näherer Betrachtung läßt sich erkennen, daß die Kriterien für die Wahl systemischer Ansätze für die eigene Theorieweiterentwicklung normativer bzw. weltanschaulicher Art sind. Ich möchte dies an zwei Zitaten aufzeigen, auf die sich Staub-Bernasconi bezieht. Sie zitiert Laszlo mit folgenden Worten:
„Denn, um es mit einem heutigen Systemtheoretiker zu sagen: 'Auch wenn wir im Schoss sozialer und ökologischer Systeme leben, so sind es doch wir, und nicht unsere Sozietäten und Ökologien, die ein Bewusstsein und die Fähigkeit haben, uns selbst und die Welt um uns zu erkennen, zu erhalten und umzugestalten.'" (Staub-Bernasconi 1995, 65)

Der Satz erscheint zunächst plausibel. Dennoch müßte an dieser Stelle ein nachvollziehbarer theoretischer Diskurs erfolgen, bei dem auch Ansätze diskutiert werden, die insbesondere den Einfluß sozialer Systeme hinsichtlich der Bestimmung sozialer Wirklichkeit, des individuellen Bewußtseins und Handelns herausarbeiten, - Ansätze also, die davon ausgehen, daß Denken und Handeln vor allem im Kontext von Systemen, deren Mechanismen, Regeln und Strukturen zu verstehen sind. Im Rahmen eines anderen veröffentlichten Beitrages unterstreicht die Autorin die Kritik Habermas' an Luhmann. Kritisiert wird dessen Konzept, durch das das Motivations- und Interessensubstrat interagierender Subjekte völlig abgelöst würde. Außerdem erfolge eine Ausblendung systemisch-vertikaler „Herr-Knecht-Relationen", als Kernstruktur kapitalistischer Verhältnisse von Lohnarbeit und Kapital (Staub-Bernasconi 1983, 110f.) Auch hieraus läßt sich interpretieren, daß für Silvia Staub-Bernasconi nur diejenigen Systemtheorien akzeptabel erscheinen, die das Individuum in den Mittelpunkt stellen, ihr Erkenntnisinteresse von der Selbstbestimmungs- und Gerechtigkeitsfrage aus entwickeln und dabei Unterdrückungsstrukturen herausarbeiten. Es geht mir an dieser Stelle nun nicht darum, normative Zugänge in der Wissenschaft grundsätzlich zu desavouieren. Im Gegenteil. Ich möchte lediglich klarstellen, daß eine wissenschafts-theoretische Diskussion sehr schnell in eine Schieflage gerät, wenn die Leistungsfähigkeit und Tauglichkeit erklärungswissenschaftlicher Ansätze, wie es die Systemtheorien nun einmal genuin sind, wissenschaftstheoretisch lediglich von normativen Prämissen aus beurteilt werden. Systemtheorien sind deduktiv-axiomatisch angelegt und wären demzufolge zunächst einmal empirisch auf ihren Wahrheitsgehalt zu befragen. Das Problem, das ich hier sehe ist, daß Staub-Bernasconi die ihrer Theorie zugrunde liegenden Setzungen (Seinsaussagen, Axiome etc.) nicht bekanntgibt, sich aber von ihnen in der Wahl ihrer Theorien leiten läßt. Um die hier angesprochene theoretische Problematik noch zu verdeutlichen, ziehe ich im folgenden ein Zitat von Ackoff heran, auf das sich die Autorin ebenfalls stützt:

„So gibt es drei zentrale Probleme, welche mit der Steuerung und Kontrolle zweckgerichteter Systeme verbunden sind, nämlich: Wie soll die Wirksamkeit gesteigert werden, mit welcher sie ihren eigenen Zwecken, den Zwecken ihrer untergeordneten Teil-Systeme wie den Zwecken der sie umfassenden Systeme dienen? Wir bezeichnen dies als das Problem der E i g e n - K o n t r o l l e, der H u m a n i s i e r u n g und des Umweltbezugs" (Staub-Bernasconi 1983, 113f.).

Dieses Zitat wird von der Autorin ebenfalls ziemlich unvermittelt gesetzt und nicht weiter diskutiert. Das „Humanisierungs-Problem" läßt sich zunächst nur aus einer normativen Perspektive aufwerfen, nicht genuin aus den erklärenden Systemtheorien. Deren zentrale Frage ist vielmehr: Wie funktionieren Systeme in ihrer System-Umwelt-Differenz und welche Eigenschaften zeigen sie? Dagegen steht hinter dem o.g. Zitat die Frage: Wie müssen Systeme strukturiert sein, damit sie Humanität, Eigenkontrolle und Umweltbezug herstellen können? Dies ist ein gänzlich anderer Fragehorizont. Zunächst möchte ich Silvia Staub-Bernasconi in ihrem Anliegen unterstützen. Denn die Frage, wie Systeme beschaffen sein müßten, um Humanität hervorbringen zu können, sehe ich nicht nur als interessant, sondern als grundlegend für die (Fort-)Entwicklung sozialer Gesellschaften an. Für die theoretische Diskussion sind jedoch zunächst die beiden Ebenen analytisch zu unterscheiden. Mir ist derzeit auch kein theoretisches Konzept bekannt, in dem die Verbindung beider Zugänge zu einem schlüssigen systemisch-normativen Modell entwickelt worden wäre. Warum dies so ist, erscheint ziemlich offensichtlich. Letztendlich geht es um die Schwierigkeit, zwei Erkenntnisordnungen (Seinsordnung, Sollensordnung) zu verbinden, die zunächst nicht kompatibel sind und deshalb immer ein Dilemma ergeben. Systeme sind als dynamische Ganzheiten zu betrachten, die im Kontext ihres Austausches mit der Umwelt Anpassungsleistungen vollbringen. Dies könnte beispielsweise bedeuten, daß ein erwirkter normativer Optimalzustand möglicherweise aus Gründen der Systemstabilisierung oder -optimierung aufgegeben wird. Auch erlaubt die Umsetzung des Humanen, Guten, Erstrebenswerten aus systemischer Sicht keine Wenn-Dann-Aussagen, z.B. in dem Sinne, bestimmte Strukturen ermöglichen bestimmte humane Werte. Aus Gründen der Komplexität, Dynamik und Vernetzung sind immer wieder unbedachte, nicht antizipierbare Folgewirkungen und -entwicklungen mitzubedenken. So können Humanisierungsbestrebungen durchaus ungewollte negative Begleiterscheinungen auf anderen

Ebenen nach sich ziehen. Aus streng systemischer Sichtweise ist das Ethisch-Normative vor allem auch aus seiner funktionalen Bedeutung heraus zu erfassen. Die Frage, die sich daraus ergibt, lautet: was geschieht mit Aspekten der Humanität, wenn sie sich als nicht systemfunktional erweisen? Die Verbindung eines normativen Zugangs zur Bewertung von Wirklichkeit mit systemischen Theorien zur Beschreibung und Erklärung sozialer Wirklichkeit ist grundsätzlich eine theoretische Herausforderung. In bezug auf eine Theoriebildung Sozialer Arbeit erscheint mir, und da stimme ich mit Staub-Bernasconi überein, eine Verbindung der beiden Zugänge unerläßlich. Die theoretische Lösung kann dabei jedoch nicht sein, diejenigen systemischen Ansätze auszusparen, die nicht in das weltanschauliche Konzept passen, bzw. das Systemische so anzupassen und zu marginalisieren, daß es nicht mehr als theoretischer Störfaktor auftritt. Vielmehr sind die theoretischen Dilemmata zu benennen und offenzulegen und es sind die theoretischen Hilfskonstruktionen herauszuarbeiten, die zwischen beiden Erkenntnisordnungen einen Bogen spannen lassen.

Bei der Beschäftigung mit dem Ansatz von Silvia Staub-Bernasconi finden sich immer wieder theoretische Widersprüche. Ihre Ursache sind wohl diesem methodisch ungelösten Problem der Verbindung unterschiedlicher Erkenntnisordnungen zuzuschreiben. So zeigen sich auch die von der Autorin eingeführten Machtkategorien (Begrenzungs-/Behinderungsmacht) aus der systemischen Perspektive heraus nicht ganz schlüssig. In bezug auf „Behinderungsmacht" verstehe ich die Autorin so, daß sie Behinderungsmacht auf der vertikalen Ebene thematisiert, während „Begrenzungsmacht" horizontal und vertikal dimensioniert ist (siehe Staub-Bernasconi 1994a, 34, 82f.;1986, 50; 1989; 1983, 66). Theoretisch bleibt unklar, warum dies so verhandelt wird und worauf sich die Annahme stützt, daß Macht-Behinderungen (im Sinne negativer Macht) von oben nach unten verlaufen und nicht ebenfalls horizontal, daß dagegen Macht-Begrenzungen (im Sinne positiver Macht) vertikal und horizontal dimensioniert sind. Systemische Positionen gehen von einem dynamischen Macht-Begriff aus, d.h. Macht bewegt sich in einem „dynamischen Kreislauf" (vgl. Luhmann 1981, 45; 1988b). Dies muß nicht bedeuten, daß dadurch vertikale Machtstrukturierungen nivelliert werden und aus dem Blick geraten. Empirisch lassen sich doch gerade auch im Kontext Sozialer Arbeit behindernde Machtstrukturen auch auf horizontaler Ebene beobachten, z.B. im Rahmen von Gruppen-/ Teamarbeit, wo sich Mitglieder häufig ohne soziales Unter- und Überordnungsverhältnis gegenseitig behindern bzw. ihre Interessen gegen die Interessen anderer durchzusetzen vermögen. Systemisch betrachtet wird Macht grundsätzlich nicht in eine Linearität eingebettet (von oben nach unten).⁹ Bei Staub-Bernasconi schimmert hier wohl eher ein traditionelles Schichten- und Klassenmodell durch und auch hier grundsätzlich die Frage, ob hier wiederum ein analytischer Machtbegriff durch normative Setzungen zustandekommt.

Eine weitere Auffälligkeit im Umgang mit systemtheoretischen Ansätzen und Zugängen zeigt sich darin, daß Silvia Staub-Bernasconi konstruktivistische Theorien nicht einbindet. Nestoren systemischer Ansätze gehen davon aus, daß es „objektive Erkenntnis" nach dem traditionellen Wissenschaftsbegriff nicht gibt. Objektivität wird gesehen als eine vom Subjekt hervorgebrachte, konstruierte Wirklichkeit. Wir alle, auch die WissenschaftlerInnen, sind nach diesem Ansatz Konstrukteure/innen von Wirklichkeit (vgl. dazu Watzlawick 1987; Bateson 1992; Maturana/Varela 1991)[10]. Die Autorin kritisiert den „radikalen Konstruktivismus" dahingehend, daß Probleme und deren Erklärung zu situativ-subjektiven, kulturrelativistischen Konstruktionen würden, die an keinem objektiven Wert- oder Wahrheitsmaßstab mehr zu überprüfen seien (Staub-Bernasconi 1994b, 89). Beim Thema „Konstruktivismus" liegt die Autorin auch konträr zu Vertreterinnen systemisch-feministischer Ansätze (vor allem aus der Familientherapie), die versuchen, eine Synthese herzustellen zwischen systemischen, konstruktivistischen und feministischen Ansätzen (vgl. Krüll 1992; Mies 1984).
Vor allem im Hinblick auf die Entwicklung einer Handlungstheorie vergibt Staub-Bernasconi hier m.E. theoretisches Potential. Ihrer Kritik unterliegt wohl die Annahme von zwei sich ausschließenden erkenntnistheoretischen Konzepten: unveräußerliche ethische Prinzipien und soziale Problemdimensionierungen hier, für die sie eintritt und ein diese Prinzipien relativierender Konstruktivismus dort, der alles beliebig läßt, was sie ablehnt. Eine nach den Prämissen von Staub-Bernasconi angelegte Handlungstheorie hat nun aber zwei Ebenen, auf denen sich ethische Positionen dimensionieren lassen:

a) eine metatheoretische Beschreibungs-/Begründungsebene sowie
b) eine praktische Handlungsebene, die geschichtlich vermittelt ist und im Kontext von Interaktion und Kommunikation entsteht (Pieper 1979, 7).

---

[9]Der dynamische Machtbegriff wird auch von dem (Neo-)Strukturalisten Michel Foucault beschrieben. Er geht davon aus, daß Gesellschaft ein soziales Netz von Kräfteverhältnissen darstellt, das sich durch Machtbeziehungen (die diskursiv ausgetragen werden) kennzeichnet. Individuen, Gruppen, Institutionen etc. nehmen in diesem machtstrukturierten Netz jeweils unterschiedliche und sich verändernde Positionen ein. Sie sind jeweils zugleich Machtakteure wie auch Objekte von Macht (Foucault 1973, 117 f.).
[10]Vgl. dazu auch den Beitrag von Tatschmurat in diesem Band.

Zunächst handelt es sich hier um zwei getrennte analytische Ebenen. Es ist ein Unterschied, ob beispielsweise Machtkategorien wie Behinderungs-/Begrenzungsmacht eingeführt und in ihren negativen/positiven Eigenschaften auf metatheoretischer Ebene beschrieben werden oder ob in der konkreten Praxis ermittelt werden soll, welche Machtkategorie im Einzelfall nun tatsächlich vorherrscht, wer wie betroffen ist und wer Aussagen darüber trifft. Auf beiden Ebenen sind unterschiedliche Fragen zu stellen. Auf der ersten Ebene geht es um Fragen der Letztbegründung und universalen Gültigkeit von Werten. Auf der Handlungsebene Sozialer Arbeit geht es u.a. um das Verhältnis allgemeiner Prinzipien in bezug auf aktuelle soziale Problemlagen. Insbesondere stellt sich in diesem Zusammenhang die Frage, wie die Problem-Betroffenen und -Beteiligten sowie die professionellen HelferInnen(-systeme) soziale Probleme und Problemlagen deuten und bewerten und wie hier das allgemein als richtig Erachtete praktisch zum Tragen kommt bzw. kommen soll. Die von Staub-Bernasconi aufgeworfenen Kategorien der qualitativen und quantitativen Ausstattungsdefizite sowie Austausch-, Kriterien- und Machtproblematiken sind auf der konkreten Handlungsebene zu bestimmen und zu definieren. Der Versuch der Autorin, auf metatheoretischer Ebene grundlegende Antworten zu geben, was als defizitäre bzw. optimale qualitative und quantitative Grundausstattung von Einheiten, optimale Beziehungen, Macht-, Wert- und Problemlösungsvorstellungen gelten kann, ist viel zu grobrastig (und muß es wohl auch sein), so daß diese Kategorien lediglich als Orientierungspunkte dienen können. Aus konstruktivistischer Sicht bedarf es der Deutungen und Interpretationen dessen, was warum in einer Gesellschaft, in und für spezifische Entitäten problematisch ist. Hier gibt es dann nicht lediglich „richtig" oder „falsch", sondern viele Differenzierungen und Unschärfen, die wiederum Ausdruck sozialer Wirklichkeit sind. Eine Theorie, die sich als Handlungstheorie versteht, muß hier m.E. theoretische Angebote bereithalten, auf deren Grundlage Wahrnehmung und Handeln in der Praxis reflektiert werden können und die die Deutungsproblematik aufwirft. Ein konstruktivistischer Zugang wäre m.E. die Basis eines solchen Angebotes. Er würde Wahrnehmen und Handeln in der Praxis dahingehend relativieren, daß Problembetroffene sowie HelferInnen Konstrukteure/innen ihrer Wirklichkeit sind. Auf dieser Grundlage wären dann in der Praxis Bedeutung und Auswirkungen sozialer Problemsituationen gemeinsam zu verhandeln. Konstruktivismus auf der praktischen Ebene muß nicht bedeuten, oberste, als gültig veranschlagte Werte zu veräußern. Es geht vielmehr darum, wie mit solchen Prinzipien konkret umgegangen wird. Um mit Maturana zu sprechen: „Eine Konsequenz für den sozialen Bereich lautet, daß niemand behaupten kann, über einen besonderen, privilegierten Zugang zu einer "Wahrheit" zu verfügen" (Maturana in Riegas/Vetter 1991, 60).

Bei der Beschreibung von Praxisproblemen stößt man bei Staub-Bernasconi zwar hier und da ziemlich unvermittelt auf das Thema Deutungsmuster (z.B. Staub-Bernasconi 1994b, 86). Es fehlt aber die erkenntnistheoretische Herleitung und Begründung der Verwendung des Deutungsmuster-Ansatzes. Damit bleibt unklar, von welchen Prämissen letztendlich nun auszugehen ist. Auf der metatheoretischen Ebene lehnt sie den Konstruktivismus wohl gänzlich ab und plädiert demgegenüber für unveräußerliche, allgemeingültige Werte und Problemdimensionen, unabhängig von ihrer gesellschaftlichen Artikulation. Um solche zu formulieren, muß aber ein konstruktivistischer Ansatz auch auf metatheoretischer Ebene kein Hindernis sein. Es würden lediglich Aussagen darüber zu machen sein, daß die jeweiligen Interpretationen allgemeingültiger Werte und Problemdimensionierungen keine Objektivität an sich darstellen, sondern daß sie im Kontext eines Kultur- und Geschichtsverständnisses zu sehen sind, ebenfalls im Kontext des Selbst- und Weltverständnisses der Wissenschaftlerin und, bezogen auf Soziale Arbeit, auch im Kontext eines beruflichen Selbstverständnisses.

Die normativen Prämissen des Ansatzes

Der grundlegende Zugang zur Theoriebildung der Autorin zeichnet sich als ein normativer ab. Dabei durchzieht die Arbeiten Silvia Staub-Bernasconis ein auffälliges Prinzip der Polarität. Anders formuliert: Ihre Argumentation wird immer wieder getragen durch einen binären Code: prozessual-systemisches Problem-Paradigma versus statisch-atomistisches Problem-Paradigma; Behinderungsmacht versus Begrenzungsmacht und damit wörtlich „böse oder pervertierte Macht" versus „wünschbare, gute Macht" (1989, 8); das hierarchische Organisationsprinzip versus Eigenorganisation (1983, 166ff.). In den anwendungsorientierten Arbeiten spricht sie über „falsche" Bilder und Theorien, „falsche" Alltagstheorien (1994a, 65). Also muß es auch das „Richtige" geben. Frage ist dabei nur, in wessen Verfügungsgewalt das „Richtige" ist. Ein Sendungsbewußtsein ist zu erkennen. Plausible Abhandlungen erfolgen, wie Macht abgebaut und Gesellschaft humaner gestaltet werden könne. Systemische Zugangsweisen und Fragestellungen treten dabei in den Hintergrund. Doch ihren normativen Sollensaussagen fehlt die Begründungsbasis. Genügt es, gesellschaftliche Werte und Sollziele einfach zu setzen, so wie es Staub-Bernasconi tut, oder müßten Postulate bzgl. Emanzipation, Demokratisierung, Verteilungs-/Austauschgerechtigkeit, Gesundheit nicht auch hergeleitet und begründet werden? Müßte hier nicht auch eine Diskussion über das zugrunde gelegte Menschenbild und damit eine anthropologische Fundierung erfolgen und

wären die veranschlagten Werte nicht auch an unterschiedlichen Konzepten, z.B. einer Prinzipienethik, Verantwortungsethik oder Diskursethik zu entwickeln?
Da es in der Sozialen Arbeit um menschliche Praxis geht, kann eine Handlungstheorie nicht neutral bzw. wertfrei sein. Die konsequente Parteilichkeit, die Silvia Staub-Bernasconis hier einfordert, ist somit grundsätzlich zu würdigen. Auf der theoretischen Ebene bedarf die zugrunde gelegte Wertbasis jedoch der Herleitung und ebenso wäre, wie weiter oben skizziert, der theoretische Bogen zu spannen zwischen obersten allgemeinen Prinzipien und der praktischen Handlungsebene.

Feministische Orientierung

Silvia Staub-Bernasconi setzt sich engagiert mit der Frauen-Frage im Rahmen Sozialer Arbeit auseinander, und zwar auf ganz unterschiedlichen Ebenen. Im Rahmen sozialarbeiterischer Theoriebildung ist es ihr ein Anliegen aufzuzeigen, daß die Theoriebildung nicht erst mit den Arbeiten eines Scherpner, Rössner oder Thiersch in den 60er und 70er Jahren begonnen hat, sondern daß die Nestorinnen Sozialer Arbeit nicht nur Praktikerinnen, sondern ebenso Theoretikerinnen waren. Vor allem in Auseinandersetzung mit den Arbeiten von Jane Addams stellt sie heraus, daß das ökologische bzw. systemische Paradigma vor mehr als 100 Jahren begonnen hat (Staub-Bernasconi 1995, 21-41).
Zu Positionen der neuen Frauenbewegung nimmt sie einen durchaus kritischen Standpunkt ein, macht aber gleichzeitig deutlich, daß sie für und nicht gegen die Frauenfrage ist. In Auseinandersetzung mit Positionen feministischer Machtkritik (Benachteiligung der Frauen im Bereich Bildung, Arbeit, Einkommen, mangelnde Artikulations- und Definitionsmacht, Leistungs- und Positionsmacht) geht es ihr um die Frage, wie Frauen mit Macht umgehen wollen/sollen. Sie warnt davor, männliche Macht einfach durch weibliche ersetzen zu wollen, im Glauben daran, weibliche Macht wäre von vornherein die bessere, männliche Macht dagegen die schlechte. Weder hält sie etwas davon, daß Frauen auf Macht verzichten, noch, daß sie sich in sog. „Gegenwelten" flüchten, z.B. in „Liebe oder Lust, Spiritualität, Hingabe/Fürsorge, Spontaneität und Kreativität" (1989, 4ff.). Auf der Grundlage der von ihr angelegten Machtkategorien (Behinderungs-/ Begrenzungsmacht) geht es ihr um das Bewußtwerden eigener und fremder Machtquellen. Mit Blick auf Soziale Arbeit sieht sie drei Aktionsebenen:
- die Erweiterung der Machtquellen bei KlientInnen;
- die Erweiterung der Machtquellen bei SozialarbeiterInnen (z.B. durch die Teilnahme an verschiedenen (Aktions-)Gruppen;

- die Erweiterung der Machtquellen durch die parlamentarische Arbeit von Frauen, darunter eben auch Sozialarbeiterinnen.

Die Positionen der Autorin machen nicht nur ihren handlungsorientierten und politischen Ansatz deutlich, sondern sind als sehr konstruktiv im Rahmen feministischer Auseinandersetzung zu werten. Auffallend ist, daß die Autorin hier wiederum vor allem Sollens-Sätze formuliert, was anzustreben und was zu tun ist.

Interessant für die feministische Diskussion sind vor allem die Ausstattungskategorien. So lassen sich über die verschiedenen Kategorien Quellen geschlechtsspezifischer Macht, Selbstbestimmung und Einflußnahme herausarbeiten. Zentral für Mädchen und Frauen benennt Staub-Bernasconi insbesondere die Bereiche Aus-/Bildung, soziale Netzwerke, Arbeit und Einkommen und das Verfügen über Artikulations- und Definitionsmacht. Aus der systemischen Sichtweise sind Frauen und Mädchen gefordert, eine Doppelperspektive einzunehmen. Geschlechtsspezifische Benachteiligungen sind dabei im Kontext gesellschaftlicher Bedingungen, insbesondere den sozio-ökonomischen, politischen und kulturellen zu betrachten. Bei Staub-Bernasconi kommt dieses Moment nachhaltig zum Tragen. So wird das Persönliche in Verbindung gebracht mit dem Allgemeinen und davon nicht abgekoppelt. Des weiteren sind Frauen und Mädchen ebenfalls gefordert, ihre eigenen Anteile ausfindig zu machen, durch die Ohnmacht, Unterdrückung, Mißbrauch möglicherweise mitzementiert werden. Hier geht es nicht um Fragen der Mit-Schuld, sondern um die Reflexion der eigenen Lebenssituation und die eigene persönliche Verfaßtheit als Ergebnis von Person-Umwelt-Beziehungen. Demzufolge geht es auch um die Auseinandersetzung mit eigenen Selbst- und Fremdbildern, Wertmaßstäben und Handlungsweisen. Dies betrifft nicht nur die Adressatinnen Sozialer Arbeit, sondern auch die Helferinnen.[11] Erst über diesen doppelten Reflexionsprozeß wird der Boden für Veränderungsprozesse bereitet.

Resümierend ist zu sagen, daß das Anliegen Silvia Staub-Bernasconis, die Sozialarbeitswissenschaft voranzutreiben, zu würdigen ist. Im Vorgelegten steckt viel Entwicklungsarbeit und es weist grundlegend eine nachvollziehbare, wenn auch inkonsistente Gesamtkonzeption auf. Aus der systemischen Perspektive wirft es allerdings noch etliche Fragen, Brüche und theoretisch ungelöste Probleme auf. Die von ihr favorisierte prozessual-systemische Denkfigur hat eher formalistischen Charakter und ist nicht grundlegend als theoretisches Strukturprinzip in ihrem Ansatz verankert. Die theoretischen Probleme, die sich durch die Verbindung verschiedener Erkenntnisebenen ergeben, werden nicht zureichend offengelegt und benannt. Auch die

---

[11] Welche Bedeutung dies gerade für Sozialarbeiterinnen im Frauenhaus hat arbeitet Völkl-Maciejczyk (in diesem Band) heraus.

Verbindung zwischen theoretischer Metaebene und Handlungsebene müßte m.E. theoretisch konsequent hergeleitet werden. Konstruktiv für den Problemgegenstand Sozialer Arbeit sehe ich die Konzeptualisierung sozialer Probleme in Ausstattungs-, Austausch-, Kriterien- und Machtproblematiken. Doch so, wie die Theorie derzeit sprachlich und in ihrer Komplexität angelegt ist, läuft die Autorin Gefahr, daß ihr Ansatz lediglich eklektizistisch gebraucht und eine intensive Beschäftigung ausgespart wird. Erfahrungen aus der Hochschulpraxis belegen dies. Verfolgt man ihre publizierten Beiträge, so fällt auf, daß sich ihre Inhalte wiederholen. Eine maßgebliche Weiterentwicklung ihres Ansatzes läßt sich neuerdings hinsichtlich des Praxistransfers ihres metatheoretischen Ansatzes beobachten. Aber gerade auf metatheoretischer Ebene hielte ich eine Weiterentwicklung ihres Entwurfs für erstrebenswert und notwendig, insbesondere auf der Begründungs- und Verknüpfungsebene.

Literatur

Bateson, Gregory [4]1992: Ökologie des Geistes. Anthropologische, psychologische, biologische und epistemologische Perspektiven. Frankfurt/M.

Belenky, Mary Field u.a. [2]1991: Das andere Denken. Persönlichkeit, Moral und Intellekt der Frau. Frankfurt/M.

Blumer, Herbert 1975: Soziale Probleme als kollektives Verhalten. In: Hondrich, K.O. (Hrsg.): Menschliche Bedürfnisse und soziale Steuerung. Reinbek, 102-113

Engelke, Ernst 1992: Soziale Arbeit als Wissenschaft. Freiburg/Br.

Foucault, Michel 1973: Die Archäologie des Wissens. Frankfurt/M.

Germain, Carel B./Gitterman Alex [2]1988: Praktische Sozialarbeit. Das „Life Model" der sozialen Arbeit. Stuttgart

Krüll, Marianne 1992: Die epistemologische Herausforderung des feministischen und systemischen Denkens. In: Rücker-Embden-Jonasch, Ingeborg/Ebbecke-Nohlen, Andrea (Hrsg.): Balanceakte. Familientherapie und Geschlechterrollen. Heidelberg, 16-33

Kuhn, Thomas S. [2]1976: Die Struktur wissenschaftlicher Revolutionen. Frankfurt/M.

Lowy, Louis 1983: Sozialarbeit/Sozialpädagogik als Wissenschaft im angloamerikanischen und deutschsprachigen Raum. Freiburg/Br.

Luhmann, Niklas 1981: Politische Theorie im Wohlfahrtsstaat. München

Luhmann, Niklas 1988a: Soziale Systeme. Frankfurt/M.

Luhmann, Niklas [2]1988b: Macht. Durchgesehene Aufl. Stuttgart

Luhmann, Niklas 1989: Gesellschaftsstruktur und Semantik. Studien zur Wissenssoziologie der modernen Gesellschaft, Bd. 3, Frankfurt/M.

Maturana, Humberto, R./Varela, Francisco, J. ^{2}1991: Der Baum der Erkenntnis. Die biologischen Wurzeln des menschlichen Erkennens. Bern/München

Mies, Maria 1984: Frauenforschung oder feministische Forschung? Beiträge zur feministischen Theorie und Praxis 7, 11

Miller, Tilly 1993: Komplexität und politische Erwachsenenbildung. Unveröff. Dissertation. Päd. Fakultät der Universität der Bundeswehr. Neubiberg

Miller, Tilly 1995: Handeln in systemischen Bezügen. e&l (erleben und lernen), 3. Jg., 1, 11-14

Pieper, Annemarie 1979: Pragmatische und ethische Normenbegründung. Köln

Riegas, Volker/Vetter, Christian (Hrsg.) ^{2}1991: Zur Biologie der Kognition. Ein Gespräch mit Humberto R. Maturana und Beiträge zur Diskussion seines Werkes. Frankfurt/M.

Sidler, Nikolaus 1993: Verlockendes aus der Alchimistenküche. Zur Handlungstheorie Sozialer Arbeit von Silvia Staub-Bernasconi. Archiv für Wissenschaft und Praxis der sozialen Arbeit. 1, 28-47

Staub-Bernasconi Silvia 1983: Soziale Probleme - Dimensionen ihrer Artikulation. Diessenhofen

Staub-Bernasconi, Silvia 1986: Soziale Arbeit als eine besondere Art des Umganges mit Menschen, Dingen und Ideen. Sozialarbeit 1986/ 10, 2-71

Staub-Bernasconi, Silvia 1989: Macht - Herrschaft - Gewalt. Sozialarbeit, 3, 2-13

Staub-Bernasconi, Silvia 1994a: Soziale Probleme - Soziale Berufe - Soziale Praxis. In: Heiner, Maja u.a. (Hrsg.): Methodisches Handeln in der Sozialen Arbeit. Freiburg/Br., 11-101

Staub-Bernasconi, Silvia 1994b: Soziale Arbeit als Gegenstand von Theorie und Wissenschaft. In: Wendt, Wolf Rainer (Hrsg.): Sozial und wissenschaftlich arbeiten. Status und Positionen der Sozialarbeitswissenschaft. Freiburg/Br., 75-104

Staub-Bernasconi, Silvia 1995: Systemtheorie, soziale Probleme und Soziale Arbeit: lokal, national, international oder: vom Ende der Bescheidenheit. Bern/Stuttgart/Wien

Thiersch, Hans/Rauschenbach, Thomas 1987: Sozialpädagogik/Sozialarbeit: Theorie und Entwicklung. In: Eyferth, Hanns/Otto, Hans-Uwe/ Thiersch, Hans (Hrsg.): Handbuch zur Sozialarbeit/Sozialpädagogik. Studienausgabe. Neuwied/Darmstadt, 984-1016

Varela, Francisco, J. ²1990: Kognitionswissenschaft - Kognitionstechnik. Eine Skizze aktueller Perspektiven. Frankfurt/M.

Watzlawick, Paul ⁴1978: Wie wirklich ist die Wirklichkeit? München

Welter-Enderlin, Rosemarie 1992: Familismus, Sexismus und Familientherapie. In: Rücker-Embden-Jonasch, Ingeborg/Ebbecke-Nohlen, Andrea (Hrsg.): Balanceakte. Familientherapie und Geschlechterrollen. Heidelberg, 107-130

Wendt, Wolf Rainer 1990: Ökosozial denken und handeln. Grundlagen und Anwendungen in der Sozialarbeit. Freiburg/Br.

Zink, Dionys 1991: Der ökologische Ansatz in der Sozialarbeit. Pädagogischer Rundbrief, Nr. 2/3, 41. Jg., 1-15

Der Prozessual-systemische Ansatz von Silvia Staub-Bernasconi als Handlungsinstrument für die Praxis Sozialer Arbeit

Brigitte Irmler, Tilly Miller

Im Zuge der Entwicklung einer sozialarbeiterischen Handlungstheorie unternimmt Silvia Staub-Bernasconi (1994a) den Versuch, die praktische Anwendung ihres Ansatzes zu thematisieren und aufzuzeigen. Wir wollen diese Umsetzungsangebote aufgreifen und auf ihre Praxistauglichkeit hin prüfen. Der nun folgende Beitrag ist dabei als Erweiterung des vorausgehenden Beitrages von Tilly Miller anzusehen, der sich mit den Grundlagen der Theorie von Staub-Bernasconi beschäftigt. Die dort referierten Begriffe und theoretischen Aussagen werden demzufolge als bekannt vorausgesetzt. Nachdem wir, die Verfasserinnen, jeweils ein **systemisches** Theorieverständnis für die eigene Arbeit zugrunde legen, wird der Fokus der Auseinandersetzung mit dem Ansatz von Silvia Staub-Bernasconi nachhaltig auf diesen Aspekt gerichtet sein.

Für unsere Aufgabenstellung wählen wir folgende Vorgehensweise:
Ins Zentrum setzen wir einen praktischen Fall, mit dessen Hilfe wir die Umsetzungsmöglichkeiten und Grenzen des prozessual-systemischen Ansatzes von Silvia Staub-Bernasconi erarbeiten und aufzeigen wollen. Damit wird gleichzeitig die Funktion des Falles angedeutet. Nicht die grundlegende Fallbearbeitung steht somit im Mittelpunkt unserer Ausführungen, sondern die Fallskizze soll behilflich sein, Möglichkeiten und Grenzen des gewählten Ansatzes zu veranschaulichen und unsere kritischen Argumentationsstränge nachvollziehbar zu machen. Das Fallmaterial stammt aus der Praxis, die Namen der Betroffenen haben wir verändert. Auf der Grundlage des prozessual-systemischen Ansatzes zielen wir darauf ab,

- theoretisch fundierte Problemdefinitionen für den Praxisfall vorzunehmen,
- sozialpädagogische Handlungsschritte und -strategien aufzuzeigen sowie
- nach möglichen Folgewirkungen sozialpädagogischer Handlungsweisen zu fragen.
- Ebenfalls werden wir nach Folgerungen des Ansatzes in bezug auf das System Betroffene-Helferin fragen und auch danach,
- wie sich der Fall in eine feministische Sichtweise einbinden läßt.

Das Fallmaterial stammt aus der Familienarbeit. Wir wählen bewußt die Systemeinheit „Familie", um die Anwendungstauglichkeit des Ansatz von Silvia Staub-Bernasconi an einer komplexen Systemeinheit zu überprüfen.

Ausgangslage:

> Frau Jellner, alleinerziehende Mutter von drei minderjährigen Kindern, ruft bei einer Beratungsstelle für Erziehungs- und Familienfragen an. Aufgeregt erzählt sie der dortigen Sozialpädagogin, daß sich ihre jüngste Tochter Martha seit einigen Monaten sehr auffällig benimmt. Wiederholt sei sie früher schon aus dem Kindergarten fortgelaufen und weigere sich nun, zur Schule zu gehen. Frau Jellner fühlt sich ratlos und überfordert und erbittet Hilfe. Die Sozialpädagogin und Frau Jellner vereinbaren einen Termin für ein Erstgespräch.

Die Anfangssituation

Die Funktion eines Erstgespräches ist zunächst einmal, den Anlaß des Kommens der Betroffenen zu identifizieren und den damit verbundenen Hilfeauftrag zu überprüfen. Dabei ist auch zu klären, ob mit den zur Verfügung stehenden Ressourcen der Einrichtung geholfen werden kann. Ebenfalls erfolgt eine erste Kontraktbildung, die eine wechselseitige Zustimmung zwischen Frau Jellner und der Sozialpädagogin hinsichtlich der gemeinsamen Arbeit (formal und inhaltlich) vorsieht. Auf dieser Grundlage ist dann in einem nächsten Schritt die erste gemeinsame Problemdefinition zwischen der Betroffenen und der Helferin vorzunehmen (vgl. dazu auch Germain/ Gitterman 1988, 49ff.). Wir gehen davon aus, daß die Beratungsstelle für das vorgebrachte Problem von Frau Jellner grundsätzlich zuständig und eine erste Kontraktbildung erfolgt ist. Der Prozeß der Problemanalyse kann demzufolge beginnen.
Silvia Staub-Bernasconi bietet nun ein Instrumentarium an, mit dessen Hilfe die Problemlagen von AdressatInnen erfaßt werden können. Es handelt sich um eine Problemkarte (Abb. 1):

„Eine solche Problemkarte läßt sich mit den oder für die AdressatInnen der Sozialen Arbeit anfertigen und nach jedem Gespräch oder jeder Interaktion ergänzen ... Bei Problemeintragungen muß erkenntlich sein, welches die Problemdefinitionen der Akteure, der KlientInnen sind und welche Probleme die Fachkräfte der Sozialen Arbeit oder anderen Personen wahrgenommen und thematisiert haben bzw. im Verlaufe des Prozesses thematisieren möchten. Die dadurch erhältliche Information ist nicht nur die Grundlage für die Aushandlung eines Arbeitsauftrages, sondern auch für die sachliche Begründung von sozialpolitischen Forderungen" (1994a, 76f.)

Die Problemkarte:				
Allgemein-theoretische Dimensionen von Individuen als Mitglieder sozialer Systeme	Problemdimensionen von Individuen als Mitglieder sozialer Systeme			
	Ausstattungs-dimensionen und -probleme (Bedürfnisse als Basis)	Austausch-dimensionen und -probleme (Tauschmedien als Basis)	Machtdimen-sionen und -probleme (Machtquellen als Basis)	Kriterien- Wert-dimensionen und -probleme (Bedürfnisse, Werte als Basis)
Körperliche Ausstattung	Feld 1	Feld 7	Feld 13	Feld 19
Sozialökologi-sche und sozio-ökonomische Ausstattung	Feld 2	Feld 8	Feld 14	Feld 20
Ausstattung mit Erkenntnis-kompetenzen	Feld 3	Feld 9	Feld 15	Feld 21
Ausstattung mit Bedeutungssys-temen (Wissen)	Feld 4	Feld 10	Feld 16	Feld 22
Ausstattung mit Handlungs-kompetenzen	Feld 5	Feld 11	Feld 17	Feld 23
Ausstattung mit sozialen Bezieh-ungen/Mitglied-schaften	Feld 6	Feld 12	Feld 18	Feld 24

Abb. 1 Problemkarte von Silvia Staub-Bernasconi (1994a, 77)

Die Problemkarte soll zur Situations- und Problemerfassung genutzt werden sowie zur „Formulierung einfacher und - je nach Wissensstand - komplexer theoretischer Fragestellungen und Hypothesen auf der horizontalen und vertikalen Achse". Eine weitere Bedeutung der Problemkarte sieht die Autorin im Sinne eines „Denkwerkzeuges", „um einen Dialog sowohl mit Kolleginnen und anderen Professionen als auch mit VertreterInnen ver- schiedener wissenschaftlicher Grundlagendisziplinen wie PhilosophInnen und EthikerInnen in Gang zu bringen" (1994a, 77ff.).
Daraus läßt sich folgern, daß die Karte bereits im Erstgespräch zu verwen- den ist, um Problemlagen herauszufiltern. Den Ausführungen der Autorin ist ebenfalls zu entnehmen, daß die inhaltliche Bearbeitung anhand der Problemkarte prozeßhaft zu sehen ist und sich über den gesamten Arbeits- prozeß erstreckt. Staub-Bernasconi empfiehlt, in einem ersten Schritt ledig- lich die Ausstattungsdimensionen und -probleme sowie Austauschprobleme und -dimensionen zu behandeln, um dann in einem nächsten Schritt die schwierigeren Macht- und Kriterienprobleme aufzuwerfen (1994a, 78). Die

Frage, die sich nun stellt, ist, wie mit der Problemkarte in den ersten Beratungsgesprächen umzugehen ist. Die Autorin stellt dazu lediglich fest, daß „diese Karte zunächst als 'simple Checkliste' zu betrachten ist" (1994a, 78). Was ist aber damit genau gemeint? Ist daran gedacht, daß die Sozialpädagogin durch Fragen die einzelnen Ausstattungsbereiche gezielt abfragt? Wir halten dem entgegen, daß eine solche „neutrale" Vorgehensweise im Sinne einer „Checkliste" möglicherweise Gefahr läuft, die Relevanz einer Information für die akute Lebenssituation der Klientin zu egalisieren und Faktoren mit einer besonderen Schlüsselfunktion zu neutralisieren (vgl. dazu auch Germain/Gitterman 1988, 56). Um dies zu verhindern, empfehlen wir deshalb für die ersten Sitzungen, eine Gesprächssituation herzustellen, die der Adressatin in bezug auf die Darstellung ihrer Lebenssituation den Vortritt läßt, um dadurch deren Problem- und Bedürfnislage deutlich erfassen zu können. Ein solches Vorgehen respektiert zugleich die Autonomie der Adressatin, indem ihre individuelle Sichtweise und Problemfokussierung ernstgenommen wird. Nicht die „Checkliste" sollte somit in der Eingangsphase vordergründig das Gespräch strukturieren, sondern das Anliegen der Klientin. Die Problemkarte kann dabei aber sehr wohl als „innerer" Leitfaden und als Ordnungsinstrumentarium für die Sozialpädagogin dienen.

Die nächste Frage ist, ob die Problemkarte wie überhaupt der Arbeitsansatz von Silvia Staub-Bernasconi zur Analyse sozialer Probleme der Adressatin vermittelt werden soll und kann. Wir sind der Meinung, daß im Sinne der Transparenz und des Machtausgleichs zwischen Helferin und Adressatin das theoretisch rückgebundene Arbeitskonzept alltagssprachlich zu vermitteln ist. Staub-Bernasconi weist zwar darauf hin, daß sich die Checkliste „im Dialog mit KlientInnen", auch für „Menschen ohne universitäres Studium" bewährt habe (1994a, 78) - jedoch, wie dieser Dialog zu gestalten ist und wie die abstrakten Begrifflichkeiten in Alltagssprache umzusetzen sind, dazu finden wir keine Hilfestellung.

In bezug auf unseren Fall konstruieren wir nun im weiteren folgende Situation:

> Mit Frau Jellner hat das Erstgespräch stattgefunden sowie eine Woche später das Zweitgespräch. Dabei ergibt sich folgendes Bild:
> Frau Jellner ist 34 Jahre alt, Reinigungsfrau in einer Putzkolonne und seit einem Jahr von ihrem Mann getrennt. Sie lebt seitdem zusammen mit ihren drei Kindern in der ursprünglichen Drei-Zimmer-Wohnung. Der Stadtteil, in dem sie leben, ist durch einen überproportionalen Anteil von AusländerInnen, SozialhilfeempfängerInnen und Teilfamilien (alleinerziehende Frauen mit Kindern) gekennzeichnet.

Zu sich und ihrer Familie macht Frau Jellner folgende Angaben:
Timo ist 11 Jahre und besucht die 5. Klasse Grundschule;
Elsa ist 8 Jahre und besucht die 2. Klasse Grundschule;
Martha ist 7 Jahre alt und besucht die erste Klasse Grundschule.
Herr Jellner ist 38 Jahre alt und als ungelernter Arbeiter auf dem Bau tätig. Er lebt seit der Trennung von der Familie mit seiner Freundin zusammen. Nur unregelmäßig kümmert er sich um seine Kinder und ebenso unregelmäßig zahlt er Unterhalt für sie.
Frau Jellner fühlt sich mit ihrer Berufstätigkeit und der Versorgung der Kinder sehr überlastet. Sie verläßt jeden Morgen um 5.00 Uhr das Haus, kommt um 12.30 Uhr wieder nach Hause zurück und verläßt um 16.00 Uhr erneut das Haus, um die Spätnachmittagsschicht anzutreten. Gegen 19.30 Uhr hat sie dann Feierabend. Während ihrer Abwesenheit sieht hin und wieder eine Nachbarin nach den Kindern. Vor allem ist Frau Jellner sehr froh darüber, daß ihr ältester Sohn, Timo, sehr zuverlässig ist. Timo kümmert sich um seine beiden kleineren Schwestern, geht Einkaufen und ist für Frau Jellner ein wichtiger Gesprächspartner für sämtliche Alltagsdinge. Wörtlich sagt sie: „Er sorgt für alles, wie ein richtiger Vater". Elsa wird von Frau Jellner als ein braves, ruhiges und eher unauffälliges Kind geschildert. Sie sei aber diejenige, die am meisten den Vater vermißt und gerne bei ihm leben möchte.
Große Probleme hat Frau Jellner schon seit längerem mit Martha. Sie ist schon früher vom Kindergarten fortgelaufen und weigert sich nun, zur Schule zu gehen. Sie reagiert trotzig, wenn sie gefragt wird, warum sie das tut. Ihre Lehrerin hat auch bereits mit Frau Jellner gesprochen und ihr empfohlen, Martha in einer Sonderschule für verhaltensauffällige Kinder zu überweisen. Doch Frau Jellner möchte dies auf keinen Fall. Sie weiß nicht mehr, was sie tun soll. „So vieles habe ich schon probiert", sagt sie, „gutes Zureden, Verbote oder Schläge. Nichts hat geholfen, sondern alles nur noch verschlimmert."
Schwierigkeiten hat Frau Jellner auch mit dem sporadischen Kontakt der Kinder mit ihrem Vater. Nach den Besuchen seien sie stets sehr aggressiv gegen sie und in Konfliktsituationen äußern die Mädchen wiederholt den Wunsch, lieber beim Vater leben zu wollen. Frau Jellner hat darüber bereits mit ihrem Mann gesprochen, doch dieser lehnt es ab, die Kinder zu sich zu nehmen. Er kann sich, wie er sagt, nicht um sie kümmern. „Mit Männern habe ich kein Glück" sagt Frau Jellner, „mein Vater hat getrunken und meine Mutter und uns Kinder geschlagen und mein Mann hat es mit uns auch nicht anders gemacht!" Eigentlich ist sie froh, daß er nun eine andere Frau hat.
Frau Jellner beklagt sich auch über ihre finanzielle Situation. Ihr Mann zahlt nur sporadisch Unterhalt, den sie immer wieder anmahnen muß. Das ver-

fügbare Geld genügt kaum für den täglichen Bedarf. Bezüglich Kleidung und Schulsachen müssen sich die Kinder selbst an den Vater wenden, was ihnen oft sehr unangenehm ist. Frau Jellner hat auch kaum Kontakte nach außen. Gute Freunde hat sie ebenfalls nicht. Wenn sie einmal etwas mehr Zeit hat, verkriecht sie sich ins Bett, da sie häufig sehr erschöpft ist.

Problembearbeitung und -dimensionierung

Auf der Grundlage des von Frau Jellner vorgetragenen Fallmaterials kann die Sozialpädagogin nun mit Hilfe der Problemkarte und in Verbindung mit sozialwissenschaftlichem Erklärungswissen vorläufige Hypothesen über die Problemdimensionen aufstellen (vgl. Staub-Bernasconi 1994a, 79). In unserem Fallbeispiel stellt sich jedoch zunächst die Frage, wer ist denn eigentlich KlientIn? Die Mutter, Martha, alle Kinder, die ganze Familie? Und für wen soll die Problemkarte nun tatsächlich Anwendung finden? Silvia Staub-Bernasconi geht von der Annahme aus, daß sich Soziale Arbeit mit Personen und größeren sozialen Einheiten zu beschäftigen hat, die von „kumulativen Sozialen Problematiken" betroffen sind, insbesondere hinsichtlich Ausstattungs-, Beziehungs- und Kriterien-Defizienzen (1983, 224). Übertragen wir diese Annahme auf unseren Fall und nehmen wir die dazu von Staub-Bernasconi entworfene Problemkarte als Leitfaden, so lassen sich folgende vorläufige Hypothesen bezüglich vorhandener Problematiken aufstellen:
Die Mutter bedarf der Hilfe
- wegen der Defizite in der sozio-ökonomischen Ausstattung (finanzielle Probleme, Arbeitssituation, Statusverlust;
- wegen der Defizite in der körperlichen Ausstattung (Beeinträchtigung der körperlichen Leistungsfähigkeit durch Leistungsüberforderung);
- wegen der Defizite in der symbolischen Ausstattung (möglicherweise durch reduziertes Selbstbild und Selbstwertgefühl als Frau wie überhaupt bzgl. ihrer Männer- und Frauenbilder);
- wegen der Defizite in der Ausstattung mit Handlungskompetenz (insbesonder im Rollenhandeln, z.B. als Mutter, Alleinerziehende, Berufstätige);
- wegen der Defizite in der Ausstattung mit sozialen Beziehungen und Mitgliedschaften;
- wegen der kommunikativen Austauschprobleme mit Martha und mit ihrem getrennt lebenden Ehemann;
- wegen der Behinderungsmacht ihres Ehemanns, der seinen Verpflichtungen nicht nachkommt.

Martha bedarf der Hilfe
- wegen der Defizite in der sozio-ökonomischen Ausstattung;
- wegen der Defizite in der symbolischen Ausstattung (fehlende Einsicht bzgl. Bedeutung der Schule und von Regeln);
- wegen der Defizite in der Handlungskompetenz (in der Rolle als Schülerin, der Tochter);
- wegen der kommunikativen Austauschprobleme mit der Mutter;
- wegen der Behinderungsmacht des Vaters, der seinen materiellen und sozialen Verpflichtungen nicht nachkommt.

Timo bedarf der Hilfe
- wegen der Defizite in der sozio-ökonomischen Ausstattung;
- wegen der Überschüsse und Defizite in der symbolischen Ausstattung (es ist zu vermuten, daß er wenig Zugang zu altersadäquaten kindlichen Vorstellungswelten hat, dagegen Überschüsse im Umgang mit Erwachsenenwelten);
- wegen der Überschüsse und Defizite in der Handlungskompetenz (Rollenhandeln ist auf Erwachsensein und Verantwortung für andere bezogen und erscheint vor allem auch kognitiv gesteuert (Überschüsse). Es ist anzunehmen, daß das kindliche Rollenhandeln eher defizitär ist);
- wegen der kommunikativen Austauschprobleme mit dem Vater aufgrund von Loyalitätskonflikten;
- wegen der Behinderungsmacht des Vaters (die neben der materiellen Behinderung vor allem auch sein erwachsenenbezogenes Rollenverhalten wohl nachhaltig bestimmt und sein Kindsein einschränkt).

Elsa bedarf der Hilfe
- wegen der Defizite in der sozio-ökonomischen Ausstattung;
- wegen der Defizite bei sozialen Beziehungen und Mitgliedschaften (Vaterverlust, eher unklarer Platz innerhalb der Geschwisterreihe und den Eltern gegenüber);
- wegen der Defizite in der symbolischen Ausstattung (Loyalitätskonflikte bzgl. Vater und Mutter);
- evtl. wegen der Defizite in der Handlungskompetenz (da sie sehr ruhig und zurückgezogen scheint und möglicherweise ihre Interessen nicht zureichend vertreten kann).

Herr Jellner bedarf Hilfe
- durch Defizite in der symbolischen Ausstattung (sieht seine Verantwortung und seine Verpflichtungen seiner Familie gegenüber nicht; Frauen diskriminierende Bilder und Einstellungen);

- wegen der Defizite in der Handlungskompetenz (er übernimmt nicht Rollenverpflichtungen als Vater, führt in der Elternrolle auch keinen Austausch mit seiner geschiedenen Frau; neigt zur Gewalttätigkeit);
- wegen des Mißbrauchs seiner Machtquellen (Geld, emotionale Zuneigung der Kinder), was sich für die Familienmitglieder behindernd auswirkt;
- wegen der Defizite im Bereich von Kriterien (fehlendes Verantwortungsbewußtsein, evtl. Legitimation von Gewalttätigkeit).

Die Familie[1] bedarf insgesamt der Hilfe
- wegen der Defizite in der sozio-ökonomischen Ausstattung;
- wegen der Kriterien-/Wertprobleme (was bedeutet Verantwortung, was soll sein?);
- wegen der Machtprobleme (wer setzt sich durch, wer behindert?);
- wegen der Austauschprobleme der Mitglieder (sozio-ökonomisch, emotional, rational-organisatorisch);
- wegen der Probleme in der Handlungskompetenz (insbesondere im Rollenhandeln);
- wegen der Probleme in der symbolischen Ausstattung (Bilder über Männer und Frauen, Elternbilder, Kinderbilder).

In einer ersten Einschätzung zeigt sich also, daß alle beteiligten Persönlichkeitssysteme der Teilfamilie sowie das Gesamtsystem Familie kumulative Problematiken aufweisen. Aus der systemischen Perspektive heraus resultieren soziale Probleme aus fehlerhaften Musterbildungen im System und zwischen den Systemen (Staub-Bernasconi 1983, 41f.). Dabei haben wir es nicht mehr mit klaren Ursache-Wirkungsbeziehungen zu tun, sondern mit dynamisch-vernetzten Wechselwirkungen. Auf diesen Ansatz bezogen müßte nun die Sozialpädagogin im vorliegenden Fall folgerichtig die fachliche Entscheidung treffen, nicht lediglich mit Einzelpersonen, sondern mit der ganzen Familie und den für die Probleme relevanten Bezugssystemen zu arbeiten. Dies muß nicht bedeuten, daß sie durchgehend mit der kompletten Familie arbeitet, sondern je nach Bedarf und Zielsetzung erfolgt die Soziale Arbeit durchaus auch mit unterschiedlichen Subsystemen (z.B. Eltern, Einzelpersonen, Kindern).[2]

---

[1] Wir gehen hier von der kompletten Familie aus. Das bisherige Fallmaterial zeigt, daß der Vater nach wie vor eine zentrale Rolle in der Familie spielt und eine wichtige Ressourcenfunktion innehat.
[2] Vgl. hierzu Ansätze aus der Familientherapie, z.B. Andolfi 1992; Imber-Black 1992; Oswald 1988.

Die Auflistung der Problematiken anhand der Ausstattungsebenen zeigt sich additiv. Was ist nun das Systemische daran? Wir vermissen bei der Autorin Zugriffsweisen, mit deren Hilfe sich systemische Verknüpfungen herausarbeiten lassen, darunter dominante, problemerzeugende und -erhaltende Musterbildungen innerhalb des Familiensystems und der für dieses System relevanten Umwelt. Wir vermissen Zugriffsweisen, die zu Prioritätensetzungen bezüglich der vorhandenen Problemrelevanzen und Ansatzmöglichkeiten hinführen. Staub-Bernasconis Zugang stützt sich auf eine beschreibende und kategorisierende Vorgehensweise. Die additive Ausdifferenzierung erscheint uns zwar einerseits für eine mehrperspektivische Problemerkenntnis aufschlußreich, jedoch zu unergiebig für ein gezielt systemisches Fall-Erklären und -Verstehen und eine darauf angelegte Fallbearbeitung.

Betrachten wir die Problemdimensionierungen unter feministischen Gesichtspunkten, so stellen wir fest, daß sich der Ansatz von Silvia Staub-Bernasconi mit feministischen Ansätzen aus der Familienarbeit und Familientherapie (vgl. Goodrich u.a. 1991, insb. 19 und 31) verbinden läßt. Die Ausstattungsebenen beinhalten zentrale Kategorien, die sich die feministische Familienforschung zu eigen gemacht hat. Im Vordergrund stehen Fragen
- nach den Geschlechterrollen, deren Stereotypisierungen und Identitätsbestimmungen,
- nach der Beziehung zwischen Einzelnen und der Familie,
- nach vorhandenen Machtdimensionen,
- nach der Beziehung zwischen Familie und Gesellschaft.

Nach dieser hypothetischen Problemdimensionierung müßte nun die Sozialpädagogin zusammen mit Frau Jellner einen neuen Arbeitskontrakt aushandeln. Darin gilt es zu vereinbaren, daß die ganze Familie in die Problemlösung miteinbezogen wird. Zwischen der Beraterin und Frau Jellner ist ebenfalls zu klären, welche Probleme vorrangig bearbeitet werden sollen und wie sich die Zusammenarbeit gestalten soll.
Durch den neuen Kontrakt ist nun die Basis für eine familientherapeutisch orientierte Soziale Arbeit geschaffen. Für den Prozeß der gemeinsamen Arbeit müßte nun nach Staub-Bernasconi die Problemkarte weitergeführt, ergänzt oder modifiziert werden. Bedeutet dies nun auf den Fall bezogen, daß für alle Familienmitglieder einzelne Problemkarten erstellt und fortgeführt werden? Die Ausführungen bei Staub-Bernasconi lassen uns darüber im Unklaren. Anzunehmen ist, daß die in der Regel knappen zeitlichen Ressourcen in der Praxis Sozialer Arbeit eine konsequente Problemkartenführung für einzelne Familienmitglieder wohl kaum zulassen würden. Durch eine konsequente Anwendung der Problemkarte wären des weiteren zuneh-

mend mehr Ausdifferenzierungen und Problemvernetzungen herauszuarbeiten; diese würde ggf. zu einem Grad der Komplexität führen, der eine „behindernde" Eigendynamik entfalten könnte. Deshalb empfehlen wir, die Problemkarte lediglich als „inneren" Leitfaden zu nutzen, um Probleme zu dimensionieren und in ihren vernetzten Zusammenhängen zu lokalisieren.

Defizite und Überschüsse

Der Ansatz von Silvia Staub-Bernasconi stellt Defizite und Überschüsse ins Zentrum der Problemwahrnehmung. Der Fall Jellner hat sich aus dieser Perspektive, zumindest hypothetisch, zu einem auffallenden und komplexen Defizit-Szenario entwickelt. Welche Auswirkungen hat aber nun die Anwendung eines an Defiziten und Überschüssen orientierten Ansatzes auf die **Wahrnehmung** der Betroffenen, die **Problemdefinition** und die **Handlungsschritte** durch die Sozialpädagogin? Der Ansatz läuft unseres Erachtens Gefahr, die Betroffenen zu pathologisieren. Ebenso läuft er Gefahr, das Macht- und Kompetenzgefälle in der Zusammenarbeit zwischen Helferin und Problembetroffenen zu verstärken. Ein an Defiziten und Überschüssen orientierter Ansatz mag zwar für die Konzeptualisierung sozialer Probleme und die Benennung des Problemgegenstandes Sozialer Arbeit auf einer metatheoretischen Ebene brauchbar sein; ein direkter Transfer auf die praktische Arbeit erscheint uns dagegen problematisch. Sehr wohl läßt sich von real vorhandenen Defiziten dort sprechen, wo beispielsweise materielle Mängel vorliegen und nachweisbar sind. Jedoch im Bereich des Symbolischen und des Handelns wird der Begriff fragwürdig.
Wir sind der Auffassung, daß mit einer bloßen Defizitfestschreibung die (funktionale) **Sinnhaftigkeit** von Symptomen, Verhaltensweisen, Einstellungen und Sichtweisen für die Stabilität des eigenen Persönlichkeitssystems wie auch sozialer Systeme aus dem Blick gerät. So wären **systemische Bedeutungs-Fragen** zu stellen, z.B. welche Balancefunktion bestimmte Rollenbilder für die Persönlichkeitsstruktur oder für ein Familiensystem haben, welche Fähigkeiten, welche Kreativität und welche Anpassungsleistungen im Sinne von Bewältigungsmuster darin stecken. Ist insbesondere eine feministisch orientierte Soziale Arbeit nicht geradezu paradox angelegt, wenn die Frage nach Defiziten/Überschüssen ins Zentrum gerückt wird und geht damit nicht eine Pathologisierung einher, die Autonomie- und Selbstbestimmungspostulaten zuwiderläuft? (Vgl. dazu auch Rücker-Embden-Jonasch/Ebbecke-Nohlen 1992, 222f.)
Theoretische Konzepte kanalisieren die Wahrnehmung. Mit dem vorliegenden Konzept würde die Wahrnehmung der KlientInnen zuförderst auf deren Defizite gerichtet sein. Welchen theoretischen und praktischen Ort im

Konzept Staub-Bernasconis haben dagegen Stärken und Entwicklungspotentiale der Betroffenen? Wir sind der Auffassung, daß sich erst mit Blick auf Fähigkeiten und Eigenpotentiale der Betroffenen kreative Handlungsdimensionen entwickeln lassen. Fähigkeiten und Potentiale sind deshalb explizit zugrunde zu legen. Erst dann lassen sich auch Fragen der Zumutbarkeit bestimmter Handlungsschritte für die KlientInnen aufwerfen und gemeinsam klären. Der Ansatz von Staub-Bernasconi erscheint uns hier dringend ergänzungsbedürftig. Infrage kämen hier beispielsweise Empowermentkonzepte, die auf Vertrauen in die Stärken der Menschen setzen. In den Mittelpunkt stellen sie den Dialog zwischen HelferIn und Betroffenen, die sich gemeinsam über die Problemlagen und den Hilfeprozeß verständigen. Nicht die „Sicherheit fester Diagnosen" wird angestrebt, sondern ein gemeinsamer Suchprozeß (vgl. Herriger 1995). Empowermentkonzepte eröffnen den Ressourcenblick. Gerade die Verbindung dieser zunächst unterschiedlichen Konzepte erscheint uns sinnvoll, damit einseitige Wahrnehmungsfokussierungen vermieden werden. Auch Empowermentkonzepte für sich allein genommen erscheinen uns nicht unproblematisch, da sie wiederum Gefahr laufen, Problemlagen und deren Ursache-Wirkungs-Vernetzungen nicht explizit zu thematisieren.

Wie bestimmt des weiteren ein Defizit-/Überschußorientierter Ansatz die **Kommunikation** zwischen HelferIn und Betroffenen? Werden die Defizite als solche benannt - wenn ja, wie drückt sich dies in Sprache aus? Wie wirkt ein konsequent durchgeführter Defizitansatz überhaupt auf die Betroffenen? Wie wirkt er auf die innere Einstellung der Helferin und auf die äußere Haltung gegenüber den Betroffenen? Wie bestimmt er den Hilfeprozeß? Läuft nicht ein genuin angewandter Defizit-/Überschußansatz Gefahr, die AdressatInnen zu reduzieren, in ihren Aktivitäten zu lähmen und Abhängigkeiten zur Person der Helferin eher zu verfestigen? Ein Hilfeprozeß im Sinne einer Autonomieerweiterung erscheint uns in diesem Kontext schwierig und fraglich.

Das Hilfe-System

Grundsätzlich fällt auf, daß Silvia Staub-Bernasconi das Beziehungsgefüge zwischen HelferIn und Betroffenen nicht explizit thematisiert. Sie führt zwar an einer Stelle aus:

„Wenn immer möglich soll versucht werden, der Sichtweise der KlientInnen Priorität einzuräumen. Es wird also keineswegs ausgeschlossen, daß die AdressatInnen/ KlientInnen ihre eigenen Bilder zur Situation haben, nun aber die verschiedenen Bilder diskursiv miteinander verglichen werden und zusammen nach Erklärungen sowohl für die unterschiedlichen Bilder als auch für die damit beschriebenen Sachverhalte gesucht und schließlich nach den (noch) vorhandenen persönlichen und kontextuellen Ressourcen gefragt wird." (1994a, 60)

Es fällt bereits semantisch eine gewisse Halbherzigkeit bezüglich der Einbindung der AdressatInnen auf. Explizite Ausführungen und Klärungen zum Thema Hilfe-System haben wir nicht gefunden.
Aus einer systemischen Betrachtungsweise bilden jedoch Helferin und Betroffene ein beraterisches System, das nachhaltig den gesamten Hilfeprozeß und das Ergebnis dieses Prozesses bestimmt. Systemisch nicht nachvollziehbar ist für uns deshalb, warum Silvia Staub-Bernasconi diese für die Sozialarbeitspraxis zentrale Systemebene nicht grundlegend aufgreift und entwickelt. Warum bezieht sie ihre Kategorien bzgl. Ausstattungen, Kriterien, Austausch und Macht nicht auch auf dieses Subsystem? Darüber ließen sich dann für die Person der Helferin im Kontext des Hilfeprozesses grundlegende Reflexionsfragen ableiten. So z.B.:
- Wie zeigt sich das Ausstattungspotential der Helferin und welche Wirkung hat dieses ggf. in der Arbeit mit den KlientInnen?
- Welche Rolle spielen eigene Weltbilder, Selbstbilder, Bilder von Frausein, Erfahrungen der eigenen Sozialisation und Lebensbedingungen bei der Problemanalyse und Hypothesenbildung?
- Welches Rollenhandeln und welche Handlungsmuster sind dabei ausgeprägt (als Sozialarbeiterin, Mutter, Frau) und wie wirken sich diese möglicherweise auf die Arbeit mit den Betroffenen aus?
- Welche Werte/Kriterien, insbesondere auch weibliche Werthaltungen vertritt die Helferin? Sind diese kompatibel mit denen der Betroffenen? Was passiert, wenn es gravierende Unterschiede und Unvereinbarkeiten gibt? Wie wird damit umgegangen?
- Welche Formen der Begrenzungs- und Behinderungsmacht sind im System Helferin-Betroffene zu beobachten? Welche könnten auftreten?[3]
- Was sind die Inhalte des Austausches? Welche Informationen werden ausgetauscht, welches Wissen, welche Erfahrungen, welche materiellen Güter, welcher Zuspruch wie auch Kritik? Was wird nicht ausgetauscht und zurückgehalten, bzw. ausgespart? Welche Konsequenzen führt das nach sich?

Systemisch-konstruktivistische Zugänge führen zu der Annahme, daß HelferInnen durch eigene Erfahrungen, Weltbilder und Kriterien das Bild von Betroffenen und deren Systemeingebundenheit mitkonstruieren. Unabdingbare Voraussetzung für den Hilfeprozeß ist demzufolge, daß die HelferIn

---

[3] Auch hier erscheint uns Staub-Bernasconis Forderung nach einer bewußten „Auseinandersetzung mit der eigenen Machtbiographie und die Reflexion der damit verknüpften Fantasien der Allmacht und der Ohnmacht" als zu allgemein (1994a, 71).

ihre eigenen Konstruktionen reflektiert. Wegen der grundlegenden Ablehnung von konstruktivistischen Ansätzen durch Silvia Staub-Bernasconi (1994b, 89) gelingt ihr hier kein theoretischer Brückenschlag zu einer reflexiven HelferInnen-Praxis. Hinweise der Autorin, daß die Helferin der „Bewußtheit über die eigene Erkenntniskompetenz, Biographie und der Zusammenhang mit der Umwelt, der gesellschaftlichen Position" bedarf (1994b, 64), sind viel zu vage, um das komplizierte Interaktionsgefüge zwischen HelferIn und AdressatIn auch nur ansatzweise zu erfassen.
Ein weiterer systemischer Einflußfaktor, der den Hilfeprozeß mitbestimmt, wird von der Autorin ebenfalls nicht herausgearbeitet, nämlich die institutionellen Rahmenbedingungen des Trägers sozialer Dienstleistungen. Auch hier ist sehr wohl nach den Ausstattungsbedingungen, nach Werten/ Kriterien, Austausch- und Machtdimensionen zu fragen. Im Text der Autorin werden zwar immer wieder Überlegungen dazu eingeflochten, jedoch aus der systemischen Perspektive nicht explizit herausgearbeitet.
In systemisch konsequenter Weise sind diese Systeme von der Helferin wie von den Betroffenen auf deren jeweiligen Einflußgrad hin zu reflektieren. Ebenso sind daraus entsprechende Handlungskonsequenzen abzuleiten.

Entwicklung von Problemlösungsansätzen

Grundlegend führt Silvia Staub-Bernasconi hinsichtlich möglicher Problemlösungen im sozialen Hilfeprozeß acht Handlungsebenen ein (1994a, 61-73):
- Ressourcenerschließung,
- Bewußtseinsbildung,
- Modell-, Identitäts- und Kulturveränderung,
- Handlungskompetenz-Training und Teilnahmeförderung,
- Soziale Vernetzung und der Ausgleich von Pflichten und Rechten,
- Umgang mit Machtquellen und Machtstrukturen,
- Kriterien- und Öffentlichkeitsarbeit,
- Sozialmanagement.

Im folgenden werden wir auf die ersten sieben Ebenen eingehen, diese kurz referieren und entsprechende Ableitungen für den Fall Jellner vornehmen. Das Thema Sozialmanagement (siehe Staub-Bernasconi 1994a, 72f.) stellen wir im Kontext unserer Fallskizze zurück.

Ressourcenerschließung

Ein Hauptziel Sozialer Arbeit ist nach Silvia Staub-Bernasconi „die ressourcenmäßige Besserstellung von Individuen, Familien, gesellschaftlichen Gruppen als auch von territorialen und organisationellen Gemeinwesen". Nach Auffassung der Autorin sind materielle und symbolische Güter, Begegnungs- und Zufluchtstätten, Wissen über Anrechte und entsprechende Verpflichtungen, Gesetzesnormen und Dienstleistungen, insbesondere aber wirtschaftliche Hilfe, Arbeits-, Wohnraumbeschaffung, Entschuldungsaktionen, Bildung und Weiterbildung u.a.m. zu erschließen (1994a, 61f.).
Bezogen auf die Familie Jellner wäre nun zu überlegen, welche Ressourcen für die einzelnen Familienmitglieder und die Gesamtfamilie bedeutsam sind. Dabei rücken u.E. folgende Ressourcen in den Vordergrund:
- das Einholen von Rechtsauskünften hinsichtlich der Unterhaltsleistungen des geschiedenen Ehemannes (dies wäre auch eine Quelle für Begrenzungsmacht);
- das Erwirken adäquaterer Arbeitsbedingungen für Frau Jellner (zeitlich wie auch gesundheitlich);
- der Aufbau eines sozialen Netzwerkes zwecks Abbau sozialer Isolation für Frau Jellner, zur Auseinandersetzung mit der eigenen weiblichen Identität, der Mutterrolle, der Rolle als Geschiedene und Alleinerziehende sowie zur Unterstützung des organisatorischen Familienalltages (einher ginge damit auch eine Entlastung für Timo).

Bewußtseinsbildung

Bewußtseinsbildung zielt nach Staub-Bernasconi insbesondere auf die „Erweiterung, Differenzierung und Integration von Begriffen, Aussagen, Bildern und Codes (Theorien) zur persönlichen Situation" im Kontext sozialer und kultureller Bedingungen. Es geht dabei um die „Entschlüsselung und Deutung von Alltagssituationen, Lebensphasen, kritischen Lebensereignissen, der Mitgliedschafts-, Status-, Rollen- bzw. Machtbiographie von Menschen" (1994a, 63f.).
Übertragen auf den Fall Jellner bedeutet dies, mit allen Beteiligten in eine reflexive Auseinandersetzung zu kommen hinsichtlich
- der spezifischen individuellen Situation (materiell, sozial, psychisch); bei Frau Jellner ginge es hier insbesondere auch um Fragen des durch Scheidung erfolgten gesellschaftlichen Statusverlustes und des sozialen Abstiegs; bei den Kindern ginge es u.a. um Beziehungsverlust;
- individueller Wünsche und Bedürfnisse;

- Veränderungsmöglichkeiten und damit zusammenhängend, was der/die einzelne selbst verändern kann, wo eine Veränderungen erst in Verbindung mit anderen möglich wird und was auf gesellschaftlicher Ebene zu verändern wäre;
- der Frage, warum ein Mädchen (Martha), das sich bzgl. Schule regelwidrig verhält, in eine Sonderschule gehen soll. Würde die Umwelt (z.B. Lehrerin) anders reagieren, wenn Martha ein Junge wäre? Hier sind insbesondere geschlechtsspezifische Zuschreibungen zu reflektieren.

In Zusammenhang mit Bewußtseinsbildung betont die Autorin eine behutsame Vorgehensweise und verweist in diesem Zusammenhang auf Paolo Freire und die nicht-direktive Gesprächsführung von Carl Rogers. Die konkrete Situation wird dabei bestimmen, welche Einsichten und Handlungsveränderungen tatsächlich zum Tragen kommen werden (1994a, 64). Die Vorgaben der Autorin zeichnen sich eher durch Sollens-Sätze aus. Nicht zureichend thematisiert werden hier unseres Erachtens die Schwierigkeiten, die mit Prozessen der Bewußtseinsveränderung verbunden sind. Staub-Bernasconi reklamiert zwar, daß der/die HelferIn Wissen benötigt über die Bedingungen von Bewußtseinsveränderung, führt dazu aber nichts Näheres aus. Aus einer systemischen Perspektive heraus resultiert die Annahme, daß auch die für die Persönlichkeitsentwicklung „unzulänglichen" Bilder und Vorstellungen eine das Persönlichkeitssystem stabilisierende Funktion haben können. Ist dem so, dann ist deren Veränderung für die Beteiligten ein schwieriger und manchmal zermürbender Akt. Hinzu kommt, daß Bilder und Vorstellungen neben einer persönlichkeitsstabilisierenden Funktion auch eine stabilisierende Funktion gegenüber sozialen Systemen haben können (z.B. Partnerschaft, Familie, Arbeitsgruppe), in die eine Person eingebunden ist. So ist davon auszugehen, daß diese Systeme und deren Systemmitglieder Handlungen vollziehen, die darauf gerichtet sind, tradierte Bilder bei den Betroffenen aufrechtzuerhalten. Wir weisen deswegen auf den Punkt nachdrücklich hin, weil hier an die HelferInnen hohe Anforderungen gestellt sind. HelferInnen müssen unserer Auffassung nach gerade auf diesen Punkt hin besonders sensibilisiert und theoretisch qualifiziert werden, um hier Augenmaß, theoretische Kompetenz, reflexive Distanz, Elan, Beratungs- und Konfrontationstechniken entwickeln zu können. Von einem Modell mit einem prozessual-systemischen Ansatz sind gerade diesbezüglich mehr Differenzierung und Hilfestellung zu erwarten.

Mit „Bewußtseinsbildung" einhergehen muß unseres Erachtens auch das kritische Überprüfen der vorläufig aufgestellten Hypothesen der Sozialpädagogin über Defizite/Überschüsse, insbesondere dahingehend, ob die Hypothesen auch der Wahrnehmung und den Sichtweisen der Betroffenen standhalten oder ob hier Modifikationen angesagt sind.

Modell-, Identitäts- und Kulturveränderung

Diese Ebene zielt insbesondere auf die Erweiterung des Wissens über sich und die Welt, über Werte, Pläne, Verfahrensweisen. Es geht um die Erweiterung von Begriffen und Erklärungsweisen, um die eigene Situation besser erfassen zu können (1994a, 65). Bei diesem Punkt fällt auf, daß Staub-Bernasconi sehr eindringlich mit dem Adjektiv „falsch" arbeitet. Es geht ihr u.a. um die Veränderung von „falschen Bildern oder Theorien über Menschen; falsche Alltagstheorien etwa über Fluchtgründe, Delinquenz, Arbeitslosigkeit" (1994a, 65). Hierzu nimmt sie dann einen Methodenwechsel vor, d.h. sie favorisiert in diesem Zusammenhang eher direktive bzw. konfrontative Methoden. Das Vorgegebene verstehen wir so, daß die professionelle Helferin gefordert ist, die AdressatInnen mit für sie neuen, „richtigen" Kriterien, Rollen- und Leitbildern sowie Erklärungsweisen zu konfrontieren. Den Einwand einer damit möglicherweise verbundenen Gefahr der „Kolonisierung der Lebenswelt" nimmt die Autorin vorweg und weist darauf hin, daß diese Kritik nur dann geübt werden könne, wenn u.a. geschlechts-spezifische Vorurteile, rassistische Vorurteile oder faschistische Alltagstheorien akzeptiert würden. Wie verhält es sich aber bei den ethisch-moralisch nicht so „eindeutigen" Themen? Wo beginnt der Bereich, in dem klar zwischen „richtig" und „falsch" unterschieden werden kann und wo endet er? Praktische Soziale Arbeit ist gerade mit einer Heterogenität von Auffassungsspektren über Rollen, Leitbilder, Werte etc. konfrontiert, die nicht in simple Kategorien von Richtig oder Falsch einzuordnen sind. Am Beispiel weiblicher Identitäten, Rollenbilder und Verhaltensweisen wird sehr deutlich, wie schwierig es ist, von „richtig" oder „falsch" zu sprechen. Sehr wohl bedarf das sozialarbeiterische Handeln ethischer Prinzipien bzgl. Grundauffassungen über unveräußerlicher Werte. Dies darf aber nicht dazu führen, daß Professionelle glauben, das „Richtige" und das „Wahre" für sich gepachtet zu haben. Wir stimmen Silvia Staub-Bernasconi zu, daß professionelle HelferInnen die Aufgabe haben, die Betroffenen mit Bildern, Codes, Erkenntnisweisen zu konfrontieren, die den Blickwinkel erweitern, neue Aspekte einbringen und sie in ihrer Sichtweise möglicherweise auch „erschüttern". Dies kann unserer Meinung nach jedoch nur im Sinne eines „Angebotes" erfolgen. „Richtig" und „falsch" muß im Verfügungsbereich der Betroffenen bleiben. Denn sie müssen letztlich auch die Konsequenzen veränderter Werte, Rollen und Bilder tragen. Hinsichtlich des Verhältnisses Betroffene-HelferInnen werden somit grundlegende Fragen aufgeworfen, die uns im Ansatz von Staub-Bernasconi nicht zureichend geklärt und diskutiert sind. Es hat den Anschein, daß die Autorin die Objektivierbarkeit von Defiziten und Überschüssen, die sie metatheoretisch darlegt, auch für die Praxis in Anspruch nimmt. Aus einem konstruktivistischen Verständnis gehen wir demgegenüber davon aus, daß Aussagen über soziale Probleme in der Praxis Deutungen unterliegen, die sich aus subjektiven Erfahrungen, Wertungen und Wissenspotentialen speisen. Das, was sein soll und was als richtig benannt wird, kann deshalb nur in einem Akt der gegenseitigen Verständigung zwischen SozialarbeiterIn und Betroffenen entwickelt werden. Der theoretische Standort von Silvia Staub-Bernasconi läßt sich in dieser Frage für uns nicht klar lokalisieren.

Was könnte Modell-, Identitäts- und Kulturveränderung nun mit Blick auf die Familie Jellner bedeuten? Sie kann möglicherweise darauf zielen, gemeinsam die traditionellen geschlechtsspezifischen Rollenbilder wie auch altersspezifischen Rollen in Frage zu stellen und neue Bilder zu entwerfen, die für Frau Jellner und ihre Kinder mehr Entlastung und Entwicklung ermöglichen. Dazu gehört auch, vorhandene und gelebte Rollenbilder mit gesellschaftlich tradierten Rollenbildern in Verbindung zu bringen. Aufgabe der Helferin kann hier bestenfalls sein, Modelle und Überlegungen vorzustellen und diese gemeinsam mit den Betroffenen zu überprüfen.
An Silvia Staub-Bernasconi ist grundsätzlich die Frage zu richten, wo die grundlegenden Unterschiede zwischen Bewußtseinsbildung und Modell-, Identitäts- und Kulturveränderung liegen. Ebenfalls wird in ihrem Ansatz nicht deutlich, inwieweit die Sozialpädagogin Modellfunktion haben soll oder kann.

Handlungskompetenz-Training und Teilnahmeförderung

Diese Interventionsebene bezieht sich auf Probleme der aktiven Lebensgestaltung, z.B. durch abweichendes Verhalten, Bildungsabbruch, Vernachlässigung elterlicher Sorge u.a.m. Damit einher gehen Ziele wie Erweiterung von Handlungskompetenzen, Erhöhung von allgemeinen Teilnahmechancen, angemessene Kompetenzen im Rollenhandeln (Staub-Bernasconi 1994a, 67). Erreicht werden soll dies z.B. durch praktische Hilfestellungen im Alltag, durch Rollenspiele und Trainings.
Bezogen auf den Fall Jellner sind in diesem Zusammenhang Probleme der nicht zureichenden väterlichen Sorge, des Schulschwänzens von Martha, des nicht altersgemäßen Rollenhandelns von Timo zu nennen, ebenfalls die Schwierigkeit von Elsa, ihre Bedürfnisse und Konflikte deutlich auszudrücken. Frau Jellner sollte darin bestärkt werden, ihre eigenen Interessen, Bedürfnisse und Ansprüche als Frau, Mutter, Geschiedene, Alleinerziehende und Berufstätige nachhaltiger nach außen zu vertreten. Denkbare Handlungshilfen sind:

- Für Frau Jellner ein Training, um ihr Selbstbewußtsein zu stärken und um sich besser vertreten zu können;
- für die Kinder Trainings, die sie unterstützen, ihre Bedürfnisse auszudrücken und zu vertreten und in denen sie auch lernen (insbesondere Martha), Regeln einzuhalten;
- Hilfestellungen für die gesamte Familie, z.B. durch das Angebot von Verfahrensweisen und Regeln, damit die Familienmitglieder miteinander konstruktiv umgehen und verhandeln können;
- Bzgl. Herrn Jellner sind Überlegungen anzustellen, ob er in der Ausübung seiner elterlichen Sorge durch eine Gruppe „Väter nach Trennung" unterstützt werden könnte.

Soziale Vernetzung und der Ausgleich von Pflichten und Rechten

„Soziale Vernetzung als Arbeitsweise Sozialer Arbeit bezieht sich zunächst auf *Probleme* der sozialen Isolation ... Austauschasymmetrien können sich auf den Austausch von körperlichen Berührungen, sozioökonomischen und symbolischen Gütern, Erkenntnis- und Handlungskompetenzen wie Deutungsmuster/Wissensformen beziehen" (Staub-Bernasconi 1994a, 68).
Ziel ist nach Staub-Bernasconi eine „soziale (Re)Integration als Vernetzung über informelle oder formelle soziale Mitgliedschaften" sowie die „(Wieder-)Herstellung von Symmetrie in Austauschbeziehungen". Als Hauptmittel sind zu nennen:
- neue soziale Mitgliedschaften
- Regeln des fairen Austausches
- Regeln der interkulturellen Verständigung
- formelle und informelle Vereinbarungen, Verträge sowie
- das Aufspüren von (Selbst-)Hilfepotentialen

(1994a, 68f.).

Bezogen auf den Fall Jellner bedeutet dies, für die Familie und einzelne Familienmitglieder nach außen ein soziales Netz aufzubauen (vgl. auch „Ressourcenerschließung"), aber auch, innerhalb der Familie einen gerechteren Austausch von Geben und Nehmen herzustellen, insbesondere zwischen dem geschiedenen Ehepaar, zwischen Eltern und Kindern und zwischen den Kinder untereinander. Unter Zugrundelegung der hypothetischen Erstannahmen hinsichtlich der sozialen Probleme in der Familie sind Hilfestellungen anzuführen, die z.T. bereits an anderer Stelle erwähnt wurden:
- Erweiterung des Freundes- und Nachbarschaftskreises für Frau Jellner;

- Vermittlung einer Selbsthilfegruppe zur Auseinandersetzung mit der eigenen Identität, der Mutterrolle, der Rolle als Geschiedene und Alleinerziehende;
- Unterstützungsnetzwerk für den organisatorischen Familienalltag;
- Peer-groups für die Kinder, familienergänzende Unterstützungssysteme;
- Vermittlung einer Selbsthilfegruppe für Herrn Jellner für „Väter nach Trennung";
- Verbesserung der asymmetrischen Austauschbeziehungen hinsichtlich finanzieller Ressourcen durch Aufstellen neuer Regelungen und Vereinbarungen;
- Verbesserung der asymmetrischen Austauschbeziehungen hinsichtlich des sozialen Kontaktes untereinander durch Offenlegen der Bedürfnisse und Konflikte und der wechselseitigen Beteiligung bei Anforderungen und Aufgaben des Alltages.

Nachdem Silvia Staub-Bernasconi die verschiedenen Handlungsweisen dahingehend referiert, worauf sie zielen, und weniger, welche negativen Folgeeffekte sie ggf. nach sich ziehen können, hier nur folgender Hinweis: Die Befunde der Netzwerkforschung verweisen sehr wohl auf die entlastende Funktion von Netzwerken bei der Alltagsbewältigung. Neuere Forschungsansätze widmen sich aber auch zunehmend mehr den belastenden Momenten sozialer Netzwerke (vgl. Laireiter 1993). Aus einem fachlichen und feministischen Sozialarbeitsverständnis heraus gilt es u.E. sehr darauf zu achten, daß nicht wiederum den Frauen wegen ihrer zugeschriebenen Beziehungs- und Kommunikationsfähigkeit vorwiegend Beziehungs- und Netzwerkarbeit zugemutet wird, um vorhandene Probleme zu lösen oder zu mindern. Hier ist von fachlicher Seite nicht nur auf Belastungen und Überlastungen zu achten, sondern auch darauf, daß Reproduktions-Arbeit[4] nicht wiederum geschlechtsspezifisch erfolgt.

Umgang mit Machtquellen und Machtstrukturen

Hier geht es bei Silvia Staub-Bernasconi vor allem um den Abbau individueller Ohnmacht und struktureller Behinderungsmacht (Staub-Bernasconi 1994a, 69ff.). Die Fähigkeit der Analyse von Machtstrukturen, das Wissen über Machtquellen sowie Strategiewissen zur Machtgewinnung gewinnt in diesem Zusammenhang Bedeutung.

---

[4]Vgl. hier Mayr-Kleffel (1991, 124), die den Reproduktionsbegriff nicht nur auf die Kernfamilie bezieht, sondern auf weitere Netzwerkkonfigurationen wie Verwandtschaft und Nachbarschaft.

Im Fall Jellner ist auf familialer Ebene gemeinsam zu klären, wer wen wie behindert, wer sich von wem behindern läßt und wie sich Ohnmachtsgefühle ausdrücken. Machtquellen, vor allem für die Mutter und die Kinder, können u.a. durch Bewußtseinsbildung im Sinne veränderter Selbst- und Rollenbilder, durch gemeinsame Regeln, durch Inanspruchnahme gesetzlich geregelter Unterstützungsleistungen erschlossen werden.
Insbesondere bei Frau Jellner ist eine Hilfestellung in der Auseinandersetzung mit der eigenen weiblichen Macht- bzw. Ohnmachtsbiographie anzustreben, um ihre Durchsetzungsfähigkeit zu stärken.
Auf der gesellschaftlichen Ebene sind insbesondere die Manifestationen struktureller Behinderungsmacht aufzudecken, die alleinerziehende Frauen betreffen. VertreterInnen Sozialer Arbeit müßten hier anwaltschaftlich im Sinne einer Lobby für alleinerziehende Frauen tätig werden, um Strukturen mitzugestalten, die auf eine Verbesserung ihrer gesellschaftlichen Akzeptanz und Unterstützung zielen.
Auf der Mesoebene sind die behindernden Arbeitsbedingungen zu prüfen, denen sich Frau Jellner anpassen muß. Eine mögliche Machtquelle wäre hier die Kompetenz und Verläßlichkeit von Frau Jellner als Basis für das Aushandeln besserer Bedingungen. Zusammen mit Frau Jellner gilt es zu prüfen, ob neue Machtquellen erschlossen werden können (z.B. über Bildung/Ausbildung), als Grundlage für die Entwicklung neuer Arbeits- und Lebensperspektiven. Damit einhergehen müssen gemeinsame Überlegungen, was für Frau Jellner in der derzeitigen Situation machbar und zumutbar ist, damit mögliche Hilfsangebote nicht zur Überforderung werden.

Kriterien- und Öffentlichkeitsarbeit

Mit Kriterien sind Werte und Normen gemeint. Als Grundproblematiken im Zusammenhang mit Kriterien sieht Staub-Bernasconi:
- die Nichterfüllung vorgegebener Werte,
- das Fehlen von Wertvorstellungen,
- der willkürliche Umgang mit Werten und Normen.

Ziel von Kriterien- und Öffentlichkeitsarbeit ist die Verminderung des Abstandes zwischen Ist- und Soll-Zustand, der Versuch, neue Wertprioritäten zu setzen und zu normieren (Staub-Bernasconi 1994a, 71f.).
In der Familie Jellner fällt auf, daß der Wert des Sichgegenseitigunterstützens und der Verantwortung der Eltern gegenüber den Kindern von Herrn Jellner ignoriert wird. Mit Verbindlichkeiten geht er willkürlich um. Punktuell mutet auch Frau Jellner den Kindern eigene Verantwortungsanteile zu, wenn es um deren Versorgung geht. So müssen die Kinder wegen Kleidung

mit ihrem Vater verhandeln. All dies ist offenzulegen und es geht darum, gemeinsam neue Prioritäten zu setzen.

Öffentlichkeitsarbeit kann von seiten der Sozialen Arbeit dort erfolgen, wo es darum geht, schwierige Situationen von alleinerziehenden Müttern in der Öffentlichkeit offenzulegen. Die Öffentlichkeitsarbeit könnte in diesem Zusammenhang über Presseorgane, politische Gremien, Ausschüsse etc. erfolgen. Öffentlichkeitsarbeit und politische Arbeit sind eng miteinander verquickt, wenn es darum geht, auf sozial-struktureller und gesetzlicher Ebene Einfluß zu nehmen.

Auf der Mesoebene ist zu überlegen, inwieweit der Betriebsrat Frau Jellner bei Überlegungen zur Verbesserung ihrer Arbeitssituation unterstützen könnte, bzw. wie überhaupt Entlastungen für alleinerziehende Mütter im Betrieb erwirkt werden können.

Die von Silvia Staub-Bernasconi angebotenen Arbeitsweisen sind aus unserer Sicht zunächst einmal für die Dimensionierung von Handlungsebenen hilfreich. Die unterschiedlichen Ebenen lassen sich jedoch nur analytisch voneinander trennen; in ihrer Umsetzung gibt es, wie das Beispiel Jellner zeigt, notwendigerweise Überschneidungen. Auffallend ist, daß die einzelnen Ebenen eher additiv nebeneinander stehen. Der systemischen Perspektive wird kein expliziter Stellenwert eingeräumt. Silvia Staub-Bernasconi entwickelt die einzelnen Handlungsebenen somit nicht dahingehend, welche systemischen Strukturprinzipien und Mechanismen zu beachten und welche systemischen Fragestellungen anzulegen sind (z.B. nach Wechsel-, Folgewirkungen, Systemrationalitäten etc.), und zwar sowohl bei der Auswahl der Handlungsebene wie auch bei deren praktischer Umsetzung.

Die problembezogenen Arbeitsweisen stellen hohe Anforderungen an die professionelle Helferin. Als Allroundexpertin hat sie ein breitgefächertes Anforderungsprofil aufzuweisen. Offen bleibt auch die Frage, welche Prioritätensetzungen vorzunehmen sind, d.h. auf welchen Ebenen vorrangig zu arbeiten ist. Unseres Erachtens kann die Prioritätensetzung nur einvernehmlich mit den Betroffenen ausgehandelt werden, und zwar im Kontext dessen, was die Sozialarbeiterin zeitlich und von ihrer Kompetenz sowie von ihrem Selbstverständnis her zu leisten vermag und was in Einklang mit den Aufgaben des Trägers zu erbringen ist.

Folgewirkungen des Hilfeprozesses

Als Baustein einer Handlungstheorie formuliert Silvia Staub-Bernasconi die Kategorie „Funktionswissen".

„Es ist das Produkt einer systematischen empirischen Auswertung der durch bestimmte Arbeitsweisen erzielten Haupt- und Nebeneffekte bei den davon betroffenen Klienten- und benachbarten Teilsystemen wie ihrer Rückwirkungen auf umfassendere oder umfaßte Systeme" (Staub-Bernasconi 1986, 9).

Hier rückt deutlich wieder eine systemische Perspektive ins Zentrum. Doch in ihren Anwendungsausführungen (insbesondere 1994a) gibt Staub-Bernasconi keine Hinweise dazu, wie diese Kategorie in der praktischen Umsetzung zum Tragen kommen soll. Damit bleibt ein zentraler Punkt sozialarbeiterischen Handelns, die Evaluation, offen. Welche Kriterien sind für eine solche Evaluation aufzustellen? Was wären die geeigneten Methoden dafür? Welcher Stellenwert in der Bewertung des Hilfeprozesses kommt der Helferin und den Betroffenen zu? Es ist nicht unsere Aufgabe, hier eine Lücke zu schließen, doch in bezug auf den Fall Jellner lassen sich folgende Fragen skizzieren:

- Welche positiven Veränderungen gab es hinsichtlich der Verbesserung von Ausstattungen, Austausch, Macht und Kriterien von Personen und sozialen Systemen? Traten diesbezüglich auch Negativeffekte auf (wo, wann, in welchem Ausmaß)?
- Wie ist bzgl. Ausstattungen, Austausch, Macht, Kriterien das Helferin-Betroffenen-System zu bewerten?
- Welche Ressourcen konnten für wen erschlossen werden?
- Welche Personen und/oder soziale Systeme hatten davon Vor-/Nachteile?
- Welche Systeme haben durch den Hilfeprozeß eine positive Stabilisierung erfahren, welche eher eine Destabilisierung (wodurch)?
- Haben sich neue Systeme entwickelt, haben sich alte Systeme aufgelöst? Wie ist das zu beurteilen?
- Sind den Problembetroffenen und -beteiligten Wechselwirkungen hinsichtlich der Problementstehung, -entwicklung und -veränderung deutlich geworden?
- Sind unerwartete Ereignisse eingetreten und wurden wichtige Aspekte übersehen oder falsch eingeschätzt?
- Auf welchen Systemebenen (Mikro/Meso/Makro) wurde vorrangig gearbeitet und warum?
- Müssen Veränderungen erfolgen, wenn ja, auf welchen Ebenen (Helferin-Betroffenensystem, Zielebenen, Vorgehensweisen u.a.)?
- Welche möglichen Folgen könnten die neuen Vereinbarungen nach sich ziehen?

Wir verstehen die Kategorie „Funktionswissen" bei Silvia Staub-Bernasconi so, daß es hier vor allem um Evaluation, als zentrale Reflexion sozialarbeiterischen Handelns, geht. Wichtig erscheint uns deshalb, daß die Evaluation vor allem als „Prozeßevaluation" angelegt wird und nicht erst am Ende des Hilfeprozesses erfolgt. Erst über eine Prozeßevaluation ist die Möglichkeit gegeben, den Hilfeprozeß zu verändern und neue Vereinbarungen zu treffen. Eine Evaluation kann unseres Erachtens auch nicht ohne die Betroffenen erfolgen. Nur gemeinsam mit ihnen läßt sich der Erfolg des Hilfeprozesses bewerten.

Resümee

Anhand des Falles hat sich gezeigt, daß das von Silvia Staub-Bernasconi angebotene praxisbezogene Instrumentarium eine hilfreiche Grundlage für das Erfassen und Strukturieren von Informationen und Problemdimensionen darstellt. Die Problemkarte mit ihren verschiedenen Ebenen hilft, bei der Problemanalyse gezielte Fragen zu stellen und unterstützt das Erkennen von Problemkumulationen. Sie dient als Leitfaden, um die Mehrschichtigkeit psychischer wie sozialer Problematiken im Kontext Person-Umwelt zu erfragen und zu erkennen. Der Prozeß der Problemanalyse erfolgt somit nicht mehr beliebig, sondern zielgerichtet und theoretisch rückgekoppelt. Ob die konsequente Bearbeitung der in diesem Zusammenhang angebotenen Problemkarte im Rahmen der Alltagspraxis geeignet ist, wagen wir zu bezweifeln. Als Vorlage zur konkreten Ausarbeitung erachten wir sie als zu komplex und zu arbeitsaufwendig, wenn nicht gar aufgrund der möglichen Datenfülle als zu verwirrend. Viel eher würden wir die Problemkarte im Sinne eines „inneren Leitfadens" favorisieren.
Der Ansatz von Staub-Bernasconi erlaubt ein Beschreiben und Kategorisieren von Problemen, jedoch bietet er u.E. keine zureichenden Hilfestellungen an, um problematische Musterbildungen systemisch herauszuarbeiten. Auch leistet der Ansatz keine begründete Hilfestellung dahingehend, bei welchen Problemen anzusetzen ist.
Die angebotenen Arbeitsweisen erscheinen uns zunächst geeignet, konkrete Überlegungen und Schritte für den Hilfeprozeß einzuleiten. Die von Staub-Bernasconi aufgelisteten Ebenen der Ressourcenmobilisierung, Bewußtseinsbildung etc. sind dabei nicht neu, sondern gehören zum gängigen Standardrepertoire Sozialer Arbeit. Interessant wäre deshalb gewesen, die bereits bekannten Arbeitsweisen aus einer systemischen Perspektive heraus weiterzuentwickeln. Wir stellen fest, daß die Anwendung des gebotenen Instrumentariums auch ohne Systemwissen möglich ist. Prüft man es aber auf der Grundlage von Systemwissen, erscheint es nicht befriedigend. Wichtige Überlegungen im Rahmen des Hilfeprozesses bleiben ausgespart, z.B. Überlegungen bzgl. des HelferInnen-Betroffenen-Systems.

Hervorzuheben ist, daß das Instrumentarium so angelegt ist, daß es die Einbindung verschiedener Theorien mittlerer Reichweite aus den verschiedenen Disziplinen (Psychologie, Soziologie, Sozialpsychologie etc.) zuläßt und auch fordert. Die einzelnen Teiltheorien lassen sich im Kontext des gebotenen Handlungsinstrumentariums unserer Meinung nach nicht nur klar verorten, sondern es wird nachvollziehbarer, daß Soziale Arbeit eben komplexer Wissensebenen bedarf.

Als grundsätzlich problematisch sehen wir die Defizitorientierung des Ansatzes an. Unsere These ist, daß ein solcher Zugang notwendigerweise Wahrnehmung, Kommunikation und Handeln im Hilfeprozeß steuern wird. Wir bezweifeln, ob es mittels einer „Defizit-Brille" gelingen kann, Menschen mit sozialen Problemen nicht nur in ihren Problematiken, sondern vor allem auch in ihren Stärken und Fähigkeiten zu erfassen, zu motivieren und sie in ihrer Autonomie wahrzunehmen und zu respektieren. Hier erscheint uns der Ansatz dringend ergänzungsbedürftig. Unklar bleibt auch die Rolle der professionellen HelferIn und die Frage von Problemdeutungen und damit die Frage der Konstruktion von Problemsichtweisen durch die Beteiligten. Insgesamt wird auch hier deutlich, daß die Autorin den systemischen Bezug aus den Augen verliert.

Die Ausstattungskategorien, insbesondere die Kategorie Macht, stellen zentrale Analyseebenen für eine feministische Soziale Arbeit bereit. Dadurch lassen sich Quellen geschlechtsspezifischer Macht und Einflußnahme herausarbeiten, um Frauen in ihrem Zugang zu Ressourcen, in ihrer Artikulationsfähigkeit, Positions- sowie Organisationsmacht zu stärken. Besonders erwähnenswert erscheint uns das Anliegen der Autorin, Behinderungsmacht in Begrenzungsmacht umzuwandeln.

Der Ansatz von Silvia Staub-Bernasconi wird theoretisch wie in seiner praktischen Umsetzung dem systemischen Paradigma nicht gerecht. Unabhängig davon finden sich aber für die Soziale Arbeit wertvolle Ausarbeitungen und Überlegungen. Grundlegend ist der Anspruch zu würdigen, daß praktisches sozialarbeiterisches Tun einer theoretischen Rückkoppelung bedarf. Auch wenn sich das Dargebotene insgesamt theoretisch wie auch praktisch als inkonsistent darstellt, ist das Vorliegende als wertvoller Beitrag und wichtige Diskussionsgrundlage zur Weiterentwicklung von Sozialarbeitstheorien anzusehen.

Literatur

Andolfi, Maurizio [4]1992: Familientherapie. Das systemische Modell und seine Anwendung. Freiburg/Br.

Germain, Carel B./Gitterman, Alex [2]1988: Praktische Sozialarbeit. Das „Life Model" der sozialen Arbeit. Stuttgart

Goodrich, Thelma Jean u.a. 1991: Feministische Familientherapie. Frankfurt/M.

Herriger, Norbert 1995: Empowerment - oder: Wie Menschen Regie über ihr Leben gewinnen. Sozialmagazin, Heft 3, 20. Jg./März, 34-40

Imber-Black, Evan [2]1992: Familien und größere Systeme. Korrigierte Auflage. Heidelberg

Laireiter, Anton (Hrsg.) 1993: Soziales Netzwerk und soziale Unterstützung. Konzepte, Methoden und Befunde. Bern/Göttingen/Toronto/Seattle

Mayr-Kleffel, Verena 1991: Frauen und ihre sozialen Netzwerke. Auf der Suche nach einer verlorenen Ressource. Opladen

Mc Goldrick, Monica/Anderson, Carol M./Walsch, Froma (Hrsg.) 1991: Feministische Familientherapie in Theorie und Praxis. Freiburg/Br.

Miller, Tilly 1993: Komplexität und politische Erwachsenenbildung. Unveröff. Dissertation. Päd. Fakultät der Universität der Bundeswehr. Neubiberg

Miller, Tilly 1995: Handeln in systemischen Bezügen. e&l (erleben und lernen), 3. Jg., 1, 11-14

Miller, Tilly 1995: Systemisch Denken - zielgerichtet Handeln und Problemlösen. Ein Trainingsseminar im Rahmen beruflicher Fort- und Weiterbildung. GdWZ (Grundlagen der Weiterbildung), 6. Jg., 4 (August), 199-202

Oswald, Gerhard 1988: Systemansatz und soziale Familienarbeit. Freiburg/Br.

Rücker-Embden-Jonasch, Ingeborg/Ebbecke-Nohlen, Andrea (Hrsg.) 1992: Balanceakte. Familientherapie und Geschlechterrollen. Heidelberg

Staub-Bernasconi Silvia 1983: Soziale Probleme - Dimensionen ihrer Artikulation. Diessenhofen

Staub-Bernasconi, Silvia 1986: Soziale Arbeit als eine besondere Art des Umganges mit Menschen, Dingen und Ideen. Sozialarbeit 1986/ 10, 2-71

Staub-Bernasconi, Silvia 1989: Macht - Herrschaft - Gewalt. Sozialarbeit 3, 2-13

Staub-Bernasconi, Silvia 1994a: Soziale Probleme - Soziale Berufe - Soziale Praxis. In: Heiner, Maja u.a. (Hrsg.): Methodisches Handeln in der Sozialen Arbeit. Freiburg/Br., 11-101

Staub-Bernasconi, Silvia 1994b: Soziale Arbeit als Gegenstand von Theorie und Wissenschaft. In: Wendt, Wolf Rainer (Hrsg.): Sozial und wissenschaftlich arbeiten. Status und Positionen der Sozialarbeitswissenschaft. Freiburg/Br., 75-104

Staub-Bernasconi, Silvia 1995: Systemtheorie, soziale Probleme und Soziale Arbeit: lokal, national, international oder: vom Ende der Bescheidenheit. Bern/Stuttgart/Wien

„... naja, dann hör ich auf mit den Drogen, und dann pflege ich meine Haare und mach' meine Nägel."
Die Suchtproblematik unter einer prozessual-systemischen Sichtweise bedarf der Kategorie Geschlecht

Jutta Schmidt

Der Suchtprozeß im gesellschaftlichen Kontext

Im alltagssprachlichen Gebrauch wird Sucht oder Abhängigkeit mit der zwanghaften Einnahme illegaler Drogen, einem Leben in einer abweichenden Subkultur und kriminellen Handlungen in Verbindung gebracht. Wer „funktioniert", d.h. wer leistungsfähig und erfolgreich ist, wird erst einmal nicht als süchtig eingestuft, selbst wenn diese „Normalität" nur durch die Einnahme von Suchtstoffen erreicht wird. Von Abhängigkeit oder Sucht ist dann die Rede, wenn dysfunktionale Verhaltensweisen in Beziehung zum Suchtmittel gebracht werden. Ins Blickfeld gerät somit das dysfunktionale Verhalten des Individuums, welches pathologisiert wird, und dabei geht nicht selten der Zusammenhang von Suchtverhalten und gesellschaftlichen Bedingungen verloren.
Eine Suchtinterpretation muß aber immer im gesellschaftlichen Kontext stehen, da Sucht ein zirkulärer Prozeß ist: der Suchtmittelkonsum beeinflußt einerseits die KonsumentInnen in ihrem Verhalten und Empfinden; gleichzeitig wird der Konsum durch den erlebten Alltag und das soziale Umfeld beeinflußt. Somit spielt sich Suchtmittelkonsum „immer in einem bestimmten sozialen, gesellschaftlichen Kontext ab und ist durch kulturelle Einflüsse geprägt" (Appel 1992, 11).
Sucht ist kein plötzliches Ereignis, Sucht muß als prozeßhafte Entwicklung gesehen werden, in der verschiedene Faktoren zusammenwirken und wo es nicht den einen auslösenden Suchtfaktor gibt. Christa Appel beschreibt den Suchtprozeß als gleichzeitige Ursache und Wirkung für problematische Veränderungen: der Suchtmittelkonsum wird als Mittel zur Problembewältigung eingesetzt und erzeugt gleichzeitig neue Probleme. Er bewirkt Veränderungen im Umgang mit sich selbst, mit Dingen und Menschen und setzt so Interaktionen zwischen KonsumentInnen und Umwelt in Gang, die wiederum Auswirkungen auf das Suchtverhalten haben (vgl. Appel 1992).
Das Suchtmittel „verdeckt" zunächst einmal die Probleme. In dem Augenblick, in dem der Suchtstoff wirkt, sind die negativen Gefühle beseitigt, die

durch „die Angst, den realistischen Ansprüchen, dem Streß des Lebens und den angenommenen Rollenerwartungen nicht zu genügen bzw. diese nicht erfüllen zu können" (Appel 1992, 15), ausgelöst wurden. Somit bringt der Suchtmittelkonsum eine gewisse Unabhängigkeit von außen, indem ein positives Gefühl von innen erzeugt wird.
Die Person nimmt sich selbst und ihren Lebenszusammenhang als angenehmer und weniger unerträglich wahr als in „nüchternem" Zustand. Eine positive Selbstwahrnehmung ist also die erste Auswirkung der Drogen, zu einem späteren Zeitpunkt müssen dann ihre negativen Folgen wiederum durch die Droge korrigiert werden. Zu Beginn wird die Droge konsumiert, um sich besser zu fühlen, später dann, um sich normal zu fühlen, da die Entzugserscheinungen bekämpft werden müssen (vgl. Appel 1992, Lenz 1992, Nelles 1992).

Der Suchtprozeß unter Gesichtspunkten geschlechtsspezifischer Interaktionen

„Begleitend und verwoben mit unserem täglichen Handeln, unserem Umgang mit uns selbst und mit anderen, stellen wir - meist unbewußt und selbstverständlich, daher um so wirksamer - eine Ordnung der Geschlechtszugehörigkeit her. Und diese Ordnung ist nur aufrechtzuerhalten, indem die Geschlechter sich qualitativ unterscheiden" (Hagemann-White 1993, 69).
Von Frauen und Männern wird ein Auftreten und Handeln erwartet, welches die Zugehörigkeit zu einem Geschlecht erkennen läßt. Kinder werden geboren und haben keine Ahnung von „Geschlecht", sie treffen auf eine Umwelt, die ihnen dessen Bedeutung signalisiert. Diese Signale führen zur Entwicklung einer Geschlechtsidentität, zu einer Strukturierung der Informationen aus unserer sozialen Realität, und somit zur Entwicklung eines „Geschlechtsrollenkonzeptes". Grundsätzlich läßt sich sagen: Die Geschlechtsidentität entsteht durch die Verarbeitung der von außen kommenden Informationen und Erwartungen, welche die Geschlechtlichkeit betreffen. Dieser Prozeß beinhaltet sowohl passive wie aktive Elemente der Selbstkategorisierung. Je rigider die Geschlechtsidentität festgelegt und strukturiert ist, desto stärker werden das Verhalten und die Wahrnehmung davon beeinflußt, was wiederum Auswirkungen auf die Selbstkonstruktion und auf die Interaktion mit der Umwelt hat.
Die Zuordnung zu einem Geschlecht wird in unserer Gesellschaft verlangt und kontinuierlich vollzogen. Die täglich reproduzierte Ungleichheit zeigt qualitative Auswirkungen und führt zur hierarchischen Zuordnung der Geschlechter. Diese ungleiche Zuordnung hat ungleiche Zugänge zu Ressourcen und Lebenschancen zur Folge, und daraus ergeben sich unterschiedliche Handlungschancen im Hinblick auf die Erfüllung von Lebenszielen.

Auch beim Suchtmittelkonsum, dessen Ursachen und Folgen, sowie bei der Bewältigung von Suchtmittelabhängigkeit gibt es geschlechtsspezifische Unterschiede, die auf kulturelle, soziale und gesellschaftliche Einflüsse zurückzuführen sind und die gerade aufgrund der Geschlechtszugehörigkeit wirksam werden. So wählen Frauen im Unterschied zu Männern eher die angepaßten Suchtformen - Medikamentenabhängigkeit und Eßstörungen (vgl. „Handbuch Sucht" 1993)[1] -, aber auch der Konsum illegaler Drogen ist „leiser" als bei Männern.

Die Frauen, die von illegalen Drogen abhängig sind, bewegen sich auch am Rande der Gesellschaft innerhalb der weiblichen Rollenzuschreibung. Sie haben einen größeren Beikonsum an Medikamenten und finanzieren ihren Drogenkonsum eher aus der Tätigkeit der Prostitution (vgl. Hedrich 1992). Größere kriminelle Delikte, wie Diebstahl, Hehlerei und Einbruch, sind auch in der Drogenszene „Männersache". Da der Drogenhandel oft mit Gewalt verbunden ist und Dealerinnen in der Szene wenig anerkannt sind, übernehmen Frauen stärker Vermittlungsdienste oder sind als Geldbotinnen für einen Dealer tätig - auch in der Szene sind Frauen nicht die „Mächtigen" (vgl. Wagner 1989). Diese „machtlose Angepaßtheit" hat zur Folge, daß Frauen länger strafrechtlich unauffällig bleiben, seltener eine Therapieauflage bekommen, sich längere Zeit in der Szene aufhalten und daß auch ihre Beziehungen vielfach durch Abhängigkeitsstrukturen gekennzeichnet sind.

Da „weibliche Drogenabhängigkeit mit allen ihren Konsequenzen etwas qualitativ anderes ist als männliche Drogenabhängigkeit" (Lind-Krämer/ Timper-Nittel 1992, 228), müssen Auswirkungen und Ursachen der Drogensucht unter geschlechtsspezifischen Gesichtspunkten beschrieben und daraus spezifische Handlungsweisen abgeleitet werden.

Ich werde mich im folgenden auf die sozialen Probleme abhängiger Frauen konzentrieren, die „auch" illegale Drogen konsumieren („auch" deshalb, weil eine Mehrfachabhängigkeit eher die Regel ist).

Eine prozessual-systemische Sichtweise ermöglicht es, Sucht als ein veränderbares und somit Prozessen unterworfenes, selbstschädigendes Bewältigungshandeln zu sehen, das in die gesellschaftliche und kulturelle Wirklichkeit von Menschen eingebunden ist und darum beträchtliche geschlechtsspezifische Unterschiede aufweist. Als Sozialarbeitstheorie, die diese ganzheitliche Betrachtungs- und Arbeitsweise in der Arbeit mit suchtmittelabhängigen Frauen ermöglicht, sehe ich den Ansatz von Silvia Staub-Bernasconi[2] (vgl. Staub-Bernasconi 1983, 1994).

Nach Staub-Bernasconi ist Sozialarbeit eine Antwort auf soziale Probleme. Als soziale Probleme bezeichnet sie in diesem Zusammenhang alle Unterschiede in der Ausstattung von Menschen, die es nicht geben müßte, somit

---

[1] Siehe auch den Beitrag von Fröschl in diesem Band.
[2] Eine kritische Rezeption hierzu siehe auch bei Miller und Irmler in diesem Band.

auch alle Unterschiede zwischen Männern und Frauen, die sich aus der herrschenden Geschlechterhierarchie ergeben. Diese Ausstattungsunterschiede sind Ergebnisse ungleicher Verteilung von knappen und begehrten Ressourcen. Die Unterschiede entstehen durch ungleiche Handlungsmöglichkeiten im Hinblick auf eine befriedigende Bedürfniserfüllung und sind nicht „naturhafter" Art. Die soziale Ungleichheit in Ansehen und Wohlstand führt zu diesen ungleichen Handlungschancen und zu einem Ungleichgewicht in der „Teilhabe und Teilnahme von Individuen und/oder Kollektiven an den zu einer bestimmten Zeit in einer Gesellschaft vorhandenen und produzierten Ressourcen" (Staub-Bernasconi 1983, 122). Diese Beeinträchtigung in der Erfüllung von Bedürfnissen bezeichnet Staub-Bernasconi als „Ausstattungsprobleme" (Staub-Bernasconi, 1983, 122ff., 1994, 15ff.).
Durch die Analyse der häufig auftretenden Ausstattungsprobleme von suchtmittelabhängigen Frauen unter Berücksichtigung der Kategorie des Geschlechts wird sichtbar, wie sich diese Defizite und/oder Überschüsse auf die Handlungsmöglichkeiten der Frauen auswirken.

Soziale Ausstattungsprobleme suchtmittelabhängiger Frauen

Probleme der Ausstattung mit Erkenntniskompetenz

Dieser Bereich entspricht dem Bedürfnis der Menschen, Informationen aus der Umwelt aufzunehmen, zu ordnen und im Kontext ihres Lebenszusammenhanges zu verarbeiten.
Probleme der Ausstattung mit Erkenntniskompetenz ergeben sich für Frauen daraus, daß sie die Auswirkungen der Asymmetrie des Geschlechterverhältnisses real erleb(t)en, gleichzeitig wird aber der Mythos der Gleichberechtigung und Chancengleichheit in unserer Gesellschaft verbal propagiert. Hier kollidiert die emotional-sinnliche Erlebnisweise mit dem als gesellschaftlicher Norm verbrämten „Männer und Frauen sind gleichberechtigt".
Eine Möglichkeit, sich diese widersprüchlichen Erfahrungen zu erklären, ist, die Ursachen der vielfältigen, trotz „Gleichberechtigung" erlebten Benachteiligungen in der eigenen Person zu suchen. Die scheinbar individuellen Erfahrungen gesellschaftlicher Benachteiligung wirken sich so auf die (Selbst-)Wahrnehmung der Frauen aus. Die erlebten Brüche und Widersprüche können zu einer mangelhaften Einschätzung und Würdigung der eigenen Gefühle, Bedürfnisse und Handlungen führen. Der Suchtmittelkonsum ist ein Versuch, Erlebnisse mit extremen Brüchen und Widersprüchen zu bewältigen.
Da Drogen wegen ihrer (erhofften) positiven Wirkung im emotional-sinnlichen Bereich konsumiert werden, ist davon auszugehen, daß es suchtmit-

telabhängigen Frauen entweder nicht möglich ist, bestimmte Sachverhalte ohne Drogen sinnlich-emotional hinreichend zu verarbeiten, also mit bestimmten Gefühlen, wie z.B. Angst, Aggression, Unlust, Scham usw. umzugehen, oder daß es ihnen schwer fällt, das Erlebte auch auf der normativen und kognitiven Ebene zu verarbeiten.

Auch extrem widersprüchliche Erlebnisse aus der Kindheit können Ursachen für den Drogenkonsum sein. Suchtmittelabhängige Frauen berichten immer wieder von psychischen und physischen Gewalterlebnissen durch einen Elternteil oder eine andere nahestehende Person, - Personen also, die vorgaben, das Mädchen zu schützen, die Autorität und Macht über das Mädchen hatten und von denen das Mädchen abhängig war. Im folgenden Beispiel berichtet Anschi[3], von ihren Mißhandlungs- und sexuellen Mißbrauchserfahrungen durch ihren alkoholabhängigen Vater. Anschi:

„Ich hatte total Schiß, mit meinem Vater allein zu sein, weil er mich halt auch oft geschlagen hat und so. Und im Suff, da hat er halt nie gewußt, was er macht, ne, also, der war halt total abgedreht dann. Also, wenn mein Vater mal lieb zu mir war, weißt, - bin ich au' bei ihm auf'm Schoß gesessen und es war schön und dann hat des aber so schnell gewechselt. Schwupp, war er wieder besoffen. Zwei Tage später oder ein Tag später. Und ich war dann halt, ja durcheinander und hab' des irgendwie auf mich bezogen. Ich hab' immer dacht: Papa is' lieb, ich bin böse, weißt. So irgendwie total durcheinander au'." (Zitiert nach Egartner/Holzbauer 1994, 196)

Die Mißhandlungen durch den Vater konnten von Anschi nicht mehr eingeordnet werden, das Verhalten des Vaters war unberechenbar und machte ihr Angst. Durch die Willkür der erlebten Gewalt waren die Zusammenhänge zwischen Ursache und Wirkung nicht zu erkennen; hinzu kommt, daß der Vater ja auch positiv erlebt wurde. Anschi konnte die Widersprüche im Verhalten des Vaters nicht mehr beurteilen, sie wußte nicht, wann der Vater „gut", wann er „böse" war. Erschwert wird den Kindern diese Beurteilung durch das gesellschaftliche Verbot, die eigenen Eltern zu hassen oder negativ zu bewerten. Von Kindern wird gefordert, ihre Eltern zu lieben, und ihnen wird vermittelt, daß die Eltern nur das Beste für sie wollen. Um den erlebten Sachverhalt mit den gesellschaftlichen Normen in Einklang zu bringen, drehte Anschi das Erlebte um, indem sie sagte: „Papi ist lieb, **ich** bin böse."

Was bei Anschi zurückbleibt, beschreibt sie als ein „Durcheinander". Ein Durcheinander, entstanden aus dem Erleben heraus, den eigenen Gefühlen und Gedanken nicht trauen zu dürfen.

Anschi erlebt die Unberechenbarkeit des Vaters auf doppelte Weise, denn wenn sie mit ihm alleine ist, erfährt sie physische Gewalt und wird von ihm sexuell mißbraucht.

„Wo ich noch im Kindergarten war, weißt, da war des, meine Mutter, die war ja abends nett da, weißt. Und ich lag halt in meim Kinderbettchen und - verstehst in

---

[3] Eine Frau, die zum Zeitpunkt des Interviews Bewohnerin der Wohngemeinschaft für ehemals suchtmittelabhängige Frauen, „Prima Donna", ist.

seim Suff - hat er sich immer so reingehängt, ne. Weißt, im Gitterbettchen gelegen und dann krach, ne. Des is' a' durchgekracht 'n paarmal, weißt. Und - ja und mir hat er au' immer eingetrichtert: Wenn du des aber der Mama sagst, ne, dann, weil des sagt mer net, weil des is', wie hat er immer g'sagt: Des is' jetzt was ganz Böses, weißt, irgendwie. Ja und weißt, weil er seinen Schwanz gezeigt hat und trallala, weißt." (ebd., 209)
Auf Anschi haben diese Einschüchterungen gewirkt:
(...)"Weißt ich hab' immer so gedacht: Meine Mama mag mich sowieso net. Wenn ich ihr des dann noch erzähl', weil des is' ja irgendwie was ganz Böses." (ebd., 210)
Anschi bezieht das „Böse" auf sich - **sie** tut etwas ganz Böses. **Sie** fühlt sich schuldig und erzählt der Mutter nichts von den sexuellen Mißbrauchserfahrungen. Anschi hat keine Worte für das, was der Vater mit ihr macht, sie verharmlost die sexuelle Gewalt und nennt sie „trallala". Erst als der Vater sie vergewaltigt, ordnet sie die Penetration als Mißbrauch ein.
„Und - also als ich acht war, bin ich von meim Vater mißbraucht worden. - Da war ich so acht." (ebd., 209)
Selbst als erwachsene Frau fällt es Anschi schwer, die sexuellen Handlungen zu benennen. Dem Vater konnte nicht wirksam verboten werden, die Tochter zu mißbrauchen, aber dem Mädchen wurde verboten, über die Mißbrauchserfahrungen zu sprechen.
„Und ich hab' halt immer nur gemerkt, ich würd' ganz gern mit meiner Mutter reden, aber meine Mutter wollt' ja gar nix hör'n. Und denk' ich mer, daran hab' ich auch irgendwie resigniert, daß se mer überhaupts net zuhört oder - daß se des irgendwie so unter'n Tisch kehren will. Weißt, - irgendwie.
Zum Beispiel, die hat des ja damals au' mitgekriegt, weißt. Wir war'n ja beim Doktor, damals - wo mich mein Vater mißbraucht hat und der hat halt g'meint, ich bin ausgerutscht am Zaun. Ja der Arzt, der hat des auch geglaubt." (ebd., 211)
Anschi erfährt, daß man über den Mißbrauch nicht offen kommunizieren darf, nicht bei der Mutter und auch nicht beim Arzt. Anschi wurde es verboten, die eigenen Gefühle wahrzunehmen, zuzuordnen, zu verstehen und auszudrücken. Das „Inzesttabu" verhindert nicht den Mißbrauch, es tabuisiert die Wahrnehmung der Verletzungen und ihre Thematisierung. (vgl. Egartner/Holzbauer 1994)
Sexueller Mißbrauch erweist sich als größte Belastung der Mädchen, die suchtmittelabhängig wurden. Ulrike Kreyssig berichtet:
„Von über 100 Frauen, die seit 1983 in der therapeutischen Wohngemeinschaft VIOLETTA CLEAN zur Therapie aufgenommen wurden, hatten etwa 75% sexuelle Mißbrauchserfahrungen, und zwar am häufigsten durch nahestehende männliche Familienmitglieder" (Kreyssig 1990, 41).
Die Droge erlöst von den Spannungen, die entstehen, wenn den eigenen Gefühlen und Wahrnehmungen nicht mehr getraut werden kann, und wenn nur noch ein „Durcheinander" und „Verzweiflung" zurückbleiben.

Probleme der Ausstattung mit Symbolen

Die Verarbeitung von wahrgenommenen Informationen und Erlebnissen führt zu Vorstellungen von der Beschaffenheit der individuellen Lebenswelt und der Entstehung der Wirklichkeit. Diese Bilder vom Selbst und von der Welt werden hier als Symbole bezeichnet, und es wird nach grundlegenden symbolischen Orientierungen gefragt, die von der Gesellschaft oder einer Subkultur zur Verfügung gestellt und vom Individuum als Leitbilder und „Selbstkonzept" vertreten werden. Es ist davon auszugehen, daß das Selbstkonzept das Verhalten des Individuums beeinflußt. So, wie eine Person sich selbst in ihrer Umwelt deutet, so versucht sie sich auch zu verhalten.
Die Droge ist ein Symbol, welches der eigenen Gruppe Status verleihen kann. Je nachdem, welcher Gruppe man/frau angehört, sind die anderen dann die „Spießbürger" oder die „Junkies".
Joana berichtet von ihrem Wunsch, aussteigen zu wollen, nachdem sie vom Gymnasium auf die Wirtschaftsschule kam. Joana:
„Ja, und dann hab' ick irgendwann angefangen mit Shit rauchen und Trips. So, bin halt irgendwie total, - ich wollt' 'en Freak sein, verstehste, bin halt total ausgestiegen, irgendwie. Schon in der Zeit, ne. Bin mit Maxirock und Stirnband in die Schule verstehste, und total zum Trotz, gegen meine Alten, ja. Und bin dann och immer wieder abgehauen. Also ick hatte 'ne Freundin, die hat Musik gemacht, ne. Und mit der bin ick dann halt immer wieder abgehauen und - in die Großstadt. Irgendwie bin ich halt schon in der Zeit - pfhh - einfach ausgestiegen, ne." (ebd., 114)
„Ich meine, Aussteigen heißt für mich einfach, dat Spiel, wat ablooft, nicht mehr mitmachen, nicht mehr mitspielen, mich irgendwo mehr anzupassen, die ganzen Werte - in' Wind zu schießen." (ebd., 119)
Der Drogenkonsum ermöglicht durch seine Illegalität den Ausdruck eines Protests gegen die herrschenden Werte - er wird zum äußeren Zeichen eines inneren Vorgangs. Die nonkonforme Subkultur bietet die Möglichkeit der Abgrenzung gegen elterliche Autorität und bürgerliche Normen. In der „Freak-Identität" wird der abweichende Lebensstil zum Selbstbild, der Drogenkonsum wird zur inneren Orientierung mit äußeren Zeichen.
Wie kommt es, daß Joana „Freak" werden will?
„Und - dann bin ick durchgeflogen in der Achten. Also schon in dem Mädchengymnasium bin ich durchgeflogen und hab' dann das Gymnasium gewechselt. Und dann bin ich in der Zehnten nochmal durchgeflogen. Und da hab' ich meinen ersten Selbstmordversuch gemacht, weil - des war für mich furchtbar, ne. Also, ich wollte studieren, verstehste, det war für mich nie 'ne Frage." (ebd., 113)
Wir erfahren, daß Joana nicht immer „Freak" werden wollte; bevor der Wunsch zum „Aussteigen" auftrat, wollte Joana studieren. Joana kommt aus einer Arbeiterfamilie, der alkoholabhängige Vater verliert seine Anstellung als Maurer und ist arbeitslos. Die berufstätige Mutter verdient den Familienunterhalt, sie fordert Joana immer wieder auf:

„>Kuck, daß de selbständig wirst< und >... erst'mal mußt de was sein und dann...< - Ick weeß noch, hat se immer gesagt, weil ick immer so ausgeflippt rumgerannt bin, ne : >Eh, Joana, erst mal mußt de was leisten und was sein und dann kannst de rumloofen, wie de willst< ." (ebd., 145)

Joana wird aufgefordert, ihre Impulse zurückzustellen und sich anzupassen, denn nur der Weg über die Anpassung verspricht einen Platz und Erfolg in der bürgerlichen Gesellschaft. Joana wollte diesen Erfolg und die soziale Wertschätzung, die sie durch einen höheren Status zu erlangen hoffte. Als sie glaubte, dieses Lebensziel nicht mehr erreichen zu können, wollte sie „ganz aussteigen" - sie wollte sich das Leben nehmen.

Es entsteht der Eindruck, als würde sich Joana gegen die Normen und Werte unserer Leistungsgesellschaft wehren, denen sie nicht Folge leisten kann. Sie betrachtet ihre Position vor dem Hintergrund von Hierarchien, die zu sozialer Ungleichheit führen und in unserer Gesellschaft dann legitim sind, wenn sie durch entsprechende Leistungen bedingt werden. Jedoch ist das Leistungsprinzip nicht das einzige Zuteilungsprinzip, denn für Frauen kann z.B. das Aussehen zur „Leistung" werden. Joana wollte „was sein" - sie wollte studieren; nachdem dies mißlang, wollte sie „Freak" sein und als Frau eine „perfekte Hülle" haben.

„Und ich bin denn ooch nur auf die Straße - perfekt, ne. Weil det war mein Schutz irgendwo, ne. Det war det einzige, wat ich noch hatte. Weil je perfekter meine Hülle war, umso weniger konnte mir ja irgendeiner was, ne." (ebd., 150)

Frauen können durch ihren Körper, ihr Aussehen „etwas sein", ihr Körper ist ihr „Hauptaktivposten", er wird zum „Wert-Maß". Joana will wenigstens hier etwas darstellen. Wenn sie schon sonst nichts mehr hatte - ihr Körper ist ihr geblieben.

„Ja, und die letzten drei Jahre, die waren dann hammermäßig. Durch den Speed,[4] ne, ick hab' wirklich gelebt. Ick hab' drei Tage durchgemacht, dann zwei Tage gepennt, oder drei Tage. Die Zeit, wo ick gepennt hab', war immer länger, weil ick hab' immer mehr gebraucht, um überhaupt wieder uffzustehen, ne. Ich wollte ja irgendwie so dieses ständige: Total euphorisch. Ick bin uff de Straße, verstehste - natürlich nur wenn ick total gut druff war - uffgestylt wie ein Filmstar, so bin ick draußen rumgerannt." (ebd., 151)

Das Aussehen kann Frauen Status verleihen und ermöglicht eine Ein-Ordnung in die geltenden Weiblichkeitsnormen. Die „perfekte Hülle" wird für Joana dann wichtig, wenn sie auf die Straße, also in die Öffentlichkeit geht. Nur die Öffentlichkeit kann ihrem Äußeren Status verleihen. Der Körper wird zum „Hauptaktivposten", zu einer Art „Leitstatus", der durch die Aufmerksamkeit anderer Menschen, vor allem Männer, verliehen wird. Durch den Körper zieht „die Frau" einen Mann an, an dessen Status sie teilhat. Joana:

---

[4] Speed: Szenebezeichnung für Amphetamine - synthetische Anregungs- und Weckmittel.

„Also Männer waren für mich immer total wichtig. So, ick kann mich erinnern, so, schon als Teeny, ne, ging's für mich immer, immer um Typen und ... Also, mein ganzes Leben hat sich um Typen gedreht. (...) Allet nur für 'n Mann gemacht, mein ganzes Selbstwertgefühl, allet vom Typen geholt. Weil ohne Typ war ick ja nix. Wenigstens, also wenigstens die Bestätigung hab' ick immer noch gebraucht von de Typen. So, daß ick schon immer noch 'ne Frau bin. So mit 'm Pennen oder irgendwat. (...) Also Typen waren für mich immer die Götter, ja." (ebd., 155)
Der Drogenkonsum ist für Joana Protest und Anpassung zugleich. Der Konsum illegaler Drogen ermöglicht das Aussteigen aus der Leistungsgesellschaft und die Anpassung an die Geschlechterrolle, indem „Frau-Sein" zur Leistung wird. Doch Joana protestiert auch gegen diese Rolle, der „Hungerstreik" als absolutes Nein wird zum Kampfmittel, das Autonomiebestreben und Verweigerung vereint.
„Ick hab' zweiundvierzig Kilo gewogen. Die Leute haben gedacht, ich bin ein Transi, weeßte, so - sah ick aus, ne. Ich war auch im Kopf, verstehste, ich hab' ja nix mehr auf die Reihe gekriegt, ne. Ick hab Selbstgespräche geführt. (...) Und mit Speed also, det war halt einfach ... ich hab' mich damit total kaputt gemacht, ne. So, des war die volle Selbstzerstörung, irgendwie. Aber, also, nich' nur, nich' nur körperlich, daß ick wissen wollte, wie dünn ich werden kann, sondern ooch ... Ick war total verwahrlost, irgendwie so innerlich." (ebd., 152)
Joana will wissen, wie dünn sie werden kann, wie weit die Macht über den eigenen Körper reicht. Die Droge verdeckt Joanas Identitätsunsicherheit und läßt die schmerzhafte Diskrepanz zwischen realem und idealem Selbst nicht mehr spüren. Dabei kommt es zu Auslassungen und Ausblendungen. Die Droge ist Problemlösungsversuch und zusätzliches Problem.

Probleme der Ausstattung mit Handlungsweisen

Die Ausstattung mit Symbolen ist Voraussetzung für die aktive Planung des eigenen Lebens und bildet die Basis für die daraus resultierende Entwicklung von Handlungsweisen. Nach Staub-Bernasconi werden folgende Handlungsweisen unterschieden: technisch-habitualisiertes Handeln, strategisch-kreatives Handeln und Rollen-Handeln (vgl. Staub-Bernasconi 1983, 136ff.).
Ich möchte hier auf die Probleme eingehen, die es für Frauen im Bereich des Rollen-Handelns gibt, da dieser Bereich bei suchtmittelabhängigen Frauen deutlich hervortritt.
Rollen-Handeln kann als Handeln beschrieben werden, dessen Ziele gesellschaftlich vorgegeben sind, und bei dem die Möglichkeit zur Wahl der Mittel besteht, allerdings mit mehr oder weniger großem Spielraum (Staub-Bernasconi 1983, 136; 1994, 16f).
In bezug auf die Geschlechterrolle ist das vorgegebene Handlungsziel die Ein-Ordnung in das System der Zweigeschlechtlichkeit. Die Mittel sind innerhalb

eines Spektrums zwischen „Hure" und „Heilige" frei wählbar. Joana kennt diesen Rahmen sehr genau. Joana:
„Dann hatt' ich immer so det Gefühl, - ja ich hab' mir gedacht: So, jetzt leb' ich mich aus, jetzt will ich's wissen, verstehste, ne. Ja - dann dacht ich mir: jetzt biste in der Großstadt, hier kennt Dich keene Sau, hier kannste allet ausleben, ne. Und hab' dann enen Tag auf Hexe gemacht, verstehste. Ganz in Schwarz, Balken im Gesicht, Netzhandschuhe, verstehste. Und nächsten Tag wieder auf Engel, mit 'nem weißen Kleid, so total hab' ich mich ausgelebt, ne. Nur hatt' ich dann halt so immer det Gefühl, eigentlich will ick gar nicht mehr leben, ne, so, eigentlich tu' ich immer nur so, als ob ick wollte, weil irgendwie war ich auch total alleene, ne." (Zitiert nach Egartner/Holzbauer 1994, 157)

Joana „funktioniert", sie bewegt sich innerhalb der sozial normierten Grenzen der Weiblichkeit. Sie ist einmal Hexe und einmal Engel, beides typische „Frauenrollen", der Unterschied liegt nur im Umfang und der Quantität der dargestellten Sexualität.

Die Vorrangigkeit dieser Handlungsweise wird als „Überschuß im Rollen-Handeln" problematisiert, da die Dominanz einer Handlungsweise die Weiterentwicklung der anderen Handlungsweisen behindert (Staub-Bernasconi 1983, 138f.). Bei Joana können wir diesen Überschuß feststellen, denn sie berichtet, daß sie nicht anders handeln kann:

„Ja weil ick hab' det einfach total drin, von Anfang an, daß ick bei'm Mann - nich' so sein kann wie ick bin, um geliebt zu werden. Sondern daß ick da die coole, attraktive Frau zum Vorzeigen - so, weeßte - spielen muß. Und dafür hab' ick dann irgendwann halt det Gift gebraucht..." (Zitiert nach Egartner/Holzbauer 1994, 155)

Probleme der körperlichen Ausstattung

Problematisiert werden hier das Recht auf körperliche Unversehrtheit und Körpermerkmale, wie Gesundheit, Geschlecht, ethnische Zugehörigkeit, Alter, äußere Attraktivität usw., soweit sie direkt oder indirekt zu sozialen Problemen führen und wenn sie als Ausschlußkriterien für den Zugang zu bestimmten Ressourcen dienen.

Frauen sind aufgrund ihres Geschlechts vielfältigen Formen der Abwertung, Diskriminierung und Gewalt ausgesetzt. Die einzelnen Frauen erfahren diese aggressiven Handlungen in unterschiedlichen Ausmaßen. Suchtmittelabhängige Frauen erlebten und erleben eine Fülle von Verletzungen ihrer körperlichen und seelischen Integrität. Viele dieser Frauen wurden in der Kindheit sexuell mißbraucht (vgl. „Probleme der Ausstattung mit Erkenntniskompetenz"), ihre Partnerschaften sind oft durch Gewaltproblematiken gekennzeichnet (vgl. Latza 1989, 43f.), und die suchtmittelabhängigen Prostituierten sind besonders von Gewalttaten betroffen.

Nach Jutta Brakhoff gehen bis zu zwei Drittel der suchtmittelabhängigen Frauen zumindest zeitweise „beschaffen". Die Beschaffungsprostitution bietet

zwar die Möglichkeit, „schnelles Geld" zu verdienen, um sich davon die Drogen zu besorgen, jedoch identifizieren sich die süchtigen Frauen nicht mit der Tätigkeit der Prostitution als Beruf, sie haben zumeist Schuld- und Schamgefühle und ekeln sich (vgl. Brakhoff 1989). Aufgrund der hohen Aversion ist das Beschaffen für viele Frauen nur unter Drogeneinfluß möglich; hier entsteht ein Teufelskreis, der den Beschaffungsdruck verstärkt.
Durch den Drogeneinfluß wird die Reaktionsmöglichkeit herabgesetzt. Die Frauen sind nur noch bedingt in der Lage, sich zur Wehr zu setzen, was bei den Freiern bekannt ist. Suchtmittelabhängige Prostituierte sind weitaus öfter Opfer von Vergewaltigung, sexueller Nötigung, Raub und Körperverletzung als die „Professionellen" (vgl. Brakhoff 1989, von Galen 1989). Durch den hohen Beschaffungsdruck geben die Frauen oft extremen Wünschen der Freier nach und können sich z.b. nicht erlauben, auf „Safer sex"-Praktiken zu bestehen. Daraus ergeben sich wiederum weitere Probleme für die Gesundheit und die körperliche Unversehrtheit der suchtmittelabhängigen Frauen.
Von den Teilnehmerinnen der AMSEL-Studie[5] lagen bei den Frauen mit Prostitutionserfahrung, die sich einem HIV-Test unterzogen hatten, die Positiv-Ergebnisse mit 48%, gegenüber 13% bei der Nichtprostituierten-Gruppe, deutlich höher. Als Erklärung für diesen signifikanten Unterschied führt Dagmar Hedrich einmal das zusätzliche Infektionsrisiko der Beschaffungsprostitution an und zum zweiten die zusätzlichen Risiken aufgrund der Szene-Regeln.
„Durch ihre untergeordnete Position bedingt, sind Frauen oft die letzten, an die beim Spritzentausch das Injektionsbesteck geht." (Hedrich 1992, 224).
Diese Hierarchieauswirkung wird vor allem für die „Junkiehure" zum Risikofaktor. Die hohe Polizeipräsenz auf dem Straßenstrich erlaubt keine Mitnahme eines eigenen Spritzbestecks, und die oft anzutreffende Wohnungslosigkeit der Beschaffungsprostituierten ermöglicht diesen Frauen nicht, ihre Spritzen zuhause aufzubewahren. Den prostituierten suchtmittelabhängigen Frauen bleibt oft keine andere Wahl, als die gebrauchten Spritzen zu benutzen (vgl. Hedrich 1989, 1992).
Die **Illegalität** von Drogen führt zu besonderen Bedingungen, unter denen der Konsum stattfindet und zu weiteren gesundheitlichen Risiken. Durch die Illegalität entstehen hohe Preise auf Schwarzmärkten, und es kommt zum Konsum von unsauberen Drogen mit extremen Schwankungen im Wirkstoffgehalt (beim Heroin schwankt der Wirkstoffgehalt auf dem Schwarzmarkt zwischen 3% und 80%). Um aus diesen teuren Drogen „das Letzte herauszuholen", wird der besonders gefährliche intravenöse Konsum betrieben.

So werden Kokain und Heroin, aber auch Medikamente, aufgelöst und „gedrückt" (vgl. Nelles 1992).
Dagmar Hedrich hat den Drogengebrauch der Befragten der AMSEL-Studie ausgewertet und kommt zu dem Ergebnis, daß die Hauptdroge bei 88,4% der Frauen und 84,5% der Männer Heroin ist, andere Mittel werden in den meisten Fällen **zusätzlich** konsumiert. Mädchen haben nicht nur früher Kontakt mit Beruhigungsmitteln, sie gehen meist auch eher zu einem regelmäßigen und exzessiven Konsum über, was sehr oft eine Polytoxikomanie zur Folge hat.
„Der exzessivere Medikamentenkonsum der weiblichen Gesamtbevölkerung bestätigt sich somit auch in der Gruppe der von sogenannten 'harten' Drogen abhängigen Frauen" (Hedrich 1992, 208).
Als weitere Probleme der körperlichen Ausstattung lassen sich, im Zusammenhang mit Sucht, Eßstörungen nennen. Im „Handbuch Sucht" werden Magersucht, Eß-Brech-Sucht und Freßsucht als Eßstörungen angegeben. Die Geschlechterrelation wird mit 9(weiblich) zu 1(männlich) angegeben; da empirische Daten fehlen, handelt es sich hierbei um Erfahrungswerte (vgl. Grigoleit u.a. 1993). Eßstörungen werden also überwiegend bei Frauen beobachtet.
Auch bei suchtmittelabhängigen Frauen werden häufig Eßprobleme beobachtet und umgekehrt; so wurden bei Bulimarektikerinnen überdurchschnittlich häufig Drogen- und Alkoholprobleme festgestellt, es wird sogar davon ausgegangen, „daß Bulimie ein Gefährdungsmerkmal für stoffgebundene Abhängigkeiten darstellt, und daß stoffgebundene Abhängigkeiten das Risiko einer Bulimie erhöhen" (Wittchen u.a. 1988, 37). Marion Mebes weist darauf hin, daß für viele Frauen sowohl der Suchtmittelkonsum als auch nichtstoffgebundene „Süchte" häufige Reaktionen auf sexuellen Mißbrauch sind (vgl. Mebes 1989, 47ff.).
Susie Orbach und Luise Eichenbaum sehen einen Zusammenhang zwischen Eßproblemen und der traditionellen Stellung der Frau in unserer Gesellschaft. Der Körper ist für die Frau von wesentlicher Bedeutung, da er einer ihrer „Hauptaktivposten ist, denn mit seiner Hilfe zieht sie einen Mann an, der ihr dann ein Zuhause und eine Familie und soziale Legitimation verschafft" (Eichenbaum/Orbach 1984, 161).
Über die Veränderung des eigenen Körpers wird versucht, ein für Frauen allgemein gültiges Lebensziel zu erreichen, da Frauen ihr Aussehen für ihr „Glück" verantwortlich machen. Der Körper wird zum „Schau-Platz", zum „Wert-Maß" für die Attraktivität von Frauen und zum einzigen „Ort", über den Frauen Macht ausüben können (vgl. Eichenbaum/Orbach 1984).

Probleme der sozioökonomischen und sozialökologischen Ausstattung

In unserer Gesellschaft sind Bildung und Beruf für den Status, also für die Stellung innerhalb der gesellschaftlichen Hierarchie, sehr wichtig. Nach dem beruflichen Status bemessen sich das Einkommen und die soziale Wertschätzung. Frauen sind im Bereich der beruflichen Bildung benachteiligt, dies spiegelt sich im Einkommen, der Position, den Aufstiegschancen, in den Arbeitslosenstatistiken, den Armutsberichten und der Altersversorgung wider (vgl. Bock-Rosenthal 1992, 208).

Bei den Suchtmittelabhängigen zeichnet sich ein klares qualitatives Defizit im sozioökonomischen und sozialökologischen Bereich ab und auch hier gibt es eklatante geschlechtsspezifische Unterschiede. Die AMSEL-Studie zeigt z.B., daß die suchtmittelabhängigen Frauen eigentlich einen deutlich höheren Bildungsstandard haben als die suchtmittelabhängigen Männer:

„Während 22% der Männer die Schule ohne Abschluß verließen, sind dies bei den Frauen lediglich 13%. Weiterhin haben mehr als ein Drittel der Mädchen ihre schulische Laufbahn mit der Mittleren Reife beendet, jedoch nur jeder fünfte Mann" (Hedrich 1992, 200).

Auffallend ist aber die starke Diskrepanz zwischen den besseren Schulabschlüssen der Frauen und ihrer wesentlich schlechteren Berufsausbildung. So gaben 40% der Frauen, gegenüber 26% der Männer, an, nach der Schule keine Berufsausbildung begonnen zu haben. Auch bei den festen Arbeitsverhältnissen zeigt sich, daß die Arbeitslosigkeit bei Frauen die der Männer in jeder Altersstufe übersteigt (Hedrich 1992, 200ff.).

Ellen Horstkotte-Höcker weist in diesem Zusammenhang auf eine Ursache für die Entstehung von Suchtverhalten bei Frauen hin: Die Verbesserung der Bildungschancen für Mädchen hatte nicht die Möglichkeit der freien Berufswahl zur Folge. Ebenso sind die Freizeit- und Konsummöglichkeiten für Frauen aufgrund ihrer schlechteren ökonomischen Situation beschränkter. Die vielfältigen Angebote und Versprechungen in unserer Gesellschaft haben für Frauen nur eine eingeschränkte Gültigkeit. Hier „besteht die Gefahr, daß Frauen sich als persönliche Versagerinnen empfinden" (Horstkotte-Höcker 1987, 51). Wird die gesellschaftlich bedingte sozioökonomische Schlechterstellung von Frauen als Mangel der eigenen Person wahrgenommen, so führt dies zu Gefühlen der Wertlosigkeit, welche durch den Konsum von Drogen verdeckt werden können.

Soziale Austauschprobleme zwischen Menschen

Die Beziehungen eines Menschen zu seiner Umwelt sind gekennzeichnet durch den Austausch von Gefühlen, Informationen, Gütern, Wahrnehmungen,

Wissen usw. mit ihr. Zu Austauschproblemen kommt es dann, wenn asymmetrische Austauschbeziehungen vorliegen, d.h. wenn die PartnerInnen nicht wechselweise Subjekt und Objekt sein können, und wenn anfängliche Unterschiede in der Ausstattung durch die Interaktion noch zunehmen. Nach Staub-Bernasconi können Asymmetrien in allen Ausstattungsbereichen auftreten: also in der körperlichen Begegnung, im Güteraustausch, beim Austausch von Wahrnehmungsweisen, Symbolen und Handlungsweisen.
Ein Beispiel einer asymmetrischen Austauschbeziehung: Ilse, eine suchtmittelabhängige Frau, berichtet in diesem Zusammenhang über ihre sexuellen Erfahrungen mit einem Mann in einer gemischtgeschlechtlichen stationären Langzeittherapieeinrichtung.
Ilse kommt in eine Drogentherapieeinrichtung und läßt sich trotz Beziehungsverbot auf eine „Partnerschaft" ein.
„Irgendwann hat er (der Freund) mich angemacht, er hätte Bock mit mir zu schlafen. Habe ich halt gemacht. Abends auf der Toilette, ganz link haben wir miteinander gepennt im Bad ... Das war übel, weil er wollte halt nur sein Ding, also wie sagt man, befriedigen. So Ruck Zuck, nur um ihn gings. Nur seine Geilheit wollte er befriedigen. Auf jeden Fall war am Dienstag wieder Großgruppe. Da hat der Therapeut gesagt, jetzt wolle er wissen, was mit ihm und mir los ist. Jetzt sollte er (der Freund) einmal den Mund halten. Jetzt sollte ich einmal das Maul aufmachen. Ich habe dann natürlich den Mund nicht aufgekriegt, nur geheult. Mein Freund hat dann halt gemeint, jetzt ist es endgültig vorbei." (Zitiert nach Lind-Krämer/Timper-Nittel 1992, 254)
In den Therapieeinrichtungen weiß man/frau um das asymmetrische Austauschverhältnis in der körperlichen Begegnung zwischen männlichen und weiblichen BewohnerInnen.
Die Männer kommen häufig aus dem „Knast", und die „Geilheit schaltet das Gehirn aus", so sieht es wenigstens Larry:
„Und was auf jeden Fall für alle Therapien geregelt werden müßte, das ist mit der Bumsregel. Weil, die meisten dürfen ja nicht bumsen. Mach du mal zwei bis drei Jahre ab, und Du kommst unter Frauen, und Du darfst nicht bumsen, das tut jeder! Nun, und wenn Du dann bumst, fliegst Du raus aus der Therapie. (...) nur weil das Hirn nämlich ausschaltet, Dope-Geilheit und Geilheit schaltet das Gehirn aus." (Zitiert nach Sickinger/Kindermann 1992, 183)
Für viele Frauen ergeben sich Probleme daraus, daß sie in ihrer Kindheit häufig sexuellen Übergriffen ausgesetzt waren, so auch Iris:
„Ich hab dadurch auch unheimlich Angst gehabt vor sexuellen Beziehungen. Ich hab' immer gedacht, was machen die mit dir. Und das hat mich dann soweit gebracht... ich hab' zwar gedacht, was machen die mit dir, habe aber gleichzeitig mit mir machen lassen. Ich hab alles mit mir passieren lassen. Es konnte mich praktisch jeder flachlegen, und das war lange Zeit der Fall. (...) Das habe ich halt nur gemacht, wenn die es von mir verlangt haben." (Zitiert nach Lind-Krämer/Timper-Nittel 1992, 236)
Um diese Problematik zu begrenzen, besteht in den gemischtgeschlechtlichen Drogentherapieeinrichtungen ein „Beziehungsverbot" (entweder für eine begrenzte Zeit oder für die gesamte Therapiedauer). Die Wirkungslosigkeit

dieser („Bums-")Regelung wird durch die Praxis hinreichend belegt. Das Verbot, gekoppelt an die gleichzeitige Androhung schlimmster Sanktionierungsmaßnahmen (Entlassung), führt nur zur Angst vor Entdeckung und so zu Heimlichkeiten. Die Folge ist, daß Sexualität an Orte der Heimlichkeit (Toilette, Bad) verbannt wird, und daß die Frauen nicht über ihre Erfahrungen mit dem männlich dominierten Ablauf des Sexualaktes in den Therapiegruppen reden können. Die weiblichen Bedürfnisse nach Zärtlichkeit, Liebe, Anerkennung, nach einer Sexualität, in der auch die Frauen Befriedigung finden, werden nicht thematisiert, sie sind und bleiben „kein Thema". Sexuelle Handlungen werden nicht verhindert, aber die Sexualität bleibt vom Alltag abgespalten und an männlicher, genitalfixierter Lust orientiert.

Die Asymmetrie der körperlichen Begegnung bleibt bestehen, die Asymmetrie des Austausches der Wahrnehmung wird durch die männliche Dominanz tabuisiert, das Ungleichgewicht in der Kommunikation führt dazu, daß Ilse sich gar nicht mehr verbal ausdrücken kann. Die Asymmetrie des Austausches von Handlungsweisen im sexuellen Bereich zeichnet sich grundsätzlich dadurch aus, daß von Frauen die passive Rolle und von Männern der aktive Part erwartet wird. Solche Erfahrungen wie die von Ilse verstärken die Unterschiede in der handlungsmäßigen Ausstattung. Doch wie kommt es dazu?

Ilse kommt in eine Institution, in der ihr von den männlichen Bewohnern bestimmte Verhaltensweisen zum „Tausch" angeboten werden - sie wird „dauernd angemacht". Ilse bewertet dieses Verhalten nach einer „Kosten/Nutzen-Analyse" und sucht sich den Mann mit der stärksten Position als Freund aus. Ilse:

„Die ganze Gruppe hat mich in den Wochen nicht angemacht, weil der ... (Freund) eine starke Position hatte. Und dann ging es auf einmal los. Ich würde mich hinter ihm verstecken. Ich hätte ihn nur ausgesucht, weil er die stärkste Person wäre. Das stimmt schon, ich habe halt nur mit ihm zusammengehangen." (Zitiert nach Lind-Krämer/Timper-Nittel 1992, 254)

Nun könnten wir sagen, Ilse hätte sich nicht auf eine „Beziehung" einlassen müssen - sie hat sich ja frei entschieden. Würden wir so argumentieren, würden wir aber einen ganz entscheidenden Gesichtspunkt außer acht lassen, denn: **Der Kontext, in dem es zu Austauschprozessen kommt, bestimmt, welche Alternativen die InteraktionspartnerInnen haben, also wie abhängig bzw. unabhängig jemand vom Partner/von der Partnerin ist.**

Wenn Ilse sich nicht für die Partnerschaft mit **einem** Mann entschieden hätte, hätte dies bedeutet, von **allen** Männern angemacht zu werden. Außerdem ist eine Trennung vom „Freund" gleichbedeutend mit Positionsverlust und Ausgeliefertsein in der ausgeprägten Hierarchie, die in den stationären Langzeittherapieeinrichtungen für Suchtmittelabhängige herrscht. Für ihren „Freund" ist die Trennung hingegen keineswegs gleichbedeutend mit dem Verlust seiner Position in der Gruppe. **Hier herrscht ein Machtungleichgewicht** - sie ist von ihm abhängiger als er von ihr -, er hat dadurch mehr Einfluß auf ihr Verhalten als umgekehrt. **Macht bestimmt somit den „Wechselkurs" von Austausch-Beziehungen.**

Soziale Verknüpfungs- / Machtprobleme

Die Ausstattung eines Menschen ist das Potential, das zum Aufbau von Macht eingesetzt werden kann. Jeder Ausstattungsbereich ist somit eine Macht-Quelle, jedoch sind nicht alle Macht-Quellen gleichermaßen zum Aufbau von Macht-Strukturen geeignet. Macht-Quellen sind um so besser zum Aufbau von Macht und dadurch zur Kontrolle von Dingen, Menschen und Ideen geeignet, je mehr sie existentiell notwendig, begehrt, knapp, schwer ersetzbar, gut kontrollierbar und akkumulierbar sind.
Macht ist ein Mittel, um Menschen, Dinge und Ideen zu manipulieren und zu kontrollieren. Macht ist das Mittel, mit dem Abhängigkeiten hergestellt werden. Die Basis von Ausbeutungsbeziehungen ist die ungleiche Verteilung der Macht. Macht ist kein Selbstzweck, ihr Zweck ist es, bestimmte Beziehungsformen und Ziele zu erreichen. Dies ist nicht per se negativ zu bewerten. Jeder Mensch hat ein Recht auf die Ausübung von Macht, um seine Bedürfnisse zu befriedigen und seine Lebensziele zu verwirklichen. Entscheidend ist, ob die potentiellen Macht-Quellen **behindernd** oder **begrenzend** eingesetzt werden. Werden Macht-Quellen so eingesetzt, daß Individuen oder Gruppen von Menschen an der Teilhabe an vorhandenen ökologischen, psychischen, sozialen und kulturellen Errungenschaften der Gesellschaft behindert werden, so liegen nach Staub-Bernasconi Behinderungsmachtregeln vor. Im Unterschied zur Behinderungsmacht handelt es sich bei begrenzenden Machtstrukturen um legitime Macht. Begrenzungsmacht begrenzt soziale Ungleichheit, funktionale Differenzierung und kontrolliert machtlegitimierende Ideen (Recht, Gesetz) nach menschlichen Grundbedürfnissen und soziostrukturellen Erfordernissen (Staub-Bernasconi 1983, 163ff.; 1994, 24ff.).
Zu problematisieren sind hier Defizite und Überschüsse an Macht-Quellen. Für suchtmittelabhängige Frauen verbleiben aufgrund ihrer schlechten Ausstattung oft nur Körper und Symbole als wenig einflußreiche Macht-Quellen. Auf sie konzentrieren sie sich bei der Erfüllung ihrer Bedürfnisse und ihrer Lebensziele. Einem bestimmten Frauenbild zu entsprechen, kann zur einzigen meßbaren Leistung werden; in diesem Sinne ist auch die Aussage einer suchtmittelabhängigen Besu-cherin der „L 43"[6] zu verstehen: Sie berichtete davon, daß sie bald eine Wohnung bekommen würde. Auf die Frage, was sie weiter tun möchte, wenn sie in der eigenen Wohnung lebt, antwortete sie: **"...naja, dann hör ich auf mit den Drogen, und dann pflege ich meine Haare und mach' meine Nägel."**

---

[6]Notschlafstelle und Kontaktladen für suchtmittelabhängige Männer und Frauen in München.

Eine bestimmte Vorstellung (Symbol) von Attraktivität (als körperliche Ausstattung) wird für suchtmittelabhängige Frauen oft zum dominierenden Inhalt ihres ganzen Denkens und Handelns. Gleichzeitig vernachlässigen sie ihre Ermächtigung durch den Ausbau weiterer Ausstattungsbereiche (z.B. Beruf, Position, soziale Mitgliedschaften usw.), aus Angst, den Ansprüchen und Anforderungen nicht genügen zu können. Diese Versagensangst und die daraus resultierenden Minderwertigkeits- und Ohnmachtsgefühle lassen sich wiederum durch die Droge verdecken.

Um diesen Teufelskreis zu durchbrechen, müssen suchtmittelabhängige Frauen in der Erschließung weiterer Macht-Quellen unterstützt werden, damit sie ihren Selbst-Wert erkennen und ungehindert die eigenen Interessen und Fähigkeiten ermitteln können. Folgende Arbeitsweisen sind Mittel, mit denen diese Ermächtigung erreicht werden kann.

Problembezogene Arbeitsweisen der Sozialarbeit

Ressourcenerschließung

Die Arbeitsweise Ressourcenerschließung bezieht sich auf Probleme der körperlichen, der sozioökonomischen und der sozialökologischen Ausstattung. „Ihr Hauptziel ist die ressourcenmäßige Besserstellung von Individuen, Familien, gesellschaftlichen Gruppen als auch von territorialen und organisationellen Gemeinwesen" (Staub-Bernasconi 1994, 61).

In der Arbeit mit suchtmittelabhängigen Frauen ist hier die Schaffung von Wohnraum ein erster wichtiger Schritt. Wie dies aussehen kann, beschreibe ich am Beispiel der sozialtherapeutischen Wohngemeinschaft für ehemals suchtmittelabhängige Frauen, „Prima Donna"[7].

Prima Donna unterscheidet sich in der Finanzierung grundlegend von herkömmlichen stationären Drogentherapieeinrichtungen. Die herkömmlichen Einrichtungen sind Teil des Systems der Gesundheitsversorgung und gelten als Rehabilitationseinrichtungen nach der Reichsversicherungsordnung (RVO). Bei Prima Donna werden die Kosten der Betreuung durch den Träger der Sozialhilfe übernommen. Dieser Finanzierungsmodus hat zur Folge, daß keine Begrenzung der Wohndauer durch den Kostenträger besteht, und Prima Donna hat keinen Klinikstatus, d.h. es gibt keine Ärztin und keine Rund-um-die-Uhr-Betreuung. Prima Donna ist als offenes Wohnprojekt für 8 Bewohnerinnen konzipiert. Diese Finanzierung ist die Grundlage für die Selbstver-

---

[7] Prima Donna wendet sich an Frauen, die nach der Entgiftung suchtmittelfrei leben wollen. Ein großer Bedarf besteht auch für die Wohngruppenarbeit mit suchtmittelkonsumierenden, obdachlosen Frauen (vgl. hierzu z.B. Heinrichs 1992, 29 - 51).

sorgungspflicht der Bewohnerinnen, d.h. sie finanzieren ihre Miete und den Lebensunterhalt aus eigenen Mitteln.
Die Selbstversorgung ist bereits der erste Schritt in die Selbständigkeit. Die Pflicht, für die Miete selbst zu sorgen, führt zum Recht auf das eigene Zimmer, das nach eigenen Bedürfnissen und Fähigkeiten gestaltet werden kann. Die Pflicht, für den eigenen Lebensunterhalt zu sorgen, führt zum Recht auf unterschiedliche Tätigkeiten und zur Möglichkeit der Teilnahme am Arbeitsmarkt.
Viele Frauen, die neu einziehen und gerade erst den körperlichen Entzug hinter sich haben, sind noch nicht in der Lage, einer geregelten Arbeit nachzugehen, sie leben meist von Sozialhilfe. Die Frauen hingegen, die schon länger in der WG leben, stehen entweder in einem Arbeitsverhältnis oder in Aus- oder Weiterbildung. Die „neuen" Frauen machen die Erfahrung, daß es auch nach vielen Jahren Drogenszene möglich ist, wieder zur Schule zu gehen, eine Ausbildung zu beginnen oder in den alten Beruf zurückzukehren. Soll der Beruf eine Macht-Quelle sein, so muß von sogenannten „Sackgassen-Berufen" (Berufe ohne Aufstiegsmöglichkeiten) und von bestimmten (frauentypischen) Berufen, die keine Sicherstellung des Lebensunterhalts garantieren, abgeraten werden.
Suchtmittelabhängige Frauen haben häufig Angst, dem Streß des Lebens nicht zu genügen, darum brauchen sie Zeit und Vorbilder, damit sie **Wünsche und Ziele entwickeln, die durch eigene Handlungen realisiert werden können.** Die individuelle Wohndauer aufgrund der besonderen Finanzierung ermöglicht die Integration ins Erwerbsleben.

Bewußtseinsbildung

Diese Arbeitsweise bezieht sich auf Probleme der Ausstattung mit Erkenntniskompetenz.
„Ihr Ziel ist sowohl die Erweiterung, Differenzierung und Integration von Begriffen, Aussagen, Bildern und Codes (Theorien) zur persönlichen Situation, miteingeschlossen den sozialen und kulturellen Kontext als auch die Erhöhung von privaten und öffentlichen Artikulationschancen" (Staub-Bernasconi 1994, 63).
Wünsche und Ziele zu entwickeln, welche durch eigene Handlungsschritte erreicht werden können, setzt eine realistische Selbsteinschätzung voraus. Dieses Bewußtsein vom Selbst umfaßt die Stärken wie auch die Schwächen eines Menschen. Die Verbalisierung von Gefühlen, Bildern und verinnerlichten Normen ist eine Möglichkeit der Bewußtseinserweiterung. Innerhalb der Wohngruppenarbeit mit suchtmittelabhängigen Frauen hat sich die Gruppenarbeit als eine wichtige Methode der Erweiterung des Bewußtseins herausgestellt.

Behutsam müssen die Situationen mit extremen Brüchen und widersprüchlichen Gefühlen und Bedürfnissen aus dem Leben der Frauen verbalisiert werden. Dies können z.B. sexuelle Mißbrauchs- oder Gewalterfahrungen aus der Kindheit sein, die dazu führten, den Vater bzw. die Mutter gleichzeitig als hassens- und liebenswert zu erleben, es können widersprüchliche Wünsche und Gefühle bezüglich Gewaltbeziehungen sein, in denen die Frauen einerseits Wut und Haß für den gewalttätigen Partner empfinden, andererseits aber den Wunsch nach Liebe und Geborgenheit verspüren und immer wieder die Hoffnung auf eine positive Veränderung nähren. Aber auch das gesellschaftliche Vorurteil der bestehenden Gleichberechtigung zwischen Mann und Frau und der Vergleich mit der alltäglich erlebten Realität ist Thema für die Gruppenarbeit.

Die Lebensverletzungen beschreiben, sich ein Bild davon machen und das Leid begreifen, schafft die Möglichkeit der Distanzierung. Auch hier bietet die Frauengruppe Unterstützung durch die Erkenntnis, daß andere Frauen ähnliche Lebensverletzungen davongetragen haben.

Nicht nur vergangene Situationen müssen rekonstruiert werden, auch die Fähigkeit, im Gruppenalltag Empfindungen zu erkennen, in Worte fassen zu können und sich damit auseinanderzusetzen, führen zum Selbst-Bewußtsein und zum Aufbau von Artikulations-Macht. Die Gruppenarbeit ist nicht nur bewußtseinsbildend, sie setzt auch Entwicklungs- und Veränderungsprozesse bei den Gruppenmitgliedern in Gang.

Das Lernziel - ein selbstbestimmtes Leben zu führen - vollzieht sich über einen Lernprozeß. Es sollen Fähigkeiten entwickelt werden, die zu symmetrischen Austauschbeziehungen führen. Durch die Kommunikationsvorgänge zwischen den Gruppenmitgliedern werden sowohl positive und negative Gefühlsäußerungen als auch Meinungen und Informationen übermittelt, was zu einer (Er-)Klärung der Realität beiträgt.

Modell-, Identitäts- und Kulturveränderung

Die Arbeitsweise der Modell-, Identitäts- und Kulturveränderung bezieht sich auf Probleme der symbolischen Ausstattung. „Ziel dieser Arbeitsweise ist - im Unterschied zur nicht-direktiven Bewußtseinsbildung - die explizite Veränderung von (Leit-)Bildern, Begriffen, Begriffssystemen, aber auch von Werten und Plänen" (Staub-Bernasconi 1994, 65).

In der Arbeit mit suchtmittelabhängigen Frauen kann dies eine bewußte, gezielte Veränderung von Vorstellungen über Weiblichkeit und Frauenrolle und den Aufbau alternativer Bilder bedeuten.

Innerhalb unserer Gesellschaft haben Frauen als soziale Gruppe nicht annähernd die gleiche Macht wie Männer, woraus sich die männliche Überlegenheit begründet. Dadurch, daß Frauen die ihnen zugedachte Unterordnung

ertragen, daß sie sich anpassen und versuchen, über diese Anpassung an männlicher Macht zu partizipieren, werden sie zu Mittäterinnen am Erhalt der bestehenden Verhältnisse. Diese „Mittäterschaft" (Thürmer-Rohr 1987) beinhaltet die Zustimmung und die Loyalität der Frau gegenüber dem Mann und ermöglicht ihr so die Identifikation mit seiner Macht. Je geringer die eigenen Macht-Quellen von Frauen sind und je stärker die Behinderungsmacht innerhalb von Beziehungssystemen und der Gesellschaft, desto stärker konzentrieren sich Frauen auf diese Partizipation (s.o.). Ziel der Modellveränderung ist es, andere Möglichkeiten der Machtverteilung und Machtergreifung zu erkennen.
Für suchtmittelabhängige Frauen kann die machtlose Angepaßtheit ein Grund für den Suchtmittelkonsum sein: „Die extreme Art der Abhängigkeit in den Beziehungen zu Männern ist ein großes Problem, das hinter dem Drogenkonsum verborgen ist. Frauen stellen ihr ganzes Leben beinahe nur auf den Freund oder Ehemann ab und erscheinen alleine, für sich selbst, fast nicht lebensfähig" (Rerrich 1991, Teil 2, 6). Männer haben Priorität im Leben suchtmittelabhängiger Frauen, der Wunsch nach Schutz und Geborgenheit durch den „Freund" verhindert ein eigenständiges Leben in Selbstverantwortung.
In Frauenwohngruppen haben die Frauen die Möglichkeit der Identitätsbildung nicht über die Anerkennung durch den Mann, sondern aufgrund der Bezogenheit auf und der Auseinandersetzung mit sich und anderen Frauen. Diese Auseinandersetzung stellt eine Herausforderung für die eigene Entwicklung und die Identitätsentwicklung dar, da sich die Frau hier für sich allein sieht und nicht in Beziehung zum Mann agiert.
Erst in der Auseinandersetzung mit anderen Frauen werden eigene Bilder von Weiblichkeit sichtbar. Durch die Differenz unter Frauen wird erkennbar, daß die eigenen Vorstellungen vom Frau-Sein spezifische sind, und Gefühle von Neid, Konkurrenz und Wut können in Abgrenzung zur Anderen entstehen. Das Erkennen, Zeigen und Beachten der gegenseitigen Grenzen ist bei dieser Auseinandersetzung ein wichtiges Ziel, ebenso das Erkennen „frauenuntypischer" Gefühle.
Um Veränderungen im Handeln herbeizuführen, müssen diese erst als Möglichkeit gedacht werden können. Bevor Frauen versuchen, aufgrund der eigenen Macht-Quellen ihre Ziele als eigenständige Subjekte zu verwirklichen, müssen zunächst (Vor-)Bilder für diese selbständige Frau, der ihre eigenen Bedürfnisse so wichtig sind, daß sie sie nicht denen des Partners unterordnet, entstehen. Erst dann ist Handeln aufgrund freier Entscheidungen und nicht in ständiger Bezogenheit auf den Mann möglich.
Die Einstellungsänderungen können durch ganz konkrete thematische Arbeit in den Gruppen, aber auch durch alltägliche Interaktionen, Informationen und durch kreatives Gestalten gefördert und unterstützt werden. Die Gruppe kann z.B. gemeinsam Vorträge, Ausstellungen, Theateraufführungen usw. besu-

chen, Collagen gestalten, einen wichtigen Artikel lesen oder auch gemeinsam eine bestimmte Fernsehsendung ansehen.

Handlungskompetenz-Training und Teilnahmeförderung

Diese Arbeitsweisen beziehen sich auf Probleme der Ausstattung mit Handlungskompetenzen. „Ihre Ziele sind die Erweiterung, Differenzierung und Integration von Handlungskompetenz, die Veränderung von Verhaltensmustern der Alltagsbewältigung und die Erhöhung von Teilnahmechancen (Partizipation, Mitbestimmung) in kleinen und größeren sozialen Systemen" (Staub-Bernasconi 1994, 67).
Da bei suchtmittelabhängigen Frauen häufig eine Vorrangigkeit rollenbezogener Handlungsweisen zu beobachten ist, bedarf es der Förderung und Weiterentwicklung technisch-habitualisierter und strategisch-kreativer Handlungsweisen. Technisch-habitualisiertes Handeln kann hier als Routinehandeln (z.B. Autofahren, Hausarbeit, Fließbandarbeit usw.) bezeichnet werden. Strategisch-kreatives Handeln beinhaltet eine komplexe Situationsanalyse, eine Selbstdefinition von Zielen sowie die Nutzung von Handlungsspielräumen.
Das Zurechtfinden in ganz alltäglichen häuslichen wie außerhäuslichen Lebensbereichen muß nach einem Leben in der Randständigkeit wieder (oder neu) erlernt werden. Die Drogenszene hat ihre eigenen Regeln und Normen, um aber in der Wohngruppe, der Nachbarschaft, mit Behörden, am Ausbildungs- oder Arbeitsplatz usw. kompetent handeln zu können, müssen neue Regeln und Verhaltensweisen erlernt werden. Erst die Verfügbarkeit bestimmter Verhaltensmuster oder die Sicherheit über das eigene Leistungsvermögen ermöglichen es, den sozialen Kontext zu strukturieren und so Positionsmacht zu erlangen.
Kleine übersichtliche Wohngemeinschaften, integriert in normale Wohnbereiche, bieten viele Möglichkeiten der aktiven Mitgestaltung in Bereichen des Lebens innerhalb wie außerhalb der Wohngemeinschaft. Eine Wohngruppe für suchtmittelabhängige Frauen ist daher möglichst alltagsnah zu konzipieren. Die Frauen haben ein starkes Bedürfnis nach aktiver und vor allem kompetenter Gestaltung des eigenen Lebens, aber hier treten auch häufig Probleme auf, z.B. durch überhöhte Zielsetzungen und unrealistische Erwartungshaltungen an sich und andere. Bei Mißerfolgen erleben sich die Frauen dann schnell als Versagerinnen. Es ist wichtig, daß die Sozialarbeiterinnen den Frauen helfen, den Realitätsbezug wieder herzustellen, indem die Gründe für das Mißlingen zum Gegenstand der Betrachtung werden und nicht die Schuldfrage erörtert wird. Sind die Gründe bekannt, so kann ermittelt werden, ob und wie die fehlenden Kompetenzen erlernt werden können.

Probleme und Ängste, die im Zusammenhang mit der aktiven Gestaltung des Alltags auftreten, werden konkret besprochen und durch Einüben alternativer Verhaltensmuster und konkrete Anleitung bearbeitet. Diese Anleitung kann sehr unterschiedlich aussehen, so muß z.B. eine Frau, die nach 17 Jahren Drogenkonsum von sich selbst sagt, daß sie nicht kochen und keinen Nagel in die Wand schlagen kann, sehr viele alltägliche „Kleinigkeiten" (wieder) erlernen.
Andere Probleme können durch die Sehnsucht nach der Droge auftreten. Im Rollenspiel werden z.B. kritische Situationen durchgesprochen und durchgespielt, etwa Gefahren, die Bewohnerinnen für sich im Kontakt mit Dealern und suchtmittelabhängigen Männern und Frauen sehen. Im Rollenspiel können die Frauen dann herausfinden, welches Verhalten für sie den größten Schutz vor dem Rückfall bietet. Die Sozialpädagoginnen müssen diese Gefahren nicht alle kennen, denn die Bewohnerinnen sind hier die „Spezialistinnen", sie werden ermutigt, ihr Wissen einzubringen. Ziel ist es, daß sich die Frauen nicht (nur) als Opfer sehen, sondern erkennen, daß sie aktiv in das Geschehen eingreifen und damit auch das Verhalten anderer beeinflussen können.
Weitere Bereiche für ein Handlungskompetenztraining sind der Umgang mit Konflikten, mit Geld und mit Behörden sowie das Verhalten in Situationen, in denen Frauen Opfer von Gewalttaten werden können.

Soziale Vernetzung

Diese Arbeitsweise bezieht sich auf Probleme der Ausstattung mit sozialen Beziehungen und Mitgliedschaften. „Ziel ist (...) die soziale (Re-)Integration als Vernetzung über informelle oder formelle soziale Mitgliedschaften, z.B. in der Nachbarschaft, am Arbeitsplatz, in der Schule, im politischen oder kulturellen Bereich (...) und die (Wieder-)Herstellung von Symmetrie in Austauschbeziehungen" (Staub-Bernasconi 1994, 69).
Neben der sozialen (Re-)Integration ist die Vernetzung von (Ex-)Userinnen ein wichtiges Ziel Sozialer Arbeit, da diese Frauen extreme Lebenserfahrungen machen (bzw. gemacht haben), die sie kaum in alltägliche Interaktionen einbringen können. Frauen, die sich offen dazu bekennen, suchtmittelabhängig (gewesen) zu sein, u.U. ihren Drogenkonsum durch Prostitution finanzier(t)en und evtl. HIV-positiv sind, müssen mit extremen Formen der Ablehnung, Ausgrenzung und Stigmatisierung rechnen. Darum ist es für diese Frauen notwendig, befriedigende Beziehungen zu Frauen mit ähnlichen Erfahrungen aufzubauen. Es müssen Räume entstehen, in denen Kontakte zustande kommen können, und es sind konkrete Gruppenangebote für (Ex-)Userinnen und HIV-infizierte Frauen anzubieten. Die Förderung der Solidarität unter den Frauen begünstigt die Entfaltung von Organisationsmacht.

Umgang mit Machtquellen und Machtstrukturen

Diese Arbeitsweise bezieht sich auf soziale Verknüpfungs- und Machtprobleme. „Ziel ist es, Befreiungsprozesse aus Abhängigkeiten zu ermöglichen und zu unterstützen, die Blockierung von legitimen Ansprüchen und Forderungen durch MachtträgerInnen abzubauen und behindernde Machtstrukturen, die der Sozialen Arbeit zugänglich sind, womöglich in begrenzende Machtstrukturen umzuwandeln" (Staub-Bernasconi 1994, 70).

Das Zusammenleben in der Wohngemeinschaft und die Gestaltung von Gruppen bedarf einiger Regeln. Im Zusammenhang mit dieser Regelerstellung sind folgende Fragen zu erörtern: Wer regelt was für wen, welche Forderungen werden erfüllt und aufgrund welcher Macht-Quellen? Welche Machtstrukturen herrschen, wo sind sie behindernd, wo begrenzend? Über welche Macht-Quellen verfügt jede einzelne Bewohnerin, jede Mitarbeiterin, wie werden diese Macht-Quellen eingesetzt? Ziel ist es, Befreiungsprozesse zu unterstützen, durch das Erkennen legitimer Ansprüche und Forderungen und illegitimer Wünsche sowie behindernder wie begrenzender Machtstrukturen.

In Hausversammlungen und Gruppengesprächen müssen Regeln zur Arbeitsteilung und zur Sicherung der Grundbedürfnisse erstellt werden. Es muß auch festgelegt werden, wie eine Mehrarbeit einzelner zugunsten der Gemeinschaft belohnt wird, welche Sanktionen es für Regelverstöße geben soll und wer das Recht der Kontrolle hat.

Kriterien- und Öffentlichkeitsarbeit

„Kriterienarbeit bezieht sich auf den Umgang mit vergesellschafteten, allgemeinsten, mehr oder weniger akzeptierten oder abgelehnten geltenden Werten, die der Definition Sozialer Probleme zugrundeliegen" (Staub-Bernasconi 1994, 71). Ziel ist die Aufdeckung von Willkür und der Versuch, neue Wertvorstellungen ins öffentliche Bewußtsein zu rufen.

Für Sozialarbeiterinnen bedeutet das, die Suchtmittelabhängigkeit von Frauen mit all ihren spezifischen Ursachen, Bedingungen und Folgen sowie die Auswirkungen der Illegalität durch Informationen öffentlich zu machen, aber auch den professionellen HelferInnen näherzubringen. Es heißt auch, für eine frauengerechte Möglichkeit der Bewältigung von Problemen einzutreten und für die Anerkennung und (verbindliche) Finanzierung offener Wohnprojekte sowohl für ehemals suchtmittelabhängige als auch für suchtmittelgebrauchende Frauen zu kämpfen.

Diesem Zweck können die Veröffentlichung von Betroffenenaussagen und Stellungnahmen, das Schreiben von Leserinnenbriefen und die Teilnahme an Konferenzen und Fachtagungen dienen. Diese Arbeitsformen müssen mög-

lichst durch Gremienarbeit auf Vereins-, Gemeinde-, Landes- und Bundesebene unterstützt werden.
Suchtmittelabhängige Frauen stehen am Rande der Gesellschaft, aufgrund ihrer Ausstattungsproblematik ist es ihnen kaum mehr möglich, so zu handeln, daß allgemein akzeptierte Lebensziele für sie in Erfüllung gehen. Wird die Verkörperung eines bestimmten Frauenbildes zur einflußreichsten Machtquelle, so kommt der Kategorie Geschlecht eine zentrale Bedeutung in der Sozialarbeit zu. Mit Hilfe der Sozialarbeitstheorie von Sylvia Staub-Bernasconi läßt sich dies sehr deutlich aufzeigen.

Literatur

Appel, Christa 1990: Dry out the world - Frauen-Strategien im Kampf gegen die Alkoholgefahr im 19. Jahrhundert. In: Verein Sozialwissenschaftliche Forschung und Bildung für Frauen (SFBF) e.V. (Hrsg.), Der feministische Blick auf die Sucht. Frankfurt/M.
Appel, Christa 1992: Einmal süchtig, immer süchtig, alle(s) süchtig?! In: Verein Sozialwissenschaftliche Forschung und Bildung für Frauen (SFBF) e.V. (Hrsg.), Drogenkonsum und Kontrolle. Frankfurt
Bock-Rosenthal, Erika 1992: Soziale Ungleichheit und sozialer Konflikt. In: Studienbücher für soziale Berufe: Soziologie. Neuwied
Brakhoff, Jutta 1989: Gedanken zum Problemkreis Sucht und Prostitution: Eine Einführung. In: Brakhoff, Jutta (Hrsgin.), Sucht und Prostitution. Freiburg/Br.
Egartner, Eva/Holzbauer, Susanne 1994: „Ich hab's nur noch mit Gift geschafft...": Frauen und illegale Drogen. Pfaffenweiler
Eichenbaum, Luise/Orbach, Susie 1984: Feministische Psychotherapie: auf der Suche nach einem neuen Selbstverständnis der Frau. München
Galen, Margarete von 1989: Rechtliche Aspekte der Beschaffungsprostitution. In: Brakhoff, Jutta (Hrsgin.) Sucht und Prostitution. Freiburg/Br.
Grigoleit, Hanspeter/Wenig, Manfred/Hüllinghorst, Rolf 1993: Handbuch Sucht. Sankt Augustin
Hagemann-White, Carol 1993: Die Konstrukteure des Geschlechts auf frischer Tat ertappen? Methodische Konsequenzen einer theoretischen Einsicht. Feministische Studien H. 2, 68 - 78
Hedrich, Dagmar 1992: Drogenabhängige Frauen und Männer. In: Kindermann u.a. Drogenabhängig. Lebenswelten zwischen Szene, Justiz, Therapie und Drogenfreiheit. Freiburg/Br.
Hedrich, Dagmar 1989: Drogenabhängigkeit und Prostitution - Zwischenergebnisse der Längsschnittstudie „AMSEL". In: Brakhoff, Jutta (Hrsgin.), Sucht und Prostitution. Freiburg/Br.

Heinrichs, Christine 1992: Warum nehmen sie eigentlich keine Drogen? In: Verein Sozialwissenschaftliche Forschung und Bildung für Frauen e.V. (Hrsg.), Drogenkonsum und Kontrolle. Frankfurt/M. 29 - 51

Horstkotte-Höcker, Ellen 1987: Eß-Brech-Sucht und weiblicher Lebenszusammenhang im Patriarchat: Ursachen und Möglichkeiten der Veränderung einer frauenspezifischen Sucht. Pfaffenweiler

Kreyssig, Ulrike 1990: Drogenpolitik - Frauenpolitik - feministische Politik. In: Verein Sozialwissenschaftliche Forschung und Bildung für Frauen (SFBF) e.V. (Hrsg.), Der feministische Blick auf die Sucht. Frankfurt/M.

Latza, Berit 1989: Frauen zwischen Liebesbeziehung und Prostitution. In: Brakhoff, Jutta (Hrsgin.), Sucht und Prostitution. Freiburg/Br.

Lenz, Gerhard 1992: Niemand sucht allein - Auf dem Weg zu einer veränderten Suchtdefinition. In: Richelshagen, Kordula (Hrsgin.), Süchte und Systeme. Freiburg/Br.

Lind-Krämer, Renate/Timper-Nittel, Angela 1992: Drogenabhängige Frauen - das Besondere ihrer Lebenslage. In: Sickinger u. a. Wege aus der Drogenabhängigkeit. Gelungene und gescheiterte Ausstiegsversuche. Freiburg/Br.

Mebes, Marion 1989: Sexueller Mißbrauch und Sucht. In: Brakhoff, Jutta (Hrsgin.), Sucht und Prostitution. Freiburg/Br.

Nelles, Joachim 1992: Sucht in der modernen Gesellschaft. Die neue Gesellschaft. Frankfurter Hefte 11

Rerrich, Dorothy M. 1991: Prima Donna: Bericht über das Modell der sozialtherapeutischen Wohngemeinschaft für drogenabhängige Frauen. München

Sickinger, Richard u.a. 1992: Wege aus der Drogenabhängigkeit. Gelungene und gescheiterte Ausstiegsversuche. Freiburg/Br.

Sickinger, Richard/Kindermann, Walter 1992: Strafe oder Therapie? In: Kindermann u.a. Drogenabhängig. Lebenswelten zwischen Szene, Justiz, Therapie und Drogenfreiheit. Freiburg/Br.

Staub-Bernasconi, Silvia 1983: Soziale Probleme - Dimensionen ihrer Artikulation. Diessenhofen

Staub-Bernasconi, Silvia 1994: Soziale Probleme - Soziale Berufe - Soziale Praxis. In: Heiner, Maja u.a., Methodisches Handeln in der Sozialen Arbeit. Freiburg/Br.

Thürmer-Rohr, Christina 1987: Vagabundinnen. Berlin

Wagner, Cristine 1989: MUDRA: Sraßensozialarbeit mit drogensüchtigen Frauen. In: Brakhoff, Jutta (Hrsgin.), Sucht und Prostitution. Freiburg/Br.

Wittchen, Sybille/Bleser, Birgit/Fricke Wolfgang 1988: Bulimie - Gesellschaftliche, familiäre, individuelle Perspektiven. Wiesbaden

Wege von Mädchen in die Sucht und aus der Sucht - Macht Frausein krank oder wie kann Frausein gesund sein?

Monika Fröschl

Erst seit knapp fünfzehn Jahren macht sich die Fachwelt Gedanken über geschlechtsspezifische Aspekte der Abhängigkeit. Daß sich Sucht von Frauen und Männern unterscheiden kann, war bis dahin nicht oder kaum beachtet worden. Nach wie vor ist es jedoch üblich, viele Daten geschlechtsneutral zu erheben. Aus diesem Grund ist es schwierig, verläßliche Angaben zur Gruppe der Mädchen und jungen Frauen zu finden.

Gerade die Zeit des körperlichen, seelischen und sozialen Überganges vom Mädchen zur Frau kann richtunggebende Weichen im Umgang mit dem eigenen Körper stellen. In der Pubertät müssen nicht nur einschneidende körperliche Veränderungen bewältigt, sondern die eigenen Wünsche und Vorstellungen vom weiblichen Körper mit den hohen gesellschaftlichen Erwartungen an die werdende Frau in Einklang gebracht werden. Dies macht die besondere Gefährdung dieser Entwicklungsphase für die Entstehung von Abhängigkeitserkrankungen bei Mädchen aus.

Der weibliche Weg der Konfliktbewältigung führt nicht zu außengerichteten, aggressiven Verhaltensmustern, sondern zu innengerichteten Symptomen (Hurrelmann 1988, 106). Die Einnahme von Medikamenten und Essen im Übermaß oder Nicht-Essen entsprechen der weiblichen Verinnerlichung von Problemen, statt der aktiven, außengerichteten Auseinandersetzung mit der Lebenssituation. Das Suchen einer (Pseudo-)Lösung aus vielfältigen weiblichen Abhängigkeiten heraus kann in die Sucht führen.

„Sie stecken in einer tieferen und auswegloseren Gebundenheit als der Mann und haben weniger Entfaltungs- und Kompensationsmöglichkeiten. Frauen sind von vorneherein abhängiger und werden auch immer wieder in abhängigere Positionen gedrängt. Das bringt sie einerseits leichter zu Suchtmitteln, andererseits verstärken Suchtmittel wiederum ihre allgemeine Abhängigkeit" (Merfert-Diete 1988, 16).

Wenn man die bereits aus den 50er Jahren stammende Definition von Gesundheit der Weltgesundheitsorganisation (WHO) betrachtet, die Gesundheit als einen Zustand vollkommenen körperlichen, seelischen und sozialen Wohlbefindens und nicht nur die Abwesenheit von Krankheit oder Gebrechen beschreibt, so hält man diese umfassende Beschreibung (wenn auch zu absolut) für sehr modern. Bei Mädchen mit Mißbrauchs- oder Abhängigkeitsproblemen ist die Gesundheit in allen Bereichen bedroht. Aus diesem Grund ist es unverzichtbar, sich mit Sucht, Suchtverhalten und Abhängigkeitserkrankungen aus verschiedenen Blickwinkeln zu befassen, die letztendlich befriedigend nur in einen interdisziplinären Ansatz münden können.

Beispielhaft sind im folgenden Probleme von jungen Frauen im Umgang mit Essen und Medikamenten aufgezeigt.

Grenzüberschreitungen

Der klarste Bezug zu Geschlecht und jugendlichem Alter liegt bei den Eßstörungen der Pubertätsmagersucht (Anorexia nervosa) und der Eß-/ Brechsucht (Bulimia nervosa) vor. Sie treten in Umbruchsituationen des weiblichen Lebens auf und können als typisch weibliche Form der Konfliktbewältigung mit autoaggressiven Tendenzen gesehen werden.
Schon der Begriff der Pubertätsmagersucht weist auf die enge Beziehung mit dem Jugendalter hin. Das Geschlechtsverhältnis Frau:Mann wird in der Literatur mit 10:1 angegeben. Schätzungen gehen davon aus, daß 1% der Mädchen in der Adoleszenz an einer Magersucht erkranken werden. Der Verlauf ist häufig chronisch mit schweren körperlichen Schäden, die im Extremfall zum Tode führen. Die Mortalität beträgt bis 12%, chronischer Verlauf ist bei 40% der Mädchen zu befürchten (Köhler 1990, 591, 608). Die meisten Studien sprechen dafür, daß die Anorexia nervosa in der Altersgruppe der 15- bis 24jährigen jungen Frauen in den Industrienationen absolut zugenommen hat. Die beiden Erkrankungsgipfel liegen im Lebensalter von 14 bzw. 18 Jahren (Herpertz-Dahlmann 1994, 906).
Die Ursachenforschung in der modernen Wissenschaft geht von einem Zusammenwirken biologischer, psychischer und sozialer Faktoren aus. So wird die Erkrankung als ein Versuch aufgefaßt, die mit der Adoleszenz verbundenen Ängste, die Kontrolle über sich selbst und seinen Körper zu verlieren, zu bekämpfen. Die Mädchen leiden oft schon Jahre vorher an Selbstunsicherheit, jedoch gelang es ihnen, unter Verzicht auf ihre Autonomie den psychischen und sozialen Anforderungen der Kindheit gerecht zu werden.

„Die Betroffenen waren oft angepaßt, brave, kleine Mädchen, sie waren leistungsorientiert, pflichtbewußt, ordnungs- und sauberkeitsliebend, sparsam und meist gute Schülerinnen. Sie entsprachen damit den Wünschen der Eltern, ohne ihre eigenständigen Entwicklungsmöglichkeiten wahrzunehmen, so daß das Selbstwertgefühl auf sozial erwünschten Tugenden und der dafür erlangten Zuwendung beruht. Die

Sozialisation zur Frau ist hier offenbar allzu erfolgreich gelungen" (Olbricht 1993, 82).
Die erhöhten Anforderungen in der Pubertät sind dann nicht mehr kontrollierbar (Köhler 1990, 583). Im lebensgeschichtlichen Zusammenhang verständlich, wenn man die vielfältigen Einschnitte in das Leben der heranwachsenden Frau sieht. Körperlich sichtbare Veränderungen, wie Brustwachstum, die Zunahme des Beckenumfanges und das Wachsen von Haaren in Achsel- und Genitalbereich, signalisieren den Übergang vom Mädchen zur Frau. Auch die erste Menstruation, Menarche, bedeutet einen Einschnitt in das Leben des Mädchens. Der Körper, das eigene Körpergefühl, die Körperwahrnehmung, aber auch die Reaktionen der Umwelt verändern sich. Gleichzeitig beginnt die Suche nach der weiblichen Identität. Die junge Frau ist auf die Veränderungen nicht vorbereitet, sie machen ihr Angst, der sie mit dem Versuch des Wiederherstellens des kindlichen Körpers und Kontrolle begegnet. So erhofft sie die Wiedererlangung der Bewältigung ihrer Situation. Persönliche und soziale Ressourcen als Reaktion auf die Anforderungen der Adoleszenz sind nicht ausreichend.
Grenzen zwischen Körper und Umwelt, zwischen außen und innen, müssen gezogen werden. Ist dieses Grenzerleben gestört, so kann die Frau nicht gesund reagieren (Olbricht 1993, 82). Bei einem in der Kindheit erlebten sexuellen Mißbrauch kommt es zusätzlich zu Grenzverletzung und Kontrollverlust.
Wie kann nun Kontrolle wiederhergestellt werden? Am leichtesten zu kontrollieren - von außen nach innen - ist die Essensaufnahme. Was liegt da für ein Mädchen, das seit frühester Kindheit in Familie, Freundeskreis und Medien mit dem Ideal „Schlankheit" konfrontiert wird, näher, als mit Fasten zu beginnen? Das Schlankheitsideal geht so weit, daß sich auch nicht übergewichtige oder sogar untergewichtige Mädchen für zu dick halten. Zudem muß der Widerspruch zwischen dem gesellschaftlichen Anspruch auf Konsum und biologischen Bedürfnissen nach Essen und dem kulturell bedingten westlichen Schlankheitsideal ausgehalten werden (Köhler 1990, 593).
So steht am Anfang häufig die Diät, gefolgt von einer fortschreitenden Störung des Eßverhaltens. Die Mädchen essen nur Kalorienarmes, beschäftigen sich dauernd mit dem Essen, kochen für andere. Verstärkt wird die Gewichtsabnahme durch selbstinduziertes Erbrechen und den Mißbrauch von Abführmitteln. Dazu kommt eine ausgeprägte Hyperaktivität mit dem Verleugnen von Müdigkeit und Schwäche, eine ausgesprochene Leistungsorientierung in Sport und Schule oder Beruf. Essen und Leistung werden durch Kontrollzwang reguliert. Daraus resultieren neben einer starken Reduktion des Gewichtes - bis auf unter 30 kg - zahlreiche körperliche Symptome: es kommt insbesondere zu einem Vitamin A-Mangel, zu einer Störung des Salzhaushaltes, zu Abnahme von Blutdruck und Körpertemperatur, zu einer Entgleisung der Hormonproduktion, zu Osteoporose etc. Die

Folgen sind vielfältig: die Periode bleibt aus (Amenorrhoe), es kommt zu Verstopfung, da der Darm ungenügend gefüllt ist, die Herzfrequenz nimmt ab, die Haut wird trocken und neigt zu Blutungen, die Hohlräume des Gehirns erweitern sich. Das Mädchen nimmt dies jedoch nicht wahr, es hält sich auch bei extremem Untergewicht für zu dick und überschätzt in Studien die Breite des Körpers erheblich (Buhl 1992, 15). Müdigkeit und Erschöpfung dürfen nicht sein, statt dessen erfolgt dauernde - auch extreme sportliche - Aktivität.
Die Wahrnehmung des eigenen Körpers gelingt nicht mehr, was als Störung des Körperschemas bezeichnet wird. Die Fähigkeit zur Selbstkontrolle wird als niedrig eingeschätzt, obwohl der Körper extrem kontrolliert wird. So entsteht eine Wahrnehmung, die nicht mehr mit der der sozialen Umwelt übereinstimmt. Gewichtszunahme ergibt wieder dieses Gefühl der Grenzenlosigkeit.
Auch die Umwelt „wird nicht nach innen gelassen": zunehmende Isolation und Verlust von emotionalem Austausch sind die Folge. Die junge Frau nimmt Äußerungen von Angehörigen und Freunden nicht mehr ernst, sie wertet ab, was ihr Gefühl von Unabhängigkeit beeinträchtigt und Kontrolle verstärkt. Andererseits liegen aber in dem dann „süchtigen" Verhalten Abhängigkeit und Kontrollverlust: die Gewichtsabnahme erfolgt ohne untere Grenze und auch die soziale Isolation wird immer totaler. Aus den Kontrollbemühungen des Mädchens wird letztlich der totale Kontrollverlust.
Die Familienstruktur wirkt unterstützend auf die Krankheitsmanifestation. So ist für Familien mit magersüchtigen Mädchen kennzeichnend, daß die Beziehungen besonders eng miteinander verwoben sind, überprotektive Haltungen dominieren, die Familienorganisation rigide und keine Konfliktlösungen zulassend ist (Köhler 1990, 596). Nach außen jedoch handelt es sich häufig um die „Idealfamilie".
Körperliche, seelische und soziale Störungen potenzieren sich und dürfen nicht isoliert betrachtet werden.

Phasenweise wechselt die Magersucht nicht selten mit der Eß-/Brechsucht ab. Jedoch gibt es das Krankheitsbild der Bulimie auch isoliert.
Typisch ist die anfallsartige Aufnahme von großen Nahrungsmengen mit Kontrollverlust. Der kurzfristigen Befriedigung durch die Aufnahme von immensen Nahrungsmengen folgt die Enttäuschung über den Kontrollverlust. „Gelingt" es bei Magersucht, Grenzen zwischen außen und innen zu ziehen, ist dies bei der Bulimie nicht der Fall. Da auch hier die panische Angst vor Übergewicht besteht, folgt den Attacken ein heimliches Erbrechen. Das Erbrechen wird zunächst selbst hervorgerufen, später erfolgt es reflexartig.
Die Häufigkeit der Bulimie wird in der Bundesrepublik auf 2-4% bei 18-35jährigen Frauen geschätzt, die Geschlechtsverteilung ebenfalls auf 10:1

(Feiereis 1990, 615, 618). Der Altersgipfel liegt bei 18 Jahren (Herpertz-Dahlmann 1994, 906).
Dieses Verhalten ist also insgesamt eher häufiger, aber nach außen eher unauffällig, da die Frauen meist normalgewichtig sind und Essen und Erbrechen heimlich erfolgen.
Emotional belastende Ereignisse wie die Trennung vom Freund können Auslöser der bulimischen Eßstörung sein. Auch besteht ein signifikanter Zusammenhang zwischen sexuellem Mißbrauch in der Kindheit und Bulimie. Während die Attacken zu Beginn der Erkrankung durch äußere Ereignisse wie Streßerleben provoziert werden, verselbständigen sich die Eß-/Brechanfälle im weiteren Verlauf und werden von den betroffenen Frauen bereits in den Tagesablauf z.B. beim Einkaufen eingeplant (Herpertz-Dahlmann 1994, 907). Der Gedanke ans Essen dominiert mehr und mehr das Leben und führt - um die Heimlichkeit aufrecht zu erhalten - in immer größere Isolation. Bulimikerinnen wirken nach außen häufig stark, frei und erfolgreich, erleben aber beim Essen dauernden Kontrollverlust.
Die resultierenden körperlichen Symptome sind ein Aussetzen der Menstruation, Magen-Darmstörungen, Heiserkeit, Schmerzen in der Speiseröhre, Zahnschäden, ein rückbildungsfähiger Schwund der Hirnsubstanz und vieles mehr. Vor und nach den „Eßattacken" sind die Frauen häufig depressiv verstimmt. Der Anfall wird zum „Korrelat und Ventil der Selbstwertkrise" (Feiereis 1990, 622). Durch jeden neuen Anfall werden Selbsthaß und Schuldgefühle provoziert, jeder Anfall zeigt, daß keine Kontrolle möglich ist. Kann man die Magersucht noch als Selbstheilungsversuch auf Kosten des Körpers verstehen, steht bei der Bulimie die kontinuierliche Selbstzerstörung im Vordergrund (Olbricht 1993, 83).

Zudem werden bei Eßstörungen häufig zusätzlich Medikamente mißbräuchlich benutzt, in erster Linie Abführmittel: diese führen zu einer Störung des Salzhaushaltes des Körpers, einer Gewöhnung mit Wirkungsverlust und bei Absetzen zu hartnäckiger Verstopfung (Obstipation).

Macht Frausein krank?

Zwei Drittel der geschätzten 800.000 medikamentenabhängigen Menschen sind Frauen (Deutsche Hauptstelle gegen die Suchtgefahren/DHS 1992, 19). 30% der Jugendlichen greifen regelmäßig zu Medikamenten (Nordlohne 1992, 9). Die geschlechtsunterschiedliche Einnahme von Arzneimitteln beginnt in der Jugend. Bis zum Lebensalter von 10 Jahren gehen Mütter mit ihren Töchtern weniger zum Arzt und sie erhalten vom Arzt weniger auf die Psyche wirkende (psychotrope) Medikamente als Jungen.

Mit der Pubertät ändert sich dies. Junge Frauen ab der Pubertät greifen zur Problemlösung schneller zu Medikamenten, werden schneller dazu veranlaßt, Medikamente einzunehmen und bekommen sie schneller verordnet als gleichaltrige Jungen (DHS 1992, 49; Olbricht 1993, 158; Vogt 1993, 52).
Mit der Pubertät treten bei Mädchen natürliche, zyklische Schwankungen des Befindens auf. Werden sie von der Umwelt und dann vom Mädchen selbst mit dem Begriff „krankhaft" belegt, ist die Medikamenteneinnahme vorprogrammiert. Etwas, was eigentlich als positiv zu bewerten ist, wird hier verkehrt: Mädchen lernen früher als Jungen auf Signale ihres Körpers zu achten. Wenn Mädchen dann die Veränderungen in ihrem Körper wahrnehmen und spüren, sollte dies gut sein. Häufig wird dies jedoch mit dem Begriff „nicht normal = krank" belegt.
Mit der Pubertät ändert sich Studien zufolge auch das subjektive Befinden von Mädchen: sie klagen vermehrt über Befindlichkeitsstörungen, Nervosität, Unruhe, Kopfschmerzen, Migräne, Ängste und Eßstörungen. Somatisierung ist ein typisches Reaktionsmuster Jugendlicher auf Überforderung (Hurrelmann 1988, 70). Mädchen reagieren viel stärker als Jungen auf Überforderungs- und Belastungssituationen mit Beeinträchtigung ihres Wohlbefindens. Jetzt folgt der Arztbesuch und es werden Schmerz-, Beruhigungs- und Schlafmittel, Antidepressiva und Herz-Kreislauf-Medikamente verordnet (Vogt 1993, 51). Zwei Drittel der Arzneimittel mit Abhängigkeitspotential werden für Frauen rezeptiert (Glaeske 1992, 6). Dazu kommt die Selbstmedikation. Selbsthilfeaktivitäten in der Familie bei Störungen des Wohlbefindens bestehen meist in der Einnahme von Medikamenten (Grunow 1987, 252). Vermittelt wird dies durch Frauen, die die Gesundheitsexpertinnen in der Familie sind und dieses Muster auch bereits für sich erlernt haben. Sie geben es an ihre Töchter weiter.
Viele junge Frauen lernen auch den Umgang mit Schmerzen am Beispiel ihrer Menstruation. (Vogt 1993, 51). Werden dann zur Behandlung von Menstruationsbeschwerden Schmerzmittel-Kombinationspräparate eingesetzt, so enthalten diese häufig anregende Substanzen wie Coffein, die auf das zentrale Nervensystem wirken. Dabei kommt es neben einer Schmerzlinderung auch zu einer (vorübergehenden) Entspannung und Beruhigung. Die Befindlichkeit wird besser und es resultiert eine Stimmungsanregung bis zum euphorischen Zustand (Wanke 1985, 97). Dies bedeutet, daß nicht nur Schmerzen behandelt werden, sondern auch die emotionale Befindlichkeit verändert wird.
Das Eintreten der Menstruation wird - wie früher und in bestimmten Kulturen heute noch üblich - nicht gefeiert, sondern mit negativen Aspekten belegt. Auf der einen Seite ist das Mädchen stolz, zur Frau zu werden, auf der anderen Seite wird Menstruation mit Scham und Tabu belegt. Kein Wunder, daß in einer derartigen Konfliktsituation mit körperlichen Beschwerden reagiert wird. Die Rebellion erfolgt über den Körper.

Potenzierend wirkt hier die Werbung. Sie suggeriert, daß man mit Hilfe von Medikamenten schnell durch Konsum zu Wohlbefinden kommt. Rund 60 Millionen Mark wurden 1990 in die Werbung für nichtverschreibungspflichtige Schmerzmittel investiert, der Apothekenumsatz im Bereich der Selbstmedikation betrug allein 600 Millionen Mark (DHS 1993, 13). Die Werbung verspricht schnelle und direkte Problembewältigung durch den Konsum von Arzneimitteln. Was in der Laienpresse angepriesen wird, beeinflußt auch das Verschreibungsverhalten von Ärzten.
Die Krankenrolle, die dem Mädchen damit zugewiesen wird, kann momentane Entlastung von den Anforderungen der Pubertät, auf die Dauer aber ein Fixieren auf die krankhafte Bedeutung von zyklischen Befindlichkeitsveränderungen oder der Menstruation bringen. Und wer seine Gesundheit eher ungünstig einschätzt, nimmt mehr Medikamente als jemand, der seine Gesundheit eher positiv einschätzt. Wenn diese zyklischen Befindlichkeitsveränderungen als gut für den Körper und gesund eingeschätzt würden, brauchten sie auch nicht medikamentös beseitigt werden! Da jedoch körperlich, seelisch und sozial immer gleiches Funktionieren gefordert ist, werden Medikamente, und nicht nur Schmerzmittel, eingesetzt. Liegt das Verhältnis von Frauen zu Männern bei der Einnahme von psychoaktiven Substanzen im höheren Lebensalter bei 3:1, so ist es bei den 15-30jährigen bei 6:1 (Vogt 1982)!
Beruhigungsmittel von Typ der Benzodiazepine, deren bekanntestes Valium ist, wirken angst- und spannungslösend. Sie werden Frauen doppelt so häufig wie Männern verordnet (Ernst 1991, 95). Jedoch ist die erwünschte Wirkung nur anfangs vorhanden, dann kommt es nur noch zu einem Verflachen der Gefühle. Freude und Leid werden sehr abgestumpft empfunden, das Funktionieren im täglichen Leben ermöglicht. Beim Absetzen der Medikamente kommt es zu den gleichen Symptomen im Entzug wie vor der Einnahme. Eine Wiedereinnahme ist damit vorprogrammiert.
Pillen als Tröster und vordergründige Problemlöser sind sozial geachtet und leicht, auch heimlich, zu konsumieren. Die Tendenz geht dabei immer mehr zur „Kombination": Aufputschmittel und Beruhigungsmittel, Beruhigungsmittel und Alkohol. Aus Amerika kommt eine Untersuchung, die zeigt, daß junge Frauen mehr Stimulantien als junge Männer einnehmen (Johnston 1994). Auch die Daten des Gesundheitswesens (1991, 56) lassen in einer Umfrage von 1990 für die Bundesrepublik die gleiche Tendenz erkennen. Bei den stimulierenden Drogen handelt es sich meist um Derivate des Aufputschmittels Amphetamin. Da diese relativ leicht in chemischen Labors „geplant" hergestellt werden können, wurden sie als Designerdrogen bezeichnet. Sie entfalten ihre zentralerregende Wirkung vorwiegend durch eine Erregung des sympathischen Nervensystems. Es kommt zu einer Ermüdungshemmung und zu einem Gefühl der Frische und Leistungsfähigkeit. Zudem ist der Antrieb gesteigert, Initiative und Aktivität werden gefördert.

Gleichzeitig leidet jedoch die Qualität des Getanen, was subjektiv aber nicht bemerkt wird. Nach mehrfacher Einnahme kommt es zu euphorischen Gefühlen (Wanke 1985, 101). Außerdem wirken Amphetamine appetithemmend, sicherlich eine von vielen jungen Frauen erwünschte Wirkung.

Frausein ist gesund! - Aspekte einer geschlechtsspezifischen Gesundheitsförderung

Die aufgeführten exemplarischen Beispiele machen die vielfältigen Wechselwirkungen zwischen körperlichen und psychosozialen Anforderungen auf der einen und körperlichen und psychosozialen Symptomen auf der anderen Seite deutlich. Das Körperbild der jungen Frau - und damit die eigene Einschätzung von gesund oder krank sein - hängt vom eigenen, aber auch vom Fremdbild ab. Viele Aspekte „natürlichen Frauenlebens" werden zunächst von außen und dann auch von innen mit dem Begriff „krank" belegt und werden dann zwangsläufig als krankhaft erlebt. Zyklische Befindlichkeitsveränderungen passen auch nicht in unsere moderne Welt, in der Frau körperlich, seelisch und sozial allzeit gleich zu funktionieren hat. Dies aufzuzeigen ist ein wichtiger Ansatz der präventiven Arbeit.
Klassische Prävention geht begriffsbedingt von einer Vermeidung von Krankheit aus. Dies bedeutet, daß der Ausgangspunkt die Krankheit (Sucht) und nicht die Gesundheit ist. Gesundheitsförderung dagegen versucht, Gesundheit zu bewahren oder zu stärken. Sie geht von Schutzfaktoren und nicht von Risikofaktoren aus.
Individuelle Schutzfaktoren bei Jugendlichen sind - wie aus verschiedenen Drogenpräventionsstudien hervorgeht - eine positives Selbstkonzept mit Selbstvertrauen und Selbstwirksamkeitsgefühl, die Fähigkeit zur Selbsthilfe, adäquate Problemlösungs- und Kommunikationsfertigkeiten (Künzel-Böhmer 1994, 5). Selbstwirksamkeitsgefühl ist die Überzeugung, über Fähigkeiten und Handlungsperspektiven zu verfügen, die ein gewünschtes Ergebnis möglich werden lassen. Hurrelmann (1988, 102) kommt zu ähnlichen positiven Verarbeitungs- und Bewältigungsstilen. So haben sich folgende Faktoren als günstig erwiesen: Vertrauen in die eigene emotionale Belastbarkeit, Fähigkeit zu problemlösendem Verhalten, Fertigkeit, sich bei anderen Unterstützung und Hilfe zu suchen, stabiles Selbstwertgefühl und stabile Ich-Identität.
In einer Untersuchung an jungen Müttern haben sich folgende Strategien als gesundheitsschützend gezeigt: Das Begrenzen von Schwierigkeiten und das Vermeiden von Überforderungen, die Bereitschaft und Fähigkeit, Gefühle zu zeigen, die Fähigkeit, auch in schwierigen Situationen die eigene Handlungsfähigkeit wieder herzustellen, die Fähigkeit, die im Leben als Frau

unvermeidlichen Widersprüche und Ambivalenzen auszuhalten und zu integrieren (Kleese 1992).
Soziokulturelle Bedingungen, die vor Drogenkonsum schützen, sind ein positives Familienklima und ein verständnisvoller Erziehungsstil (Künzel-Böhmer 1994, 5). Jedoch ist es wichtig, daß sich das soziale Netzwerk der jungen Frau nicht nur auf die Familie beschränkt, sondern daß darüber hinaus Kontakte mit gesundheitsfördernder Unterstützungsfunktion bestehen.
Zusammenfassend könnte von einer individuellen Kompetenz- und einer sozialen Netzwerkförderung gesprochen werden.

Einige zentrale Fragen sollen im folgenden andiskutiert werden:
Wie ist mein **Körperbild**? Welche Vorstellung habe ich von meinem Körper mit seinen Signalen? Wie ist meine Wahrnehmung? Wie ist mein Handeln? Und wie ist die Bewertung von außen? Mädchen müssen sich über diese Fragen klar werden und den Raum dafür angeboten bekommen.
Warum kann die Menarche nicht wieder gefeiert werden? Wenn es zu einer Enttabuisierung und zur positiven Wertung der Menstruation käme, wären viele Beschwerden unnötig. Dies macht jedoch gleichzeitig deutlich, daß die Problemlösung nicht nur auf der individuellen Ebene erfolgen kann, sondern eine gesellschaftliche Umbewertung nötig wäre. Gesundheitsförderung für Mädchen muß die individuelle und strukturelle Ebene berücksichtigen.
Die Auseinandersetzung mit der **weiblichen Sozialisation** fügt sich hier nahtlos an:
„Hat die Frau sich als liebenswert erlebt, Achtung und Würdigung erfahren, dann wird sie nicht mehr suchthaft bis zur Selbstaufgabe nach Befriedigung und Bestätigung streben müssen, sie kann Beziehungen angstfreier gestalten, und zwar zu anderen wie zu sich selbst. Damit ist sie weniger kränkbar, nicht so leicht in Frage zu stellen, auch von sich selbst nicht, und sie kann Spannungen und Frustrationen besser aushalten" (Olbricht 1993, 100).

Es kommt darauf an, Mädchen zu ermutigen, ihre Kompetenzen für ihr eigenes Wohlbefinden nutzbar zu machen. Wenn Mädchen gelernt haben, Signale ihres Körpers wahrzunehmen, dann ist es wichtig, dies als gut und richtig zu bestätigen.
Wenn körperliche Symptome nötig sind und ihre Bedeutung zur Konfliktbewältigung haben: ich darf mich nicht zurückziehen, weil mein Körper danach verlangt, ich darf mich aber zurückziehen, weil ich Schmerzen habe, dann muß an den Bedingungen angesetzt werden. Medikamente kurieren bestenfalls körperliche Symptome und stellen die momentane Funktionsfähigkeit wieder her, verändern jedoch nichts an den zugrunde liegenden Ursachen.

Körperliche, seelische und soziale Selbstbestimmung ist von zentraler Bedeutung. Die traditionell von der jungen Frau erwartete Familienorientierung läßt sich mit den Ansprüchen auf Selbstverwirklichung und Selbständigkeit nicht in Einklang bringen, Rollenkonflikte sind vorprogrammiert. Soziale Netzwerke mit verschiedenen Formen sozialer Unterstützung sind von entscheidender Bedeutung. Kontakte mit gleichaltrigen Mädchen (Peer Groups) könnten gesundheitsfördernd wirken.

Eine identitätsstützende Lebenskompetenzförderung wird junge Frauen zu einem selbstbestimmten Umgang mit ihrem Körper führen. Dabei geht es darum, gesundheitsfördernde Schutzfaktoren, im Sinne der Salutogenese, zu finden, die gleichzeitig die Sichtweise von weiblichem Wohlbefinden, aber auch Spaß und Erlebnisorientierung miteinbeziehen.

Literatur

Daten des Gesundheitswesens 1991. Baden Baden
Deutsche Hauptstelle gegen die Suchtgefahren (Hrsg.) 1992: Medikamentenabhängigkeit. Freiburg/Br.
Ehle, Gisela 1992: Ich finde nicht mein Maß. Berlin
Feiereis, Hubert 1990: Bulimia nervosa. In: Uexküll T: Psychosomatische Medizin. München, 614-634
Glaeske, Gerd 1992: Der Stellenwert des Arzneimittelgebrauchs in unserer Gesellschaft. Pro Jugend H 4, 4-7
Grunow, Dieter 1987: Soziale Ressourcen in der alltäglichen Gesundheitsselbsthilfe. In: Keupp Heiner, Röhrle Bernd (Hrsg.): Soziale Netzwerke. Frankfurt/M.
Herpertz-Dahlmann, Beate/Remschmidt, Helmut 1994: Anorexia und Bulimia nervosa im Jugendalter. Deutsches Ärzteblatt Nr. 91, 906-911
Hurrelmann, Klaus 1988: Sozialisation und Gesundheit. Weinheim
Johnston, L./O'Malley, P./Bachmann, J. 1994: Highlights from drugs in American high school students 1975-83. Rockville, Nationale Institute on Drug Abuse
Kleese, Rosemarie/Sonntag, Ute/Brinkmann, Marita/Maschewsky-Schneider, Ulrike 1992: Gesundheitshandeln von Frauen. Frankfurt/M.
Köhle, Klaus/Simons, Claudia 1990: Anorexia nervosa. In: Uexküll T: Psychosomatische Medizin. München, 582-613
Künzel-Böhmer, Jutta/Kröger, Christoph 1994: Evaluation der Suchtprävention - Konsequenzen für die Praxis. Pro Jugend H 4, 4-9

Maschewsky-Schneider, Ulrike/Kleese, Rosemarie/Sonntag, Ute 1991: Lebensbedingungen, Gesundheitskonzepte und Gesundheitshandeln von Frauen. In: Stahr, Ingeborg/Jungk, Susanne/Schulz, Elke (Hrsg.): Frauengesundheitsbildung, 22-35
Merfert-Diete, Christa/Soltau, Roswitha (Hrsg.) 1984: Frauen und Sucht. Reinbek
Niedersächsische Landesstelle gegen die Suchtgefahren 1990: Frau und Sucht. Hamburg
Nordlohne, Elisabeth/Hurrelmann, Klaus 1992: Jugendliche und Medikamente. Pro Jugend H 4, 8-11
Olbricht, Ingrid 1993: Was Frauen krank macht. München
Vogt, Irmgard 1982: Zur Medikalisierung der Lebensprobleme von Frauen. Kriminalpädagogische Praxis H 10, 7-15
Vogt, Irmgard 1993: Psychologische Grundlagen der Gesundheitswissenschaften. In: Hurrelmann Klaus, Laaser Ulrich (Hrsg.): Gesundheitswissenschaften. Weinheim
Wanke, Klaus/Täschner, Karl-Ludwig 1985: Rauschmittel. Stuttgart

Vom Überleben zum Leben
Gruppenarbeit mit Mädchen und jungen Frauen als Chance gegen die isolierende und ausgrenzende Wirkung von sexuellem Mißbrauch

Roswitha Reger

Herausgefallen!

Herausgefallen - das ist schon lange und immer wieder ein Thema, das die Arbeit gegen sexuellen Mißbrauch bestimmt. Erst war sexueller Mißbrauch kein Thema, nicht in der Öffentlichkeit und nicht in der Jugendhilfe, und damit gab es auch keine Angebote zur Unterstützung der betroffenen Mädchen in der Praxis. Dann wurde durch die Arbeit der Frauenbewegung der Mantel des Schweigens gelüftet, doch die Frauenprojekte, die die Praxisarbeit gegen sexuellen Mißbrauch machten, blieben in der Förderung immer am Rande des Existenzminimums und des Überlebens. Viele notwendige Projekte konnten niemals gestartet und durchgeführt werden und eine Veränderung der Praxis der Institutionen ging nur schleppend voran. Im Zuge der anstehenden kommunalen Einsparungen sind es die Projekte, die jetzt eigentlich erst zeitgemäß entworfen und entwickelt werden müßten, die nun herausfallen. Das trifft ganz besonders die Mädchenarbeit, denn hier war erst der Beginn eines langsamen Änderungs- und Umdenkungsprozesses erreicht.

Herausgefallen - das ist ein immer wiederkehrendes Thema der von sexuellem Mißbrauch betroffenen Mädchen und jungen Frauen, im Beruf, in ihrer Alltagswelt und in der Gefühlswelt. So beschreibt eine junge Frau aus den Selbsthilfegruppen für Mädchen und junge Frauen ihren Überlebensalltag:

> Jede Nacht Schrecken
> Jede Nacht Angst.
> Die Nächte sind es, die mir meine Kraft rauben.
> Wißt ihr, wie es ist, jede Nacht zu sterben?
> Wißt ihr, wie es ist, jede Nacht Schmerz zu spüren?
> Und am Morgen soll ich aufstehen und mein Leben leben.
> Ich sehne mich nach traumlosem Schlaf.
> Ich bin so müde.
> Wo soll ich neue Kraft tanken, wenn nicht im Schlaf?
> Ich will meine Nächte zurückhaben,
> damit ich meine Tage wieder leben kann.[1]

---

[1] Manu, unveröffentlichter Text, Lesung im Jugendamt München, Sept. 1994.

In der momentanen Diskussion um „Jugendgewalt" wird häufig vergessen, daß der allergrößte Teil sämtlicher Straftaten in Deutschland Gewaltdelikte gegen Kinder, Jugendliche und Frauen sind. Etwa 100 Kinder werden jährlich zu Tode geprügelt. Laut Statistiken und Hochrechnungen des Bundeskriminalamtes werden in der Bundesrepublik jährlich 200 000 bis 300 000 Kinder sexuell mißbraucht (BKA-Studie 1982). Kinder und Jugendliche sind in keinem Alter vor sexuellen Übergriffen geschützt. Betroffen von sexuellem Mißbrauch sind zu 80-90% Mädchen.

In der Alters- und Geschlechterhierarchie haben Mädchen den Platz ganz unten, und ihre Lebenssituation ist geprägt von real stattfindender und stets drohender Gewalt gegen sie, auch sexueller Gewalt. Die sexuelle Gewalt gegen Mädchen ist kein Einzelfall und keine individuelle Entgleisung einzelner Täter, sondern ein Instrument kollektiver Zurichtung von Frauen und Mädchen für geschlechtshierarchische Interessen. Bei sexuellem Mißbrauch geht es somit um Machterhaltung und um den Mißbrauch von Macht. Die sexuelle Gewalt ist ein besonders zerstörerisches, schmerzhaftes und tiefgreifendes Mittel der Machtausübung und sozialen Kontrolle. Die gesamtgesellschaftliche Sozialisation sieht für Frauen die Opferrolle und für Männer die Täterrolle vor. Zeugnisse aller Epochen belegen sexuelle Gewalt als traditionelles Verhalten von Männern. Sexuelle Gewalt gilt als vermeintliches Recht von Männern. In einem Prozeß wegen Vergewaltigung muß die Frau nachweisen, daß sie sich deutlich gegen den Geschlechtsverkehr gewehrt hat, während der Mann nicht nachweisen muß, daß die Frau einem Geschlechtsverkehr zugestimmt hat. Sexueller Mißbrauch ist ein selten genanntes, dennoch existentes „Erziehungs"mittel. Die Mädchenerziehung ist auch in ihrer Normalität außerhalb des Mißbrauchs noch immer eine Erziehung zur Verfügbarkeit. Mädchen werden dazu erzogen, keine eigenen Interessen zu vertreten, nicht aggressiv zu sein, sich nicht zu spüren, sich anzupassen, ihren eigenen Gefühlen, Ideen, Gedanken und Fähigkeiten nicht zu trauen. Mädchen lernen, daß es normal ist, Opfer zu sein und sich zu unterwerfen.

Sexueller Mißbrauch ist ein Mittel, Mädchen und Frauen herauszuhalten aus der gesellschaftlichen Macht.

Die Verleugnung von sexuellem Mißbrauch

Sexueller Mißbrauch ist ein Tabu. Er findet alltäglich und allgegenwärtig statt, doch ist es verboten, darüber zu sprechen. Wer es trotzdem tut, wird sanktioniert, es wird nicht geglaubt, es kann keine/keiner damit umgehen, es wird den Mädchen nicht ermöglicht, sich Hilfe zu holen, die Familie schließt sich gegen das Mädchen zusammen. Häufig wissen die Mädchen gar nicht, was das ist, was ihnen da passiert und schon gar nicht haben sie Worte dafür. Dazu kommt, daß Mädchen täglich den Mißbrauch verdrängen und vergessen müssen, um noch weiter leben zu können, essen, schlafen, in die Schule gehen ... und das Geheimnis wahren. Es gibt auch keine oder nur wenige Menschen, die die Hilferufe und Signale der betroffenen Mädchen hören oder verstehen können oder sich damit auseinandersetzen wollen. Zum Beispiel Menschen, die sich trauen, zum Schutz des Mädchens Verdachtsmomente ernst zu nehmen und ihnen nachzugehen und die sich dafür verantwortlich fühlen. Die Erfahrungen der Mädchen- und Frauenarbeit belegen die gesellschaftliche Verleugnung der sexuellen Gewalt und das Wegschauen. Mädchen versuchen, auf sich aufmerksam zu machen. Sie geben auf ihre Weise mehrfach Signale, versuchen über den Mißbrauch zu sprechen, werden auffällig und bitten um Hilfe, aber sie werden nicht verstanden oder es wird ihnen nicht geglaubt. Zum Beispiel erzählte mir ein Mädchen von einer Lehrerin in München, an die sie sich wegen des sexuellen Mißbrauchs durch ihren Vater gewandt hatte. Die Lehrerin meldete den Eltern, daß die Tochter Lügen über sie verbreiten würde. So wissen die Täter sich gut geschützt, während die Mädchen schutzlos bleiben. Herausgefallen sind die Mädchen damit aus unterstützender Hilfe, mindestens bis sie alt genug sind, sie mit noch weiteren Mitteln einzufordern oder von zu Hause wegzugehen.

Es sind auch die Täter selbst, die aktiv dafür sorgen, daß Mädchen nicht über den sexuellen Mißbrauch sprechen oder daß ihnen nicht geglaubt wird. Täter drohen mit Heimeinweisung, Mord, dem Tod der Mutter oder dem Tod des Lieblingstiers, dem Zerbrechen der Familie. Sie geben dem Mädchen die Schuld, stellen sie generell als Lügnerin hin, isolieren sie mit Bevorzugung von den Geschwistern und von der Mutter.[2] Sexueller Mißbrauch ist immer eine geplante Tat und das Schweigen ist immer miteingeplant. Häufig fühlen Mädchen sich am Mißbrauch schuldig, weil sie denken, sie haben etwas falsch gemacht oder hätten es vielleicht doch verhindern können.
Herausgefallen sind die Mädchen durch den Mißbrauch aus einer Gemeinschaft von Gleichen. Das Tabu, über den sexuellen Mißbrauch zu sprechen, das Geheimhaltungsgebot von Tätern und durch (Familien)Konventionen, isoliert die betroffenen Mädchen. Sie müssen immer auf der Hut sein, „sich"

---

[2] Hier wie im folgenden schreibe ich zwar „das Mädchen", im weiteren aber „sie", „ihre" usw. (nicht: „es", „sein" usw., wie es der regulären deutschen Grammatik entsprechen würde). Diese Abweichung vom (noch?) üblichen Sprachgebrauch hat den Sinn, Mädchen als weibliche Personen und eben nicht als (verfügbare) Sache anzusprechen.

nicht zu verraten, sie sind zutiefst verunsichert, sie fühlen sich schmutzig und schämen sich für das, was Täter mit ihnen gemacht haben.
Gewaltverhältnisse und das Erleben von Gewalt haben immer stark isolierende Wirkung. Insbesondere tabuisierte Gewalt, wie sexueller Mißbrauch, macht die Mädchen isoliert und einsam. So fühlt sich jedes Mädchen, das sexuell mißbraucht wurde oder wird, als eine Außenseiterin - in der Familie, in der Klasse, immer. Viele bemühen sich, zum Teil mit Erfolg, darum, so zu sein wie die anderen, die nicht mißbraucht wurden, bemühen sich, nicht aufzufallen, nicht herauszufallen. Das ist allerdings oft ein immenser Kraftakt und kostet viel Energie. Es kann Formen annehmen von extremer Leistungsorientierung bis hin zu Arbeitssucht oder Leistungsverweigerung, Nichtbeteiligung und vollkommenem Rückzug. Die Selbsthilfegruppen sind häufig der erste, manchmal einzige Ort, wo Mädchen sich nicht durch den sexuellen Mißbrauch voneinander unterscheiden.
Dazu schreibt eine junge Frau aus den Selbsthilfegruppen:
„Ich wurde sehr schnell erwachsen, äußerlich, lernte Regeln kennen, zum Beispiel keine Gefühle zeigen, weil man sonst verletzbar ist, aber in mir war ich doch noch ein Kind, das von der Mutter in den Arm genommen werden wollte, ein bißchen Geborgenheit. Es gab nichts, was so weh tat wie das, was er mir antat, weder der Rollstuhl noch die Schmerzen, die ich bei den ersten Gehübungen hatte. Die Mauer in mir, die ich in den Jahren gebaut habe, ist immer noch da, aber ein kleines Stück ist schon langsam abgefallen. Und ich werde sie nie mehr so hoch bauen wie ich sie mal hatte".[3]

Die Folgen des sexuellen Mißbrauchs und die Überlebensstrategien der Mädchen

Jeder sexuelle Mißbrauch schadet einem Mädchen, ist ein Angriff auf ihre Selbstbestimmung und ihre ganze Person, egal ob er in Verbindung mit körperlichen Mißhandlungen stattfindet oder in angebliche Zärtlichkeit oder Spiele verpackt ist, ob er einmal oder öfter stattfindet, wer es tut usw. Mädchen wehren sich immer so gut, wie sie es in ihrer Situation können und so, wie sie diese Angriffe überleben können.
Weil Täter die kindliche Unterlegenheit und die eigene Autorität ausnützen, kann es Jahre dauern, bis ein Mädchen sich aus der Mißbrauchssituation befreien kann. Weil sie nicht einfach weglaufen können, entwickeln Mädchen verschiedene Widerstandsformen, um das aushalten und überleben zu können, was Täter mit ihnen machen. Da es nicht in der Macht der Mädchen liegt, sexuellen Mißbrauch zu verhindern und von außen keine Hilfe kam

---

[3] Simone, Ausschnitt aus: „Die Straßen", Lesung der Gruppe „Nicht mit uns!" im Jugendamt München, September 1994.

und kommt, sind es die vielfältigen Überlebensstrategien, die die Mädchen am Leben erhalten. Viele der Überlebensstrategien haben autoaggressiven Charakter und dennoch sind sie notwendig für die Mädchen/die jungen Frauen, um weiterzuleben, sich zu schützen und nur so viel an sich heranzulassen, wie sie in ihrer jeweiligen Situation aushalten können. Mädchen, die mißbraucht werden, versuchen sich totzustellen, spalten ihren Körper ab, um nichts zu spüren, versetzen sich in eine Traumwelt, ritzen sich die Haut auf, laufen weg, essen nicht mehr oder beschäftigen sich nur mit Essen, wollen nicht einschlafen, um nicht träumen zu müssen, vergessen, weil die Erinnerung unerträglich ist ...

Durch die Belastung des sexuellen Mißbrauchs fallen Mädchen und junge Frauen häufig heraus, da sie aus oben genannten Gründen dem Leistungsdruck in Schule und Beruf nicht nachkommen können. Darüber hinaus fehlt ihnen oft die familiäre Unterstützung. Bei der Berufswahl steht häufig der Wunsch im Vordergrund, schnell und weit von zu Hause wegzukommen, insbesondere dann, wenn der oder die Täter sich im nahen Familienkreis befinden. Das führt häufig zu verkürzten Ausbildungen und der Annahme besonders unqualifizierter und ungeschützter Arbeitsstellen.

Solange der Mißbrauch andauert, überleben die Mädchen, wie in einem Schockzustand - oft spüren sie erst danach schrittweise, was passiert ist und welche Trauer und Verletzungen zurückbleiben. In der Zufluchtstelle für Mädchen in Not- und Krisensituationen (IMMA e.V., München), stellten wir fest, daß häufig unmittelbar nach der Beendigung des Mißbrauchs (z.B. durch Weglaufen der Mädchen) eine Krise einsetzt. Es kommt oft zum Zusammenbruch, das Durchhalten und der Versuch, nicht aufzufallen, wird aufgegeben, und es kommt zu Brüchen im Beruf, in der Ausbildung und auch in Freundschaften, zum Herausfallen eben. Denn mit Beendigung der Mißbrauchssituation sind die Verletzungen noch nicht verheilt, sondern hier beginnt erst der langsame und schmerzhafte Heilungsprozeß.

Die alten Überlebensstrategien aus der Zeit des Mißbrauchs haben in diesem Zusammenhang noch lange Bedeutung. Sie können auch Schutzmechanismen bei erneutem Mißbrauch in der Schul- und Ausbildungssituation oder in der Beziehung sein und können bei erneuten Angriffen wieder eingesetzt werden. Sie können auch eine Form der Verarbeitung der Gewalterfahrung sein. Die möglichen Wiederholungen nicht verarbeiteter Situationen dürfen aber nicht mit neuen Vergehen von Tätern an Mädchen verwechselt werden, die die Unsicherheit und Notsituation von Mädchen ausnützen. Das ist Folgegewalt und erneuter Mißbrauch, der einem Mädchen erneut schadet.

Hinter den Überlebensstrategien, wie z.B. Lähmungen, Krankheit und Gefühlsleere, verbirgt sich Leid und Selbstverachtung. Dennoch hatten diese Strategien in erster Linie positive Funktion für das Überleben des Mißbrauchs. Der zerstörerische Charakter, den Überlebensstrategien auch haben können, ist Ausdruck der Zerstörung durch den sexuellen Mißbrauch.

Bei der Aufzählung von Folgen des sexuellen Mißbrauchs für die Mädchen ist darauf hinzuweisen, daß es sich um mögliche Folgen handelt. Es handelt sich auch nicht um Symptome im Sinne von Krankheit. Eine Symptombehandlung bei gleichzeitiger Verleugnung der Gewalt ist nicht möglich. Es geht nicht um Etikettierung und Ausgrenzung. Nicht jedes Mädchen, das mißbraucht wurde, verhält sich auffällig. Und es reagiert nicht jedes Mädchen in jeder Phase ihres Lebens in gleicher Weise auf sexuellen Mißbrauch.

Dennoch ist es sinnvoll, die möglichen Folgen zu beschreiben, um Aufmerksamkeit für die Situation der Mädchen herzustellen, Signale der Mädchen verständlich zu machen, damit Jugendhilfe helfen kann.
- Körperliche Verletzungen, AIDS, Geschlechtskrankheiten, Tod.
- Körperliche und psychosomatische Folgen: Sie reichen von ungewollten Schwangerschaften über Sprach-, Konzentrations- und Schlafstörungen bis zu Lähmungen, Asthma, Epilepsie, Stoffwechsel- und Hormonstörungen, Schmerzzuständen, Eßstörungen und Ekelgefühlen ...
- Emotionale Folgen können sein: überangepaßtes Verhalten, fehlendes Selbstbewußtsein, Beziehungsschwierigkeiten, Ohnmachtsgefühle, Schuld- und Schamgefühle, Vereinsamung, Kontaktstörungen bis hin zu Psychiatrisierung. Sie können zu Selbstverletzung bis Selbstmord führen.
- Im Umgang mit anderen Menschen können Folgen des Mißbrauchs sein: Mißtrauen, Leistungsverweigerung, Beziehungssucht, Verschlossenheit, Unsicherheit im Sexualverhalten.

Diese kurze und unvollständige Aufzählung macht deutlich, welche Berufs- und Lebensbrüche im Leben der betroffenen Mädchen/jungen Frauen regelmäßig vorkommen. Der sexuelle Mißbrauch kann nie ungeschehen gemacht werden und vor dem Leben kommt das Überleben. Der Weg zur Befreiung von den Folgen des sexuellen Mißbrauchs ist für jede einzelne unterschiedlich. Herausfallen ist als Bedrohung immer da. Es ist die Schwierigkeit, trotz des sexuellen Mißbrauchs ein normales Leben zu führen.

Als Beispiel möchte ich einen Text aus der Broschüre: „Nicht mit uns! - Texte und Bilder aus den Selbsthilfegruppen für Mädchen und junge Frauen, die sexuell mißbraucht wurden" zitieren:
Ausschnitt aus einem Text von Manu (siehe oben):
„Immer wieder von vorne anfangen
Immer wieder kommt der Schmerz. Und die Angst. Und die Einsamkeit. Und die Trauer. Und die Sinnlosigkeit. Und die Leere. Immer wieder versuche ich, mich dagegen zu wehren. Immer wieder breche ich irgendwann zusammen. Glaube, sterben zu müssen; nicht mehr leben zu können.
Alle paar Monate wieder, Tage voller Trauer und Schmerz und Wut und Haß und Gewalt. Jedesmal droht mein ganzes Leben einzustürzen. Ich kann nicht mehr zur Schule oder zur Arbeit gehen. Ich mache Sachen kaputt, die ich zahlen muß. Ich verletze Menschen, die ich liebe. Ich kann nichts dagegen tun. Und so oft ist dann keine da, die mich hält, die mich schützt (vor mir), die mich liebt. Nach so einem 'Einsturz' bin ich Wochen damit beschäftigt, die Scherben aufzuklauben. Immer wieder von vorne anfangen. Immer wieder! Er geht nicht raus aus meinem Leben. Er ist immer da. Immer!
Manchmal denke ich, ich muß ihn töten, um frei zu sein."
(Zit. nach: IMMA 1993, 46)

Hier wird deutlich, daß es nicht um einen Lebensbruch, sondern um sich ständig wiederholende Einbrüche in allen Lebensbereichen geht. Immer wiederkehrende Krisen gehören zum Alltag von Mädchen und jungen Frauen, die sexuell mißbraucht wurden, bis die Erfahrung des sexuellen Mißbrauchs langsam verarbeitet und in das Leben integriert werden kann.
All diese Einbrüche und Verhaltensweisen werden häufig nicht als Überlebensstrategien erkannt. Dadurch kommt es zu Ungeduld und Unverständnis (auch) im Umfeld eines Mädchens/einer jungen Frau: Verwandte, FreundInnen und Pädagoginnen wünschen sich, sie müßten sich nicht ständig mit dem Mißbrauch auseinandersetzen. Sie denken, einige Monate nach Beendigung des Mißbrauchs müßten die Verletzungen verheilt sein. Doch tiefe Verletzungen brauchen viele Jahre, um zu heilen, so wie der Mißbrauch und das Schweigen oft viele Jahre, die ganze Kindheit hindurch, gedauert hat.

Herausfallen aus der Jugendhilfe?

Nur ein Bruchteil des sexuellen Mißbrauchs wird aufgedeckt. Die hohe Dunkelziffer bedeutet nicht nur, daß die Täter straffrei ausgehen, sondern bedeutet für die betroffenen Mädchen: von außen kommt keine Hilfe. Der Täter kann sie weiter mißbrauchen, es wird ihm nicht das Handwerk gelegt. In der Jugendhilfe hat sich gezieltes Eingreifen gegen sexuellen Mißbrauch noch nicht durchgesetzt. Nach anfänglichen Erfolgen der Frauenbewegung formierte sich eine Gegenkampagne, die unter den Schlagworten „Freie Sexualität für Pädophile" und „Mißbrauch mit dem Mißbrauch" nicht nur große Erfolge in der Medienöffentlichkeit hat, sondern auch mögliche Helferinnen wieder verunsichert und einschüchtert.

In der Praxis hören wir von den Mädchen, mit welcher Dringlichkeit sie sich in vielen Fällen selbst darum bemüht haben, von zu Hause wegzukommen. Doch das Jugendamt schickte sie wieder nach Hause, und die Täter wußten nun erst recht, daß sie mit dem Mädchen tun konnten, was sie wollten. In der Zufluchtstelle für Mädchen lernte ich z.B. ein Mädchen kennen, die als Zwölfjährige Batteriesäure getrunken hatte und nach einer Heilbehandlung im Krankenhaus ohne weitere Nachfragen wieder nach Hause geschickt worden war. Wenn das Jugendamt aufmerksam wurde, wurden Mädchen von den Tätern häufig als notorische Lügnerinnen und psychisch krank dargestellt. Wenn überhaupt auf die Hilferufe des Mädchens reagiert wurde, dann häufig in der Form einer Einweisung in die Kinder- und Jugendpsychiatrie.

Aber auch nachdem Mädchen sexuellen Mißbrauch aus eigener Kraft beenden konnten und von zu Hause weggegangen sind, hat die Jugendhilfe nur wenig Angebote bereit, um sie bei der Aufarbeitung sexueller Gewalterfahrungen zu unterstützen. Betreute Wohnangebote für Mädchen berücksichtigen in ihren Konzepten selten das Problem des sexuellen Mißbrauchs. Das betrifft zum Beispiel die Elternarbeit, die differenziert werden muß, sollte es sich bei Eltern um Täter handeln. In diesem Zusammenhang wird die mögliche Entlastung des Mädchens bezüglich des Abhängigkeitsverhältnisses von den Eltern nur zögerlich in Betracht gezogen, zum Beispiel ein Entzug des Aufenthaltsbestimmungsrechts des Täters durch das Vormundschaftsgericht. Das bedeutet für Mädchen, daß sie trotz einer Fremdunterbringung zulassen müssen, daß der Täter weiterhin Zugang zu ihrem Zimmer hat und/oder das Erziehungspersonal sich mit dem Täter über ihre Entwicklung berät - obwohl das Mädchen sie vom Mißbrauch in Kenntnis gesetzt hat. Umgekehrt kommt es häufig nicht dazu, daß Mädchen in Wohneinrichtungen über Mißbrauch sprechen, wenn sie sich noch ausgeliefert und nicht geschützt wissen. Wohneinrichtungen, die am Wochenende zwecks Elternkontakt geschlossen sind, haben in der Regel nicht bedacht, daß sie Mädchen aufnehmen könnten, die (zu Hause) sexuell mißbraucht wurden. Die Wahl einer **Frau** für Betreuung und Pflege sollte für Mädchen immer möglich sein.

Außerhalb der Wohnangebote für Mädchen klafft in der Jugendhilfe eine große Lücke zwischen Freizeitpädagogik und Bildungsarbeit auf der einen Seite und psychologischer Einzelberatung und Therapie auf der anderen Seite. Für die Mädchen kann Jugendhilfe nicht auf Krankenschein gehen.

Häufig sind sie bei den Eltern mitversichert und sie möchten meist auf keinen Fall, daß die Familie von der Therapie und den Therapiegründen erfährt. Krankenkassen rechnen in der Regel nur Verhaltenstherapie und psychoanalytische Therapie ab. Allerdings sind PsychoanalytikerInnen dann keine geeigneten Verbündeten für ein Mädchen/eine junge Frau, die sexuelle Mißbrauchserfahrungen geschützt aufarbeiten muß, wenn sie auf dem Standpunkt der klassischen Freudschen Lehre stehen, die die sogenannte Verführungstheorie vertritt, nach der Mädchen nicht sexuell mißbraucht werden, sondern sich angeblich sexuellen Kontakt zum Vater erträumen und wünschen. Eine Korrektur dieses Standpunktes gibt es von der Freud-Gesellschaft bis heute nicht. Erwachsene Frauen suchen häufig eine Therapie ihrer Wahl und bezahlen sie selbst. Den Mädchen fehlt das Wissen um verschiedene Ansätze der Therapie und sie haben nicht genügend Geld, um Therapiekosten selbst bezahlen zu können. Zu einer Therapie haben sie nur Zugang über Anträge an die Krankenkassen und ärztliche und psychiatrische Krankheits-Diagnosen. Kinder und Jugendliche brauchen gerade deshalb niedrigschwellige Angebote und unbürokratischen Zugang, da es sich um ein tabuisiertes Thema handelt. Die Täter sind oft diejenigen, die die elterliche Gewalt über ein Mädchen haben oder die in Einrichtungen, wie Schule etc., Macht über Mädchen haben. Sie haben kein Interesse, therapeutische Hilfe für ein Mädchen zu beantragen. Sexueller Mißbrauch als Straftat ist ein Offizialdelikt. Der Zugang zu Hilfe muß daher für Mädchen anonym und ohne Akten möglich sein, da nicht davon ausgegangen werden kann, daß jedes Mädchen, das Hilfe sucht, einen Prozeß gegen den Täter führen will und kann.

Sexueller Mißbrauch ist ein gesellschaftliches Problem und eine breite Palette unterschiedlicher Hilfsangebote für Mädchen, die sexuell mißbraucht wurden, wäre angemessen.

Selbsthilfegruppen für Mädchen und junge Frauen, die sexuell mißbraucht wurden

Zwischen Freizeitangeboten und Einzelberatung fehlen fast in jeder Stadt ausreichende themenorientierte Gruppenangebote für Mädchen nach dem §29 des Kinder- und Jugendhilfegesetzes (KJHG). Gruppenarbeit ist eine zentrale, für Jugendliche angemessene Form sozialen Lernens. Soziale Gruppenarbeit soll nach dem Gesetz „älteren Kindern und Jugendlichen bei der Überwindung von Entwicklungsschwierigkeiten und Verhaltensproblemen helfen".

In München ist die „Initiative Münchner Mädchenarbeit" (IMMA) Trägerin des Projektes „Selbsthilfegruppen für Mädchen und junge Frauen, die sexuell mißbraucht wurden". Das Projekt ist Bestandteil des Mädchenhauskonzeptes, das sich durch eine ganzheitliche Sichtweise auszeichnet, die Mädchen in ihrer Vielfältigkeit wahrnimmt und fördert. Die Mädchen-Selbsthilfegruppen entstanden 1988 zunächst im Rahmen einer Modellfinanzierung durch die Stiftung Deutsche Jugendmarke innerhalb der „Zufluchtstelle für Mädchen in Not- und Krisensituationen" und hat sich daraus zu einem eigenen Bereich entwickelt, der seit 1990 durch die Stadt München finanziert wird (allerdings nach wie vor mit einer einzigen Angestellten). Die Gruppen sind ein Unterstützungsangebot für weibliche Jugendliche und junge Erwachsene (im Alter zwischen 14 und 23 Jahren) zur Bewältigung individueller Problemstellungen, die durch den sexuellen Mißbrauch verursacht sind, zur Begleitung von Verselbständigungsprozessen und zur sozialen Integration in Gruppen von Gleichaltrigen.

Ziel ist die Wahrnehmung und Aktivierung der vorhandenen Selbsthilfekräfte und die Aufhebung der Vereinzelung und Isolation, die durch sexuellen Mißbrauch zwangsläufig entstanden war. Das klassische Selbsthilfekonzept ist entsprechend der Zielgruppe und der Themenstellung modifiziert. Die Gruppen werden in der gesamten Laufzeit von zwei Fachfrauen angeleitet und eine begleitende Betreuung und Krisenintervention wird angeboten. Es bedarf der Anleitung, um die Vereinzelung aufzuheben. Zur Anleitungsarbeit gehört das permanente Wissen darum, daß Gewaltverhältnisse isolierende Wirkung haben. Innerhalb einer Gruppe kann Vereinzelung aktualisiert werden und Kontakte bedrohlich machen, wenn sie nicht unter besonderem Schutz stehen.

Hervorgehoben wird bei diesem Angebot der geschützte Rahmen, die Vertraulichkeit und die Selbstbestimmung in jeder Gruppensituation. Hervorgehoben durch die Benennung als Selbsthilfegruppe wird das Selbst-Tun, Selbst-Bestimmen, Selbst-Sein - eine Aufforderung, selbst zur Handelnden zu werden, selbst aktiv zu werden für eigene Belange. Diese Vorgehensweise ist für Mädchen/junge Frauen, die sexuell mißbraucht wurden, insbesondere zu beachten, denn sexueller Mißbrauch ist der Mißbrauch der Macht Erwachsener bzw. erwachsener Männer über ein Mädchen. Sexueller Mißbrauch ist absolute Fremdbestimmung.

Insgesamt spielt Gruppenarbeit immer eine zentrale Rolle in der Jugendarbeit mit Mädchen. Die Selbsthilfegruppen sind ein niedrigschwelliges, gut angenommenes Angebot dadurch, daß die Gruppe ein Schutz für die Einzelne ist und sie nicht von der funktionierenden Kommunikation mit einer Einzelberaterin oder -therapeutin abhängig ist. Viele Jugendliche, die sich entscheiden, an Selbsthilfegruppen teilzunehmen, geben an, daß eine Therapie für sie nicht, oder vorerst nicht, in Frage kommt. Außerdem ist es im Jugendalter, in dem der Ablösungsprozeß von Erwachsenen stattfindet, besonders wichtig, Betreuungsformen anzubieten, die die Mädchen selbst ausdrücklich als Selbst-Handelnde und Selbst-Bestimmende in den Mittelpunkt stellen. Das Gruppenangebot mit Gleichaltrigen motiviert Mädchen, regelmäßig zu kommen und wirkt der sozialen Isolation und der Ausgrenzung entgegen.

Ausgangspunkt der Selbsthilfegruppen für Mädchen und junge Frauen, die sexuell mißbraucht wurden, ist die Stärke und der Überlebenswille der Mädchen, sind ihre Fähigkeiten und ihre Selbsthilfekompetenz. Der Schwerpunkt liegt auf der Wahrnehmung und Aktivierung dieser Kompetenz. So wie Mädchen zuvor die richtigen Strategien für sich gefunden haben, die notwendig waren, um sexuellen Mißbrauch zu überleben, so nützen sie auch den Raum in Selbsthilfegruppen um herauszufinden, was sie selbst möchten, wo ihre Grenzen liegen und welche sozialpädagogischen oder therapeutischen Angebote oder Methoden sie unterstützen können.
Selbsthilfe und Anleitung wirken ineinander. Diese Verbindung gewährleistet, daß Jugendhilfe in diesem Bereich gezielt und niedrigschwellig ansetzen kann. Durch die Anleitung wird ermöglicht, daß Selbsthilfekompetenzen und kreative Fähigkeiten wahrgenommen und sichtbar werden. Die verborgenen unzerstörten Anteile können nur in geschütztem Raum ausgegraben werden.

Die Gruppenbeteiligten sehen sich gegenseitig als kompetent und sind interessiert an den Bewältigungsprozessen der anderen. Das macht es jeder Einzelnen leichter, ihre eigene Selbsthilfekompetenz zu erkennen. Daß es in der Gruppe keinen Zwang und keine Erfolgsmuster gibt, entlastet die Mädchen. Einige haben die Gruppen als den einzigen Ort beschrieben, der für sie ein „Ich-Raum" ist, wo sie herausbekommen können, wer sie selbst sind. In der Gruppenleitung legen wir besonderen Wert darauf, neben den Gruppengesprächen mit kreativen Mitteln zu arbeiten, damit jede Teilnehmerin ihren individuellen Ausdruck finden kann. Jede Ausdrucksmöglichkeit von Mädchen steht der anderen gleichwertig gegenüber, egal, ob es Worte, Bilder, Figuren oder Töne sind.

Gerade weil es darum geht, den eigenen Weg zu finden, ist eine Gruppe von Gleichaltrigen eine große Hilfe. Der vertraute Ort ist zugleich eine Öffentlichkeit, wo andere vom Mißbrauch wissen und sich keine erklären muß. Alle wissen von der ausgrenzenden Wirkung des sexuellen Mißbrauchs; Isolation, Einsamkeit, Sprachlosigkeit und Ängste werden in geschütztem

Rahmen thematisiert. Dazu als Beispiel ein Textausschnitt von Manu, veröffentlicht in der Broschüre „Nicht mit uns!":

„Die Unsichtbare
Nein, sie wollte nicht unsichtbar sein. Im Gegenteil: sie wollte gesehen werden. Sie wollte, daß alle auf sie aufmerksam wurden. Aber sie konnte nicht sichtbar werden für die anderen. Sie hatte zuviel Angst vor den anderen. Sie hatte solche Angst, verletzt zu werden. Sie hatte Angst, daß die anderen den riesigen Fleck auf ihrer Kinderseele entdecken konnten. Den Fleck, den sie als Schmutz empfand und der sie so sehr beschämte. Sie dachte, die anderen würden sie dann verachten und vielleicht wäre es auch so gewesen. Als sie älter wurde, ging der Schmutz. Er war irgendwann einfach verschwunden. Aber an derselben Stelle war nun eine Wunde. Sie konnte immer noch nicht sichtbar werden. Denn die anderen hätten gefragt, was hast Du da für eine Wunde? Und sie hätte nicht antworten können. Oder sie hätten nicht gefragt. Und das wäre vielleicht noch viel schlimmer gewesen.
So beschloß sie, weiterhin unsichtbar zu bleiben. Aber Unsichtbare sind einsam. Und irgendwann fing sie ganz vorsichtig an, für manche Menschen sichtbar zu sein. Es war für sie ungefähr so, wie wenn eine keine Kondition hat und um ihr Leben laufen muß. Denn sie wußte, daß sie sterben würde, wenn sie nicht sichtbar wird. Aber es war auch unglaublich schmerzhaft für sie, sichtbar zu sein. Denn die anderen tippten auf ihre Wunde, die nicht heilen wollte und lachten darüber und ekelten sich davor und konnten nicht verstehen..."
(zit. nach: IMMA 1993, 49)

Selbsthilfeanleitung beinhaltet als Methode die Fähigkeit, die Anleitung gleichberechtigt neben und mit der Eigenkompetenz der Mädchen anzubieten und die Kompetenzen der Mädchen und jungen Frauen selbst zu stärken. Diese Methode fördert die Kommunikation und den Zusammenschluß zwischen den einzelnen Teilnehmerinnen der Gruppe.

Für die Gruppenarbeit gibt es gemeinsame Regeln, die die einzelnen Mädchen der Gruppe schützen. Die Regeln sind für alle Mädchen einhaltbar und sie sind gemeinsam wandelbar. Es haben alle Mädchen, wenn auch häufig nach langen Wartezeiten wegen Personalmangels, die Möglichkeit, an Selbsthilfegruppen teilzunehmen. Ausschlußkriterien wegen sogenannter Zusatzproblematiken (Drogen, psychische Störungen, Selbstmordgefährdung etc.) halten wir für unangebracht, da es sich in Wirklichkeit um Überlebensstrategien bzw. Folgeproblematiken des sexuellen Mißbrauchs handelt. Wir achten insbesondere darauf, im Zugang zu Gruppen, in der Vorarbeit und in den Gruppen selbst, Isolation, Ausgrenzung und Herausfallen zu thematisieren und nicht zu wiederholen.

Eine Gruppeneinheit für eine **feste** Gruppe dauert zwölf Wochen, die Gruppentreffen sind wöchentlich. Dieser Zeitraum ist auch für Jugendliche gut überschaubar und die Kontinuität in der Gruppe erleichtert das Kennenlernen und Vertrauen. Gemeinsam kann eine Gruppe auch entscheiden, nach zwölf Wochen noch weiter zusammenzuarbeiten.

Die **offene** Gruppe findet über das ganze Jahr hinweg 14-tägig statt, mit Ausnahme der Schulferien. An der offenen Gruppe können die Mädchen und jungen Frauen unregelmäßig, ihrem situativen Bedarf entsprechend teilnehmen. Zum Teil nutzen sie die offene Gruppe als Zusatzangebot zu ihren laufenden Gruppen oder sie kommen nicht (mehr) regelmäßig in eine feste Gruppe und halten einen Kontakt für den Krisenfall durch die Teilnahme an einer offenen Gruppe oder sie überbrücken so die Wartezeit auf einen freien Gruppenplatz.

Zusätzlich bieten wir den Mädchen gruppenübergreifende Fahrten in den Ferien an, wo sie gemeinsam mit Anleiterinnen jeweils eine Woche oder länger in den Bergen auf einer bewirtschafteten Alm leben können. Dort werden die Kontakte zwischen den Mädchen intensiviert, die Mädchen können ausruhen, entspannen und Kräfte schöpfen. Im Winter sind die angebotenen Spinn- und Erzählabende der Ort, wo Mädchen sich außerhalb der Gruppen begegnen können.

Gruppenübergreifend aus den Selbsthilfegruppen entstand die Redaktionsgruppe. Angeregt durch die positive Erfahrung des Gruppenprozesses erstellte die Gruppe eine Broschüre, um anderen Mädchen und jungen Frauen Mut zu machen, sich Hilfe zu holen, das Schweigen zu brechen und die Isolation aufzuheben. Inzwischen heißt die Gruppe so wie das Heft „Nicht mit uns!". Zusammen mit AMYNA, einem Münchner Verein zur Prävention gegen sexuellen Mißbrauch organisiert die Gruppe ihre eigene Veröffentlichungsarbeit gegen sexuellen Mißbrauch, in Form von Ausstellungen ihrer Bilder, Lesungen ihrer Texte und Berichten von den Selbsthilfegruppen für andere Mädchen und junge Frauen.

Der Zugang zu den Gruppen erfolgt über ein oder mehrere Vorgespräche mit der Sozialpädagogin. In Vorgesprächen haben die Mädchen die Möglichkeit zu Nachfragen und sie können sich einen Eindruck vom Projekt und dem Gruppenablauf machen. Sie können ihre eigene Geschichte mitteilen und über die Besonderheiten ihres Überlebensalltags sprechen. Jedes Mädchen, jede Frau entscheidet selbst, ob sie in eine der Gruppen gehen möchte, ob sie dessen bedarf. Die Gruppenteilnahme bedarf keiner Beweisführung oder Diagnose und kostet nichts. Die Anonymität bleibt gewahrt. Kontakt mit Personen aus dem Umfeld des Mädchens/der jungen Frau wird nur auf ihren ausdrücklichen Wunsch hin aufgenommen und es gibt keine amtlichen Akten.

Intensive Einzelbetreuung in Form von gruppenbegleitender Beratung, Krisenberatung und begleitender Unterstützung bei der Alltagsbewältigung parallel zu den Gruppen ist unbedingter Bestandteil des Konzeptes. Auch hiermit soll abgesichert werden, daß Mädchen nicht wegen besonders schwerer Problemstellungen oder Alltagsbelastungen aus dem Gruppenangebot herausfallen. Dies verlangt von uns höchste Flexibilität in der Art der Betreuung der Mädchen: inhaltlich, zeitbemessen, mit der Vielfalt arbeitend. Die Gruppenarbeit und die Einzelbetreuung sind unweigerlich miteinander verbunden und wirken ineinander. Die Einzelbetreuung ist begleitend, inhaltlich und personengebunden und erfolgt in Vertrauenskontinuität entsprechend den Entwicklungsschritten von Mädchen innerhalb und außerhalb der Gruppe.

Zentrales Thema in den Gruppen sind Alltagserlebnisse, Alltagsbewältigung und die alltäglichen Folgen des sexuellen Mißbrauchs. Entscheidend ist für die Mädchen/jungen Frauen, einen immer wieder neuen Blick auf die Überlebensstrategien zu werfen, sie als solche zu erkennen und zu verstehen. Überlebensstrategien, die als solche akzeptiert werden, können verändert und mit dem jetzigen Lebenskonzept in Verbindung gebracht werden. Auf den ersten Blick sind Überlebensstrategien, wie zum Beispiel Abspaltungen, Selbstverletzungen, Drogenkonsum etc., meist nur unverständlich, lästig und dysfunktional, gefährlich und ungesund. Erst bei genauerer Betrachtung ist es möglich, herauszufinden, wie sie zum Leben des betroffenen Mädchens/der jungen Frau passen und welche Bedeutung sie zum jetzigen Zeitpunkt haben. Meist sind sie erstaunlich logisch und eine Funktion haben sie immer. Als Beispiel möchte ich mehrere Mädchen/junge Frauen nennen, die Lähmungen und Schmerzen in Armen und Schultern haben oder hatten. Sie mußten den Penis des Täters anfassen und ihn mit der Hand befriedigen. Manche Mädchen, die gezwungen werden, das Geheimnis des Täters zu wahren, sprechen überhaupt nicht mehr oder machen mit anderen Sprachstörungen auf sich aufmerksam. Wiederholungen, hauptsächlich Selbstverletzung, selbstzerstörerische Verhaltensweisen und Gelegenheitsprostitution sind für die Mädchen nicht wirklich freiwillig. Durch die erlebten Verletzungen ist ihnen die Fähigkeit abhanden gekommen, ihre eigenen Grenzen zu spüren und setzen zu können. Wiederholungen von Grenzverletzungen sind oft die Form, in der Mädchen/junge Frauen das Thema bearbeiten und verarbeiten. Zum Teil sind die Wiederholungen Ersatz für fehlende Erinnerung, Bilder und Gefühle werden in neuen Gewaltsituationen wieder gegenständlich, ähnlich wie in der Medizin, wo die Medikamente oft kleine Dosen Gift sind, verträgliche Dosen, die das Abwehrsystem anregen und die Widerstandskräfte stärken. Das Beispiel macht aber auch deutlich, daß sozialpädagogische und psychologische Arbeit in diesem Bereich nicht forcierend oder provozierend sein kann.

In den Gruppen machen die Anleiterinnen keine Vorgaben, sondern Vorschläge und schaffen durch die Art ihrer Anleitung Schutz und Raum für das, was die Mädchen selbst entwickeln können. Jede Verweigerung in der Gruppe oder im Alltag wird als eine für das Mädchen sinnvolle Strategie begriffen. So können die Mädchen selbst den Sinn ihrer Verweigerung allmählich erkennen und sie als eigenständige und eigenwillige Lebensäußerung wertschätzen. Der ganzheitliche Ansatz des Selbsthilfekonzeptes sieht bei den Überlebensstrategien in erster Linie die kreative Seite, da das Überleben der Mädchen der Maßstab ist. Die Überlebensstrategien werden nicht als Mangel und Abweichung umgedeutet und entwertet, sondern als Ausdruck von Überleben und Kraft wertgeschätzt.

Vom Überleben zum Leben führt kein geradliniger Weg und wie bei den vielfältigen kreativen Überlebensstrategien findet hier auch jede ihren eigenen Weg. In unserer Arbeit erleben wir immer wieder mit Freude den Widerwillen von Mädchen, sich jemals wieder für die Bedürfnisse anderer funktionalisieren zu lassen und ein braves Mädchen zu sein. So ist das Ziel der Gruppenarbeit Prävention im Sinne der Stärkung des Widerstandspotentials gegen Fremdbestimmung und Fortsetzung des sexuellen Mißbrauchs (zum Beispiel sexuelle Belästigung am Ausbildungsplatz). Die Aufarbeitung von sexuellen Gewalterfahrungen beinhaltet die Chance, ein wirklich selbstbestimmtes Leben zu erkämpfen und ganz neue Wege zu gehen.

„Bin so einsam
und leide
bin verlassen

zuweilen
auch von mir
suche
ängstlich
eine Hand
und Schutz

Zeit
daß ich wieder
zu mir
finde
eine Knospe
austreibe

zart und
sehr vorsichtig
im Frühling
und
mich trau
zu leben" (Tanja, zit. nach IMMA 1993, 70).

Selbsthilfe und Veröffentlichungsarbeit

Der Name des Projektes „Selbsthilfegruppen für Mädchen und junge Frauen, die sexuell mißbraucht wurden" ist Teil des Konzeptes. Es geht uns darum, sexuellen Mißbrauch sichtbar zu machen und die Selbsthilfekompetenz hervorzuheben. Parteiliche Arbeit beschränkt sich nicht darauf, das reale Opfersein zu benennen, sondern macht auch den Widerstand sichtbar. Der Umgang mit sexuellem Mißbrauch ist für uns kein ausschließlich psychologisches Problem. Es geht auch darum, Handlungs- und Ausdrucksmöglichkeiten für die individuelle und gesellschaftliche Wirklichkeit der Mädchen zu schaffen. Wir benennen, geben dem, was alltäglich geschieht, einen richtigen Namen, machen es greifbar und einordbar. Dazu gehört die Aufhebung der Umdeutung und Verharmlosung von sexuellem Mißbrauch (zum Beispiel: fünfjährige Mädchen „schlafen" grundsätzlich nicht mit einem Mann, sie werden vergewaltigt).

Selbsthilfeanleitung hat die Aufgabe, Gedächtnis und Erinnerung zu sein, einen roten Faden anzubieten, und die gemeinsame Geschichte von Mädchen und Frauen sichtbar zu machen und zu dokumentieren. So versteht sich von selbst, daß wir die Mädchen bei ihrer Veröffentlichungsarbeit auch über die Gruppenbegleitung hinaus unterstützen, sei es ein Prozeß gegen den Täter, die Konfrontation eines Täters bzw. der Familie oder Öffentlichkeitsarbeit zum Thema sexueller Mißbrauch. Die Veröffentlichung der Broschüre „Nicht mit uns!" und die darauf folgenden Ausstellungen und Veranstaltungen sind ein Praxisbeispiel dafür. Das Wissen um sexuellen Mißbrauch als gesellschaftliches Problem entlastet die einzelnen Mädchen und jungen Frauen und wirkt ihrer individuellen Isolation, Pathologisierung und Psychiatrisierung entgegen.

Das Selbsthilfemodell trägt den Widerstandskräften Rechnung, den Aspekten des Sich-Wehrens und Selbst-Aktiv-Seins, und damit auch der Veröffentlichungsarbeit im Sinne von Prävention sexueller Gewalt. Die Voraussetzung für präventives Handeln ist das Bewußtsein, daß sexueller Mißbrauch nicht nur individuelles Leid, sondern auch Frauengeschichte ist. Die Verleugnung des sexuellen Mißbrauchs hat gesellschaftliche wie auch individuelle Funktion. Gesellschaftliche, indem Verantwortung nicht benannt wird, Täter und Opfer gleichermaßen pathologisiert werden; individuelle, indem sie den Blick auf Opfer und Täter in der eigenen unmittelbaren Umgebung versperrt.

Nicht bewältigte Geschichte geschieht immer wieder neu. Prävention in diesem Sinne bedeutet Geschichtsbewältigung, um die Reproduktion von Gewaltverhältnissen zu durchbrechen.

Literatur

Enders, Ursula (Hrsg.) 1990: Zart war ich - Bitter war's. Sexueller Mißbrauch an Mädchen und Jungen. Erkennen - Schützen - Beraten. Köln

Godenzi, Alberto 1989: Bieder, Brutal. Frauen und Männer sprechen über sexuelle Gewalt. Zürich

Heiliger, Anita/Kuhne, Tina (Hrsg.) 1993: Feministische Mädchenpolitik. München

IMMA (Initiative Münchner Mädchenarbeit e.V., Hrsg.) 1993: Nicht mit uns! Texte und Bilder aus den Selbsthilfegruppen für Mädchen und junge Frauen die sexuell mißbraucht wurden. München

Kavemann, Barbara 1991: Sexuelle Gewalt gegen Mädchen. Ausdruck struktureller Gewalt und Wegbereiter weiterer Gewalterfahrungen, in: Parteiliche Prävention von sexueller Gewalt gegen Mädchen. Dokumentation der Fachtagung vom 25./26. April 91 in Kiel

Stanzel, Gabriele 1991: Sexueller Mißbrauch an Mädchen ist Gewalt. In: Wildwasser e.V. (Hrsg.): Begleitbuch zur präventiven Arbeit in Schulen. Wiesbaden

Steinhage, Rosemarie 1989: Sexueller Mißbrauch an Mädchen. Ein Handbuch für Beratung und Therapie. Reinbek

Wildwasser Marburg e.V. 1992: Aus anderer Sicht. Sexuelle Gewalt gegen Mädchen und Frauen. Marburg

Kompetenz-Elemente feministischer Sozialer Arbeit - zur professionellen Arbeit mit Frauen in einem großstädtischen Frauenhaus

Anna Margareta Völkl-Maciejczyk

Einführung

Den nachfolgenden Ausführungen liegt zentral ein halboffenes Interview zugrunde, das ich im Februar 1993 mit zwei sozialpädagogischen Fachkräften eines Münchener Frauenhauses geführt habe.[1] Reflektiert wird ausschließlich die Arbeit mit Frauen, die ein Frauenhaus aufsuchen und es werden Kompetenzelemente dafür herausgearbeitet. Auf die sozialpädagogische Arbeit mit den Kindern der Frauenhausbewohnerinnen wird nicht Bezug genommen.

Ein nicht entfremdetes Bewußtsein vom je eigenen In-der-Welt-Sein als Frau, ein reflektiertes Frauenbewußtsein ist für die Arbeit mit Frauen unverzichtbar notwendig. Das Spannungsfeld von gesellschaftlicher und politischer Situation einerseits und Lebenssituation der Adressatinnen der beruflichen Arbeit andererseits ist kritisch zu reflektieren. Eine solche Basis ist offenbar in den unterschiedlichsten Bereichen der Sozialarbeit mit Frauen erforderlich, wenn die Arbeit einem emanzipatorischen Anspruch, einem frauenbezogenen, parteilichen Engagement entsprechen soll. Die vorliegende kommunikative Annäherung an Elemente eines Kompetenzprofils verweist differenziert auf die vielfältigen Verstrickungen von Männern und Frauen in unserer patriarchalen Realität. Sie verweigert sich damit einem

---

[1] Das Interview fand im Rahmen eines zweisemestrigen Seminars „*Zukunft des Sozialpädagogik-Studiums unter Berücksichtigung von Frauenforschung und feministischer Sozialarbeit*" statt, das gemeinsam mit der Kollegin Anneliese Diery (Professorin für Soziologie und Sozialarbeit) konzipiert und mit Studentinnen der Kath. Stiftungsfachhochschule für Sozialwesen München durchgeführt wurde. Es sollte dazu dienen, das Studium zu aktualisieren, bzw. weiterzuentwickeln und den inhaltlichen Bedarf eines von Studentinnen gewünschten Studienschwerpunkts „Sozialarbeit mit Frauen und Mädchen" zu eruieren.
Der Interviewleitfaden wurde im Seminar erarbeitet und auch bei anderen Praxiserkundungen dieses Seminars eingesetzt. - Die Interviewpartnerinnen waren Frau B., Leiterin des Frauenhauses mit etwa 30 hauptamtlich Beschäftigten und Frau H., mehrjährig in der „Ambulanz", der ambulanten Beratungsstelle des Frauenhauses tätig, beide sind Dipl.-Sozialpäd.(FH).

simplen Täter-Opfer-Schema bei der Auseinandersetzung um Gewalt gegen Frauen. Eine solche Position ist dennoch mit einem parteilichen Standpunkt für Frauen vereinbar und muß im Sinne von feministischer Sozialarbeit auch vereinbart werden. Einige ausführliche Passagen aus dem Interview erschließen „selbstredend" besonders anschaulich die Komplexität der Problematik und ermöglichen einen ganzheitlichen Verstehenszugang.

Traditionelle und feministische Sozialarbeit

Lapidar formuliert, beansprucht feministische Sozialarbeit, eine Sozialarbeit von und mit Frauen zu sein, die Frauen nicht diskriminiert. Traditionelle Sozialarbeit hingegen war zumindest in erster Linie bestrebt, das „Funktionieren" von Frauen, als Mutter, als Ehefrau, als Tochter zu erhalten, bzw. wieder herzustellen, im Sinne eines der weiblichen Rolle Gerechtwerdens.

Die Tatsache des Ausmaßes an Gewalt gegen Frauen im häuslichen Bereich war öffentlich bekannt, beispielsweise über die Anzahl nächtlicher Polizeieinsätze bei „Familienstreitigkeiten". Traditionelle Sozialarbeit arbeitete der Privatisierung und Ver(heim)lichung der Gewalt im Geschlechterverhältnis zu. Sie hat, indem sie Gewalt und die Situation der Gewaltopfer individualisiert und einseitig psychologisiert hat, das Ausmaß der Gewalt gegen Frauen faktisch heruntergespielt, bagatellisiert und ist mehr oder minder explizit von einer erheblichen weiblichen Mitschuld ausgegangen. Frauen, und in der Regel ausschließlich sie, wurden klientelisiert. Damit blieb Gewalt gegen Frauen tabuisiert und die Gewaltopfer wurden auch dadurch diskriminiert. Traditionelle Sozialarbeit ist nicht gesellschaftlich aktiv geworden. Sie nahm für sich gesellschaftliche Kompetenz nicht wahr. Die neue Frauenbewegung hat das Gewaltausmaß öffentlich gemacht und hat so ein gesellschaftliches Bewußtsein über die Gewalt im privaten, familiären Bereich erzeugt. Sie erkämpfte das Frauenhaus und erwies sich damit als gesellschaftlich innovatorische Kraft. Sie hat sich in dieser schwierigen und vielschichtigen gesellschaftlichen und menschlichen Problematik parteilich für die Menschenrechte der betroffenen Frauen eingesetzt und so schließlich feministische Sozialarbeit hervorgebracht. Die Protagonistinnen haben für ihren enormen Einsatz sehr selten gesellschaftliche Anerkennung erfahren.

Frauenhäuser gibt es in der Bundesrepublik Deutschland und West-Berlin seit 1976. Gegenwärtig existieren sie mit über 300 Einrichtungen „flächendeckend" und sind ständig voll belegt. Unser Land dürfte damit die größte Dichte von Frauenhäusern unter den westlichen Industrieländern erreicht haben. Nach wie vor sind sie jedoch unzureichend öffentlich finanziert (vgl. Hagemann-White 1991; Wiegmann 1990).

Das Frauenhaus als Ort solidarischer feministischer Hilfe - unter diskriminatorischen Rahmenbedingungen

Der Einzug in ein Frauenhaus markiert für viele Frauen einen absoluten Tiefpunkt in ihrem bisherigen Leben, er kommt oft einer Kapitulation gleich, einer Kapitulation vor der von Frauen oft fraglos übernommenen Aufgabe, alleinverantwortlich zu sein für den Zusammenhalt der Familie, das Wohlergehen von Mann und Kindern. Ob aus dem Aufenthalt im Frauenhaus nur eine kurzfristige „Verschnaufpause" oder ein Anfang zu einem neuen, befriedigenderen Leben werden kann, hängt entscheidend davon ab, ob von den Frauen die Konfrontation mit sich selbst gewagt werden kann. Und dies wiederum hängt auch von der Art der professionellen Hilfe im Frauenhaus ab.

Feministische Sozialarbeit im Frauenhaus wird mit dem Anspruch geleistet, daß von Gewalt betroffene Frauen Schutz, Solidarität und Entlastung erfahren und Zeit für eine Selbstklärung haben. Dazu ist unverzichtbar, daß ihr Selbstwert und ihre Leistung anerkannt, ihr Leben ernstgenommen wird und daß sie Raum und Zeit haben, ihre Ambivalenz und ihre Wut zuzulassen. Frauen sollen Gelegenheit bekommen, ihr Selbstbestimmungspotential zu erweitern.

Frauen, die in Frauenhäusern arbeiten, haben sich für dieses spezielle schwierige Aufgabengebiet vor allem in frauenbewegten Frauenzusammenhängen, in Frauengruppen und nicht in formalen Bildungsgängen qualifiziert. Das war in der „Gründerinnenphase" so und ist auch heute noch weitestgehend so.

Das Frauenhaus ist als Ort der Hilfe etabliert. Es haben sich Routinen herausgebildet, wie es in Anspruch genommen wird: *Frauenhäuser sind inzwischen zu einer Institution geworden, ähnlich wie ein Kindergarten. So wie jede Gemeinde einen Kindergarten hat, braucht eine größere Gemeinde auch ein Frauenhaus. Es ist bekannt, daß es Frauenhäuser gibt. Frauen suchen sich dort einen Platz, trotz einer nach wie vor bestehenden Schwel-*

*lenangst. (S. 4)*² - Eine diskriminierende und potentielle Benutzerinnen abschreckende Finanzierungspraxis scheint sich mit der Tagessatzabrechnung nach dem Bundessozialhilfe-Gesetz (BSHG) verfestigt zu haben. Ihr zufolge haben alle Benutzerinnen die Aufenthaltskosten von gegenwärtig etwa einhundert Mark pro Tag für eine Frau, zuzüglich gestaffelter Kosten für das Kind bzw. die Kinder, aus eigenen Mitteln zu bezahlen. Dies kommt in der Praxis so gut wie nie vor. In der Regel sind daher Frauen, wenn sie ein Frauenhaus aufsuchen, gezwungen, einen Antrag auf Sozialhilfe für sich und das Kind bzw. die Kinder zu stellen. Das stellt faktisch eine Hürde bei der Inanspruchnahme dar, weil sofort nach Aufnahme im Frauenhaus Unterhaltsverpflichtungen überprüft und Forderungen an den Ehemann bzw. Vater gestellt werden. Seit Bestehen der Frauenhäuser wird von diesen - erfolglos - eine institutionsbezogene öffentliche Finanzierung gefordert, um genau diese zusätzliche Erschwernis für jede einzelne Betroffene zu vermeiden.

Eigentlich sollte das Frauenhaus eine permanente Provokation unseres gesellschaftlichen Selbstverständnisses der Gewaltfreiheit sein. Unsere Gesellschaft hat sich aber jetzt auch mit dem Frauenhaus arrangiert. Es wird geduldet, negiert und fallweise auch herangezogen, wie andere Bereiche und Einrichtungen, wie die kaum noch öffentlich diskutierte Heimerziehung, der kaum reformierte Strafvollzug, die unzureichend modernisierte Psychiatrie. Es gibt ein Gewaltproblem zwischen Männern und Frauen in Paarbeziehungen und das Frauenhaus schafft bei Überdruck eine gewisse Abhilfe.

Das Frauenhaus kann als eines der extremsten Produkte der Geschlechterpolarisierung betrachtet werden.

Kompetenzen für die Arbeit mit Frauen

Reflektierte Frauenerfahrungen - warum sind solche Erfahrungen notwendig?

Solidarisches Helfen erfordert ganz offenbar mehr als Helfenwollen und auch noch etwas anderes als eine einschlägige Fachausbildung bzw. ein entsprechendes Studium. Es scheint notwendig zu sein, sich der Gemeinsamkeiten wie der Unterschiede unter Frauen sehr bewußt zu sein, das eigene Frau-Sein reflektiert zu haben. Es erfordert Verständnis, das Verste-

---

²Die Seitenangaben bei den kursiv gedruckten Zitaten beziehen sich auf den vollständigen transkribierten Text des halboffenen Interviews, das mit beiden Fachkräften gemeinsam durchgeführt wurde. Es umfaßt insgesamt 25 Seiten.

hen und die Achtung der Lebenssituation und nicht primär ein vordergründiges Mitleid.

B.: „ *Es reicht nicht aus, eine Frau zu sein oder guten Willen zu haben. Wir verlangen in der Zwischenzeit, daß eine Frau, egal in welchem Bereich sie arbeitet, im Frauenhaus selber, als ambulante Beraterin oder im Kinderbereich, daß diese Frauen schon Frauenerfahrungen haben, das heißt, daß sie die Situation von Frauen in der Gesellschaft reflektiert haben."*
vm.: *„Reflektierte Frauenerfahrungen! Frauenerfahrungen haben wir alle, von Müttern aufgezogen, von Kindergärtnerinnen betreut, von Lehrerinnen unterrichtet..."*
B.: *„Ja. Mitarbeiterinnen, die das nicht hatten, sind sehr schnell an eigene Grenzen gestoßen. Die Bewohnerinnen hier wissen, eher im Unterbewußtsein, sehr genau, das geht mich an, ich muß mich mit mir selber auseinandersetzen. Und so ist es bei Mitarbeiterinnen auch: Wir werden tagtäglich konfrontiert. Es kommt ganz automatisch auf einen zu, dieses: 'Ja und wo warst Du selber?' Also dieses in den Spiegel schauen. Das kann für Frauen, die ganz neu in der Frauenarbeit sind, sehr kritisch werden. Das erlebe ich auch in Gesprächen mit vielen Kolleginnen, die kommen wollen, um hier z.B. als Nebenamtliche zu arbeiten."*
vm.: *„Kolleginnen? Sozialpädagoginnen? Andere psychosoziale Berufe?"*
B.: *„Ja. Erzieherinnen, Soziologinnen, Psychologinnen. Sie kommen und wollen den armen Frauen helfen. Und dann werden sie sehr schnell ernüchtert, weil sich die armen Frauen nicht helfen lassen wollen, weil diese die Hilfe, die diese Frauen anbieten, nicht annehmen wollen und das ist auch richtig so."*
vm.: *„Wie ergründen Sie diese notwendigen 'reflektierten Frauenerfahrungen'?"*
B.: *„Zunächst prüfen wir im Lebenslauf und dann im Bewerbungsgespräch, an dem Mitarbeiterinnen, Leitung, Geschäftsführung, wenn möglich auch Betriebsrätin beteiligt sind, ob die bisherigen Lebens- und Berufserfahrungen frauenbewußt reflektiert sind."* (S. 6f.)

Reflektierte Frauenerfahrungen! Wie kommt frau zu diesen?

Frauenarbeit muß gegenwärtig als Sozialarbeit deklariert werden, um gesellschaftlich finanziert zu werden. Notwendig scheint jedoch ein hohes Maß an Kenntnissen von gesellschaftlichen Zusammenhängen und an Kompetenzen, um gesellschaftliche Strukturen zu begreifen und um zu erkennen, wie (welt)politische Ereignisse und politische Bedingungen mit dem Leben von Frauen verknüpft sind.

B.: *„Erst gestern sprachen wir darüber, warum es eigentlich gerade in Frauenhäusern so wenig gesellschaftliche Dimensionen gibt. Ich habe gesagt, weil es an Fachhochschulen keinen Frauenschwerpunkt[3] gibt, bzw. weil die Frauenarbeit als Sozialarbeit angesehen wird und nicht als Frauenarbeit, und das ist allgemein so. Wir haben das Frauentherapiezentrum, da werden Frauen therapiert, das Frauenkulturhaus, da werden Frauen gebildet. Dann haben wir die Universitäten und wir haben dies und jenes, das ist alles richtig. Aber wir haben keine Ausbildung zur Frauenarbeiterin. Das heißt: In der Ausländerarbeit gibt es Zusatzausbildungen mit Ausländerrecht u.ä.. Aber es gibt keine Ausbildung zur Frauenarbeiterin, bei der die Frau in allen Bezügen angeschaut wird und überlegt wird: Wie sind Frauenvernetzungen und -verbindungen? Wovon werden Frauen betroffen? Nicht nur von der Psyche, sondern auch von internationalen Zusammenhängen, z.B. gegenwärtig in Bosnien wird ganz klar gezeigt, daß die Gewalt von Männern gegenüber Frauen überhaupt kein nationales Problem ist und diese Zusammenhänge muß man sehen. Also ich würde fordern, daß Frauenarbeit nicht als Sozialarbeit gesehen wird, sondern eigenständig als Frauenarbeit."*

vm.: *„Im Grunde ist dies ganz einfach eine fundamentale Kritik an der patriarchalen Gesellschaft und der an ihre männlichen und weiblichen Mitglieder vermittelten Weltsicht."*

B.: *„Wir, das heißt: alle Frauenhäuser, würden nicht, zumindest nicht so gut finanziert werden, wenn wir sagten: wir machen Frauenarbeit, sondern es muß gesagt werden, die Sozialarbeit wird gefördert und das hat mit dem Patriarchat zu tun."*

vm.: *„Dies ist also der Preis dafür, das Kritische aufzugeben."*

Aber es handelt sich dabei offenbar um mehr als nur um eine unterschiedliche fachlich-theoretische Position, es geht um Herrschaft und dabei um nicht weniger als darum, die vorherrschenden geschlechtshierarchischen Verhältnisse im institutionellen Selbstverständnis durchzusetzen.

B.: *„Ja, wir sind in der Situation, nicht offen darlegen zu können, was wir machen, denn es gibt die Finanzierung nur für die Sozialarbeit und für die Kinderarbeit. Es ist mir von keinem Bundesland bekannt, daß es so, wie es beispielsweise die Ausländerarbeit gibt, auch die Frauenarbeit gibt. Erstere kenne ich aus meiner früheren Tätigkeit. Und es ist für mich ganz wichtig, daß gesagt wird, man bildet aus, nicht zur Sozialpädagogin, sondern zur*

---

[3] Einen Studienschwerpunkt „Frauenarbeit" an Fachhochschulen für Sozialwesen in Bayern gibt es seit 1992 im Fachhochschulstudiengang der Universität Bamberg, seit Oktober 1994 an der Katholischen Stiftungsfachhochschule München, sowie seit Oktober 1995 an der staatliche Fachhochschule München.

Frauenarbeiterin. Ich habe jetzt keinen besseren Begriff, der wirklich alles umfaßt. Das ist, denke ich, Konsens bei uns im Frauenhaus."
vm.: *„Das alles ist bezogen auf das fehlende gesellschaftliche Bewußtsein, auf Kenntnisse über die Situation der Frauen, gesellschaftlich und weltweit."*
B.: *„Darüber hinaus wäre noch wichtig, das Bewußtsein und das Wissen um größere Zusammenhänge, aber auch Qualifikationen, die tagtäglich wichtig sind, die natürlich anders gelebt bzw. bewußt bearbeitet werden, wenn ich dieses Bewußtsein nicht oder nur in Ansätzen habe."*

Ein umfassendes Verständnis der patriarchalen gesellschaftlichen Zusammenhänge ist zu erwerben. Die sozialisatorisch vermittelten Abspaltungen und Abstraktionen sind als kulturelle Normen zu identifizieren und sie sind insbesondere als Normen einer patriarchalen Gesellschaft aufzuklären und aufzulösen. Dabei geht es sowohl um Einstellungen und Haltungen als auch um Informationen.

Wie entsteht weibliche Identität?

Dieses offenbar relativ „allgemein Weibliche" bei sich und bei der anderen wahrzunehmen, dieses gesellschaftlich geformte und gewünschte weibliche Selbstbild herauszuarbeiten und als Teil der (potentiellen) Selbstgefährdung von Frauen zu erkennen und auch die internalisierte Frauenfeindlichkeit der Frauen als ein durchschnittliches Resultat patriarchaler Erziehung und Sozialisation bewußtzumachen, ist unumgänglich.

H.: *„Ich mache mir schon lange sehr viele Gedanken darüber, ich habe spät studiert, 1981 begonnen. Ich war schon vor dem Studium in München-Neuperlach in dem Frauentreff tätig und habe auch selber in Frauenselbsterfahrungsgruppen, diesen conscious-raising-Gruppen, etwa ab 1970 mitgemacht. Aufgrund dieser Erfahrungen war mir klar, was ich will im Sozialpädagogikstudium und ich habe vieles nicht vorgefunden, was ich gerne gehabt hätte. Durch die Arbeit hier ist mir mittlerweile sehr klar, was es ist, was jede Frau hier bräuchte. Es geht dabei immer um das Begreifen, sowohl lebensgeschichtlicher Zusammenhänge, in Frauenleben, wie eben auch um das Eingebundensein in die konkrete Gesellschaft. Sich zu begreifen in einem großen, aber auch kleineren Zusammenhang. Beispielsweise, wie vieles miteinander verknüpft ist, ist mir deutlich geworden, als ich mich für Politik zu interessieren begonnen habe - ich kann zufällig den zweiten Bildungsweg machen, weil wir eine SPD-Regierung haben, die BAföG zahlt. Also diese absolute Verknüpfung von Politik und Frauenleben ..."*
vm.: *„... Politik und Schicksal."*

H.: „*Es ist notwendig, daß viel stärker in den Vordergrund gerückt wird, wo die Knotenpunkte sind, im Frauenleben, wo sich Krisen entwickeln, angefangen von der Geburt bis zum Lebensende. Vor kurzem habe ich mich mit einer früheren Kollegin, die jetzt Psychologie studiert, und gerade Entwicklungspsychologie lernt, darüber unterhalten, wie haarsträubend es ist, daß auch heutzutage noch fast geschlechtsneutral gelehrt wird, daß nach wie vor fast keine Inhalte aus der Frauenforschung gelehrt werden.*"

vm.: „*Das ist nur logisch, weil überwiegend Männer lehren und sie nehmen nach wie vor kaum etwas von dem zur Kenntnis, was Frauen erforschen und publizieren oder sie zitieren mitunter feministische Autorinnen, ohne sie begriffen zu haben.*"

Knotenpunkte im weiblichen Leben ausmachen und sich damit auseinandersetzen. So frühzeitig wie möglich sich mit den realen weiblichen Lebensperspektiven auseinandersetzen und nicht mehr die männliche Normalbiographie als unhinterfragte Folie benutzen. „Verführungsmomente", die weibliches Leben offenbar sehr viel stärker als männliches Leben beeinflussen können, herausarbeiten und reflektieren. „Zufälle" im weiblichen Leben thematisieren, die irrationale Hoffnungen nähren und dadurch aufrechterhalten können. „Vielleicht habe ich ja Glück!" Den trügerischen Bildern entgegenarbeiten, die die eigenen Anstrengungen zu stark relativieren, ja entwerten können. Die Mythen weiblichen Lebens identifizieren und entschlüsseln und sich mit den Bedingungen realen Lebens, vor allem mit den Lebensrechten und -anforderungen auseinandersetzen. Ein besonders zentraler Bereich scheint dabei der Mythos und die Realität von Mutterschaft in unserer Gesellschaft zu sein (vgl. Völkl-Maciejczyk 1994).

H.: „*Für unsere Arbeit hier ist es wichtig, zu begreifen, wie Frauenidentität entsteht, daß wirklich da angesetzt wird, wie sich weibliche Identität von Anfang an bis hin zur noch nicht abgeschlossenen Sozialisation entwickelt. Es ist ja nicht alles unveränderlich nach dem dritten Lebensjahr. Das finde ich grundlegend wichtig. Da gibt es eine Reihe sehr guter Autorinnen wie: Chodorow, Dinnerstein, Gilligan. Darüber hinaus ist auch sehr wichtig, wie die Moralentwicklung von Frauen vor sich geht. Wir sind bei unserer Arbeit hier oft entsetzt: Wieso hält die Frau das so lange aus, bei diesem Mann? Auch gestern in der Öffentlichkeitsarbeitsgruppe, wieder die Frage: Wieso gehen die Frauen nicht rechtzeitig weg, warum bleiben sie so lange? Das ist etwas, was immer wieder gefragt wird und ich denke, das hängt ganz eng mit der frauenspezifischen Entwicklung, besonders mit der spezifischen Moralentwicklung zusammen. Es ist eine ganz enge Verbindung, mit der wir es hier zu tun haben, um für uns selbst klar zu bekommen: Warum ist das so? Damit auch wir nicht immer wieder in die frauenfeindliche Schiene abrutschen und schließlich sagen: Ja verdammt nochmal, sie ist wirklich blöd!" (S. 9)*

vm.: *„Warum ist dies so notwendig?"*

H.: *„Weil die Identität von Frauen verknüpft ist mit dem Bezogensein auf andere: Für andere dasein und ertragen, was dabei geschieht, sich selber in den Hintergrund stellen und dabei erfahrene Kränkungen und Verletzungen vergessen. Dies ist eine zentrale Thematik hier. Daß die Frauen darauf achten, daß es ihm gut geht, daß sichergestellt ist, was er braucht, daß die Familie zusammengehalten ist. Und ich erlebe immer wieder im Beratungsprozeß und auch in der Gruppenarbeit, wie tiefsitzend die Angst von Frauen ist, dies aufzugeben. Also ihr Bild von Frau-Sein innerhalb einer Familie und diese Bezogenheit - das Dasein für andere - aufzugeben. Dieses installierte Bild anzuzweifeln, löst tiefsitzende Ängste aus. Es ist grundlegend wichtig, damit umgehen zu lernen. Und das ist für mich, egal in welchem Frauenarbeitsbereich frau arbeitet, ein Wissen, das zur unverzichtbaren Grundlage gehört." (S. 10)*

vm.: *„... aber sehr tabuisiert ist und auch sehr viele Ängste unter nicht unmittelbar und direkt betroffenen Frauen auslöst."*

H.: *„Und was dazu unverzichtbar ist für Frauen, die hier arbeiten, daß sie ihr eigenes Frauenleben reflektiert haben. Es müßte ein lebendiger Prozeß hier im Hause unter den Mitarbeiterinnen sein, immer wieder aufzustöbern: Wo haben wir denn Frauenfeindlichkeit noch in uns? Dies ist immer wieder und immer wieder erforderlich! Denn es passiert so vielfältig und so verborgen. Frauenfeindlichkeit sozusagen von außen und von innen aufzustöbern."*

Besondere Kompetenzen für die Arbeit im Frauenhaus

Gewaltbeziehungen sind Grenzverletzungen

In Gewaltbeziehungen geht es immer auch um Grenzverwischungen. Besonders wichtig sind daher für professionelle Helferinnen: Wahrnehmen, Einfühlen, Abgrenzen. Dies erfordert gleichermaßen, sich grundlegend theoretisch auseinanderzusetzen und eine vertiefte und kontinuierliche Selbstreflexion. Offenbar ist es unumgänglich, einige konflikthafte Bereiche weiblicher Identität immer wieder zu bearbeiten, sowohl durch Informations- und Wissensvermittlung als auch durch das Bewußtmachen der eigenen Einstellungen und Handlungsweisen und die Reflexion von Erfahrungen. Das eigene Empfinden und eigene Bedürfnisse wahrzunehmen, sie ernst und wichtig zu nehmen und als unumgehbaren Teil der Selbstverantwortung begreifen zu lernen, erfordert auf der Seite der professionellen Helferin ein reflektiertes Einfühlungsvermögen und eine klare Fähigkeit, sich abzugrenzen. Besonders bedeutsam scheint dabei zu sein, daß bestimmte Stadien eines Selbstklärungsprozesses weder bei den Helferinnen noch bei den hilfesuchenden Frauen übersprungen werden können, wenn diese offenbar sehr wirkmächtigen Weiblichkeitsideologien tatsächlich überwunden werden sollen. Die Spannung von Gemeinsamkeiten und Unterschieden zwischen Beraterinnen und betroffenen Frauen auszuhalten und nicht in einem Oben-Unten, einer Expertin-Klientin- bzw. Siegerin-Verliererin-Bestätigung zusammenbrechen zu lassen, ist ein entscheidendes Kriterium für das Gelingen einer emanzipatorischen Sozialarbeit (vgl. Benjamin 1992).

vm.: *„Sie haben eingangs zu ihrem Sozialpädagogik-Studium an der Fachhochschule gesagt, daß sie viel vermißt haben. Was war dies konkret?"*
H.: *„Ich habe immer eine intensive Arbeit zum Thema Konflikte vermißt, sowohl zu Theorien über Konflikte als auch die Auseinandersetzung mit eigenen Erfahrungen. Also darüber, daß reflektiert wird, was passiert, wenn Konflikte vermieden oder verschoben werden oder explosionsartig ausbrechen, was es für einen Sinn macht, so oder so damit umzugehen. Dies ist vor allem in der Arbeit mit Frauen dringend erforderlich. Es ist eine ganz wichtige Grundlage, weil Frauen in unserer Gesellschaft in anderer Weise als Männer dazu neigen, Konflikte zugunsten einer diffusen 'ach wir meinen es ja so gut miteinander'-Einstellung offenbar stärker abzuwehren, auch um den menschlichen Zusammenhalt aufrechtzuerhalten, was wiederum mit unserer weiblichen Identität zu tun hat. Und in diesen Zusammenhang ist auch die Bearbeitung von Aggression, Macht und Ohnmacht zu stellen. Diese Bereiche gehören zusammen. Ich habe einen Text hier, den ich erst kürzlich mit einer Frauengruppe hier im Hause durchgegangen bin und es gibt weitere hervorragende Texte in dem Buch: Die Stärke weiblicher Schwäche (Jean Baker Miller 1979), in denen es um Konflikt und Macht gegenüber Frauen im Patriarchat geht und wie Frauen damit umgehen. Das kann nicht genug durchgearbeitet werden mit Frauen."*
vm.: *„Ja."*
H.: *„Was ich auch für sehr wichtig halte im Sozialpädagogikstudium, stärker selbsterfahrungsbezogen zu arbeiten, beispielsweise in Bezug auf das eigene Frauenbild und das eigene Männerbild. Dieses in sich zu entdecken, zu reflektieren und eventuell zu verändern könnte auch gut durch Malen und Gestalten erfolgen."*
vm.: *„Und wenn ich nun im Alltag konfrontiert bin mit den Bewohnerinnen von Frauenhäusern, was ist dann noch besonders wichtig? Welche speziellen Qualifikationen und Kompetenzen brauche ich zusätzlich?"*
H.: *„... die Schwierigkeit, in Frauenhäusern zu arbeiten, ist, einerseits gut wahrzunehmen und sich einzufühlen, aber andererseits auch eine starke Fähigkeit in Abgrenzung und im Grenzen ziehen. Die Frauen kommen mehr*

oder weniger freiwillig, aber aus einer Not heraus. Bei diesem Thema Gewaltbeziehungen geht es ja immer um Grenzverwischungen zwischen Männern und Frauen. In Beziehungen gibt es zunächst oft eine romantische Liebesvorstellung, mit Verschmelzungsphantasien, und es kommt unter anderem, unter vielen anderen Aspekten zu Gewalt, auch um die Grenzen (wieder)herzustellen. Das heißt bezogen auf unsere Arbeit: Die Frauen, die hier herkommen, erzählen ihre Geschichte und wir sprechen mit ihnen und sie erzählen die Geschichte wieder und wieder und möchten keinen Punkt setzen. Sie wollen die Stunde nicht einhalten! Es geht dann auch dabei um Grenzen. Und da muß die Beraterin wirklich sehr klar sein und sagen: So, für heute ist es genug, nächstes Mal können wir dies und dies besprechen. Also: Abgrenzungsfähigkeit! Die eigenen Grenzen spüren, auch körperlich wahrnehmen. Wie macht es sich bei mir fest, wenn eine Grenze erreicht ist, z.B. auch körperlich, die eigenen Signale zu erkennen! Sich dann auch trauen, dies zu artikulieren und durchzusetzen. Obwohl die Einfühlung für die Frau vorhanden ist. Es gehört im weitesten Sinne auch Aggression dazu, um diese Arbeit machen zu können. Ja." (S. 11)

Zum Zusammenleben mit Frauen im Frauenhaus sind daneben selbstverständlich auch Fähigkeiten erforderlich, die als uralte Kompetenzen in der Sozialarbeit gelten, wie Individualisieren, Motivieren neben der Bewußtheit gesellschaftlicher Zusammenhänge.

B.: *„... die Fähigkeit zu haben, wegzuschauen. Unsere Beraterinnen sind mit einer Gruppe von acht oder neun Frauen tagtäglich auf einem Stockwerk zusammen. Sie sehen die Frauen von morgens halb acht bis abends. Und dies ist der Intimbereich der Frau. Wenn ich einzelne Frauen jetzt auch so sehe, dann habe ich nicht gleich das Recht, zu sagen: 'Menschenskind, jetzt ist es elf Uhr, jetzt stehen Sie aber gefälligst auf!' Obwohl man dies bemerkt. - Also dieses Hinschauen, aber auch das Wegschauenkönnen. Die Fähigkeit, die Intimsphäre der Frauen zu achten, obwohl ich sehe: Wenn sie das so weiter macht, dann könnte das und das passieren. Dies ist eine sehr schwierige Anforderung an das eigene Verhalten. Das muß man können. Oder zumindest bereit sein, sich das anzueignen."*
vm.: *„Also Leben, das Zusammenleben erwachsener Menschen begleiten, Belastungssituationen ertragen und dennoch Distanz wahren und tolerant sein, verstehen, anregen."*

Die individuelle Geschichte einer jeden Frau verstehen und die damit unter Umständen in dieser Krisensituation verbundenen Regressionen zulassen und aushalten, darin aber nicht steckenbleiben. Mit Grenzen umgehen und Klarheit schaffen. Dies erfordert, sich intensiv mit eigenen regressiven Tendenzen, mit Aggressionen, mit Macht und Ohnmacht auseinandergesetzt zu haben. Es ist notwendig, die eigene Wut kennengelernt zu haben, um davor nicht mehr zu erschrecken. Nähe aushalten, auch Regression zulassen und dennoch die Intimsphäre achten. Den Alltag im Frauenhaus gestalten und immer wieder einfach auch ertragen können, jedoch möglichst ohne dabei regressives Verhalten zu verstärken. In abstrakten professionellen Termini handelt es sich dabei um Handlungsschritte wie Identifikation, Inkorporation und Distanzierung (vgl. z.B. Germain/Gitterman 1983). Im Kontext eines feministischen geschlechtsspezifischen Reflexions- und Handlungsansatzes ist jedoch die der abstrakten theoretischen Reflexion scheinbar innewohnende Äquidistanz zu unterschiedlichen Problemlagen und Zielgruppen aufgebrochen und mit dem Anspruch von Parteilichkeit aufgeladen.

Thematisierung der Gewalterfahrung, nicht nur der Gewaltfolgen

Das Ausmaß an Gewalt und die Gewalterfahrungen von erwachsenen (weiblichen) Mitgliedern der eigenen Gesellschaft sind im Mainstream der zuständigen wissenschaftlichen Disziplinen theoretisch nicht reflektiert. Diese Erfahrungen gehen im abstrakten wissenschaftlichen Anspruch, der Sichtweise auf „das Individuum" unter. Der weibliche Lebenszusammenhang wird weitgehend ausgeblendet.

Auch in einschlägigen Institutionen und Hilfsangeboten wird das Erleben und Erleiden von Gewalt, die Erfahrung von Gewalt nach wie vor zu wenig mit den davon Betroffenen thematisiert und insbesondere bearbeitet. Zu schnell wird offenbar mit den Betroffenen die Abhilfe, im Sinne des Überwindens von Gewaltursachen und Gewaltwirkungen, angegangen. Wichtig ist aber, um die klärende Wirkung des Sprechens über die Gewalterfahrungen zu wissen und nicht darauf zu drängen, Ursachen zu beheben und Wirkungen zu verarbeiten, sondern das Darübersprechen als unverzichtbar nicht nur auszuhalten, sondern als Teil der Hilfe - im wahren Sinne des Wortes - als fundamental notwendig zu begreifen. Auch hier gilt, daß bestimmte Stadien eines Klärungs- und Verarbeitungsprozesses nicht einfach übersprungen werden können, jedenfalls nicht, wenn nachhaltige Hilfe intendiert ist.

B.: *„Es muß sehr viel mehr Wissen und Können da sein, als nur die Folgen von Gewalt zu reflektieren, sondern auch über die Gewalterfahrung selbst und die Ursachen. Wir stellen immer wieder fest, daß hochqualifizierte Psychologen zwar die Konsequenzen von Gewalterfahrungen bearbeiten, aber nicht die Gewalt selber ansprechen und als zentral wichtig thematisieren. Wir bekommen immer wieder mit, daß Frauen in Therapien gehen, manchmal zwei, drei Jahre in der Therapie sind und dann erst hier im*

Frauenhaus die Möglichkeit haben über den Begriff Gewalt und Gewalterfahrungen zu sprechen, während in den Therapien gleich die Konsequenzen angegangen werden, daß sie vielleicht durch die erfahrene Gewalt apathisch ist und ähnliches. In den allermeisten Psychotherapien wird nicht darauf zurückgegangen und überlegt: Könnte das etwas sein, was mit Mißhandlung und Gewalt zu tun hat? Das ist eine sehr wichtige Sache!"
vm.: *„Ein Hinweis, daß Therapeuten auch ihre Achillesferse haben?"*
B.: *„... auch Angst haben, ja."*
H.: *„Es wird auch dabei nicht begriffen, was es bedeutet für eine Frau, Gewalt erfahren zu haben, wie traumatisierend eine solche Erfahrung ist. Und es gibt zu wenig Therapeutinnen und Therapeuten, die davon eine Ahnung haben oder hinschauen können und wollen und bereit sind, vor allem bereit dazu sind, mit der Frau noch einmal die traumatische Situation durchzugehen und ihr im Nachhinein zuzugestehen, daß sie anders handelt, als sie damals gehandelt hat, daß sie jetzt in der Übertragung ein anderes Bild ihrer Fähigkeiten entwickelt und auch erprobt."*

Ein weiterer zentraler Gesichtspunkt kommt hier zur Sprache, nämlich der, als professionelle Helferin Frauen zur Wut zu ermutigen, ihnen Gelegenheit zu geben, dies zu erproben. Verbunden mit diesem Ermutigen und mit dem Eingehen auf die Wut der betroffenen Frau ist, daß ein weiteres gesellschaftliches Tabu, das weibliche Aggressionsverbot gebrochen wird.

Gewalterfahrung - Weltverunsicherung - Zerstörung der Persönlichkeit - Verlust des Selbstwertgefühls

H.: *„Die Auswirkung auf Frauen, die traumatische Gewalt oder sexuelle Gewalt erlebt haben, ist, daß sie eine fundamentale Weltverunsicherung erlebt haben. Für sie ist die Welt nicht mehr dieselbe wie vorher."*
B.: *„Aufgrund der Thematik Vergewaltigung vor und während der Kriege, wie sie gegenwärtig insbesondere aufgrund der Ereignisse auf dem Balkan im Gespräch ist, ist mir noch etwas klarer geworden. Die Frau hat gesagt, daß durch die Vergewaltigung - und ich denke durch jede Gewalt an einer Frau - nicht nur die Persönlichkeit zerstört wird, es wird vielmehr die ganze Identität, die ganze Kultur, die eine Frau hat, gebrochen, zerstört. Und wenn wir darauf nur sagen: 'Ja, tu' Dir mal etwas Gutes, damit Du wieder aufgemuntert wirst`, und wenn man nicht anspricht - und das ist bei sehr vielen Frauen so -, daß sie über ihre Mißhandlungen nicht sprechen können, immer nur über die Konsequenzen, die das hat. Es ist sehr wichtig, daß ein Klima geschaffen wird, in dem dies benannt werden darf. Die Frauen, die zu uns kommen, müssen bei uns Mitarbeiterinnen das Gefühl haben, ausspre-*

chen zu können, ich bin sexuell derart mißhandelt worden, daß es nicht mehr geht. Sie müssen das Gefühl haben, die Atmosphäre muß so sein, daß sie - gerade über den sexuellen Bereich - reden können. Das darf nicht tabuisiert sein, das darf nicht peinlich sein. Und es muß auch möglich sein, zu sagen: Mein Mann ist zwar ein Schwein. Der hat mich geschlagen und mißhandelt, aber ich liebe ihn trotzdem. Also Angenommensein auch in dieser Weise und gemeinsam daran weiterzuarbeiten."

In dieser Situation der krisenhaften existentiellen Verunsicherung sind Frauenräume offenbar unverzichtbar notwendig. Sie scheinen geeignet als eine Art „psycho-soziales Moratorium". Sie bieten einerseits Spielraum für eine Bearbeitung der eigenen Erfahrung, einschließlich experimenteller probeweiser alternativer Verhaltensweisen, und gewähren andererseits genug Halt, damit nicht vorschnell ein Klammereffekt an die „alten Verhältnisse" ausgelöst wird. Ein solcher Reflex ist als Reaktion auf zuviel Auflösung in der eigenen persönlichen und in der sozialen Situation psychologisch und sozial durchaus zu verstehen und auch zu akzeptieren.[4]

Anspruch an die Hilfe: Angenommen zu werden, mit der eigenen Widersprüchlichkeit

Um als Fachfrau im Frauenhaus handlungsfähig und standfest zu sein und mit diesen komplizierten Aufgaben auch zu bleiben, ist ein reflektiertes Bewußtsein als Frau in dieser Gesellschaft, „dieses Denken", offenbar wichtiger als spezielle Zusatzqualifikationen, die keine geschlechtsspezifische feministische Perspektive beinhalten. Eine zu starke Akzentuierung abstrakter technologischer Aspekte von Interventionen würde zudem leicht in Gefahr geraten, die Komplexität des Umgangs mit der Problematik der Gewalt gegen Frauen zu verfehlen. Interventionsformen, die zu sehr der Fiktion der Neutralität verbunden sind, scheinen die ihnen innewohnende manipulative Kraft zu verharmlosen. Eine mit einer Aufsplitterung in Symptomgruppen verbundene Konstruierung entsprechender Techniken würde auch eine ganzheitliche Hilfe sabotieren.

B.: *„Wir sind gerade dabei zu überlegen, welche Methode am geeignetsten wäre. dies scheint aber nicht so vorrangig, wenn das andere, dieses Denken vorhanden ist. Natürlich brauchen wir ein bestimmtes Handwerkszeug, bestimmte Vorgehensweisen und methodische Schritte. Beispielsweise muß*

---

[4] Die Rückkehr zum Ehemann bzw. männlichen Partner von etwa der Hälfte aller Frauen, die ein Frauenhaus aufsuchen, spricht nicht gegen die Notwendigkeit von Frauenräumen, sondern dürfte als Bestandteil des je individuellen Klärungsprozesses zu bewerten sein.

eine Beraterin erkennen können, daß sie dieser Frau jetzt diese oder jene Brücke bauen muß und das kann dann mit dieser oder jener Vorgehensweise geschehen. Wir haben einen Gymnastikraum im Keller und einen Punching-Ball. Das kann z.B. sein, daß ich sage: Jetzt haben Sie eine solche Wut. Laß' uns mal hinunter gehen ...! Und da kommen die Frauen, einige sagen: Mensch, wenn jetzt noch das (sein) Gesicht darauf wäre, dann ..."
B.: *„Also ich muß wissen und erspüren können, welche Mittel und Möglichkeiten stehen mir zur Verfügung, um einer Frau diese Brücke zu bauen, das zu machen, also das loszuwerden, sprechen zu können, etwas sagen zu dürfen, und zwar eben nicht über die Konsequenzen, die aus einer Mißhandlungserfahrung resultieren, sondern über die Mißhandlung selber. Ein anderer Aspekt ist die Schlamperei mancher Frauen, die überhaupt kein Selbstwertgefühl mehr haben. Ich komme dabei noch einmal auf die bosnischen Frauen zurück, weil das jetzt so oft veröffentlicht wird, daß gesagt wird, sie sind so total verwahrlost, weil sie sich selber nicht mehr anschauen können. Und in einem gewissen Maße verlieren viele Frauen, die mißhandelt wurden, ihre Selbstachtung und dann wird sehr oft so reagiert: 'Ja, kaufen Sie sich mal eine schöne Bluse, gehen Sie reiten.' Unter dem Aspekt, tun Sie sich einmal etwas Gutes."*
vm.: *„Ablenkung durch Konsum, Lebensersatz-Angebote in einer entfremdeten Welt."*
B.: *„Aber nicht: Könnte ich mich jetzt mit meiner Lebenssituation befassen, dann bräuchte ich nämlich keine neue Bluse. Wenn ich sprechen darf über wirklich schlimme Mißhandlungen, etwas verkürzt gesprochen."*
H.: *„Ich möchte ganz entschieden darauf hinweisen, daß es, um diese Arbeit machen zu können, unbedingt notwendig ist, daß die Beraterin ihre eigene Wut kennt, ihre eigenen Rachegefühle, ihre eigene Aggression, daß sie sich damit auseinandergesetzt hat und daß es sie auch nicht schreckt, wenn eine Frau - aufgrund ihrer grauenhaften Erlebnisse - hier im Hause nahe an die Grenze kommt, daß sie psychosomatisiert oder vielleicht nahe an psychiatrische Erfahrungen, in psychotische Zustände gerät. Das heißt nicht, daß wir hier als Mitarbeiterinnen die Angst vor im allgemeinen tabuisierten intensiven Gefühlen einfach nicht mehr haben, sondern, daß wir das aushalten können. Das heißt, ich muß es kennen und darf mir keine Angst mehr machen. Sonst muß ich die Angst der Frau bei mir abwehren und dadurch wie im (eigenen) Vorbild schon ..."*
vm.: *„.... signalisieren, daß ich es als Beraterin auch nicht aushalte und deshalb beschwichtigen und Rezepte vermitteln muß."*
H.: *„.... Ja, ganz genau und damit den Klärungsprozeß abblocke und auch verhindere."* (S. 14)

Qualifikationen - im Leben, nicht im Studium erworben!

Kompetenzen für diese Arbeit wurden im Leben und nicht im Studium erworben. Qualifizierung für feministische Sozialarbeit erfolgt im Doppelschritt von Selbstreflexion, Selbstklärung, gesellschaftlicher Reflexion und einschlägiger fachlicher Auseinandersetzung, vorwiegend ohne Unterstützung durch traditionelle Institutionen. Initial und einflußreich war die von der neuen Frauenbewegung hervorgebrachte Frauenöffentlichkeit, Frauengruppen, einschlägige Aktionen, Initiativen und nicht zuletzt die Publikationen. Als qualifizierend erwiesen sich kontinuierliche frauenbewegte Aktivitäten, reflektierte Lebenserfahrungen, das Lernen in Frauengruppen, die eigene Politisierung. Durch Brüche im eigenen Leben wurden weibliche Lebenszusammenhänge in unserer Gesellschaft kritisch reflektiert und Bewußtseinsprozesse angestoßen. Kontinuierliche einschlägige Lektüre auf dem Hintergrund von frauenbewußtem Problemverständnis und schließlich ein frauenspezifisches feministisches Fortbildungsangebot am anderen Ende der Republik. Zwei Fachfrauen, Frau B., die 1971 und Frau H., die 1982 ihr Studium der Sozialpädagogik begannen, beide damals bereits über 30 Jahre alt, beschreiben ihren frauenbewußten Bildungsgang als einen, der von der Institution Fachhochschule und der traditionellen sozialpädagogischen Fachöffentlichkeit weder initiiert noch wesentlich bereichert wurde.

H.: *„Bei mir in erster Linie eben durch Frauengruppen aus der neuen Frauenbewegung ohne Leitung, sozusagen miteinander und - durch einen schmerzvollen Weg, als Frau und Mutter in dieser Gesellschaft zu existieren, zu leben und zu studieren. Durch vielfältige eigene Therapieerfahrungen von Psychoanalyse bis Kunsttherapie und Körperarbeit. Dabei habe ich meine Wut und Aggression kennengelernt und traumatische Erfahrung verarbeitet, so daß mir die Arbeit im Frauenhaus keinen großen Schrecken mehr einjagt, weil ich auch selbst wirklich existentielle Krisen als Frau überwunden habe. Außerdem beschäftige ich mich schon sehr lange mit spezieller Frauenliteratur, Frauenforschung, was es eben an neuerem Wissen gibt. Und ich habe eine frauenspezifische Therapieausbildung angefangen, die es seit neun Jahren in Deutschland, im Raum Hannover, gibt, sie heißt 'Frauenspezifische Soziotherapie'. Es ist immer noch kein Institut, sondern ein Projekt."*

B.: *„Ich habe, bevor ich hier im Frauenhaus arbeitete, Fortbildungslehrgänge durchgeführt für Familienfrauen, habe mich dabei sehr intensiv mit der Situation der Familienfrauen und dadurch auch mit der Diskriminierung von Frauen in jeder Richtung beschäftigen müssen. Ich habe die Fortbildung 'Sozialtherapeutisches Rollenspiel' und habe dieses auch mit Frauen eingesetzt und festgestellt, daß es mir damit gelungen ist, sehr viel Verschlüsseltes herauszuarbeiten. Ich habe mich mit meinem Frausein* *schon sehr lange beschäftigt, ich war in Betrieben, in denen es Männer gab und es war so fast automatisch, daß ich mich mit meinem Frausein beschäftigen mußte. Im Studium damals, von 1971 bis 1975, haben wir uns sehr sehr wenig mit frauenspezifischen Fragen beschäftigt."*

Folgerungen und Differenzierungen - Überwinden des Ideals der „harmonischen Ungleichheit"!

Überlegungen zu einem Qualifikationsprofil für die Arbeit in Frauenhäusern legen nahe, zwischen allgemeinen und besonderen Kompetenzen für die feministische Sozialarbeit mit Frauen zu unterscheiden. Es geht dabei um Folgerungen, die für ein sozialpädagogisches Kompetenzprofil generell zu ziehen sind und es handelt sich um Folgerungen in bezug auf eine fachlich kompetente Sozialarbeit im spezifischen Arbeitsfeld Frauenhaus. Letztlich ist jeweils zwischen gesellschaftlichen, sozialen und personalen Kompetenzen zu differenzieren, die das Geschlecht als soziale Kategorie konsequent reflektieren und es sind Kompetenzen je nach Arbeitsfeld unterschiedlich zu gewichten.

Die allgemeinen Kompetenzen beinhalten nicht weniger als eine feministische Analyse unserer patriarchalen Gesellschaft. Eine solche ist längst erarbeitet. Sie muß nur endlich zur Kenntnis genommen werden. Genauso wichtig, im Sinne des Doppelschrittes von Qualifizierung, ist es, die je eigenen Verstrickungen herauszuarbeiten, all die Doppelstandards, die falschen Ideale der „harmonischen Ungleichheit" (van Stolk/Wouters 1987) bewußtzumachen und sie mit der verbreiteten Anfälligkeit für Grenzverletzungen im Geschlechterverhältnis zu konfrontieren und als Zielsetzung im Blick zu behalten, daß die einzig wahre Kraft gegen Gewalt die Autonomie (Theodor W. Adorno), Autonomie im Denken und im Handeln, ist.

Im Unterschied zu sozialpädagogischer Bildungsarbeit für Frauen und für Mädchen und einigen Bereichen sozialarbeiterischer Beratungsarbeit, in denen es um Verhindern von negativen Entwicklungen durch Aufklären, Befähigen, Informieren, Stützen geht, ist bei der Arbeit im Frauenhaus zunächst primär Verstehen, Aushalten, Aufarbeiten und daraus Perspektiven zu erarbeiten, die zentrale und sehr schwierige Aufgabe.

Einige Frauenhäuser haben eine sehr hohe Fluktuation ihrer sozialpädagogischen Fachkräfte zu verzeichnen. Eine bundesweite Erhebung und Untersuchung dieses Phänomens existiert bisher offenbar nicht. Es liegt nahe, diese Frage auch mit den enormen persönlichen und fachlichen Anforderungen an die Fachkräfte und der eher geringen gesellschaftlichen Wahrnehmung und Wertschätzung der Arbeit in Zusammenhang zu bringen. Für die Konsolidierung eines arbeitsfeldbezogenen fachlichen Profils und für die Weitergabe der speziellen arbeitsfeldbezogenen Qualifikationen im Arbeitsfeld an folgende Generationen dürfte sich diese Fachkräftefluktuation nachteilig auswirken.

Die professionell geleistete Sozialarbeit und das dazu qualifizierende Studium der Sozialarbeit ist die gesellschaftliche Antwort auf soziale Verwerfungen. Ihre Aufgabe ist es daher, sich mit zu Tage tretenden Defiziten auseinanderzusetzen. Ihre Aufgabe wäre es auch, Mittel und Kosten für sinnvolle Beziehungsarbeit zu benennen. Um dem gesellschaftskritischen Anspruch der Frauenhausbewegung zumindest im Studium der Sozialarbeit zu entsprechen, ist es unverzichtbar, über das Ausmaß und die Wirkungen von männlicher Gewalt im Geschlechterverhältnis nicht nur zu informieren, sondern dies auch zu reflektieren, das heißt, das Normale im Extremen und das „Extreme" in den „normalen" Geschlechterverhältnissen zu identifizieren. Auch dies ist zu einem Gutteil schon geleistet, allerdings außerhalb traditioneller Institutionen und noch immer weitgehend ignoriert von der männlich dominierten Fachöffentlichkeit. Diese hat seit einiger Zeit die Gewalt rechtsextremer Jugendlicher als Forschungsgegenstand aufgegriffen, präziser gesagt: aufgreifen müssen. Sie hat diese abstrakt aufgegriffen als Gewalt, nicht als „männliche" Gewalt. Sie wird öffentlich ausgeübt und ist nicht ignorierbar; sie ist im doppelten Sinne un"heim"lich und sie stört die „öffentliche" Ordnung. Sie tangiert den Staat als „Garanten der Ordnung". Diese Gewalt ist oder besser „erscheint" eingrenzbar, identifizierbar und „objekt"ivierbar und ermöglicht so, sich von ihr zu distanzieren. „Man" ist nicht als Mann betroffen. Die wissenschaftliche Rechtsextremismusdiskussion wird weitestgehend geführt, als gäbe es keine nahezu zwanzigjährige Diskussion um Gewalt gegen Frauen und um Frauenhäuser in unserem Land und in anderen westlichen Gesellschaften. Eine umfassende und differenzierte gesellschaftliche und wissenschaftliche Auseinandersetzung, die der Alltäglichkeit der Gewalt gerecht würde, wird so nicht erreicht. Dieses „arbeitsteilige" Abhandeln der Gewaltthematik verfehlt gleichermaßen den kritischen Anspruch an Wissenschaft und an fortschrittliche gesellschaftliche Praxis.

Die Gefahr einer eigenartigen „Sozialpädagogisierung" der Frauenhäuser und der darin geleisteten Arbeit ist unübersehbar. Das Frauenhaus war in den Anfangsjahren sozusagen ein Synonym für fortschrittliche feministische Frauenarbeit. Gegenwärtig steht es nicht mehr im Zentrum von frauenbewegten Auseinandersetzungen und es wird nach wie vor als eine Institution „besonderer Art" gesehen bzw. häufig übersehen. Die entsprechende öffentliche Diskussion ist schon seit einiger Zeit weitgehend verpufft. Gemeinhin wird angenommen, daß eine breite öffentliche Diskussion von sozialen Mißständen auch eine Abhilfe für den diskutierten Mißstand nach sich zieht. Daß aber insbesondere die allermeisten der diskutierten Frauenbelange aus der öffentlichen Aufmerksamkeit wieder verschwunden sind, ohne besondere Konsequenzen, vor allem solche, die über Krisenintervention hinausgehen, bewirkt zu haben, dringt kaum in das öffentliche Bewußtsein. Nach mehr als fünfzehn Jahren haben wir keinerlei Projekte, Strategien oder Maßnahmen durchgesetzt, die darauf gerichtet sind, daß die Gewalt weniger wird (vgl. Hagemann-White 1991, 41). In dieser Folge bzw. in dieser Folgenlosigkeit der öffentlichen Diskussion liegt eine besonders sublime Entwertung des Engagements der aktiven Frauen.

In der vorliegenden Erörterung von Kompetenz-Elementen feministischer Sozialarbeit kommt eine enorme fachliche und gesellschaftliche Ignoranz zum Vorschein. Faktisch wird auch das Sozialpädagogik-Studium insofern entwertet, als in diesem aktuelles wißbares Wissen und daraus abzuleitende Handlungskompetenzen offenbar auch heute noch wenig thematisiert werden. Auch daran anzuknüpfende gesellschaftlich dringende Fragestellungen, wie die Sozialarbeit mit gewalttätigen Männern, werden nicht aufgegriffen. Der humane Anspruch von Sozialarbeit, nicht nur Folgen zu lindern, sondern Ursachen zu bekämpfen, wird nicht eingelöst. Das Praxisfeld Frauenhaus stärker wahrzunehmen und - über die feministische Frauenforschung hinaus - in die wissenschaftliche Reflexion einzubeziehen, ist nach wie vor überfällig.

Literatur

Benjamin, Jessica 1990: Die Fesseln der Liebe. Psychoanalyse, Feminismus und das Problem der Macht. Basel/Frankfurt/M.

Brandau, Heidrun u.a. 1990: Wege aus Mißhandlungsbeziehungen. Unterstützung für Frauen und ihre Kinder vor und nach dem Aufenthalt in einem Frauenhaus. Pfaffenweiler

Brown, Lyn M./Gilligan, Carol 1994: Die verlorene Stimme. Wendepunkte in der Entwicklung von Mädchen und Frauen. Frankfurt/M.

Brückner, Margrit 1988: Die Liebe der Frauen. Über Weiblichkeit und Mißhandlung (1. Auflage 1983). Frankfurt/M.

Brückner, Margrit/Holler, Simone 1990: Frauenprojekte und soziale Arbeit. Eine empirische Studie. Frankfurt/M.

Burgard, Roswitha 1988: Mut zur Wut. Befreiung aus Gewaltbeziehungen. Berlin

Germain, Carel B./Gitterman, Alex 1983: Praktische Sozialarbeit. Das „Life Model" der sozialen Arbeit. Stuttgart

Goldner, Virginia, u.a. 1992: Liebe und Gewalt: geschlechtsspezifische Paradoxe in instabilen Beziehungen. Familiendynamik 17. Jg. H. 2, 109-140

Hagemann-White, Carol 1991: Standortbestimmung nach 15 Jahren feministischer Öffentlichkeit, in: Dokumente und Berichte Nr. 15 der Ministerin für die Gleichstellung von Frau und Mann des Landes Nordrhein-Westfalen, 26-43

van Stolk, Bram/Wouters, Cas 1987: Frauen im Zwiespalt. Beziehungsprobleme im Wohlfahrtsstaat. Eine Modellstudie. Mit einem Vorwort von Norbert Elias. Frankfurt/M.

Völkl-Maciejczyk, Anna Margareta 1994: Nicht obwohl, sondern weil ...! Weiblich dominierte Kindheit und Geschlechterpolarisierung. Bielefeld

Völkl-Maciejczyk, Anna Margareta 1995: Gewalt und Geschlecht, in: Büro der AusländerInnenbeauftragten (Hg.); Männergewalt ohne Grenzen. Gewalt gegen ausländische Frauen. München, 5-10

Weishaupt, Brigitte 1990: Selbst-loses Sein. Zur Dialektik eines produktiven Mangels, in: Krüll, Marianne (Hg.); Wege aus der männlichen Wissenschaft. Pfaffenweiler, 57-72

Wiegmann, Barbelies 1990: Gewalt gegen Frauen - Tabu im Rechtsstaat? neue praxis H. 4, 360-365

„Ich hau' Dir eine in die Fresse" sagte Vanessa drohend...
Aggression als Überlebensstrategie - am Beispiel geschlossener Heimerziehung

Sabine Pankofer

Vanessa steht mit erhobener Hand vor mir. Ihre Nasenflügel beben, das Gesicht ist rot, erhitzt, ihre Augen blitzen. Sie kann ihre Wut kaum zügeln, was mir jede Pore ihres Körpers verrät.
Auch ich bin ziemlich aufgeregt, innerlich zittere ich, mein Atem ist kurz und ruckartig. Wir beide schweigen nach einem heftigen und lauten Wortgefecht und unsere Auseinandersetzung findet im Moment vor allem in unseren Blicken statt. Zwischen uns ist eine schier unerträgliche Spannung. Auch Angst davor, das Gesicht zu verlieren. Und das alles nur wegen einer Kleinigkeit. Noch vor ein paar Sekunden sah es so aus, als wenn sie jetzt gleich zuschlägt, eine Reaktionsweise, die sie bereits öfter gezeigt und die neben anderen Gründen zu ihrer Einweisung geführt hat. Langsam sinkt ihre Hand und ich schnaufe innerlich kurz durch.
Vanessa gilt als höchst aggressiv, wanderte durch verschiedene Heime, aus denen sie als untragbar entlassen wurde.

In einem Interview sagt sie, daß sie zuschlägt, weil sie keine andere Chance hat,
„weil, ich hab mich immer gegen irgend etwas wehren müssen ... immer gleich, wenn ich mich bedrohlich fühle, dann zeig ich's denen auch und dann sollen sie mich in Ruhe lassen und wenn sie's nicht tun, dann werd' ich halt stressig und dann gibt's ein paar hinter die Löffel ... ich geb' vorher die Warnung ab und dann sag' ich's zweimal und wenn sie dann nicht aufhören, dann haben sie Pech gehabt."
Sie begründet ihr Verhalten damit, daß sie „mit solchen Sachen aufgewachsen (ist), das kommt schon von klein her raus so" und „wenn man in einer Gegend wohnt, wo nur sowas passiert, dann wehrt man sich auch dagegen". Damit ist sie manchmal gut durchgekommen, „weil, ich probier's auf die sanfte Art und wenn's dann nicht geht, dann mach' ich's anders".
Sie flippt dann zwar aus, glaubt aber, daß sie sich kontrollieren kann, denn „bei einem Punkt ist nämlich bei mir Schluß, wenn ich Blut seh' ... dann hör' ich auf, dann ist für mich die Sache geregelt. Und damit ist auch meistens die Sache dann erledigt" (Pankofer 1993).

Erledigt ist aber die Sache nicht für die Jugendhilfe, denn Vanessa wurde wegen ihres aggressiven Verhaltens und Weglaufen in ein geschlossenes Heim eingewiesen.

Aggressionen von Mädchen (und natürlich auch von Jungen) lösen Gefühle und Reaktionen, einerseits in der konkreten Situation als Gegenüber, andererseits auch von Institutionen in Form von Sanktionen, aus. Es stellt sich die Frage, wie aggressives Verhalten von Mädchen geschlechtsspezifisch differenziert betrachtet und bewertet wird. Dies wirkt sich darauf aus, wie mit aggressivem Verhalten in der Sozialarbeit umgegangen wird, ob auf der institutionellen Ebene oder wie auch ganz konkret in Situationen des pädagogischen Alltags.

These: Aggressive Mädchen werden als doppelt bedrohlich erlebt

Von Aggressionen fühlen sich die meisten Menschen bedroht. Unter Aggressionen sind gehäuft auftretende, massive, verbal ausfallende Äußerungen, aber auch körperliche Attacken der Mädchen gegen Eltern, Erziehungspersonal, Polizei oder gegen andere Personen (aber auch gegen sich selbst) zu verstehen.[1]

Unter Aggression läßt sich sehr vieles zusammenfassen, „von der spitzen Bemerkung über Wut und Ärger bis hin zu Mord und Totschlag ... Impulse und Gefühle, Energien des Organismus, Handlungen, soziale Strukturen und Kriege können gemeint sein, wenn von Aggression die Rede ist" (Großmaß 1992, 121).

Der Zusammenhang zwischen Aggression und Gewalt ist klar, jedoch nicht eindeutig reziprok, d.h. der Gewalt liegt meistens Aggression zugrunde, aber nicht jede Aggression muß unbedingt zu gewalttätigem Handeln führen. Die Aggression als genau bestimmtes Phänomen gibt es nicht. Ob eine Handlung als aggressiv beurteilt wird, hängt u.a. vom Bezugspunkt und Handlungszusammenhang, von ethischen Normen eines Kulturkreises, aber auch der einzelnen Person ab. Hierbei besteht aufgrund unterschiedlicher Rollenerwartungen ein deutlicher Unterschied in der Wahrnehmung und Bewertung von aggressivem Handeln zwischen Mädchen und Jungen oder Frauen und Männern.

---

[1] Wobei die etymologische Wurzel des Ausdrucks Aggression das lateinische Wort „ad gredere" ist, das auf etwas zugehen, sich annähern, etwas ergreifen und in Besitz nehmen bedeutet (vgl. Heyne 1993, 74).

Meines Erachtens wird aggressives Handeln von Mädchen und Frauen als stärkere Bedrohung erlebt, da es - zusätzlich zur allgemeinen Bedrohung durch aggressives Verhalten - mit der Rolle der „friedfertigen Frau", die auf Ausgleich bedacht und passiv ist, kollidiert. Diese Vorstellung wird durch aggressive Mädchen massiv in Frage gestellt wird.
Mädchen, die sich aggressiv verhalten, sind im Vergleich zu Jungen **„doppelt"** gefährlich: einerseits durch die Aggressionen an sich (hierin haben sie zwar noch einen „Schwächebonus", da ihnen erst einmal nicht so viel körperliche Stärke zugeschrieben wird), andererseits durch die Attacke auf Konventionen und Rollenerwartungen, aus denen sie fallen. Dies gilt vor allem für Mädchen, die in der Pubertät sind. Nachdem das Mädchen als „Kind" noch in der Rolle des „tomboys"[2] Variationsmöglichkeiten im (aggressiven) Verhalten hat, haben Mädchen in der Pubertät einen deutlich eingeschränkteren „erlaubten" Verhaltenskodex. Dieser ist stark an die sich entwickelnde Sexualität gekoppelt. Dabei müssen die Mädchen lernen, „eine zentrale Ambivalenz (zu) bewältigen, nämlich für Männer attraktiv zu sein..., andererseits sich selbst und ihren Körper unter der Ägide elterlicher Verbote sorgsam zurückzuhalten" (Mayr-Kleffel 1985, 130).
Aggressives Verhalten ist weder „attraktiv", noch wird der Körper „sorgsam zurückgehalten". Aggressives Verhalten wird, ähnlich wie Entwicklung von Sexualität, betont wahrgenommen und es wird darauf reagiert. Diese Wahrnehmung zeigt sich auch in der Tatsache, daß bei der Anzahl der Maßnahmen der Jugendhilfe, die mit 15 Jahren, also während der Pubertät, beginnen, der prozentuale Anteil der Mädchen steigt.[3] Interessant ist es auch, die unterschiedlichen Begründungen zu betrachten.

Reaktionen und Sanktionen auf aggressives Verhalten von Mädchen

Reaktionen und Sanktionen auf aggressives Verhalten von Mädchen erfolgen im Vergleich zu Jungen aus anderen Gründen und zu anderen Zeitpunkten.

Mädchen in der Sonderschule

Aggression und delinquente Verhaltensweisen sind im Schulalter überwiegend und deutlich häufiger bei Jungen anzutreffen. Heinemann stellt in ihrer

---

[2] Als „Tomboy" wird ein Mädchen dann bezeichnet, wenn es sich eher - geschlechtsstereotyp betrachtet - „männlich" verhält.
[3] vgl. zu den „Karriereverläufen" in der Jugendhilfe Blandow et.al. 1986, 178-190.

Untersuchung fest, daß im Schuljahr 1989/1990 an den staatlichen Sonderschulen für Erziehungsschwierige in Hessen 691 SchülerInnen unterrichtet worden sind, von denen 585 männlich und 106 weiblich waren (Heinemann 1992, 82ff.). An ihrer Sonderschule war bei 75% der SchülerInnen der Haupteinweisungsgrund „extreme Aggression".
Leider wird nicht deutlich, wieviele Mädchen auch aus diesem Grund in die Sonderschule überwiesen wurden; es ist aber anzunehmen, daß auch Mädchen wegen Aggressivität in die Sonderschule wechseln mußten, obwohl „Schüler häufiger als Schülerinnen 'erziehungsschwierig', 'verhaltensgestört' oder 'disziplinschwierig' genannt werden", was durch empirische Forschungen voll und ganz bestätigt wird (Havers zit. in Heinemann 1992, 82).

Mädchen im Jugendhilfebereich

Auch im Jugendhilfebereich ist der Anteil von Mädchen, die in verschiedenen Betreuungsformen untergebracht sind, deutlich niedriger als der der Jungen. In den Gründen für den Beginn einer Betreuung wird wiederum nicht deutlich, inwieweit „aggressives Verhalten" dazu führt (vgl. Blandow et al. 1986, 133-229).
Deutlich ist nur, daß bei den Jungen vor allem bis 15 Jahre die Kategorien „Erziehungsschwierigkeiten" und „Verhaltensstörungen" sehr viel öfter zum Beginn einer Jugendhilfemaßnahme führen als bei Mädchen, die bis zu diesem Alter vor allem mit Problemen in der Familie und mit der Schule und ab 10 Jahren vor allem mit „Weglaufen" und „Sexualverhalten" auffällig werden. Explizit „aggressive Mädchen" tauchen hier nicht auf, der Begriff der „Erziehungsschwierigkeit" deutet etwas an, sagt jedoch gleichzeitig gar nichts aus.
Es zeigen sich deutliche Unterschiede zwischen Mädchen und Jungen bei den Begründungen für eine Heimeinweisung. Besonders massiv wirkt sich diese geschlechtsspezifisch unterschiedliche Bewertung des Verhaltens für die Mädchen dann aus, wenn eine **geschlossene Unterbringung** beschlossen wird. Die Untersuchung des Deutschen Jugendinstituts zur geschlossenen Unterbringung stellt fest, daß in den Beurteilungen, die dann zur geschlossenen Unterbringung führen, geschlechtsspezifisch und zwischen registrierten und zugeschriebenen Verhaltenssymptomen unterschieden werden kann - vor allem im Bereich des aggressiven und sexuellen Verhaltens.
Während Hinweise in den Akten, wie drohendes Abgleiten ins Prostituiertenmilieu oder in die Punker- oder Drogenszene, „bei Mädchen etwa doppelt so häufig wie bei Jungen als allgemeiner Verdacht gehalten sind (sozusagen als unheilvoll drohendes Ziel einer Abwärtsbewegung, die die Jugendhilfe zur Mobilisierung aller verfügbaren Rettungseinrichtungen aufruft), erschei-

nen sie bei Jungen deutlich häufiger als bei Mädchen in Gestalt von Tatsachenfeststellungen" (Wolffersdorff et al. 1987, 23; 1990, 219f.).
Es läßt sich somit die These aufstellen, daß die Mädchen bei gleichen „Gründen" **nicht** geschlossen untergebracht werden würden, wenn sie männlich oder volljährig wären (vgl. Conen 1986, 145).
Deutlich wird hierbei, daß Verhalten, und im besonderen Verhaltensauffälligkeiten, von Mädchen und Jungen geschlechtsspezifisch unterschiedlich wahrgenommen, bewertet und sanktioniert werden. Meines Erachtens gilt das in besonderem Maße für Mädchen, die sich aggressiv verhalten.

Problematisch ist darüber hinaus, daß trotz vieler Erfahrungen, die alle in der Praxis Tätigen haben, Auseinandersetzung mit aggressivem Verhalten sehr oft in Form von Abschieben und Delegieren an die scheinbar besser geeignete Institution endet.[4]
Es ist außerdem festzustellen, daß im Rahmen der Jugendhilfe das Thema der (körperlichen) Aggression von Mädchen weiter tabuisiert und marginalisiert wird. Belegt werden kann dieses These durch eigene Erfahrungen im Umgang mit Aggressionen, aber auch durch die Beobachtung, daß Anfragen in offenen Einrichtungen nach der Möglichkeit zur Befragung von „gewalttätigen Mädchen" zu ihrem aggressiven Verhalten delegiert („solche Mädchen haben wir Gott sei Dank nicht") oder in einer geschlossenen Einrichtung mit der Begründung abgelehnt werden, daß die Mädchen dadurch eine Bestätigung ihres Verhaltens bekommen, was für den therapeutischen Prozeß nicht förderlich ist, egal, ob die Gewalttätigkeit gerade aktuell ist oder sie „ruhig" sind.[5]

Aggressionen und Gewalt im pädagogischen Alltag im Heim

Als Pädagogin im geschlossenen Heim ist man/frau im Alltag ständig mit verbaler und körperlicher Gewalt konfrontiert, die die verschiedensten Gesichter hat. Sicherlich ist festzustellen, daß Aggressionen in einem geschlossenen Rahmen häufiger auftreten können, da ein solch enger Rahmen Aggressionen selbst bedingt, verstärkt, aber auch mehr herausbrechen läßt.

---

[4] Das „Verlegen und Abschieben" muß hierbei sehr kritisch als für die KlientInnen fatale Strategie der Einrichtungen gesehen werden, damit **ihre** Probleme „lösen" zu wollen, jedoch nicht die der KlientInnen; vgl. Freigang 1986.
[5] Dies sind Erfahrungen, die die Psychologiestudentin Claudia Bauernfeind bei der Kontaktaufnahme mit gewalttätigen Mädchen machte für ihre (unveröffentlichte) Diplomarbeit „Ausrasten, Rotsehen, Auf's Maul hauen. Lebensgeschichtliche Darstellung von gewalttätigen Mädchen", München 1993, vgl. 11ff.

Aggressionen und Gewalt können jedoch in jeder Form der Unterbringung auftreten - und tun dies auch.[6]
In der Praxis zeigt sich, daß sich in den Beziehungen zwischen den Mädchen die Gewalt häufig eher gegen körperlich und psychisch Schwächere richtet. Körperliche Gewalt bestimmt oft die bestehenden Gruppenstrukturen und Hierarchien, die sehr hart durchgesetzt und mit dem Faustrecht aufrechterhalten werden. Gewalt findet auch auf der psychischen Ebene statt, wenn mit Gerüchten und Intrigen andere Mädchen verletzt und getroffen werden sollen, ob aus Rache oder aus anderen Gründen, wie z.B. eigener Frust, der nicht anders abgelassen werden kann.
Zustimmen kann ich auch der These von Hagemann-White, die feststellt, daß es den Anschein hat, „als könnten Mädchen einen diffusen Aggressionsstau länger 'aufheben' als gleichaltrige Jungen" (Hagemann-White 1984, 95).
Neben der Gewalt in den Beziehungen der Mädchen untereinander, ist die gegen sich selbst gerichtete Gewalt zu beobachten, die die Mädchen anwenden, indem sie sich tätowieren, ritzen oder an den Nägeln beißen. Dazu kommen noch andere, eher latent selbstzerstörerische Handlungen, wie z.B. im Eßverhalten (übermäßig oder zuwenig).
Die offen gelebte Aggression gegen ErzieherInnen ist eher selten. Sie wird meiner Beobachtung nach innerhalb der Gruppe der Mädchen eher negativ bewertet und Mädchen werden teilweise dafür hart von anderen sanktioniert, wenn sie z.B. einen Anschlag oder Angriffe gegen ErzieherInnen gemacht oder auch nur geplant haben. Vor allem die Mädchen, deren „LieblingserzieherIn" attackiert werden sollte, reagieren auf Pläne und Ausführung, indem sie die anderen verraten oder sie zeitweise dadurch aus der Gruppengemeinschaft ausschließen, daß sie sie schneiden.

Aggressionen und Gewalt werden, pädagogisch betrachtet, meist nur negativ beurteilt. Es ist natürlich unabdingbar, Gewaltfreiheit als Regel aufzustellen und zu vertreten. Trotzdem benutzen manche Mädchen das Mittel der Gewalt, um sich durchzusetzen, wie dies auch Vanessa beschrieben hat. Gerade aber die Worte von Vanessa machen deutlich, daß es nicht ausreicht, ihr Verhalten abzulehnen und zu sanktionieren. Die Doppeldeutigkeit der Aussage „*immer wenn ich mich **bedrohlich** fühle, dann zeige ich's denen auch ...*" (Hervorhebung S.P.) zeigt, daß lineare, eindimensionale Kausalitäten nicht ausreichen, das Mädchen mit der Beschreibung ihrer Erfahrung

---

[6] Es ist anzunehmen, daß Aggression einer der häufigsten Gründe für eine Verlegung in Richtung geschlossener Unterbringung ist, da dadurch oft (offene) Gruppenkonzepte gesprengt werden oder Ausschlußgrund sind; vgl. Freigang 1986; es geht jedoch nicht darum, offene und geschlossene Einrichtungen in „Konkurrenz" gegeneinanderzustellen!

ernst zu nehmen und trotzdem einen dezidiert gewaltfreien Standpunkt zu haben.
Vanessas Worte drücken aus, daß sie in manchen Situationen gewaltsames Handeln als scheinbar einzige Möglichkeit und Lösung sieht, sich und ihre Bedürfnisse durchzusetzen.
Dies legitimiert keine Gewalt, kann aber Ansatzpunkt sein, Konfliktlösungsstrategien zu erkennen, Hintergründe zu erfahren und aufgrund dieses Wissens zusammen mit dem Mädchen neue Verhaltensstrategien zu erarbeiten. Das kann jedoch **nicht** stattfinden, wenn Aggressionen tabuisiert werden oder **nur** bestrafend darauf reagiert wird - was allerdings in der Praxis häufig passiert. Dies ist der Preis, den die Mädchen für ihr - aus ihrer Sicht - teilweise und manchmal sehr verständliches, da selbsterhaltendes und auch mutiges Verhalten zahlen. Diese Mädchen leben 'öffentlich' aggressive Gefühle aus, die - mehr oder weniger verdeckt - in jeder Frau stecken, was sie scheinbar aus der „Opferrolle" heraushholt.[7]
Meines Erachtens können die Aggressionen der Mädchen jedoch nicht als emanzipatorischer Versuch verstanden werden, ihre Mädchenrolle zu erweitern. Eher müssen diese Verhaltensweisen als situationsbedingte Überlebensstrategien betrachtet werden, die sich zwar nicht unbedingt positiv für das Mädchen auswirken, aber z.B. im Leben auf der Straße oder in einem bestimmten Umfeld, wie es Vanessa kurz andeutet, existentiell sein können. Es gilt, gerade in Hinblick auf die im 8. Jugendbericht so propagierte „Lebensweltorientierung", sich gerade auch mit diesen Lebensbedingungen (die oftmals nicht die Lebensbedingungen der PädagogInnen sind, die aus der Mittelschicht kommen), und sich mit sich selbst, aber auch mit dem Mädchen darüber auseinanderzusetzen. Eine Tabuisierung verhindert jedoch, sich mit den Aggressionen zugrunde liegenden Gefühlen auseinanderzusetzen und steht somit einer Aufarbeitung im Weg.

Psychologische und pädagogische Aspekte von aggressivem und gewalttätigem Verhalten

Gewalt findet auf verschiedenen Ebenen statt. Personale Formen der Gewalt sind als Prozeß zu verstehen, der in Interaktionen entsteht und sich in Interaktionsprozessen verwirklicht. Gewalt ist also keine persönliche Eigenschaft per se, sondern passiert direkt oder indirekt in interpersonellen Beziehungen.
Darüber hinaus gibt es strukturelle Gewalt als „Manifestation von Macht

---

[7] zur Problematik des Opferbegriffs und zur offenen und versteckten Aggression von Frauen vgl. Heyne 1993, 12.

und/oder Herrschaft mit der Folge und/oder dem Ziel der Schädigung von einzelnen oder Gruppen von Menschen", bei der es um die Verfügung und über die Zugangsmöglichkeiten unterschiedlicher Gruppen zur gesellschaftlichen Macht geht (Kiper 1994, 16).
Interpsychisch betrachtet sind verschiedene Rollen vorhanden: die des Täters und des Opfers. Oft sind sie wechselseitig verbunden, d.h. es ist sehr schwer, Gewaltaktionen zu stoppen. Der „Täter" kann nicht aufhören zuzuschlagen, weil er seine eigenen Schuldgefühle zu unterdrücken versucht, indem er, fortgesetzt auf sein Opfer einschlagend, seine Taten zu rechtfertigen glaubt, und weil er fürchtet unterzugehen, wenn er nachgibt. Das „Opfer" kann nicht aufhören sich zu wehren, weil es ebenfalls fürchtet unterzugehen und als Verlierer automatisch zum „Bösen" gestempelt zu werden. Jeder hat die Tendenz, sich als Opfer, als **Reagierende** zu definieren, um sein Zuschlagen zu rechtfertigen. In einem „Krieg" zwischen kämpfenden Personen oder Parteien sind aber immer beide Opfer und Täter. Beide sind beteiligt und beide sind betroffen (Bauriedl 1992).
Obwohl der Machtaspekt in dieser Sichtweise herausgelassen wird, wird die Dynamik, in der sich „Opfer" und „Täter" befinden, sehr deutlich. Es gilt deswegen besonders, **beide Seiten** genau zu betrachten.
Die Wechselseitigkeit von Übertragung und Gegenübertragung ist für mich als Pädagogin eine wichtige Feststellung, wenn ich mich in einer heftigen Auseinandersetzung mit einem Mädchen befinde, denn es ist ja nicht so, daß das Mädchen nur ein Objekt meiner pädagogischen Maßnahme ist. Auch ich bin als Frau und Mensch mit Gefühlen, Erfahrungen und vielleicht mit unterschwelliger Gereiztheit aufgrund erfahrener Verletzungen und Mißachtungen in dieser Situation aktiver und mitbestimmender Teil einer aggressiven Auseinandersetzung.
Meinen Anteil und meine beiden Rollen (als gleichzeitig Opfer und Täterin) zu sehen und keine einseitigen Schuldzuweisungen aufgrund meiner Machtposition zu machen, scheint mir der erste Schritt für einen reflektierten Umgang mit der aggressiven Auseinandersetzung, auch wenn sie auf einem hohen Aggressionsniveau oder sogar handgreiflich ist.
Oft sind PädagogInnen Projektionsfläche für tief sitzende Konflikte. Gerade für früh psychisch geschädigte Menschen besteht häufig ein Wiederholungszwang von Gewaltszenen, der auch durch eine starke Unterdrückung der eigenen Gefühle, die ja auch eine Gewaltanwendung gegen sich selbst ist, bedingt ist. Die Unterdrückung der Gefühle macht die Person, hier das Mädchen, nicht nur für sich selbst und für andere teilweise unkenntlich, sie bewirkt auch ein labiles psychisches Gleichgewicht, da die Unterdrückung ständig und mit viel Gewalt aufrechterhalten werden muß. In der Psychoanalyse wird dieses Phänomen als narzißtische Störung des Selbstwertgefühls

und die Kettenreaktionen der Gewalt mit dem Begriff des Wiederholungszwanges beschrieben.
Strukturell kann jede Gewaltanwendung als Grenzüberschreitung bezeichnet werden. Grenzen ziehen, ihre Einhaltung verlangen und dadurch für andere Menschen erlebbar und verstehbar zu sein, gehören für mich zu den wichtigsten Grundregeln der Pädagogik, gerade bei Menschen, die durch ihr Verhalten sehr oft Grenzen überschreiten und deren eigene Grenzen oft nicht respektiert wurden.
Es ist eine pädagogische Grundeinsicht, daß Sanktionen nicht dazu führen, die Kettenreaktionen von Gewalt und Gegengewalt zu beenden, sondern neue Begründungen für weitere Gewalthandlungen liefern. Doch ist es sehr schwer, im jeweiligen Prozeß, im Handeln als Pädagogin, aber auch im privaten Leben, nicht von der Gewalt „angesteckt" zu werden und Herrschaft auszuüben. Dies ist aber absolut notwendig, um noch pädagogisch handlungsfähig zu bleiben.

Theoretisch betrachtet befinde ich mich mit dem aggressiv agierenden Mädchen in der „notwendigen Spannung zwischen Selbstbehauptung und gegenseitiger Anerkennung, die die Begegnung zwischen dem Selbst und anderen als eigenständig und gleichwertig ermöglicht" (Benjamin 1993, 15).
Was Jessica Benjamin hier für frühe Entwicklungsphasen und die Mutter-Kind-Beziehung beschreibt, läßt sich durchaus auf diese Konfliktsituationen übertragen. Wie ist eine - trotz aller Machtaspekte in der hierarchischen Beziehung Pädagogin-Mädchen - gegenseitige Anerkennung möglich und wie ist es möglich, daß sich nicht nur Herrschaft und Unterwerfung entwickelt - gerade im Konflikt Frau - Mädchen?
Benjamin geht davon aus, daß Selbstbehauptung und Anerkennung die beiden Pole eines „prekären Gleichgewichts" sind.

„Dieses Gleichgewicht, und damit die Differenzierung zwischen Selbst und anderem, ist schwer aufrechtzuerhalten. Vor allem das Bedürfnis nach Anerkennung läßt ein Paradoxon entstehen. Denn Anerkennung ist jene Reaktion der anderen, die die Gefühle, Intentionen und Aktionen des Selbst überhaupt erst sinnvoll macht. Sie ist die Bedingung für die Entwicklung von Selbsttätigkeit und Urheberschaft. Solche Anerkennung kann uns nur von einer oder einem Anderen zuteil werden, die oder den wir wiederum als eine eigenständige Person anerkennen. Dieser Kampf, von anderen anerkannt zu werden und uns damit selbst zu bestätigen, bildet (...) den Kern von Herrschaftsbeziehungen." Es läßt sich ein „Weg der Anerkennung in den frühesten Begegnungen des Selbst mit der fürsorglichen Bezugsperson verfolgen und sehen, wie die Unfähigkeit, das Paradoxon in dieser Interaktion auszuhalten, den

Austausch von Anerkennung häufig in Herrschaft und Unterwerfung verkehren kann" (1993, 16).
Es geht darum, sich dieses Paradoxons bewußt zu sein und es auch auszuhalten. Es gilt auch, gerade oder trotz des hierarchischen Verhältnisses eine gegenseitige Anerkennung möglich zu machen. Ein wichtiger Ansatzpunkt hierbei ist sicherlich, sich **nicht** durch die Rolle und Selbstdefinition als „freundliche und gewaltfreie Frau" aus dieser Beziehung herauszuziehen, um dann ein klares Feindbild zu haben („Das Mädchen hat mich angegriffen!") und sich damit nicht mit dem eigenen Selbst, d.h. den eigenen Aggression, Ängsten, eigenem Frauenbild und Wünschen beschäftigen zu müssen.
Theoretisch begründet werden können diese Thesen zur Dynamik zwischen Pädagogin und Mädchen durch Benjamins Ansatz, die diesen Prozeß als wechselseitige und gegenseitige Anerkennung zweier Subjekte versteht.[8] Anerkennung erfolgt hierbei nicht automatisch, sondern muß immer neu hergestellt und ausgetestet werden.

Diese Anerkennung kann - nach Winnicotts analytischer Theorie - auch durch **Zerstörung** erreicht werden: „Zerstörung bietet dem Selbst die Möglichkeit, sich von anderen zu unterscheiden. Der andere wird aus der Phantasie herausgestellt und als äußere Realität erlebt" (ebd., 69). Zerstörung im Sinne Winnicotts bedeutet, „daß das Subjekt sich auf einen rücksichtslosen Zusammenstoß mit den anderen einlassen kann, daß es gegen die Grenze des Andersseins anrennen kann, um den Schock der frischen, kalten Außenwelt zu spüren. Diese Kollision braucht weder für das Selbst noch für die Andere schmerzhaft zu sein, muß weder Rückzug noch Vergeltung nach sich ziehen" (ebd., 42). Durch diesen Realitätsbezug tritt man mit der Außenwelt in Verbindung, was durchaus lustvoll sein kann. Zerstörung wird demnach eingesetzt, um herauszufinden, ob das Gegenüber „überleben" wird. Tut es das nicht, so ist niemand mehr da, der anerkennen kann.
„Wenn also die Mutter dem Kind keine Grenzen setzt, wenn sie sich und ihre Interessen verleugnet, wenn sie sich völlig kontrollieren läßt - dann ist sie für das Kind keine lebendige Andere mehr" (ebd., 41) und es kann keine **gegenseitige Anerkennung** geben, sondern es entstehen - laut Benjamin - die Grundbedingungen für Herrschaft und Unterordnung. Dies kann auf alle Erziehungssituationen übertragen werden und fordert zu klarer **Grenzsetzung** auf, gerade in aggressiven Auseinandersetzungen.

---

[8] Ausgehend von Winnicotts Ansatz zur „Objektverwendung und Identifizierung" Benjamin 1993, 39.

Aggression, verstanden als ein Verschmelzungserlebnis, in dem Differenz (der Meinungen, der Personen) **gemeinsam** erlebt wird, hat eine starke emotionale Wirkung. Dabei setzt die „Erfahrung des 'Zusammenseins ... ein entfaltetes Bewußtsein von Unterschieden voraus; sie setzt eine Intimität voraus - ein Gefühl, das 'zwischen uns **beiden**' (Hervorhebung S.P.) empfunden wird" (ebd., 49). Für die Pädagogik ist dieses Paradoxon der Gemeinsamkeit bei gleichzeitiger Differenz und die Wechselseitigkeit der Gefühle wichtig, vor allem deswegen, weil es auch um Macht geht.

Gerade in der vorgegebenen hierarchischen Situation, in der sich Mädchen/Jungen und PädagogIn gegenüberstehen, ist es um so wichtiger, die zugrundeliegenden Prozesse wahrzunehmen, um aus den Teufelskreisen Gewalt - Ohnmacht - Gegengewalt herauszukommen und sich auch der Macht - gekoppelt an die Rolle als ErzieherIn - bei einer gleichzeitigen Anerkennung auf der persönlichen Ebene bewußt zu sein.

Ist nämlich dieses empfindliche Gleichgewicht der Anerkennung gestört, so „bietet sich als Lösung an, diese andere zu unterjochen und zu versklaven. Es zwingt also den anderen, das Subjekt anzuerkennen, ohne ihn seinerseits (als Person, die ihm gleicht, S.P.) anzuerkennen. Die Folge solcher Unfähigkeit, Abhängigkeit und Unabhängigkeit miteinander zu versöhnen, ist die Verwandlung des Bedürfnisses nach dem Anderen in Herrschaft über ihn" (ebd., 55).

Die pädagogische Maxime, „das Kind da abzuholen, wo es ist", heißt im Kontext von aggressiven Auseinandersetzungen auch, mit hinein-, aber auch mit herauszugehen und dabei pädagogisch vorrausschauend zu handeln. Ohne eine offensive und mutige eigene Auseinandersetzung mit den eigenen Aggressionen und/oder Reaktionen auf aggressives Verhalten im Rahmen von Supervision oder Praxisberatung ist dies meines Erachtens kaum möglich.

Es gilt, ein Mädchen wie Vanessa zu motivieren, über ihre Aggressionen und ihr daraus folgendes Verhalten zu sprechen, ihre eigenen Erklärungen zu reflektieren und im Zweifelsfall auch zu akzeptieren, daß ihre aggressiv-gewalttätigen Verhaltensmuster in bestimmten Situationen und Rahmen durchaus sinnvoll sein können, auch wenn sie sich dann negativ für das Mädchen auswirken. Pädagogischer Ansatz sollte sein, nicht nur eine Verhinderung dieses Verhaltens zu bewirken, sondern es auf seine Situationsangemessenheit hin gemeinsam mit dem Mädchen zu prüfen, vielleicht ganz entgegen einer persönlichen, eventuell schichtspezifisch anders geprägten Meinung.

Aggression gemeinsam bewältigen

Ganz konkret: wie kann ich damit umgehen, wenn ein Mädchen wie Vanessa vor mir steht und mich verbal und vielleicht sogar körperlich herausfordert?
Hierbei schwebt das Ideal über den PädagogInnen, absolut gewaltfrei zu sein und vor allem mit Geduld schwierige Situationen zu bewältigen. Dies ist sicher richtig, nur gibt es Situationen, z.B. wenn ich angegriffen werde, in denen es darum geht, in der richtigen Balance zwischen Pädagogik und Verteidigung und eigenen Wutgefühlen immer noch differenzieren zu können. Dies geht meiner Ansicht nach nur, wenn man/frau sich über eigene „negative", aggressive Gefühle im klaren ist, mit ihnen lebt und sie auch - innerhalb des pädagogischen Rahmens - auslebt.
Problematisch scheint mir, daß im pädagogischen Bereich „negative" Gefühle nicht auftauchen dürfen, obwohl sie da sind, wie sich in Gesprächen mit ErzieherInnen zeigt, und häufig ins Privatleben abgedrängt werden - eine Strategie, die ich selbst nur zu gut kenne.
Dadurch findet zwar eine Abgrenzung zu den KlientInnen statt, die prinzipiell notwendig ist, bei Gewaltkonflikten jedoch meist zu weiteren Negativ-Stigmatisierungen für das Mädchen führt. In Akten tauchen nur selten Beziehungsdynamiken auf, gewaltsame Konflikte wie z.B. Angriffe auf ErzieherInnen werden meist nur dem Mädchen (oder Jungen) zugeschrieben und wirken sich auf ihre „Heimkarriere" aus.
Um nicht falsch verstanden zu werden: es geht hier keinesfalls um eine Legitimation von Gewalt gegen in Abhängigkeit stehende KlientInnen als Erziehungsmittel, es geht hier auch nicht um „schwarze Pädagogik", sondern um die **beiderseitige** Bewältigung seltener, extremer und hochemotionaler Krisensituationen.
Es ist dabei zu beachten, daß es aufgrund der psychischen Entwicklung bei diesen Mädchen zu häufigen Wiederholungen früherer traumatischer Erlebnisse kommt, für die ich dann z.B. in diesem Moment in meiner Rolle, aber auch mit meiner ganz persönlichen psychischen Grundstruktur, als Projektionsfigur, aber vor allem als aktuell handelnde und agierende Person für die Mädchen präsent bin.
Hierin liegt meines Erachtens die große **pädagogische Chance** einer heftigen und unter Umständen auch gewaltsamen Auseinandersetzung: in Wieder-Inszenierungen in Form von Auseinandersetzungen kommen Gefühle hoch, die oft sehr lange unterdrückt waren. Gerade bei Mädchen, die durch eine glatte Fassadenoberfläche sehr lange einen Schein wahren wollen, brechen dann Gefühle hervor, die den Schmerz deutlich machen, der in ihnen steckt. Durch eine **Inszenierung und Wiederholung mit einem anderen Ausgang als früher** können traumatische Erlebnisse bearbeitet

werden. Dies verlangt jedoch von den PädagogInnen und TherapeutInnen, daß sie sich mit ihrer eigenen Geschichte, aber vor allem mit ihren eigenen Aggressionen auseinandersetzen müssen, um nicht in das Beziehungsmuster Täter - Opfer zu geraten.
Nach meiner Erfahrung bedeuten diese Krisensituationen für beide Seiten, für das Mädchen und die ErzieherIn, einen wichtigen Einschnitt in der Beziehung oder auch Nicht-Beziehung. Ich habe viele Mädchen gerade in solch heftigen Situationen erst „kennengelernt", genauso wie sie mich. Oft begann danach eine vollkommen neue Phase der Auseinandersetzung. Grundbedingung ist natürlich, das Mädchen nicht wegen ihrer „Tat" zu verlassen und sie ihm immer wieder vorzuwerfen, sondern damit zu arbeiten. Arbeit bedeutet jedoch nicht, daß nur das Mädchen an ihren traumatischen Erlebnissen arbeitet, sondern es geht darum, dieses gemeinsame Erlebnis als solches ebenfalls zu thematisieren, zu besprechen und die Wechselseitigkeit für sich selbst als Pädagogin, aber auch für das Mädchen wahrzunehmen, ohne sich nur gegenseitige Vorwürfe zu machen.
Diese Basis hat sich meiner Erfahrung nach als äußerst tragfähig erwiesen, das Mädchen konnte mich und sich, aber auch ich konnte mich und es anders einschätzen und anerkennen. Dadurch gab es eine verbindende Ebene bei gleichzeitigem Unterschied, d.h. Gleichheit und Unterschied können nebeneinander existieren.

Vanessa und ich stehen uns immer noch gegenüber. Die ganze Gruppe schaut gespannt auf uns beide. Ich bin stark angespannt, auch ärgerlich, verbissen. Es geht mir darum, meine Position nicht aufzugeben, ihr aber gleichzeitig eine Chance zu geben, was sich irgendwie widerspricht. Auch sie ist unter Druck, muß beweisen, daß sie sich von der Erzieherin nicht alles gefallen läßt, sie, die wilde, starke Vanessa, vor der manche Angst haben, sie, die sich - aktenkundig bewiesen - nichts sagen läßt. Sie spürt, daß ich keine Angst habe. Ich spüre dies auch und bin erleichtert darüber. Jetzt kommt es auf die ersten Worte an, mit denen ich versuchen will, die Situation zu verändern.
Ich atme durch und sage so ruhig wie möglich, indem ich meine Anspannung gepreßt unterdrücke: „OK, ich denke, es ist besser, wenn wir zwei uns jetzt alleine darüber unterhalten, wann und wie Du Deinen Dienst machst. Dafür brauchen wir kein Publikum. Komm, wir gehen ins Erzieherzimmer!"
- Pause - kommt sie mit oder nicht? Und was tue ich, wenn sie nicht mitkommt? Wenn sie mich weiter provoziert und wissen will, ob jetzt wirklich Schluß bei mir ist? Die Sekunden zerrinnen und unsere Augen funkeln sich immer noch an. Wir wissen, es ist ein Spiel, aus dem wir beide als Verliererinnen herausgehen können. Wir wissen beide, daß wir in verschiedenen Rollen sind, mit verschiedenen Spielregeln.

Noch immer wütend schnaubt Vanessa: „Ich seh das überhaupt nicht ein, daß ich jetzt diesen blöden Dienst machen soll!" Sie atmet heftig aus, dreht sich um und geht in Richtung Erzieherzimmer. Ich lege ihr beim Gehen eine Hand auf die Schulter, auch auf die Gefahr hin, daß sie sich dagegen wehrt. Ich suche den Körperkontakt zu ihr, um ihr zu zeigen, daß ich jetzt ebenfalls da bin, aber auch, um zugleich selbst Kraft zu schöpfen, denn es ist nicht klar, ob der Konflikt, ob und wann sie ihren Dienst macht, nun bereits erledigt ist.
Der Kampf geht weiter. Es ist aber gut, daß ich keine Angst vor ihr habe - vor ihr, dem wilden, aggressiven, untragbaren Mädchen - und sie nicht vor mir. Es ist gut, daß sie nicht das Monster sein muß, das sie und ich aus ihrer Akte kennen. Es tut mir gut, zu erleben, wie ich „an meiner Grenze" reagiere. Jetzt können wir weiterarbeiten.

Literatur

Bauriedl, Thea 1992: Wege aus der Gewalt. Analyse von Beziehungen. Freiburg/Br.
Benjamin, Jessica 1993: Die Fesseln der Liebe. Psychoanalyse, Feminismus und das Problem der Macht. Basel/Frankfurt/M.
Blandow, Jürgen u.a. 1986: Mädchen in Einrichtungen der Jugendhilfe. Opladen
Conen, Marie-Luise 1986: Familienkonflikte von Heimmädchen. In: Heck/Keinhorst (Hrsg.), Frauen - Alltag - Politik. Eine Zwischenbilanz. München
Freigang, Werner 1986: Verlegen und Abschieben. Weinheim/München
Großmaß, Ruth 1992: Starke Frauen, zänkische Weiber oder friedliche Urmütter? Zum Verhältnis von Aggression und Weiblichkeit. In: Elisabeth Camenzind, Kathrin Knüsel (Hrsginnen), Starke Frauen - zänkische Weiber? Frauen und Aggression. Zürich
Hagemann-White, Carol 1984: Sozialisation: Weiblich - männlich? Opladen
Heinemann, Evelyn/Rauchfleisch, Udo/Grüttner, Tilo 1992: Gewalttätige Kinder. Psychoanalyse und Pädagogik in Schule, Heim und Therapie. Frankfurt/M.
Heyne, Claudia 1993: Täterinnen. Offene und versteckte Aggression von Frauen. Zürich
Kiper, Hanna 1994: Alltag - Gewalt - Geschlecht. Frauen und Mädchen als Opfer und Mittäterinnen. PÄDEXTRA, Januar 1994
Mayr-Kleffel, Vera 1985: Mädchen - endlich ein Gegenstand der Jugendforschung. Neue Praxis, 19. Jrg. H 2. Neuwied

Pankofer, Sabine 1993: Mädchen im geschlossenen Heim. Unveröffentlichtes Manuskript. München

v. Wolffersdorff, Christian/Sprau-Kuhlen, Vera/Kersten, Joachim 1987: Geschlossene Unterbringung in Heimen. Zusammenfassende Darstellung von Projektergebnissen (gekürzter Projektbericht). München

v. Wolffersdorff, Christian/Sprau-Kuhlen, Vera/Kersten, Joachim 1990: Geschlossene Unterbringung in Heimen. Kapitulation der Jugendhilfe? München

Soziale Arbeit mit Mädchen in Obdachlosensiedlungen auf der Grundlage des „Life Models"

Sonja Lindmeier-Dankerl

Maria (Name geändert) ist 13 Jahre alt, sie hat eine ältere und eine jüngere Schwester sowie zwei ältere Brüder. Ihre Familie stammt aus der Türkei. Maria wohnt seit mehr als zehn Jahren in der Obdachlosensiedlung.
Marias Familie ist mit der türkischen Tradition auch hier in Deutschland eng verbunden. Die Männer sind in der Familie dominant. So bekommt Maria beispielsweise von ihrem ältesten Bruder Prügel angedroht, wenn sie sich den Anweisungen ihrer Eltern widersetzt. Den Jungen wird viel mehr erlaubt als den Mädchen. Diese dürfen beispielsweise jederzeit Wochenendfahrten des Stadtjugendamtes mitmachen, Maria jedoch nicht, da sie zuhause bleiben und im Haushalt mithelfen muß.
In der Familie ist es Tradition, daß die Töchter verheiratet werden. Marias Schwester wurde bereits 15jährig mit einem Mann aus der Türkei verlobt und mit 17 Jahren verheiratet. Nun, mit 18, erwartet sie ihr erstes Kind. Auch Maria wird in Kürze dasselbe Schicksal bevorstehen. Maria ist sehr verschlossen und spricht über Dinge, die sie bedrücken, nicht gerne. Dennoch ist zu erkennen, daß sie unter den familiären Gegebenheiten leidet.
In der Familie herrscht stets Geldnot. Sie versteht nicht, mit Geld umzugehen. Innerhalb der Siedlung hat die Familie ein relativ niedriges Ansehen und versucht, sich Anerkennung durch Statussymbole, wie ein schnelles Auto und modische Kleidung für die Kinder, zu verschaffen. Das Geld wird oftmals planlos ausgegeben und so ist häufig ab Monatsmitte kein Geld mehr vorhanden, um zumindest Lebensmittel einzukaufen.
Die Sorgen der Familie lasten auf der Mutter, der Vater kümmert sich wenig um die Familie, er geht verschiedenen Glücksspielen nach. Vor einiger Zeit war die Mutter schwer krank und es war zu befürchten, daß sie stirbt. Inzwischen ist sie außer Lebensgefahr, aber immer noch kränklich, so daß vor allem Maria viel im Haushalt mithelfen muß. Durch die Krankheit der Mutter und die finanziellen Nöte der Familie wird kaum Rücksicht auf individuelle Probleme von Familienmitgliedern genommen, so auch nicht auf die von Maria.
Das Mädchen hat große Schwierigkeiten in der Schule. Sie mußte das letzte Schuljahr wiederholen und besucht nun mit ihrer elfjährigen Schwester zusammen die 5. Klasse der Hauptschule. Dies stellt für Maria eine Demütigung dar, da die kleine Schwester noch dazu bessere Leistungen erbringt

als sie. Anstatt motiviert zu sein, die Schwester zu übertreffen, resigniert Maria und hat überhaupt keine Lust mehr, in die Schule zu gehen. Oftmals täuscht sie vor, krank zu sein und schwänzt den Unterricht. Bedingt durch ihre Unlust, ist Maria den LehrerInnen gegenüber aufmüpfig und frech, sie hat dadurch schon viele Verweise erhalten, was sie jedoch nicht sonderlich berührt. An geeigneten Vorbildern fehlt es ihr ohnehin. Die älteren Geschwister haben auch Klassen wiederholt, ihr Bruder hat die Sonderschule besucht und ihre Schwester die Hauptschule nach der 7. Klasse verlassen. Als Verkäuferin hat die Schwester nach Meinung von Maria gutes Geld verdient. Daß sie jedoch ohne Ausbildung immer die Arbeiten erledigen muß, die sonst niemand machen will, sieht sie nicht. In der Familie ist der Stellenwert von Schule sehr niedrig, noch dazu ist Maria sowieso ein Mädchen, für das einmal ein Mann gesucht wird, der für sie sorgen soll.
Die Enttäuschungen, welche Maria in Schule und Familie erlebt, versucht sie in der Gruppe (Lernhilfegruppe und Mädchengruppe des Stadtjugendamtes) bzw. bei den Betreuenden zu kompensieren. Es ist dort nicht immer einfach, ihr zuzugestehen, daß sie in der Gruppe Aggressionen freisetzen kann und ihr andererseits zu verdeutlichen, daß dies nur soweit möglich ist, solange sie andere nicht verletzt. Maria ist ein sehr stolzes Mädchen, welches ihre Probleme verdrängt und mit niemanden darüber reden möchte. Es ist notwendig Maria länger zu kennen, um zu verstehen, daß sie einen Raum braucht, um sich entfalten zu können. Maria hat kreative Fähigkeiten, welche in der Familie nicht zur Geltung kommen. In der Mädchengruppe zeigte sie große Ausdauer beim Modellieren mit Gips oder beim Basteln von Schmuck. Die Gruppenangebote des Stadtjugendamtes nimmt sie gerne wahr.

Problematiken der Mädchen

Dieses Beispiel mag in manchen Punkten Spezifisches einer türkischen Mädchensozialisation aufweisen, aber darüber hinaus steht der Fall Maria für Problematiken, die generell bei Mädchen in Obdachlosenunterkünften zu beobachten sind.

Im Vergleich zu ihren Brüdern sind die Mädchen, vor allem Mädchen aus traditionell-patriarchalen Kulturen, sehr stark an den Haushalt gebunden. Die Familien sind, oftmals bedingt durch Arbeitslosigkeit der Väter und die damit verbundene Geldnot, belastet. Innerfamiliäre Spannungen bekommen die Mädchen vermehrt zu spüren.
Insbesondere wenn die Mutter berufstätig ist, werden die Mädchen schon sehr früh zu Tätigkeiten im Haushalt herangezogen. Über ihre Freizeit

können sie wenig selbst bestimmen. Die Mütter nehmen häufig Putztätigkeiten an, wobei die Töchter mithelfen müssen. Die Mädchen haben kaum Freiräume für sich und ihre Bedürfnisse.
Bei Berufstätigkeit der Mutter ist die Position des Vaters, der ohnehin nicht für geeigneten Wohnraum sorgen kann, zusätzlich geschwächt. Dies kompensieren sie häufig durch autoritär-aggressives Verhalten gegenüber der Frau und den Kindern. Die Mädchen erleben die Unterdrückung ihrer Geschlechtsgenossin (Mutter) mit. Sie sind häufig selbst körperlicher Gewalt ausgesetzt.
Bedingt durch die oft chaotischen Familienverhältnisse fehlt es den Mädchen an geeigneten Vorbildern und Identifikationsmöglichkeiten. In den Unterkünften ist ein geringes Bildungs- und Ausbildungsniveau vorzufinden. Bestimmte soziale Normen und Regeln des Miteinanderumgehens sind nicht internalisiert. Den wachsenden Anforderungen in der Schule können sie häufig nicht standhalten. Unterstützung durch die überlastete Familie ist nicht zu erwarten. Zusätzlich zu diesen Gegebenheiten werden die Mädchen mit negativen Einstellungen gegenüber Obdachlosen allgemein konfrontiert: Obdachlose seien „asozial und kriminell". Diese Stigmatisierung hat Diskriminierung zur Folge. Im Vergleich zu anderen Mädchen werden die obdachlosen Mädchen in eine extreme Außenseiterposition gedrängt. Darauf reagieren sie oftmals mit Apathie und Resignation.
Die Mädchen haben beschränkte Lebenswahlmöglichkeit. Zukunftsorientierung scheint nur soweit gegeben, als für sie sowieso nichts anderes als die Rolle einer Hausfrau und Mutter in Frage kommt (vgl. Schleicher 1986). Wenn die Mädchen nach anderem streben, wird ihnen von den Müttern meist nur Unverständnis entgegengebracht. Warum soll es den Töchtern anders ergehen als ihnen selbst? Als Möglichkeit der Lösung von ihren schwierigen Familien sehen die Mädchen oft nur die Bindung an einen Mann, mit dem sie dann zusammenwohnen und von dem sie erneut abhängig werden.

Als Ersatz für die fehlende Zuwendung seitens der Familie dienen den Mädchen die peer-groups. Sie bieten eine Möglichkeit, den familiären Verhältnissen und der Enge der Wohnung zu entfliehen. In der Gruppe übertragen die Kinder und Jugendlichen jedoch oft die Gewalt, welche sie zuhause erfahren, auf Gleichaltrige. Dabei lernen die Jugendlichen, daß das Recht des Stärkeren gilt. Bei Konflikten sind die Mädchen im Gegensatz zu den Jungen allerdings selten die Stärkeren. In den Obdachlosensiedlungen ist zu beobachten, daß sich die Mädchen gegenüber den Jungen abgrenzen wollen und den Wunsch haben, eine eigene Mädchengruppe zu bilden. Innerhalb der Mädchengruppe haben sie Möglichkeiten, sich speziell mit ihren Problemen auseinanderzusetzen. Themen wie Sexualität oder Freundschaften haben dort ihren Platz. Sie müssen sich innerhalb dieser Gruppe nicht dem „Potenzgehabe" der Jungen aussetzen. Mädchen gehen in ihren Freundschaften intensive Zweierbeziehungen ein. Sie suchen sich eine Freundin, der sie ihre Gefühle, Gedanken und Geheimnisse anvertrauen können (Kavemann u.a. 1985, 103f.).

Sozialpädagogische Zielsetzungen - das „Life Model"

Es ist wichtig für die Mädchen, eine Aufenthaltsmöglichkeit außerhalb der überlasteten Familien zu schaffen, denn die Mädchen brauchen ihren eigenen Freiraum, um negative Erfahrungen aufarbeiten und konstruktive Bewältigungsmuster erarbeiten zu können. Die Mädchen sollen ihre weibliche Identität erfahren und eigene Bedürfnisse erkennen, formulieren und durchsetzen lernen. Um ihre Selbstbestimmung in allen Lebensbereichen zu erweitern, ist es vor allem nötig, ihr Durchhaltevermögen zu stärken. Dazu gehört, Sozialisationsdefizite der Mädchen ausgleichen zu helfen und ihnen alternative Identifikationsmöglichkeiten anzubieten. Die Sozialarbeit hat hier die Aufgabe, den Mädchen neue Lebensperspektiven zu vermitteln. Die Mädchengruppe ist dabei als Durchgangsstadium zu sehen, in der die Mädchen für spätere Auseinandersetzungen gestärkt werden.

Im Sinne einer Langzeitpädagogik sollte die Hierarchie zwischen den Jungen und den Mädchen aufgehoben werden, damit eine gleichberechtigte Partnerschaft eine Chance hat. Dazu müßten allerdings auch Pädagogen mit den Jungen neue Verhaltensmuster einüben.

Welche Zielsetzungen und Vorgehensweisen für die Arbeit mit den Mädchen lassen sich nun aus einem ökosozialen Selbstverständnis sozialen Handelns formulieren?

Die Soziale Arbeit des „Life Models" ist bezogen auf die Bedürfnisse der AdressatInnen (in unserem Fall die der Mädchen) und nicht auf die Selbstdefinition der SozialpädagogInnen und ihrer Dienststellen. Die Ursachen der Probleme werden in den Austauschbeziehungen zwischen Mensch und seiner Umwelt gesehen. Grundlage dieser Theorie ist die ökologische Perspektive, welche besagt: „... daß die menschlichen Bedürfnisse und Probleme aus den Transaktionen zwischen den Menschen und ihren Umweltverhältnissen entstehen." (Germain/Gitterman 1988, 1) Der Ansatz geht davon aus, daß der Mensch reziproken Anpassungsprozessen ausgesetzt ist, deren Gleichgewicht im positiven Falle zu Entwicklung und Wachstum des Menschen führt. Bei einem gestörten Gleichgewicht, wenn die Anpassungsprozesse stocken, sind negative Entwicklungen in der sozialen und physischen

Umwelt die Folge. So kann die soziale Umwelt korrumpiert werden durch Armut, Diskriminierung und Stigmatisierung. Diese stellen eine Überlastung der Anpassungsfähigkeit dar. Es geht darum, die Anpassungsfähigkeit aufrechtzuerhalten. **Sie ist nicht als bloße Unterordnung an vorgegebene Bedingungen und Strukturen zu verstehen, sondern als kreativer Akt hinsichtlich der Abstimmung individueller Bedürfnisse und Umweltanforderungen.**
Bezogen auf die Mädchen bestünde die Funktion sozialer Arbeit darin, das Anpassungspotential der Mädchen so zu stärken und ihre Umwelt so zu beeinflussen, daß die Austauschprozesse zwischen ihnen zu einer verbesserten Anpassung führen und damit zu einer verbesserten Entwicklung. Die Sozialarbeiterin stellt sich dabei mitten in die Bewegung von Person, Primärgruppe und Umwelt. Störungen im Gleichgewicht der Anpassung oder der Qualität des Aufeinander-abgestimmt-Seins erzeugen Streß. Streß entsteht in drei reziprok miteinander verbundenen Zonen:
- in lebensverändernden Ereignissen,
- in Situationen mit besonderem Umweltdruck und
- im Bereich interpersonaler Prozesse.

Sich lebensverändernden Ereignissen stellen

Bei den **lebensverändernden Ereignissen** (Germain/Gitterman 1988, 80ff.) werden verschiedene Entwicklungsstadien berücksichtigt, die in der Regel bestimmte Anforderungen und potentiellen Streß mit sich bringen.
So können Statusveränderungen und Rollenanforderungen Streß erzeugen. Es gibt Lebensformen, die in unserer Gesellschaft abgewertet und stigmatisiert werden. Die Betroffenen werden in die Außenseiterposition gedrängt und haben eine zusätzliche Last der Anpassung zu tragen.
Lebensverändernde Ereignisse können ebenso mit entwicklungsbedingten Veränderungen zusammenfallen, so wird z.B. die Belastung erhöht, wenn Pubertät und Beginn des Berufslebens zusammenfallen.
Wesentlich sind des weiteren unvorhergesehene Krisenereignisse, wie z.B. Tod eines Angehörigen oder Kündigung. In solchen Krisensituationen setzen die Menschen häufig Abwehrmechanismen wie Verleugnung oder Projektion ein, um sich vor Schmerz und Angst zu schützen. Wird derartige Abwehr zu lange fortgesetzt, kann dies zur Fehlanpassung führen, da die Krise nicht effektiv bewältigt werden kann.
Bei den **lebensverändernden Ereignissen** besteht die Funktion der Sozialarbeiterin darin, den Mädchen bei den jeweiligen besonderen Lebensaufgaben behilflich zu sein. Es ist wichtig, den Einfluß seitens der Umwelt zu berücksichtigen. Die Entwicklung von Anpassungsfähigkeit erfordert ein

entsprechendes Training in den kulturell anerkannten Problemlösungsmodalitäten.

*Bei Maria liegt durch die Krankheit der Mutter **ein lebensveränderndes Ereignis** vor. Die Krankheit stellt am Anfang ein unvorhergesehenes Krisenereignis dar. Dieses bewältigte Maria und ihre Familie nicht effektiv, sie haben es unterlassen, eine für die Mädchen und Buben gerechte Arbeitsteilung einzuleiten und offen über die Krankheit und eventuelle Folgen zu sprechen. Maria verleugnet ihre Ängste und vertraut sich niemandem an.*
Die Aufgabe der Sozialarbeiterin bestünde darin, Maria in dieser schwierigen Lebenslage behilflich zu sein und nach Lösungen zu suchen. Ihre Ängste und Befürchtungen können vermindert werden, indem sie sich an eine Bezugsperson wenden und offen über ihre Probleme sprechen kann. Diese Person sollte sich über den Ernst der Situation informieren, um dem Mädchen übertriebene Ängste nehmen zu können. Damit Maria offen reden kann, ist es wichtig, als erstes ein Vertrauensverhältnis aufzubauen.

Umweltdruck standhalten

Desweiteren geht es darum, **Probleme und Anforderungen aus der Umwelt** (Germain/Gitterman 1988, 134ff.) zu berücksichtigen. Die Umwelt hat dabei eine materielle und eine soziale Dimension. Letzterer widmen Germain und Gitterman besondere Aufmerksamkeit. In der sozialen Umwelt sind die Menschen verschiedenen Organisationsformen ausgesetzt. Die AutorInnen gehen davon aus, daß Dienststellen oftmals ihre Zielsetzungen und Verfahrensweisen vorgeben, anstatt sich an den Bedürfnissen der KlientInnen zu orientieren.
Aus ökologischer Sichtweise betonen sie das soziale Netzwerk der jeweiligen Person. Dieses stellt eine bedeutende Kraftquelle dar, kann aber ebenso eines der größten Streßpotentiale sein, da Menschen immer auf die Gemeinschaft mit anderen angewiesen sind und eine Trennung von dieser eine Bedrohung des eigenen Selbst darstellt.
Neben der sozialen Umwelt wird der Mensch von seinem physisch-materiellen Umfeld (Obdachlosensiedlung) beeinflußt. So kann ein Umzug Streß verursachen, da die vertraute Identitätsbasis zurückgelassen werden muß.

Bezüglich **Problemen und Anforderungen aus der Umwelt** hat die Sozialarbeiterin ihr Augenmerk auf die Verhaltensvermittlung zwischen den Mädchen, Familien und Gruppen einerseits und den Organisationen (Jugendzentrum, Schule...) andererseits zu richten. Aufgabe ist es, zugängliche Ressourcen zu nutzen, zu mobilisieren und die Leistungen von Organisationen hervorzurufen.

Damit sich Transaktionen zwischen den Mädchen und ihrem Netzwerk verbessern, sind
- lebenstragende Bindungen zu aktivieren bzw. zu stärken,
- neue Verbindungen zu knüpfen bzw. alte wieder aufzubauen,
- nützliche HelferInnen zu suchen oder
- Ablösungen bei fehlangepaßten Bindungen zu ermöglichen.

Ziel ist, fehlangepaßte Interaktionen zwischen Mädchen und Organisationen, Mädchen und Netzwerk oder zwischen Mädchen und materieller Umwelt zu beseitigen und zu einem positiven Lebensgefühl zu verhelfen. Es soll Zugang zu emotionalen und materiellen Ressourcen verschafft werden.

*Bei Maria müssen **Probleme und Anforderungen aus ihrer Umwelt** berücksichtigt werden. Zu ihrer unmittelbaren Umwelt zählen Familie, FreundInnen (aus zwei Kulturkreisen) und Schule. Die physisch-materielle Umwelt ist gekennzeichnet durch die Gegebenheiten der Obdachlosensiedlung. Aufgabe der Bezugsperson ist es, sich über Probleme und Anforderungen aus der Umwelt des Mädchens kundig zu machen. In Marias Fall sollte die Familie mit in die Beratung einbezogen werden. Die Erledigung des Haushalts, die Anforderungen der Schule und die Sorgen um die Mutter belasten und überfordern das Mädchen. Wenn möglich, sollte zusammen mit der Familie nach einer geeigneten Lösung gesucht werden. Diese könnte sein, daß anfallende Hausarbeiten auf alle Geschwister gleichermaßen verteilt werden und Maria ausreichend Zeit für die Hausaufgaben erhält. Es sollte versucht werden, den Vater mehr in seiner Rolle als eigentliches Familienoberhaupt und seiner damit verbundenen Verantwortung anzusprechen. Eventuell ist an eine Unterstützung der Familie seitens sozialpädagogischer Familienhilfe zu denken.*

Ebenso sollten die LehrerInnen über Marias besondere Problemsituation aufgeklärt werden, damit sie ihr mehr Verständnis entgegenbringen und Rücksicht nehmen können. Sie sollten erkennen, daß das aufmüpfige Verhalten nicht daher rührt, weil sie aus einer Obdachlosensiedlung kommt, sondern weil eine besonders schwierige Familiensituation vorliegt.

In der Lernhilfegruppe kann sich Maria die nötige Unterstützung zur Hausaufgabenerledigung holen und Nachhilfeunterricht erhalten. Emotionale Hilfe kann Maria vor allem in der Mädchengruppe erhalten. Im geschützten Rahmen zusammen mit ihren Freundinnen kann sie ihren Vorlieben nachgehen und für kurze Zeit Abstand von Familie und Schule erhalten.

Interpersonale Prozesse

Die **dritte Problemebene** beinhaltet **fehlangepaßte interpersonale Beziehungs- und Kommunikationsmuster** (Germain/Gitterman 1988, 193ff.) in der Familie oder in organisierten Gruppen.
Die Familie hat Erziehungs- und Sozialisationsfunktion. Sie sichert den Lebensunterhalt und die Unterkunft, sie gibt emotionale Unterstützung und Sicherheit. Die Familie stellt ein System mit interagierenden Subsystemen (Eltern, Eltern-Kind, Geschwister) dar; wenn die Grenzen darin nicht klar und angemessen definiert sind, besteht die Gefahr der Fehlanpassung der einzelnen Mitglieder. Ebenso ist es für die Familie als Ganzes wichtig, klare, aber durchlässige Grenzen zu ziehen.
Damit organisierte Gruppen keine fehlangepaßten Beziehungs- und Kommunikationsmuster hervorbringen, ist es notwendig, darauf zu achten, daß diese in ihrer Struktur weder zu klein, zu groß, zu homogen noch zu heterogen sind. Die Gruppenfunktion besteht im Versorgungsaustausch mit der Umwelt und in der wechselseitigen Hilfe unter den Mitgliedern, um individuelle Wachstumsprozesse freizusetzen.

Ziel ist es, in alltäglichen Angelegenheiten offener und direkter zu kommunizieren und bei Beziehungen eine größere Wechselseitigkeit zu entwickeln. Die Mädchen sollten letztendlich zu Selbstbestimmung und Selbstgewißheit befähigt werden. Damit kein Abhängigkeitsverhältnis entsteht, ist es wichtig, eigenes Handeln bei den Mädchen zu aktivieren.

Neben zu hohen Anforderungen an Maria spielen sich innerhalb der Familie fehlangepaßte interpersonale Beziehungs- und Kommunikationsmuster ab. Die Eltern, vor allem die Mutter, haben mit vielen Problemen zu kämpfen. Dies hält sie davon ab, sich mit den Schwierigkeiten ihrer Kinder auseinanderzusetzen, ihnen die nötige emotionale Wärme und Sicherheit zu vermitteln.
Grenzen innerhalb der Familie sind nicht klar definiert, ältere Geschwister übernehmen die Elternrolle.
Maria überträgt ihren Ärger aufgrund der Nichtbeachtung ihrer Bedürfnisse auf ihr unmittelbares Umfeld außerhalb der Familie. So legt sie in der Mädchengruppe fehlangepaßtes Verhalten zutage und verstößt dort gegen bestehende Normen und Regeln.
Aufgabe der Sozialarbeit ist es, Maria dazu zu verhelfen, offener und direkter zu kommunizieren. Eine umfassende Sichtweise ist dazu notwendig. Wenn Maria weniger belastet ist, kann sie unbeschwerter am Gruppengeschehen teilnehmen und dieses als Entfaltungsmöglichkeit außerhalb der

Familie nutzen. Offene Gespräche in der Gruppe und in der Familie wären Voraussetzung dafür, Schwierigkeiten vorzeitig zu beseitigen.
Erst wenn Maria Entlastung verspürt, hat sie mehr Chancen, ihren altersgemäßen Interessen nachzugehen, erst dann können sich Selbstgewißheit und Selbstbestimmung bei ihr ausweiten.

Fazit

Wie sich am Beispiel zeigt, ist es wichtig, alle drei Streßfaktoren (lebensverändernde Ereignisse, Situationen mit besonderem Umweltdruck und Bereiche interpersonaler Prozesse) gleichermaßen zu berücksichtigen, da sie einander gegenseitig beeinflussen und Aufschluß über mögliche Zusammenhänge liefern. Der Blick ist nicht alleine auf die Familiendynamik zu richten, sondern auf die gesamte Obdachlosenproblematik. Nur ein umfassendes Bild von der Lebenswelt der Mädchen ermöglicht es, zentrale Streßursachen zu erkennen und zu bearbeiten.
Die Funktion der Sozialarbeit besteht darin, das Anpassungspotential der Mädchen zu stärken, damit sie auch außerhalb der Siedlung Kontakt aufnehmen können und sich in der Gesellschaft zurechtfinden. Eine ständige Transaktion zwischen der Sozialarbeiterin und den Mädchen samt ihrer Umwelt ist Voraussetzung, damit die Arbeit erfolgreich sein kann.

Um eine effektive Mädchenarbeit entwickeln zu können, sind bestimmte Bedingungen notwendig:
- Personelle Voraussetzung ist eine konstante Bezugsperson, die über einen längeren Zeitraum hinweg zur Verfügung steht. Eine weibliche Bezugsperson scheint vor allem für Mädchen im pubertierenden Alter am geeignetsten, da sie eine geschlechtsspezifische Identifikationsmöglichkeit bietet und die Mädchen ihr gegenüber erfahrungsgemäß offener sind.
- In den Obdachlosensiedlungen sind meist verschiedene Soziale Dienste angesiedelt. Im Sinne der Mädchen ist eine kooperative Zusammenarbeit der Dienste notwendig.
- Zu den Voraussetzungen zählt außerdem eine gewisse Struktur der Hilfsangebote. Die Angebote (Mädchengruppe) sollten regelmäßig stattfinden und in ihrem Verlauf verläßlich sein.
- Zur Gruppenarbeit sind geeignete Räumlichkeiten und entsprechendes Material erforderlich.

Mädchenarbeit als Gruppenarbeit

Eine Mädchengruppe[1] im geschützten Rahmen hilft, der Resignation und Isolation der Mädchen entgegenzuwirken. Die Bewältigung von Schwierigkeiten erscheint mir am günstigsten in einer Gruppe von Gleichbetroffenen. Unter den Mädchen kann gegenseitige Hilfe und ein Erfahrungsaustausch stattfinden. Besonders für ausländische Mädchen, die oft sehr an den Haushalt gebunden sind, wird dadurch ein Zugang zur Öffentlichkeit geschaffen. Auch wenn die Gruppe innerhalb der Unterkunftsanlage angesiedelt ist, entstehen Kontakte außerhalb der Familie und sind Unternehmungen außerhalb der Siedlung möglich.

Bei der Mädchenarbeit ist es notwendig, die spezielle Situation der Mädchen zu berücksichtigen. Eine Vernetzung der Einflußfaktoren ist Voraussetzung für ein positives Gelingen der Arbeit.

Die Mädchengruppe ist stets im Kontext mit der Umwelt zu sehen:

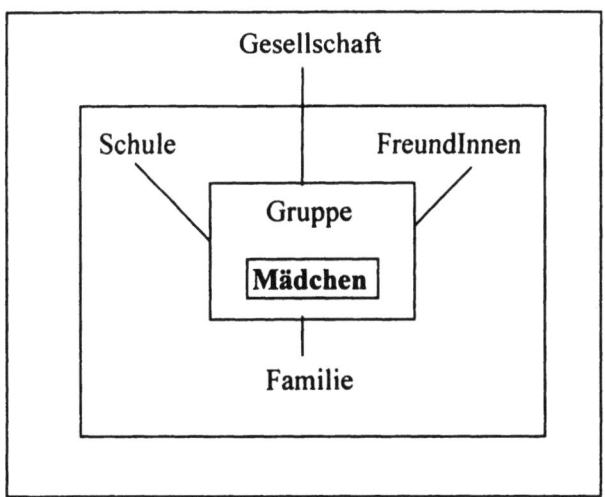

Im Mittelpunkt steht das einzelne Mädchen mit seinen individuellen Bedürfnissen, die, soweit es möglich ist, in der Gruppe berücksichtigt werden sollten. Bedeutend sind außerdem Einflüsse aus der Umwelt (Schule bzw. Beruf, FreundInnen, Familie), also alles, was zum primären und sekundären Netzwerk der Mädchen zu zählen ist. Erwartungen der Gesellschaft allgemein (kulturelle Werte und soziale Normen) sind ebenfalls zu berücksichtigen.

---

[1] Ich gehe hier nicht genauer auf die Theorie von Sozialer Gruppenarbeit ein. Diese kann nachgelesen werden bei Northen 1973, Konopka 1968 oder Bernstein/Lowy 1982.

Um **Ziele für die Gruppenarbeit** formulieren zu können, ist es hilfreich, sich vorweg einige Fragen zu stellen.
- Wo liegen die sozialen Probleme der Mädchen?
- Wo sind sie selbständig/unselbständig?
- Auf welchem Entwicklungsstand befinden sie sich?
- Welche Erwartungen, Bedürfnisse und Interessen werden an sie herangetragen?
- Welche Erwartungen, Bedürfnisse und Interessen haben sie selbst?
- Welche Bereiche sollen in der Arbeit thematisiert werden? Wo sollen die Schwerpunkte liegen?
- Wo liegen meine eigenen Kompetenzen als Sozialpädagogin, was kann ich als Person zur Gruppenarbeit beitragen? Stehen genügend Kapazitäten zur Verfügung?

Daraus ergeben sich **Richtziele**, z.B.
- Freiräume für eine eigenständige Weiterentwicklung und individuelle soziale Reifung schaffen.
- Förderung der Persönlichkeitsentwicklung, damit die Mädchen ihr Leben selbständiger, verantwortungsvoller und bejahender gestalten können.
- Entwicklung von Lebensperspektiven und Stärkung des Durchhaltevermögens.
- Förderung des sozialen Lernens, damit Verhaltensregeln internalisiert und alternative Bewältigungsmuster kennengelernt werden können.
- Einbeziehung der Ereignisse, Probleme und Anforderungen aus der sozialen Umwelt.
- Schaffen von Kontaktmöglichkeiten außerhalb der Obdachlosensiedlung, um der Isolierung der Mädchen entgegenzuwirken; Nutzung des sozialen Netzwerkes und verfügbarer Ressourcen.

Bei der Arbeit sollte folgendes beachtet werden:
- Mit den Interessen und Bedürfnissen der Mädchen arbeiten und ihnen weitgehend Selbstbestimmung einräumen. Wesentliche Bestandteile der Gruppenarbeit sind Entfaltung, Freude, Spaß und Kreativität. Es sollte von den Stärken der Mädchen ausgegangen werden.
- Gruppenerlebnisse verfestigen den Zusammenhalt der Mädchen und tragen zu emotionalen Neuerfahrungen bei.
- Bereiche wie Schule, Beruf, Freizeitgestaltung, Freundschaften, Liebe und Sexualität bieten sich als thematische Bezugspunkte an.
- Es ist wichtig, sich mit der Realität der Mädchen auseinanderzusetzen und die Persönlichkeit mit ihrer individuellen Lebensgeschichte zu akzeptieren. Die Betrachtungsweise der Mädchen kann sich unter Umstän-

den aus feministischer Sicht zunächst recht unemanzipiert darstellen. Es gilt hier Bewußtseinsarbeit zu schaffen, ohne zu belehren.

Die einzelnen Angebote richten sich danach, wie lange die Mädchengruppe bereits besteht und welche Bedürfnisse, Erwartungen und Vorstellungen die Teilnehmerinnen haben.
Die Sozialpädagogin kann das Gruppengeschehen beeinflussen, indem sie ihren Erfahrungshintergrund an die Mädchen weitergibt und die Gruppe durch neue, für die Mädchen unbekannte Vorschläge bereichert.
Es sind auch ungewohnte Angebote angebracht. Angebote wie ein Rollenspiel zu einer gewissen Thematik (z.B. Nachspielen einer Konfliktsituation) oder Körper- und Entspannungsübungen.[2] Um das Durchhaltevermögen der Mädchen zu stärken, wäre es vorstellbar, in einer eventuell vorhandenen Werkstatt gemeinsam etwas herzustellen, z.B. schreinern oder ein Kleidungsstück nähen. In der Praxis hat sich gezeigt, daß die Mädchen, wenn sie an einem Produkt interessiert sind, durchaus motiviert sind und die Arbeiten zu Ende bringen wollen.

Die Angebote sollten möglichst erfahrungsorientiert ausgerichtet sein. Erfahrung ist besser als jede noch so lange Diskussion.
Wichtig nach jedem Angebot ist eine kritische Reflexion, um so Erkenntnisse für weiteres Vorgehen zu gewinnen.
Spaß und Freude sollten bei den Gruppenaktivitäten nicht zu kurz kommen. Gemeinsame Feste sind sehr belebend und die Mädchen können bei deren Organisation erfahren, was es heißt, Verantwortung zu übernehmen.
Möglichkeiten bzgl. Wochenendmaßnahmen sollten genutzt werden. Die Mädchen, die sonst kaum Gelegenheit haben, wegzufahren, haben so Gelegenheit zur Selbstorganisation und können Kontakte intensivieren.

Da die Mädchen außerhalb der Siedlung oftmals Schwierigkeiten haben, Kontakte zu knüpfen, wäre beispielsweise daran zu denken, mit ihnen gemeinsam eine Freizeiteinrichtung zu besuchen. Die Mädchen könnten so Kontakt zu den dortigen Jugendlichen und BetreuerInnen aufnehmen und ihre Schwellenangst überwinden. Zu einem späteren Zeitpunkt könnten sie alleine oder zu zweit die Einrichtung aufsuchen.
Vorstellbar wäre außerdem, einzelne MitschülerInnen oder sogar LehrerInnen in die Gruppe einzuladen, um auf diesem Wege Vorurteile abzubauen.
Ebenso bedeutsam ist es, die Familien der Mädchen zu entsprechenden Gelegenheiten in die Gruppe zu integrieren, damit auch von dieser Seite Vorurteile und Ängste gegenüber dem, was in der Mädchengruppe ge-

---

[2] Gute Anregungen bezüglich Gruppenangebote in der Mädchenarbeit finden sich bei Christiansen/Linde/Wendel 1990, 108ff.

schieht, abgebaut werden können. Eventuell kann ein gemeinsames Fest veranstaltet werden.

Neben der Gruppenarbeit kann es bei einzelnen Mädchen erforderlich sein, Einzel- und Familienhilfe zu leisten. Zur Gruppenleiterin haben die Mädchen oft engeren Kontakt und somit mehr Vertrauen als zu MitarbeiterInnen des Allgemeinen Sozialdienstes. Außerdem tauchen innerhalb der Gruppe öfters Probleme aus den Bereichen Familie oder Schule auf, so daß es sinnvoll ist, daß die Gruppenleiterin, nach Absprache mit dem Mädchen, Kontakt zur Familie oder Schule aufnimmt und somit eine Arbeit im Kontext des Lebensumfeldes der Mädchen ausübt.
Dabei sollte die Gruppenleiterin jedoch immer wieder auf ihre eigenen Kapazitäten und Ressourcen achten. Eine Zusammenarbeit mit den sozialen Diensten, die sonst noch mit den Mädchen und deren Familien zu tun haben, ist erstrebenswert (Netzwerkarbeit!).

Grenzen und Perspektiven

Das „Life Model" bezieht sich auf unmittelbare Handlungsbereiche. Es stellt einen theoretischen Rahmen zur Verfügung, der sozialarbeiterische Problemlagen definiert und den speziellen Blickwinkel der Eigenverantwortlichkeit in der Lebensführung festlegt. Das Modell bietet eine gute Grundlage bezüglich mikrostruktureller Sichtweisen. Es zeigt jedoch eine traditionelle Orientierung an den Betroffenen auf, ohne gesellschaftliche Verhältnisse ernsthaft in Frage zu stellen. Das Modell ist stark am mikrostrukturellen Denken orientiert und berücksichtigt die makrostrukturelle Ebene kaum. Von daher läuft es Gefahr, gesellschaftlichen Entwicklungen hinterherzulaufen, denn die Anpassungsprozesse sind eher auf vorgegebene strukturelle Bedingungen ausgerichtet. Gesellschaftspolitische Ansätze, wie z.B. Versuche, einer bestehenden Armut entgegenzuwirken, sind kaum vorhanden. Die Erkenntnisse müssten auf die makrostrukturelle Ebene ausgeweitet werden, um so ein umfassenderes Bild der Gesamtproblematik zu erhalten.
Daß eine gezielte Mädchenarbeit in den Obdachlosensiedlungen sinnvoll und hilfreich ist, darüber besteht kein Zweifel. Positive Ergebnisse in dieser Arbeit werden ebenso auf andere Bereiche Einfluß nehmen. Das gewonnene Selbstvertrauen hilft den Mädchen in der Auseinandersetzung mit Anforderungen aus ihrer Umwelt und fördert Motivation und Engagement für weiteres Lernen.
Dennoch wird die Sozialarbeit in diesem Arbeitsfeld immer wieder an Grenzen stoßen. Es ist wichtig, sich bewußt zu machen, daß die Arbeit im Milieu der Obdachlosenunterkunft stattfindet und dieses Milieu Mechanis-

men birgt, durch die Mädchen nur begrenzt aus diesem Lebensumfeld und seinen Gegebenheiten herauskommen können und wollen. So geht es in der Zielorientierung Sozialer Arbeit hier nicht um ein „Alles-oder-Nichts", sondern um eine fachliche Begleitung, die darauf ausgerichtet ist, weibliche Suchbewegungen und Identitätsentwicklungen zu unterstützen.

Literatur

Bäcker, Gerhard/Naegele, Gerhard 1986: Ende ohne Ende - Praxis und Ideologie der konservativ-rechtsliberalen Sozialpolitik. Theorie und Praxis der Sozialen Arbeit, 35. Jg., Heft 4

Bernstein, Saul/Lowy, Louis [7]1982: Untersuchungen zur Sozialen Gruppenarbeit. Freiburg/Br.

Christiansen, Angelika/Linde, Karin/Wendel, Heidrun 1990: Mädchen los! Mädchen macht! Münster

Conen, Marie-Luise 1983: Mädchen flüchten aus der Familie. München

Funk, Heide/Heiliger, Anita 1988: Mädchenarbeit. München

Germain, Carel/Gitterman, Alex [2]1988: Praktische Sozialarbeit. Das „Life Model" der sozialen Arbeit. Stuttgart

Hollenstein, E. 1983: „Life Model". Programm und Perspektive für Sozialarbeit? Theorie und Praxis der Sozialen Arbeit, 34. Jg., H. 11

Kavemann, Barbara u.a. 1985: Sexualität - Unterdrückung statt Entfaltung. Opladen

Kellermann-Klein, Ingrid 1986: Mehr Chancengleichheit für Mädchen und Frauen. Sozialpädagogik, Zeitschrift für Mitarbeiter, 28. Jg. Stuttgart

Konopka, Gisela 1968: Soziale Gruppenarbeit ein helfender Prozeß. Weinheim

Lowy, Louis 1983: Sozialarbeit/Sozialpädagogik als Wissenschaft im angloamerikanischen und deutschsprachigen Raum. Freiburg/Br.

Mühlfeld, Claus u.a. 1986: Brennpunkte Sozialer Arbeit. Ökologische Konzepte für Sozialarbeit. Frankfurt/M.

Northen, Helen 1973: Soziale Arbeit mit Gruppen. Freiburg/Br.

Savier, Monika 1980: Mädchen in der Jugendarbeit. In: Jugendarbeit - Mädchen in der Jugendarbeit - Gewerkschaftliche Jugendbildung. München

Wendt, Wolf Rainer 1990: Ökosozial denken und handeln. Grundlagen und Anwendung in der Sozialarbeit. Freiburg/Br.

Mädchen und junge Frauen mit unterschiedlichen Behinderungen in der feministisch orientierten Sozialen Arbeit

Tina Kuhne

„Behinderung ist nicht als Krankheit zu betrachten. Sie ist deshalb nicht in erster Linie ein biologisches Problem, sondern entsteht als soziales Phänomen." (Kontakt- und Informationsstelle/I.M.M.A. 1991, 89)
Ausgehend von dieser These müssen in der sozialen Arbeit allgemein umfassende Veränderungen in Theorie und Praxis stattfinden. Dazu gehört es auch, in allen Bereichen geschlechtsspezifisch zu differenzieren. In der feministisch orientierten Arbeit wiederum müssen Mädchen und junge Frauen mit Behinderungen einen selbstverständlichen Platz finden.

Die Sprachform „Mädchen und Frauen **mit** Behinderungen" bedeutet, sich gegen die herrschende Definition zu wenden, die die Behinderung und nicht die Frau in den Mittelpunkt stellt (vgl. Köbsell 1993, 33).

Die Realität zeigt, daß sowohl Mädchen und junge Frauen als auch Fachfrauen mit Behinderungen in der feministisch orientierten Sozialarbeit[1] weitgehend unbeachtet bleiben oder ausgeschlossen werden. Dies wird jedoch meist nicht offen gelegt. Der Umgang mit dem Thema „Behinderung/en" rührt bei nichtbehinderten Fachfrauen[2] an tiefe Ängste. Behinderung wird im allgemeinen als Krankheit oder „Defizit" des jeweiligen Mädchens, der Frau gesehen und abgewertet. Behinderung gilt häufig als gesellschaftli-

---

[1] Sozialarbeit ist der Ausdruck einer patriarchalen Gesellschaftsordnung, deshalb kann es meiner Meinung nach keine „feministische Sozialarbeit" geben, sondern nur eine „feministisch orientierte Sozialarbeit". Sie setzt an den Stärken und Fähigkeiten von Mädchen und Frauen an und nimmt keine Defizitsichtweise ein, was in der Praxis **und** in der Theorie deutlich werden muß.

[2] Die Bezeichnung „Fachfrauen" verwende ich im nachfolgenden Text allgemein für Frauen, die eine (sozial-)pädagogische und/oder psychologische Ausbildung haben. Besonders in der feministisch orientierten sozialen Arbeit sind Frauen mit sehr unterschiedlichen Qualifikationen in gleichen Aufgabenbereichen tätig.

cher Faktor, der finanziellen Einsatz „des Steuerzahlers" verlangt und daher einschätzbar und planbar zu sein hat.[3]
Medizinische Diagnose und Behandlung bieten für viele Mädchen/Frauen mit Behinderungen wichtige Unterstützung an und können neue Möglichkeiten für Eigenständigkeit und Selbstbestimmung eröffnen. Medizinische Praktiken können aber auch dazu beitragen, Behinderungen herbeizuführen, z.B. durch bestimmte pränatale Diagnostikmethoden (vgl. Degener/Köbsell 1992), oder Medikamente mit Nebenwirkungen. Methoden und Versuche in der Medizin können das Leben erschweren, z.B. durch unnütze Prothesen, Medikamente, Operationen, durch die Mädchen und Frauen mit Behinderungen der „Norm" besser angepaßt werden sollen (vgl. Ewinkel/Hermes 1986). Die Diagnose „behindert" führt noch immer in den meisten Fällen zu lebenslanger Sonderbehandlung und Ausgrenzung. Mädchen und Frauen mit Behinderungen sind im Vergleich zu Jungen umfassender benachteiligt. Ihr Aussehen ist in stärkerem Maß „Schönheits"-Normierungen ausgesetzt und sexuelle Selbstbestimmung wird ihnen häufig nicht zugestanden. Pädagoginnen in und außerhalb von Einrichtungen wissen zu berichten, daß den Mädchen und jungen Frauen häufig die Drei-Monats-Spritze verabreicht und Druck auf die jungen Frauen dahingehend ausgeübt wird, sich sterilisieren zu lassen.
Feministische und parteiliche Arbeit mit Mädchen/jungen Frauen mit Behinderungen ist nicht frei von den allgemeinen gesellschaftlichen Leistungsnormen, obwohl feministisch orientierte Arbeit Stärken und Fähigkeiten in den Vordergrund stellt und nicht, wie oft üblich, Defizite.
„With different abilities" („mit unterschiedlichen Fähigkeiten") und für „nichtbehinderte Frauen" „temporarily able-bodied women" („vorübergehend nicht-behinderte Frau") sind Bezeichnungen aus den USA, die für nichtbehinderte Frauen viele Denkanstöße geben können. Die Zuschreibung „Mädchen und Frauen mit unterschiedlichen Fähigkeiten" drückt eine grundlegend akzeptierende Haltung aus. Dies entspricht aber bislang nicht der Realität und kann deshalb nur punktuell als Ausdruck (politischer) Zielbestimmung verwendet werden.
Eine Behinderung zu haben bedeutet im allgemeinen, als „geschlechtsloses Wesen" gesehen zu werden. „Der Behinderte" ist eine pauschalisierende

---

[3] Ich meine damit z.B. die Richtlinien, die es für den zeitlichen Aufwand von „Pflege" gibt und die Regelungen, die ein eigenständiges Leben von Menschen mit Behinderungen verhindern - ihnen vorschreiben, daß sie ihr Leben durch Organisationen/Sondereinrichtungen etc. bestimmen lassen müssen (z.B. in der schulischen Bildung oder auch im Rahmen der Pflegeversicherung).

Zuschreibung, vor allem auch in der Fachliteratur, niemand weiß damit, ob es sich um eine Frau oder einen Mann handelt.
Die Differenzierung der Lebenssituation von Mädchen und Jungen war einer der ersten Schritte feministischer Forschung und der Arbeit mit Mädchen und jungen Frauen.
„Bis heute wird stillschweigend akzeptiert, daß in der Fachliteratur zum Thema Behinderung immer nur von Behinderten bzw. behinderten Kindern und Jugendlichen die Rede ist. Überprüft man die Aussagen, kann man feststellen, daß damit die Jungen gemeint sind. Niemand hält Mädchen mit Behinderungen für wichtig genug, um sie speziell zu erwähnen, es sei denn, es geht um sogenannt typisch weibliche Probleme, wie Schwangerschaft von Mädchen und Frauen mit Behinderungen, Sterilisation und das Bedürfnis von Mädchen und jungen Frauen mit Behinderungen, ihre eigene Körperlichkeit und Sexualität zu leben." (Kuhne 1993, 10 - in Anlehnung an ein Zitat von Monika Savier, In: Savier/Wildt 1979)

Mädchen und Frauen mit nicht-sichtbaren Behinderungen bzw. Behinderungen, die eine im Rahmen von Nichtbehinderten weitgehend „gewohnte" Kommunikation und Umgangsweise ermöglichen, haben die größten „Chancen", gesellschaftliche Akzeptanz zu erlangen. Dies führt zu einer „Hierarchisierung von Behinderungen", die sowohl von Frauen und Männern mit als auch ohne Behinderungen getragen wird. Je größer die Anpassungsleistung, desto größer scheint die Akzeptanz zu sein, die ein Mädchen/eine Frau mit Behinderung bekommt. Dies kann zu ungeheurem Leistungsdruck und/oder Selbstverleugnung führen, die sich physisch und psychisch auf unterschiedlichen Ebenen ausdrücken.
Das Verhältnis zwischen Mädchen und Frauen mit und ohne Behinderungen in einem politischen Kontext zu sehen, der über die individuellen Zuschreibungen hinauswächst, ist Grundlage für Veränderungen. Bewußtheit im Umgang mit der eigenen Macht und Ohnmacht sowie den eigenen Ängsten vor der Einschränkung der Leistungsfähigkeit, ist vor allem für nichtbehinderte Frauen ein wichtiger Ansatzpunkt, der Hierarchisierung entgegenzuwirken. (vgl. Rommelspacher 1993)

Im Umgang mit Mädchen und Frauen sind es viele (Sozial-)Pädagoginnen[4] gewohnt, sich von „ihrem Klientel" möglichst schnell ein Bild über die (scheinbaren) Fähigkeiten zu machen. Läßt sich die Verständigungsebene nicht herstellen, so kann die Pädagogin auf umfangreiche pädagogische und

---

[4] Ich schreibe (Sozial-) in Klammern, um Fachfrauen mit anderen Qualifikationen auch mit einzuschließen. Nachfolgend werde ich nur noch den Begriff „Pädagoginnen" verwenden - der Sozialpädagoginnen dann mit einschließt.

psychologische Literatur zurückgreifen, die ihr Erklärungsmuster liefern. Eine theoretische Grundlage ist unerläßlich für Professionalität, sie kann aber dazu führen, stereotype Einteilungen vorzunehmen und pauschalisierende Zuschreibungen zuzulassen.
Um Zugang zu Mädchen und Frauen mit Behinderungen zu bekommen, ist es notwendig, Angst vor dem „Anderssein" und dem Verlust von persönlicher Anerkennung abzubauen und eine Dialogebene zu finden. Dabei geht es nicht nur um verbale Verständigung, sondern um die Suche nach Möglichkeiten, zwischen den Beteiligten Kontakt auf unterschiedlichen Ebenen herzustellen. So können sich Mädchen und Frauen mit und ohne Behinderungen gegenseitig Entwicklungschancen geben. Die Abkehr von Denkmustern herkömmlicher Psychologie und (Sozial-)Pädagogik ist eine notwendige Voraussetzung, um Neues zu entwickeln und jenseits gängiger Normierung Handlungswege zu finden. Erst wenn auch auf einer emotionalen Ebene klar wird, was es heißt, körperlich oder intellektuell nicht (mehr) so zu funktionieren, wie es die „Norm" vorschreibt, ist ein erster Bezug zum Thema hergestellt.
Gelingt die Verständigung nicht, so erscheint es mir wichtig, daß die Pädagogin, sich ihre „Behinderung" eingesteht und nicht umgekehrt, das Mädchen/die Frau als „behindert" kategorisiert wird (vgl. Manske 1992, 32). Dabei kann es nicht darum gehen, die Pädagogin mit immer neuen Ansprüchen zu überfordern, weil sie „es nicht schafft". Handlungen und Einschätzungen sind durch institutionelle und persönliche Grenzen/Fähigkeiten (mit) bestimmt. Wenn diese jedoch nicht starr sind, so kann eine Weiterentwicklung stattfinden.
Ohne die „Betroffenen" können keine neuen Wege und gleichberechtigte Umgangsweisen gefunden werden. Nichtbehinderte Frauen sind durch die herrschende Geschlechterhierarchie generell in einer minderbewerteten Position. Unterschiedlich nach eigener Lebenssituation, können sie aber teilhaben an Ausgrenzungen, Abwertung und Unterdrückung von Mädchen und Frauen mit Behinderungen.

Rechtliche Bestimmungen

Für die sozialpädagogische Arbeit mit Mädchen und jungen Frauen mit unterschiedlichen Behinderungen sind folgende Gesetze bestimmend: das Bundessozialhilfegesetz (BSHG), das Kinder- und Jugendhilfegesetz (KJHG) und jetzt noch die Pflegeversicherung. Die Gesetze beinhalten

Grundlagen und Vorgaben für die Vergabe von finanziellen Leistungen (Zuschüsse, individuelle Hilfen etc.). Im Folgenden beziehe ich mich auf rechtliche Grundlagen, die nicht nur für Mädchen und junge Frauen gelten, sondern auch für Jungen. Aufgrund der unterschiedlichen Lebenslagen von Mädchen und Jungen haben sie aber jeweils, geschlechtsspezifisch differenziert, verschiedene Auswirkungen.

Das BSHG stellt die individuelle Hilfe, gemessen an der vorhandenen oder drohenden Behinderung in den Vordergrund. Es definiert, was seelische bzw. körperliche bzw. geistige Behinderung im Sinne des Gesetzes bedeutet. Die „Hilfen in besonderen Lebenslagen" sind auf „Notsituationen" und Krankheit etc. ausgerichtet. Eingliederung impliziert bereits eine „Ausgliederung", einen Ausschluß. Das KJHG baut in der Definition dessen, was „Behinderung" ist, auf den Definitionen des BSHG auf. In die Zuständigkeit des KJHG fällt im § 35a KJHG die „Eingliederungshilfe für seelisch behinderte Kinder und Jugendliche". Das KJHG schließt aus seinem Leistungskatalog Mädchen und Jungen mit körperlichen und geistigen Behinderungen aus und verweist auf die Zuständigkeit des BSHG. Es muß also jedesmal festgestellt werden, welche Behinderung das Mädchen hat, bevor klar ist, unter welche gesetzliche Zuständigkeit sie fällt. Die Pflegeversicherung soll die Leistungen abdecken, die für die individuelle Pflege notwendig sind. Sie hebt den Bezug von anderen Leistungen zum Teil auf. Sie heißt nicht „Versicherung für selbstbestimmte Assistenz" und verweist Menschen mit Behinderungen verstärkt in den Krankheitszustand bzw. reduziert selbstbestimmte Assistenz auf die Abdeckung von körperlicher Pflege, nach vorgegebenen Richtlinien für deren Dauer und Notwendigkeit. Von vielen Betroffenen wird die Einführung der Pflegeversicherung bislang als Degradierung und Einschränkung bereits erkämpfter Selbstbestimmung empfunden.

Im KJHG § 9 Absatz 3 ist verankert, daß „die unterschiedlichen Lebenslagen von Mädchen und Jungen zu berücksichtigen (sind), Benachteiligungen abzubauen und die Gleichberechtigung von Mädchen und Jungen zu fördern (ist)". Einen vergleichbaren Paragraphen, der sich an der Zielrichtung orientiert, Mädchen/jungen Frauen auch auf politischer Ebene gleiche Rechte zu verschaffen, gibt es im BSHG nicht. Durch den § 9, 3 KJHG ist die Vergabe von Leistungen daran gebunden, Maßnahmen an der jeweiligen Lebenssituation von Mädchen (bzw. Jungen) auszurichten und gesellschaftlich verankerte Benachteiligungen aufgrund des Geschlechts zu verhindern bzw. abzubauen.

Mädchen und junge Frauen mit körperlichen und sogenannt geistigen Behinderungen[5] sind durch diese Aufteilung der gesetzlichen Leistungen/ Zuständigkeiten, weitgehend auf die Zuschreibung „behindert" reduziert. Offen bleibt, ob es nicht eine Verletzung der Grundrechte darstellt, wenn aus dem Leistungsbereich des KJHG Mädchen und Jungen im Kinder- und Jugendalter aufgrund einer körperlichen oder sog. geistigen Behinderung ausgeklammert werden und ihnen damit die Maßnahmen und Angebote, die für „alle" Kinder und Jugendlichen gelten, weitgehend verschlossen bleiben. Der Ausschluß aus dem KJHG hat weitreichende Folgen für den Umgang von Mädchen und jungen Frauen mit und ohne Behinderungen. Mädchen mit körperlichen und sogenannt geistigen Behinderungen werden häufig in den Bereich der Sondereinrichtungen oder in ihre Familien verwiesen. Ihnen steht zwar laut BSHG Unterstützung für die Teilnahme am Leben und der Gemeinschaft von Nichtbehinderten zu, diese muß aber beantragt und begründet werden. Das alles hat massive Auswirkungen auf die Mobilität und Eigenständigkeit von Mädchen und jungen Frauen mit körperlichen und sogenannt geistigen Behinderungen (Terminplanungen; Fahrdienste, die finanziert werden müssen;...). Einrichtungen, die mit Mädchen und jungen Frauen arbeiten, haben im allgemeinen keine Mittel, um einen Fahrdienst zu bezahlen und/oder bei Bedarf Assistenz für Mädchen mit Behinderungen zur Verfügung zu stellen. Damit werden für viele Mädchen mit Behinderungen, die auf einen Fahrdienst angewiesen sind oder deren Assistenz nicht finanziell abgesichert ist, Kontaktmöglichkeiten verhindert.
In der Jugendhilfe muß deshalb Mobilität von Mädchen/jungen Frauen mit unterschiedlichen Behinderungen als elementares Thema aufgegriffen werden. Die Entscheidung darüber, wie „mobil" ein Mädchen, eine junge Frau mit Behinderung ist, darf nicht auf die Genehmigungsebene zwischen SachbearbeiterIn und Mädchen/Frau/Mutter oder Vater abgeschoben werden. Mädchen/junge Frauen, die auf Assistenz und Fahrdienste angewiesen sind, müssen diese nach ihren individuellen Bedürfnissen zugestanden bekommen.
Eine Öffnung der Leistungen der Jugendhilfe muß vor allem auch für junge, volljährige Frauen mit unterschiedlichen Behinderungen gelten. Sie benötigen die Leistungen des § 41 KJHG, „Hilfe für die Persönlichkeitsentwicklung und zu einer eigenverantwortlichen Lebensführung ... wenn und solan-

---

[5]Ich schreibe „sogenannt" weil: „Das 'sogenannt' vor der Bezeichnung der Behinderung verweist darauf, daß die Kategorie 'geistige Behinderung' häufig in der Terminologie als Auffangbecken fungiert für alle möglichen Formen menschlichen Verhaltens, die von einem normalen Durchschnitt abweichen und mit einer Beeinträchtigung der geistigen Fähigkeit einherzugehen scheint." (Martin 1993, 13)

ge die Hilfe aufgrund der individuellen Situation des jungen Menschen notwendig ist" (§ 41 KJHG), unter Umständen auch über das 21. Lebensjahr hinaus (vgl. Kontakt- und Informationsstelle 1991, 61).

Die Folgen des Ausschlusses eines Mädchens aus dem Leistungsbereich des KJHG, lassen sich beispielhaft aufzeigen: Ein Mädchen mit einer Körperbehinderung will in einer Mädchenwohngemeinschaft (WG) leben, deren finanzielle Grundlage das KJHG ist. Das Mädchen fällt aber in den Leistungsbereich des BSHG. Die WG hat Platz und das Mädchen würde gut in die Gruppe passen. Die Zustimmung für den Einzug in die WG kann das Mädchen unter Umständen erst dann bekommen, wenn bei ihr zusätzlich eine seelische Behinderung (Neurose, Psychose u.ä.) festgestellt und damit aktenkundig wird. Eine daraus abgeleitete Verallgemeinerung bedeutet: Mädchen können nur dann „integriert" werden, wenn die seelische Behinderung überwiegt, niemals aber, wenn sie „nur" eine körperliche Behinderung haben. Ich halte dies für eine tiefgreifende Diskriminierung. - Andere Beispiele ergeben sich daraus, daß für Mädchen mit körperlichen und sogenannt geistigen Behinderungen eine Aufnahme in einer Wohnmöglichkeit, die im Rahmen des KJHG gefördert wird, gar nicht in Betracht gezogen wird, weil die/der zuständige SachbearbeiterIn selbstverständlich davon ausgeht, daß es hierfür „Spezial-" bzw. Sondereinrichtungen gibt.
Bislang nehmen, aufgrund der gesetzlichen Vorgaben, Zufluchtstellen/ Mädchenhäuser, Mädchen mit körperlichen oder sogenannt geistigen Behinderungen selten oder gar nicht auf. Mädchen mit körperlichen und sog. geistigen Behinderungen wird damit der Zugang zu Hilfsangeboten verwehrt, die für nichtbehinderte Mädchen/junge Frauen (fast) selbstverständlich geworden sind. Das bedeutet: es gibt keine analoge Hilfe in Not- und Krisensituationen für Mädchen und junge Frauen mit körperlichen und sog. geistigen Behinderungen.

Pädagoginnen in der Arbeit mit Mädchen und jungen Frauen, die sich für die Situation von Mädchen und jungen Frauen mit unterschiedlichen Behinderungen sensibilisieren/sensibilisiert haben, sind gefordert, sich für eine Verbesserung der rechtlichen Situation einzusetzen. Dazu gehört auch eine Aufhebung der Trennung zwischen KJHG und BSHG, damit Mädchen und junge Frauen mit unterschiedlichen Behinderungen in Zukunft Entscheidungsmöglichkeiten haben für eine Beteiligung an Maßnahmen und Angeboten der feministisch orientierten Mädchenarbeit. Die Kinder- und Jugendhilfe ist ebenfalls gefordert, sich differenziert auf Bedürfnisse von Kindern und Jugendlichen mit Behinderungen und unterschiedlichen Fähigkeiten einzustellen und bestehender Ausgrenzung und Abschiebung in Sondereinrichtungen entgegenzuwirken, ohne den Bedarf nach „besonderer", individueller Förderung zu vernachlässigen.

Anwesenheit und Beteiligung von Mädchen und Fachfrauen mit unterschiedlichen Behinderungen in der parteilichen und feministischen Mädchenarbeit

Im Rahmen meiner Diplomarbeit führte ich eine Befragung durch mit dem Ziel herauszufinden, inwieweit Mädchen und junge Frauen mit unterschiedlichen Behinderungen als Zielgruppen angesprochen werden, ob es Zugangsmöglichkeiten für sie gibt, ob sie in den Treff integriert sind bzw. werden sollen und in welchem Umfang. Darüber hinaus wollte ich erfahren, ob in den Projekten Frauen mit Behinderungen arbeiten bzw. ob es Kontakt- und Austauschebenen zwischen Frauen mit und ohne Behinderungen gibt (Kuhne 1993)[6].

Die Untersuchung erbrachte folgende Ergebnisse:
- Viele Projekte, die explizit mit Mädchen und Frauen arbeiten, leiden unter großen finanziellen und - damit verbundenen - personellen Engpässen und Defiziten. Dies war die Basis, auf der häufig begründet wurde, warum bestimmte Voraussetzungen noch nicht geschaffen worden waren bzw. Angebote nicht gemacht wurden.
- Fünf Projekte gaben Mädchen und junge Frauen mit Behinderungen direkt oder indirekt als Zielgruppe an (meist Mädchen mit Lernbehinderungen).
- Sechs Projekte gaben an, barrierefreie Räumlichkeiten[7] zu besitzen. Drei Projekte davon waren in einem Haus.

---

[6]Ich verschickte 80 Fragebögen an unterschiedliche Projekte, die mit Mädchen und jungen Frauen arbeiten. Schwerpunktmäßig waren dies Mädchentreffs und -zentren in den alten und neuen Bundesländern. 34 Projekte antworteten, davon 7 aus den neuen und 27 aus den alten Bundesländern. 21 Projekte bezeichneten sich selber als autonome und feministische Projekte. Darüber hinaus befragte ich auch Projekte aus der autonomen Behindertenbewegung (sie sind im allgemeinen der Interessengemeinschaft Selbstbestimmt Leben/ISL angeschlossen) und interviewte Fachfrauen mit Behinderungen.

[7]Barrierefreie Räumlichkeiten bedeutet auf der materiellen Ebene: alle Barrieren, die für Mädchen/Frauen mit Behinderungen auftreten können soweit als möglich abzuschaffen. Barrierefreiheit muß auch auf einer inhaltlichen Ebene hergestellt werden.

- 12 Projekte gaben an „bedingt zugänglich" zu sein, d.h. ohne rollstuhlgerechte Toiletten. Von diesen zwölf Projekten hatten zwei vergeblich einen barrierefreien Umbau beantragt, drei weitere wollten keinen Antrag stellen, weil kein Bedarf von Mädchen mit Körperbehinderungen angemeldet worden war.
- 11 von den nicht zugänglichen Projekten gaben aus unterschiedlichen Gründen an, daß kein Antrag gestellt werden soll. Die Begründung lag meist im mangelnden angemeldeten Bedarf durch die Mädchen/jungen Frauen mit Behinderungen.
- Im allgemeinen nahmen nur wenige (meist lernbehinderte) Mädchen und junge Frauen mit Behinderungen die Angebote in den Projekten wahr. In einem Treff wurde auf Wunsch der Mädchen einer Sonderschule ein eigener Tag reserviert, hier nahmen die Mädchen kaum noch an den anderen Angeboten teil.
- Einige Projekte hatten Angebote für Mädchen mit (Lern-)Behinderungen, wie z.B. Hausaufgabenhilfe.
- Die meisten Projekte wollten den Mädchen „selbstverständlich" einen Platz einräumen. Die Gründe für ein Fernbleiben oder auch die Integration wurden selten analysiert. - Ein Projekt stand eher hilflos vor der Tatsache, daß immer mehr Mädchen mit Behinderungen kamen, dafür aber die nichtbehinderten Mädchen/jungen Frauen wegblieben.
- 14 Projekte gaben keine Antwort auf meine Frage nach der Auseinandersetzung mit der Situation von Mädchen und Frauen mit Behinderungen. Die anderen hatten unterschiedliche Themenbereiche andiskutiert und sich in geringem Umfang intensiver damit beschäftigt.
- In keinem der Projekte, die mit Mädchen und jungen Frauen arbeiten, arbeiteten Frauen mit Behinderungen als (feste) Angestellte.
- Die befragten Projekte aus der autonomen Behindertenbewegung benannten Mädchen und junge Frauen mit Behinderungen als Zielgruppe, konnten aber nur vereinzelt Angebote nachweisen, am ehesten noch im Bereich der Einzelberatung für junge Frauen. In diesen Projekten wird die Arbeit oft unbezahlt geleistet und richtet sich deshalb meist an Erwachsene.

Auf meine Frage nach Austauschebenen zwischen Fachfrauen mit und ohne Behinderungen, gaben 20 Projekte die mit Mädchen und jungen Frauen arbeiteten an, daß sie Interesse daran hätten. Nur zwei Projekte hatten kontinuierliche Austauschebenen, zwei weitere hatten punktuelle Veranstaltungen organisiert und Diskussionszusammenhänge geschaffen. Die meisten nichtbehinderten Fachfrauen hatten keine Kontakte zu (Fach-)Frauen mit

Behinderungen. Ratlosigkeit und Hilflosigkeit bezüglich einer Kontaktaufnahme und eines Einstiegs in Diskussionszusammenhänge überwogen.
Die Projekte der Behindertenbewegung hatten ihrerseits kaum Kontakte zu Fachfrauen aus der parteilichen und feministischen Mädchenarbeit. Es bestand aber unter den angestellten und unbezahlt arbeitenden Frauen in den Projekten der Interessengemeinschaft Selbstbestimmt Leben (ISL) ein intensiver Austausch auf Bundesebene. Auf ihren Treffen war die Arbeit mit Mädchen mit Behinderungen auch Thema.
Bei den von mir interviewten Fachfrauen mit Behinderungen wurde deutlich, daß sie schon viele Versuche unternommen hatten, mit nichtbehinderten (Fach-)Frauen in Kontakt zu kommen. Sie wurden jedoch meist enttäuscht, da sich die „Kolleginnen" überwiegend wenig aufgeschlossen für einen Austausch auf gleichberechtigter Ebene zeigten. Fachfrauen mit Behinderungen waren oft einem Klima ausgesetzt, in dem nichtbehinderte Fachfrauen sie eher als 'Klientel' behandelten bzw. die Frauen mit Behinderungen sich vielen diskriminierenden Äußerungen und Abwertungen gegenüber sahen. Viele (Fach-)Frauen mit Behinderungen schafften sich eigene Diskussionszusammenhänge, deren Ergebnisse sie sowohl politisch als auch persönlich fruchtbarer fanden.
Meinen Informationen nach gab es bundesweit 1993 nur zwei Arbeitskreise, die sich kontinuierlich mit Mädchen und jungen Frauen mit Behinderungen beschäftigten[8]. In beiden AKs waren überwiegend nichtbehinderte Frauen, die schwerpunktmäßig mit Mädchen mit Behinderungen arbeiteten.
Die Beobachtung von Programmen und Angeboten in den letzten Jahren zeigt, daß es nur einige wenige Fortbildungen und Fachtagungen für (Fach-)Frauen mit und ohne Behinderungen gab/gibt, die sich mit der Situation von Mädchen und Frauen mit Behinderungen befaßten/befassen. Es ist nach wie vor nicht selbstverständlich und im allgemeinen eine Ausnahme, daß Fortbildungen für Fachfrauen aus der Arbeit mit Mädchen und jungen Frauen auch explizit für Fachfrauen mit Behinderungen angeboten werden. So können auch hier kaum Vernetzungsebenen entstehen.
Annäherungen und Vernetzungsebenen sollten gemeinsam von Fachfrauen mit und ohne Behinderungen geschaffen werden. Nichtbehinderte Fachfrauen sind gefordert, sich mit ihren Vorurteilen und ihrer eigenen Haltung gegenüber Mädchen und Frauen mit Behinderungen auf der emotionalen, kognitiven und sozialpolitischen Ebene auseinanderzusetzen. (Fach-)Frauen

---

[8] Einer in München, in dem Mädchen/junge Frauen mit unterschiedlichen Behinderungen Thema waren und einer in Tübingen, der sich schwerpunktmäßig mit der Situation von Mädchen/jungen Frauen mit sog. geistigen Behinderungen befaßte.

mit Behinderungen sollten ihre Forderungen und Inhalte einbringen, damit nichtbehinderte Frauen diese aufnehmen und sich damit auseinandersetzen können.

Forderungen für die Praxis

Die Wahrnehmung von Mädchen und jungen Frauen mit Behinderungen sollte in den nächsten Jahren verstärkt Schwerpunkt der Auseinandersetzung in der feministisch orientierten sozialen Arbeit werden. Der inhaltlichen Auseinandersetzung muß im allgemeinen eine Veränderung in der Ausgestaltung der Projekte folgen und umgekehrt müssen einer räumlichen Umgestaltung inhaltliche Veränderungen folgen. Im Rahmen meiner Befragung kristallisierten sich folgende Themenbereiche als notwendige Auseinandersetzungsebenen für nichtbehinderte Fachfrauen, die mit Mädchen und jungen Frauen mit Behinderungen arbeiten wollen, heraus:
- „Offenlegung und Hinterfragung des Bildes, das jede nichtbehinderte (Fach) Frau von 'Behinderung' hat,
- Machtstrukturen zwischen Mädchen und Frauen mit und ohne Behinderungen,
- Helferinnenrolle im Zusammenhang mit Macht und Ohnmacht, der eigenen Hilflosigkeit und Angst,
- Bevormundung von Mädchen und Frauen mit Behinderungen durch (nichtbehinderte) Frauen in der pädagogischen Arbeit,
- Auseinandersetzung mit den Strukturen in 'Sondereinrichtungen',
- Die Aneignung medizinischen Wissens ist nebensächlich, das 'Ernst-Nehmen' der Bedürfnisse von Mädchen und Frauen mit Behinderungen steht im Vordergrund,
- Die Arbeitssituation von (jungen) Frauen mit Behinderungen,
- Abbau der Vorstellung davon, daß Mädchen mit Behinderungen 'asexuelle' Wesen sind,
- Auseinandersetzung mit Sterilisation, humangenetischer Beratung und 'selektiver Abtreibung',
- Politische Forderungen der Frauen aus der Behindertenbewegung kennenlernen und unterstützen."
(Kuhne 1993, 73f.)

Nichtbehinderte (Fach-)Frauen müssen sich Diskussionszusammenhänge schaffen, in denen sie sich über ihre Gefühle, Erfahrungen und ihren Umgang mit Mädchen und Frauen mit Behinderungen bewußt werden können, sowie 'Mittäterinnenschaft' reflektieren und erkennen lernen. Frauen mit Behinderungen sind notwendiges Korrektiv und nur in der gegenseitigen Konfrontation, auf der Basis von Akzeptanz und Wertschätzung können neue Inhalte und Umgangsformen entwickelt werden.
(Fach-)Frauen mit Behinderungen sind in der Arbeit mit Mädchen und jungen Frauen wichtige und unverzichtbare Identifikationsfiguren (vgl. Kontakt- und Informationsstelle/I.M.M.A.e.V. 1992, 91). Für die Selbstfindungsprozesse von Mädchen und jungen Frauen mit unterschiedlichen Behinderungen ist es notwendig, Frauen mit Behinderungen und ihre unterschiedlichen Lebensentwürfe und Konfliktverarbeitungsstrategien kennenzulernen.
Für die parteiliche und feministische Mädchenarbeit leitet sich daraus die Forderung ab, Frauen mit Behinderungen als Mitarbeiterinnen einzustellen. Es gilt, Vorurteile abzubauen, die z.B. in bezug auf die fachliche Qualifikation und die Belastbarkeit bestehen. Gegenüber Fachfrauen mit Behinderungen wachsen plötzlich Ängste dahingehend an, daß nichtbehinderte Frauen keine Grenzen mehr setzen „dürften". Das beginnt schon bei 'ganz normalen' Unterstützungssituationen, die es unter nichtbehinderten Frauen auch gibt. Nichtbehinderte Fachfrauen haben z.B. Angst, fortlaufend Hilfe für ihre behinderten Kolleginnen leisten zu müssen. Die Eigenständigkeit der Fachfrau mit Behinderung wird in Frage gestellt. Solche persönlichen Barrieren und Vorurteile sind schwerwiegend in ihren Auswirkungen und schwieriger zu beseitigen als bauliche.
Die Herstellung von Barrierefreiheit auf einer baulichen Ebene bietet vor allem Mädchen und Frauen mit körperlichen Behinderungen freien Zugang[9]. Wenn ein Umbau möglich ist, so sollte er unbedingt beantragt und durchgesetzt werden, da es eine grundlegende Forderung an alle Projekte ist, Zugänge zu schaffen - nichtbehinderte Mädchen und Frauen haben diese Forderung für sich ja grundsätzlich auch. Darüber hinaus ist es notwendig, z.B. ein Fax oder Schreibtelefon zu besitzen, über das mit hörgeschädigten Mädchen und Frauen kommuniziert werden kann. Mädchen und junge Frauen mit Sehschädigungen brauchen akustische Signale und Räume, in

---

[9]Bauliche Veränderungen beinhalten z.B. eine Rampe, einen Aufzug, wenn Treppen zu überwinden sind; rollstuhlgerechte Höhe von elektrischen Anlagen, Schildern und Türgriffen; mind. 80 cm breite Türen, die sich evtl. automatisch öffnen sollten; Hinweise für blinde und gehörlose Mädchen und Frauen; etc. Sehr wichtig sind rollstuhlgerechte Toilettenanlagen.

denen sie sich ohne Verletzungsgefahr bewegen können. Veränderungen können oft auch mit einfachen Mitteln und mit Mut zur Improvisation herbeigeführt werden, auch wenn grundlegende bauliche Umstrukturierungen nicht möglich sind. Kontakte zu (Fach-)Frauen mit Behinderungen verhelfen nicht selten zu neuen Ideen.

In Projekten, die parteilich und feministisch arbeiten, findet sich im allgemeinen eine „Komm-Struktur", die voraussetzt, daß Mädchen und junge Frauen den Weg in die Projekte „allein" und über die ausgelegte Werbung finden (vgl. zu „Komm-Struktur": Bitzan/Klöck, 1993, 271ff.). Mädchen und junge Frauen mit Behinderungen leben in vielfältigen Abhängigkeitsverhältnissen, die z.B. durch den Aufenthalt in Sondereinrichtungen gegeben sind oder durch fehlende finanzielle Mittel, u.a. für Fahrdienste, und damit verbundener eingeschränkter Mobilität. Je stärker die Abhängigkeitsverhältnisse von Mädchen und jungen Frauen mit Behinderungen sind, desto schwieriger ist es für sie, Projekte für Mädchen und junge Frauen zu besuchen und den dort geschaffenen Freiraum auch für sich zu nutzen. Pädagoginnen in Mädchen-/Frauenprojekten müssen die „Komm-" in eine „Geh"-Struktur verwandeln, d.h. Voraussetzungen schaffen, die das Kommen für Mädchen mit unterschiedlichen Behinderungen ermöglichen. Dies sind u.a.:
Pädagoginnen aus Mädchen-/Frauenprojekten müssen in die Einrichtungen gehen, in denen sich Mädchen und junge Frauen mit Behinderungen befinden und dort die Projekte vorstellen. Das bedeutet, daß sowohl die Pädagoginnen als auch die Einrichtungen sich Neuem öffnen müssen.
Es müssen Fahrdienste eingerichtet und finanziert werden, die Mädchen und jungen Frauen mit unterschiedlichen Behinderungen zur Verfügung stehen - unbürokratisch und flexibel.
Kontakte zu den Personen, die Bezugspersonen von Mädchen und jungen Frauen mit Behinderungen sind (z.B. Mütter, Väter, PädagogInnen) müssen hergestellt werden, da diese den Dialog um die Mobilität positiv beeinflussen können.
Bewußte Wahrnehmung von Mädchen und jungen Frauen mit Behinderungen, die sich bereits in den Projekten befinden, ist ein notwendiger Schritt, um weiteren den Zugang zu ermöglichen. Dazu gehört es u.a., angewandte pädagogische Methoden daraufhin zu überprüfen, ob sie Mädchen mit unterschiedlichen Fähigkeiten erreichen. Viele Methoden/Übungen, die in der parteilichen und feministischen Arbeit angewandt werden, stellen bereits die unterschiedlichen Fähigkeiten in den Mittelpunkt, sie müssen oft nur leicht umgewandelt und den teilnehmenden Mädchen/jungen Frauen angepaßt werden. Es gilt, Entfaltungsmöglichkeiten für unterschiedliche Stärken

und Fähigkeiten zu schaffen, orientiert an feministischen Wert- und Zielvorstellungen. Auf unterschiedlichen Ebenen sind Vernetzungs- und Kommunikationszusammenhänge für Fachfrauen mit und ohne Behinderungen notwendiger Bestandteil einer konstruktiven Zusammenarbeit und Weiterentwicklung einer feministisch orientierten Sozialarbeit. Solche Austauschebenen sollen in Zukunft verstärkt hergestellt und dafür Voraussetzungen und Offenheit, vor allem auf seiten der nichtbehinderten Fachfrauen, geschaffen werden. Notwendige Voraussetzung dafür ist es auch, verstärkt Frauen mit Behinderungen an den Fach-/Hochschulen auszubilden.

Pädagoginnen müssen sich von der Vorstellung verabschieden, daß Pflege und Hilfe im Mittelpunkt pädagogischen Handelns stehen. Statt dessen müssen Forderungen unterstützt werden, die Assistenz für Mädchen und Frauen mit Behinderungen nach individuellen Bedürfnissen und mit der Zielrichtung „Eigenständigkeit" ermöglichen. Ebenso gilt es, sich von der Vorstellung zu entfernen, daß Entwicklungsmöglichkeiten durch individuelle Grenzen vorgegeben sind. Der Blick ist vielmehr darauf zu richten, daß äußere Einschränkungen, wie z.B. fehlende Förderung, der Daueraufenthalt in Sondereinrichtungen, fehlende Mobilitätshilfen und ähnliches mehr, diese Grenzen begründen.

Projekte und Fachfrauen müssen verstärkt die Forderung an den Gesetzgeber herantragen, gleiche Rechte für Mädchen/junge Frauen mit Behinderungen herzustellen und das Zusammenspiel von KJHG und BSHG diesbezüglich zu verändern. Veränderungen für Mädchen und Frauen mit Behinderungen herbeizuführen heißt, für **alle** Mädchen und Frauen die Lebensbedingungen zu verbessern, Stärken und Fähigkeiten zu fördern, Entfaltungsmöglichkeiten und notwendige Freiräume zur Verfügung zu stellen.

Die „moderne Frau" bezieht pränatale Diagnostik und nachfolgende Abtreibung, bei Verdacht auf Behinderung, verstärkt in ihr Leben ein (vgl. Degener/Köbsell 1993). Das Lebensrecht von Frauen und Männern mit Behinderungen wird an Universitäten wieder diskutiert. Gewalt gegen Mädchen, Frauen mit Behinderungen ist Alltag ... Mädchen und Frauen mit unterschiedlichen Behinderungen sollten nicht diejenigen sein, die sich gegen Diskriminierungen wenden und Veränderungen alleine zu erkämpfen haben. Sowohl auf der Ebene der Mädchenpolitik, als auch allgemein in der sozialen Arbeit mit Mädchen und jungen Frauen müssen sich (Fach-)Frauen für Veränderungen einsetzen und in Zusammenarbeit mit den Mädchen/jungen

Frauen und (Fach-)Frauen mit Behinderungen die dazu notwendigen Räume und Handlungsmöglichkeiten schaffen.

Literatur

Barwig, Gerlinde/Busch, Christiane (Hrsg.) 1993: „Unbeschreiblich weiblich": Frauen unterwegs zu einem selbstbewußten Leben mit Behinderung. München

Bitzan, Maria/Klöck, Tilo 1993: „Wer streitet denn mit Aschenputtel?" Konfliktorientierung und Geschlechterdifferenz. München

Burger, Christine (Hrsg.) 1992: Du mußt dich halt behaupten: die gesellschaftliche Situation behinderter Frauen. Würzburg

CeBeeF Schweiz (Hrsg.) 1992: Sexuelle Ausbeutung bitterzart. Winterthur

Degener, Theresia/Köbsell, Swantje 1992: „Hauptsache es ist gesund?" Weibliche Selbstbestimmung unter humangenetischer Kontrolle. Hamburg

Ewinkel, Carola/Hermes, Gisela (Hrsg.) 1986: Geschlecht behindert; besonderes Merkmal: Frau. Ein Buch von behinderten Frauen. München

Frieske, Andrea 1995: Als Frau geistig behindert sein - Ansätze zu frauenorientiertem heilpädagogischen Handeln. München/Basel

Heiliger, Anita/Kuhne, Tina (Hrsg.) 1993: Feministische Mädchenpolitik. München

Köbsell, Swantje 1993: Eine Frau ist eine Frau... Zur Lebenssituation von Frauen mit Behinderung. In: Barwig, G./Busch, C.(Hrsg.)

Kontakt- und Informationsstelle/I.M.M.A.e.V. (Hrsg.) 1991: Das Kinder- und Jugendhilfegesetz und die Mädchen-Frage. Eine Handreichung für Ministerien, Gleichstellungsstellen, pädagogische Fachfrauen und -männer. Ergebnisse einer Fachtagung am 16. und 17.4.91. München

Kontakt- und Informationsstelle/I.M.M.A. e.V. (Hrsg.) 1992: Arbeit mit behinderten Mädchen und jungen Frauen/Dokumentation einer Fachtagung 11/1991. München

„krüppeltopia" e.V., Verein z. Förderung der Autonomie Behinderter (Hrsg.) 1993: Randschau Nr. 5. Kassel

Kuhne, Christine 1993: Mädchen und junge Frauen mit Behinderungen in der parteilichen und feministischen Mädchenarbeit - Eine Aufgabe für Sozialpädagoginnen. Unveröffentlichte Diplomarbeit, Kath. Stiftungsfachhochschule. München

Manske, Christel 1992: Spezifische Möglichkeiten des Lernens mit behinderten Mädchen und jungen Frauen. In: Kontakt- und Informationsstelle I.M.M.A.e.V.

Martin, Elvira 1993: Gedanken zum Rundgespräch. In: Barwig, G./Busch, C. (Hrsg.)

Rommelspacher, Birgit 1993: Ethnischer und eugenischer Rassismus - Aspekte kultureller und psychologischer Dominanz. In: „krüppeltopia" e.V.

Sachverständigenkommission Sechster Jugendbericht. Krüger, Helga u.a. (Hrsg.) 1985: Alltag und Biografie von Mädchen - Bd. 1 - 17. Opladen

Savier, Monika/Wildt, Carola 1979: Mädchen zwischen Anpassung und Widerstand - neue Ansätze zur feministischen Jugendarbeit. München

Schildmann, Ulrike 1985: Zur Situation behinderter Mädchen - Realität und Träume im Kontrast. In: Diezinger, Angelika u.a.: Am Rande der Arbeitsgesellschaft: weibliche Behinderte und Erwerbslose (Alltag und Biografie von Mädchen; Bd. 13). Opladen

Universitätsstadt Tübingen, Frauenbeauftragte, Evangelische Fachhochschule für Sozialwesen (Hrsg.) 1992: Mädchen und Frauen mit sogenannter geistiger Behinderung in der Region Reutlingen-Tübingen/ Erste Überlegungen, Situation und berufliche Förderung. Tübingen/ Reutlingen

Integration (un)erwünscht?!
Emanzipatorische Soziale Arbeit mit geflüchteten Frauen, Müttern, Mädchen und Kindern in Sammellagern

Hester Butterfield

Seit 1990 arbeite ich mit Asylbewerberinnen und Asylbewerbern in München. Seit 1993 bin ich „Frau Caritas" in einem Containerlager für 180 Asylbewerber und Asylbewerberinnen. Davon sind etwa 90 Männer, 60 Frauen und 30 Kinder, überwiegend vietnamesisch, aber auch Männer und Frauen aus Kurdistan, der Türkei, Armenien, Iran, der Mongolei, China, Togo und Libanon.

Meine Arbeit mit geflüchteten Frauen ist von dem Umstand, daß ich selber Ausländerin bin, geprägt. Im Vergleich zu Asylbewerberinnen bin ich zwar sehr privilegiert, aber durch die wiederholten Bemühungen um meine Aufenthalts- oder Arbeitserlaubnis, durch Probleme des alltäglichen Lebens wie Abschluß einer Autoversicherung oder Kreditaufnahme, durch Ausschluß vom Volksbegehren und sehr begrenzte Beteiligung an Bürgerversammlungen erlebe ich die Ausgrenzung der sehr einheitlichen deutschen Gesellschaft. Wie die Asylbewerberinnen lebe ich in einer Fremdsprache. Wenn wir uns ein bißchen schief bzw. „süß" ausdrücken, werden wir nicht immer ernst genommen. Statt unsere teilweise bunten, sprachbereichernden Ausdrücke stehen zu lassen, thematisieren Einheimische häufig unsere Sprache. Dadurch wird unser Status als AußenseiterInnen unterstrichen. Die Möglichkeit, einfach anders oder nicht angepaßt zu sein, gibt es selten. Unsere kulturelle Identität bringen wir aus dem Heimatland mit. Die neue Identität, die auf diesen Wurzeln wächst, wird nie „einheimisch" sein. Sie muß neu sein. Wir können und wollen uns teilweise integrieren, bleiben jedoch gleichzeitig anders.

In diesem Artikel betrachte ich zuerst die Problematik der Asylbewerberin im Kontext der gesamten Flüchtlingsproblematik mit ihren globalen sowie ihren örtlichen Ursachen und Folgen. Weil Asylbewerberinnen und Asylbewerber hierzulande unter den gleichen Grundproblemen (Leben im Exil, fremd sein, Sicherheit schaffen, Asylverfahren, Ausgrenzungen, etc.) leiden, werden die Probleme bzw. die möglichen Lösungen für Asylsuchende allgemein (was Frauen und Männer gleich betrifft) dargestellt, um auf diesem Hintergrund die geschlechtsspezifischen Probleme und Lösungen verdeutlichen zu können. Inwiefern wirken die Probleme anders auf Asylbewerberinnen; inwiefern sind sie besonders hart betroffen, weil sie Frauen sind? Wie ist die minderjährige Asylbewerberin zusätzlich belastet? Ebenfalls sind die Probleme der Kinder zu thematisieren, da Frauen fast immer zusammen mit ihren Kindern auf der Flucht sind und weil die Probleme der Flüchtlingskinder im Aufenthaltsland fast immer die Sorgen der Frauen sind.

In meiner Praxis entwickelte ich ein Gesamtkonzept von Handlungsweisen und Strukturen, um die in der Arbeit mit geflüchteten Frauen und Männern entstehenden Probleme zu lösen: wie arbeite ich beispielsweise mit Menschen, die eine mir fremde Sprache sprechen oder wie bildet sich gegenseitiges Vertrauen trotz kultureller Unterschiede und trotz meiner Machtposition als Vertreterin der ausgrenzenden Gesellschaft gegenüber Menschen, die täglich unterdrückt werden? Dieses Konzept stelle ich im zweiten Teil des Artikels vor. Aus dem Gesamtkonzept folgen dann die Handlungsweisen, die sich spezifisch auf Frauen und Mädchen richten.

Allgemeine Flüchtlingsproblematik und ihre Auswirkung auf Frauen

Obwohl Frauen und Männer auf der Flucht und im Exil in Deutschland im Grunde mit gleichen Problemen konfrontiert sind, erleben Frauen ihre Situation beispielsweise als Ehefrau, als Mutter oder als Sexualobjekt anders oder intensiver. Zunächst geht es mir darum, die allgemeinen Probleme zu schildern und dann die unterschiedlichen Auswirkungen auf Frauen und Mädchen zu identifizieren. Die Myriaden von Problemen der/des Asylsuchenden werden hier auf drei Ebenen dargestellt: der Makro-Ebene (international und bundesweit), der Meso-Ebene (länderweit und regional z.B. Regierung Oberbayern, Stadt) und der Mikro-Ebene (auf die Unterkunft bezogen und persönlich). Diese Ebenen sind dabei jeweils miteinander verflochten: Z.B. basiert das ganze Asylverfahren auf einem bundesweiten Gesetz, wobei einzelne Fälle unterschiedlich je nach Landesgericht und Richter entschieden werden. Das Asylbewerberleistungsgesetz soll bundesweit angewendet werden; es wird aber auf Land- und sogar Stadt-Ebene unterschiedlich geregelt.

Auswirkungen auf der Makro-Ebene
Die Flucht: Gründe und Erfahrungen

Das Flüchtlingsproblem ist global. Unter den über 100 Millionen Menschen, die wegen Hungersnot und Krieg, wegen Umweltkatastrophen und wirtschaftlichem Zwang, wegen politischer oder religiöser Verfolgung, wegen

ethnischer oder nationaler Unterdrückung und wegen Gewalt oder Lebensgefahr entweder im eigenen Land oder im Ausland auf der Flucht sind, sind etwa 80 % Frauen und Kinder (Davidson 1994 und UNHCR 1995). Für die Betroffenen geht es um das Überleben. Warum aber sind nur etwa 25% der Flüchtlinge, die in Europa und Nordamerika ankommen und Asylanträge stellen, Frauen und Kinder? (Davidson 1994) Die Antwort auf diese Frage liegt in den Schwierigkeiten, denen Frauen bei der Flucht begegnen und an den frauenspezifischen Fluchtursachen:
Frauen fehlt oft die Mobilität zu einer weiteren Flucht. Aus kulturellen Gründen und geschlechtsspezifischen Erwartungen oder Haltungen sind sie oft verhindert, weit zu reisen. Auf der Flucht können sie durch sexuelle Belästigung gefährdet werden.[1] Für sie stehen ihre Kinder im Vordergrund, die sie weder zurücklassen noch auf einer längeren Flucht schützen und ernähren können. Um einen Asylantrag zu stellen und zu begründen, muß eine Frau manchmal intime und beschämende Lebensgeschichten erzählen, sogar für mehrere (meist männliche und oft uniformierte) Beamte wiederholen. Eine Frau, die von Polizisten vergewaltigt wurde, wird diesen Tatbestand widerwillig als Asylgrund angeben. Und was soll sie als Nachweis mitbringen?
Frauenspezifische Fluchtgründe sind in der Regel nicht als politische Verfolgung anerkannt: so beispielsweise sexuelle Überfälle und Vergewaltigungen[2], Beschneidung[3], Verhaftung wegen Verstoß gegen Kleidungs- und

---

[1] „Erschreckend viele Flüchtlinge werden zu Opfern sexueller Gewalt und sexueller Ausbeutung. ... Vergewaltigung ist eine der schlimmsten Erfahrungen von Flüchtlingsfrauen. ... Vor der Flucht ist sexuelle Gewalt oft Teil der Verfolgung. Währendessen machen sexuelle Ausbeutung oder Gewalt einen Teil der Erfahrungen aus, die Frauen häufig mit Grenzbeamten, mit anderen Flüchtlingen oder Männer der ortsansässigen Bevölkerung auf beiden Seiten der Grenze machen müssen. ... Zu den besonderen Problemen, die Frauen das Flüchtlingsdasein noch schwerer machen als Männern, zählen unter anderem auch ganz selbstverständliche Alltagsgegenstände wie fehlende Binden, die Mädchen und Frauen für die monatliche Blutung benötigen. Wenn sie keine Binden haben, sind sie gezwungen, in ihren Unterkünften zu verweilen. ... In Cote d'Ivoire mußten die UNHCR-Mitarbeiter feststellen, daß die Frauen eher riskierten, im Wald überfallen zu werden, als die Toiletten zu benutzen, die neben den Latrinen der Männer errichtet waren. ... Die UNHCR-Mitarbeiter (in Kurdistan) mußten feststellen, daß Familien mit weiblichen Familienvorständen keine Nahrungsmittel erhielten. Erst da wurde ihnen bewußt, daß sie ausschließlich Männer mit der Verteilung beauftragt hatten." (UNHCR 1995)

[2] Erst im Mai 1995 in den USA (The Progressive, Juli 1995) und im August 1995 in Österreich (Süddeutsche Zeitung 12.08.95) wurde Vergewaltigung als Asylgrund anerkannt.

[3] Um die unterschiedliche Behandlung von Männern und Frauen herauszustellen, zitiere ich eine Entscheidung des Hessischen Verwaltungsgerichtshofs (Süddeutsche Zeitung 13.07.94) über Zwangsbeschneidung von syrisch-othodoxen Männern in der türkischen Armee: Das Gericht erkennt die Beschneidung als Asylgrund, da sie „als erster und unabänderlicher Schritt zur zwangsweisen Bekehrung zum Islam" von Kameraden angesehen sei. Mir ist kein Fall in Deutschland bekannt, in dem weibliche Beschneidung oder Mutilation diskutiert

Verhaltensregeln oder wenn Mädchen und Frauen durch staatliche Ordnungshüter sexuelle Gewalt erfahren, durch die Druck auf politisch aktive männliche Verwandte ausgeübt werden soll. Diese gelten als „private" oder „kulturell bestimmte" Taten oder „willkürliche Gewalttaten". Sie gehören zum „normalen" Leben der Frauen. Wenn die sozialen Bedingungen und Strukturen in einer Gesellschaft zur erzwungenen Prostitution oder zum Mord von weiblichen Säuglingen führen, ist das für die „Erste Welt" erschütternd, aber kein (politischer) Grund, das Heimatland zu verlassen. Frauengesundheit ist weltweit durch sexuelle Gewalt gefährdet: Zwei Millionen Frauen und Mädchen werden laut Weltgesundheitsorganisation (WHO) jährlich Opfer von früher Heirat, Kinderprostitution, sexuellen Verstümmelungen und Vergewaltigungen, die in vielen Fällen eine Lebensgefahr darstellen (Süddeutsche Zeitung 04.10.94). Die Sterblichkeitsrate für Mädchen zwischen zehn und vierzehn Jahren, die Kinder zur Welt bringen, ist fünfmal höher als bei Müttern zwischen 20 und 24. Jährlich sterben 70.000 bis 200.000 Frauen an den Folgen von Abtreibungen (je nach Untersuchung). Mehr als 80 Millionen Frauen und Mädchen sind die Genitalien beschnitten (Stoller 1994 und Honey 1994).

Probleme des Exillebens in Deutschland

„Ich war Lehrerin in Vietnam. Die Kinder sollten von Ho Chi Minh singen. Ich konnte nicht lehren, was ich für richtig hielt. Ich hatte Probleme mit dem Schuldirektor und später mit der Polizei und der Regierung. Und dann durfte ich nicht mehr Lehrerin sein. Deshalb bin ich nicht mehr in Vietnam. Ich suche einen neuen Weg und ich hoffe, daß ich ihn hier in Deutschland finde."[4]

Wenn die Flüchtlinge es schaffen, nach Deutschland zu kommen, um hier Asyl zu beantragen, dann stehen ihnen eine Menge Probleme bevor, wovon die ewig drängende Unsicherheit über die Zukunft nicht eines der geringsten ist, die Frage, ob sie bleiben werden oder dürfen und nach dem Sinn des Lebens im Exil. Bundesweit werden AsylbewerberInnen durch anreizmindernde Maßnahmen und behindernde Gesetze an den Rand der Gesellschaft gedrängt. Daß ihre Ausgrenzung und Festlegung auf das niedrigste Ausstattungsniveau Absicht ist, ist in den Aussagen von PolitikerInnen deutlich zu erkennen:

„Als zum Teil menschenunwürdig ist die Betreuung in der BRD anzusehen. Die Bundesregierung räumt ein, daß durch 'anreizmindernde Maßnahmen' wie zwangs-

---

wird, obwohl dieses Problem seit Jahrzehnten bekannt ist und viel mehr Frauen weltweit als Männer darunter leiden. In der Rechtsprechung in Frankreich und Nordamerika sind mir einige Fälle bekannt, in denen Frauen, die sich oder ihre Töchter vor Beschneidung schützen wollten, das politische Asyl verwehrt wurde. (Davidson 1994)

[4] Dieses Zitat, wie auch die späteren anonymen Zitate sind Aussagen vietnamesischer Asylbewerberinnen, die ich in Interviews und Gesprächen sammelte.

weiser Aufenthalt in Sammelunterkünften, Arbeitsverbot, Einschränkung der Bewegungsfreiheit, Kochverbot, Kürzungen und Auszahlungen der Sozialhilfe in Sachleistungen, Asylbewerber in der Bundesrepublik abgewehrt werden sollen." (Vetter-Bericht des Ausschusses für Rechte und Bürgerrechte des Europaparlaments zu den Fragen des Asylrechts 1987, zitiert in Stumpp 1990)
In einer Bundestagsdebatte zum Entwurf des Asylbewerberleistungsgesetzes sagte Bundesfamilienministerin Hannelore Rönsch (Süddeutsche Zeitung 14.11.92), die angeregte Kürzung der Sozialhilfe um ein Viertel betreffe nur den Teil der Unterstützung, der laut Gesetz der Teilnahme am gesellschaftlichen Leben diene. Diese sei bei Asylbewerbern nicht notwendig. Ein andermal sagte Frau Rönsch, daß den Asylsuchenden, nicht wie anderen Sozialhilfeempfängern, die „Teilnahme am kulturellen Leben" bezahlt werden müsse. (Süddeutsche Zeitung 16.10.92)[5]
Asylbewerber und Asylbewerberinnen werden wie eine Kaste von vielen gesellschaftlichen Rechten und Tätigkeiten ausgegrenzt. Beispielsweise dürfen sie in den ersten drei Monaten nach Ankunft in Deutschland nicht arbeiten, danach bekommen sie nur dann eine Arbeitserlaubnis, wenn kein Deutscher oder EG-Staatsbürger innerhalb von 6-8 Wochen nach Arbeitserlaubnisantragsstellung für diesen Arbeitsplatz zu finden ist.
„Dann warte ich den ganzen Vormittag im Arbeitsamt mit der Hoffnung einen Stempel vom Sachbearbeiter zu kriegen. Aber es klappt nie!"
Die rechtlichen Kosten ihres Asylverfahrens (z.B. Anwalt) müssen sie selbst tragen. Sie haben kaum Mitbestimmungsrechte. Dies bezieht sich sowohl auf politische Mitbestimmung, sowie auf Entscheidungen über das tägliche Leben: Mit seiner sozialen-repressiven Macht beschränkt der Staat die räumlichen Möglichkeiten und das Beziehungsnetz der AsylbewerberInnen: Im Gesetz wird verankert, wo sie sich aufhalten dürfen, daß sie in Sammelunterkünften leben müssen und daß sie sich nicht vom Aufenthaltsort entfernen dürfen:
„Ausländer, die einen Asylantrag gestellt haben, sollen in der Regel in Gemeinschaftsunterkünften untergebracht werden." (§53 AsylVfG) „Der Ausländer kann verpflichtet werden, in einer bestimmten Gemeinde oder in einer bestimmten Unterkunft zu wohnen." (§ 60 AsylVfG) „Er hat keinen Anspruch darauf, sich in einem bestimmten Land oder an einem bestimmten Ort aufzuhalten ... Die Aufenthaltsgestattung ist räumlich auf den Bezirk der Ausländerbehörde beschränkt, bei der der Ausländer den Asylantrag zu stellen hat." (§ 55 AsylVfG)
Die Verpflichtung, in einer bestimmten Unterkunft zu wohnen, kann tragische Folgen haben:

---

[5] Für eine detaillierte Beschreibung der ausgrenzenden und behindernden Gesetze usw. siehe Butterfield 1993 und Fritz 1994 und besonders über Minderjährige Bestelmeyer 1992.

> In der Unterkunft, in der ich jetzt arbeite, versuchte 1992 eine Asylbewerberin, die von ihrem Partner geschlagen wurde, von ihm wegzuziehen. Ihr wurde diese wiederholte Bitte nicht gestattet. Später (in Anwesenheit der kleinen Tochter) ermordete er sie und sich selbst!

Die Bedeutung für Mütter

Während das Asylverfahrensgesetz die AsylbewerberInnen entmachtet und entmündigt, greift das Asylbewerberleistungsgesetz Asylbewerberinnen als Frauen wesentlich an: Im ersten Jahr des Asylverfahrens besteht kein Rechtsanspruch auf Leistungen zur Schwangerschaftsverhütung und zum Schwangerschaftsabbruch. Dies wird offenbar als nicht vertretbar in den meisten Bundesländern erkannt, da entgegen der Gesetzesvorschrift ein Weg gefunden wird, um Leistungen zu gewähren. (In München ist es der Allgemeine Sozialdienst.) Leistungen für den besonderen Bekleidungs- und Ernährungsbedarf schwangerer Asylbewerberinnen und für Babyerstausstattung werden hingegen regelmäßig in vielen Orten verweigert, obwohl sie nach §6 AsylbLG möglich sind. (Flüchtlingsrat Niedersachsen 1995)
Das Asylbewerberleistungsgesetz[6] sorgt dafür, alle Asylsuchenden auf niedrigstem Ausstattungs-Niveau zu halten: So sollen AsylbewerberInnen, die sich noch nicht ein Jahr in Deutschland befinden, ihre Sozialhilfe möglichst als Sachleistungen bekommen, d.h. als Essens- und Hygiene-Paket mit 80 DM monatlichem Taschengeld. Zweimal im Jahr bekommen sie eine Kleiderausgabe im Wert von 200 DM.
Hier wird von einer äußeren Macht über intime Sachen des Alltags, wie z.B. welche Seife oder Zahnpasta die Familie benutzen darf, bestimmt. Welche Demütigungen dabei entstehen, sind kaum vorstellbar. So muß eine Asylbewerberin, die sich und ihre Kinder vor Lebensgefahr in der Heimat gerettet hat, hier wegen Allergie einen Antrag stellen, um einen anderen Inhalt ihres Hygienepakets zu bekommen. Wenn sie wegen der Suche nach Demokratie und Freiheit geflüchtet ist und hier in ihrem ersten Jahr ihre Familie mit dem vorbestimmten Essen des Essenspakets ernähren muß, fällt es ihr schwer, über diese Ironie zu lachen. Die Möglichkeit, durch kluge Einkäufe geschickt Geld zu sparen, ist ihr ebenfalls vorenthalten. Ihre Kleider sind zwar neu, werden aber von einer einzigen Firma zweimal im Jahr in die Unterkunft gebracht, und sind deshalb von dem gleichen Schnitt wie die von anderen Asylbewerberinnen. Ihre Kinder sind zusätzlich für die ganze Zeit des Asylverfahrens gegenüber anderen benachteiligt, da Asylkinder kein Kindergeld bekommen.

---

[6]Für eine detaillierte Analyse der ausgrenzenden und armmachenden Maßnahmen des Asylbewerberleistungsgesetzes siehe Flüchtlingsrat Niedersachsen 1995.

Eine Asylbewerberin, von den heimatlichen Lebensweisen und der Unterstützung durch Verwandte getrennt, und mit einer Monate oder Jahre dauernden Flucht hinter sich, kann in Deutschland nicht „durchatmen". Der Kampf um ein sicheres Leben für sich selbst und die Kinder dauert an. Sie ist nicht nur an den Rand der Gesellschaft gedrängt und auf niedrigstem Ausstattungsniveau gehalten, ihr Selbstbewußtsein, ihre Identität als Frau und ihre Kompetenz als Mutter sind angegriffen. Mit den geringsten finanziellen und sozialen Chancen tragen Asylbewerberinnen trotzdem die traditionelle Verantwortung, ihre Kinder zu schützen, zu ernähren und zu erziehen und das Herz der Familie zu sein. Sie wollen das Beste für ihre Kinder, sind teilweise geflüchtet, um ein sicheres Leben für ihre Familie zu gewinnen. Die Widersprüche zwischen Hoffnungen und Realität belasten.

Die Ängste und die Isolierung der Asylbewerberin unter rassistischen und sexistischen Bedingungen

Nicht nur Gesetze und Ämter drängen AsylbewerberInnen an den Rand der Gesellschaft, sondern auch die Ausländerfeindlichkeit und der Rassismus hier im Land des Exils. Sie erleben täglich in der U-Bahn oder am Arbeitsplatz starrende Blicke, beleidigende Aussagen oder unverhüllte Aggression. Sie fühlen sich pausenlos gefährdet. Sie wissen von Brandanschlägen gegen Asylheime und von Angriffen auf der Straße. Für Frauen, die gleichzeitig mit Sexismus konfrontiert sind und sich meist körperlich schwächer fühlen, ist fremdsein besonders gefährlich. Sie organisieren Begleitung, wenn sie spät nach Hause kommen müssen. Manche trauen sich selten von zu Hause weg und haben dadurch wenig Chancen, Deutsch und nötige soziale Kompetenzen zu lernen. Dadurch bekommen die Einheimischen den Eindruck, daß die Asylsuchenden entweder nicht willig oder nicht fähig sind, Deutsch zu lernen und, daß sie sich ghettoisieren wollen.
Die kulturelle und sprachliche Ausgrenzung und Isolation des/der Asylbewerber/in ist für Frauen noch schwieriger zu überwinden, da aus kulturellen Gründen ihr Zugang zur Gesellschaft häufig nur über ihre Männer verläuft: Die Frauen sitzen fest in der Unterkunft, um auf die Kinder aufzupassen. Die Männer bekommen schneller Arbeit. Durch ihre Arbeitskontakte können sie Deutsch lernen. Eine Asylbewerberin hat Kontakte mit Deutschen oft nur als Arbeitnehmerin in den niedrigsten Positionen, in denen sie häufig alleine arbeitet (z.B. als Putzfrau). Da die Männer ihre Frauen schützen, beispielsweise die Behördengänge für sie machen oder für sie vermitteln und übersetzen, werden Asylbewerberinnen zu Objekten in einem Teufelskreis der Isolation.
Asylbewerberinnen sind auch Opfer von Sexismus und Gewalt gegen Frauen aus der deutschen Gesellschaft wie aus der eigenen Kultur oder Religion. Als Ausländerinnen auf der niedrigsten Stufe im Lande können sie sich

gegen die Ausbeutung und Verprügelung in ihren Beziehungen kaum schützen. Die engen Wohnverhältnisse im Container und das erzwungene Zusammensein sowohl mit Menschen in schwierigen Lebenssituationen als auch mit fremden Kulturen sind Sprengstoff für Konflikte und Gewalt. Nirgendwo gibt es ein Ventil.
Asiatische Asylbewerberinnen sind besonderen Vorurteilen ausgesetzt. Deutsche Männer sehen sie als „käuflich" und behandeln sie entsprechend.
„So werde ich sehr oft grob von Männern angesprochen. Auf der Straße hat der alte Mann mir einfach gesagt, 'Ich habe Geld. Ich habe eine große Wohnung. Willst du mich heiraten. Kommst du mit?' Ich habe große Angst. Ich kann aber nicht so gut Deutsch sprechen und ich bin einfach weggelaufen. Zu Hause wurde ich sehr wütend."

Mädchen ohne Vorbilder und Aussichten

Mädchen sind zusätzlich belastet, weil ihnen, wie auch Asyljungen, meistens verboten ist, eine Arbeitsstelle anzutreten oder eine Lehre oder Ausbildung oder ein Studium anzufangen. Wenn sie noch dazu ohne Eltern oder Geschwister allein nach Deutschland kommen, leiden sie unter intensiver Isolation, einem Mangel an Leitbildern und jeder Art persönlicher Unterstützung. Die geringe Zahl von Unterkünften für unbegleitete Minderjährige sind nur für Jungen. Die Mädchen wohnen meistens in riesigen Sammellagern zusammen mit Unbekannten und selber überlasteten Erwachsenen. Unbegleitete Minderjährige bekommen zwar einen Vormund. Ihre Vormünder sind aber teilweise mit Hunderten von Mündeln überlastet und lernen ihre Mündel oft nicht einmal kennen. Sie stehen vor der Ablehnung des Staates, in Kinder zu investieren, die vielleicht nicht hier bleiben und eher als Last der Gesellschaft betrachtet werden: Die Leistungen nach dem Kinder- und Jugendhilfegesetz, wie Heimerziehung oder Erziehungsbeistand, kommen deswegen kaum für Asylkinder und -jugendliche in Betracht.

Auswirkungen auf der Meso-Ebene

Die Durchführung des Asylverfahrens, Entscheidungen über Abschiebungen, Regelungen über die Unterbringung und den Unterhalt von AsylbewerberInnen sind Sache der Bundesländer. In Bayern liegt der Ansatz: „unerwünschte Integration ... ist ... zu verhindern" der Politik der Staatsregierung zugrunde:
„Die unerwünschte Integration (Asylsuchender) in die deutschen Lebensverhältnisse ist durch bewußt karge, lagermäßige Unterbringung zu verhindern." (Gerold Tandler, CSU in einer Presseerklärung des Landkreisverbandes Bayern, zitiert in Stumpp 1990)

Der bayerische Sozialminister Glück betont, daß bei „Asylbewerbern die Sozialbetreuung keine Maßnahmen beinhalten dürfe, die zu einer Eingliederung führten." (Stumpp 1990, 6)
Auf der Meso-Ebene ist die Asylbewerberin (ebenso der Asylbewerber) der Willkür der Richtlinien des Innenministeriums und des Ausländeramts sowie des Sozial- und Arbeitsamtes und der Parteirichtlinien oder momentanen Belangen der PolitikerInnen (z.B. bevorstehende Wahlen) ausgesetzt. Bei den SachbearbeiterInnen liegt ebenfalls viel Entscheidungsmacht. So können Behördengänge unterschiedliche Resultate bringen: z.B. ob eine Aufenthaltserlaubnis für zwei Wochen oder drei Monate ausgestellt wird. Die Willkür und die Unterschiede führen zu psychischem Druck.

Mütter und ihre Familien

Frauen müssen bei diesen demütigenden und krankmachenden Behördengängen oft ihre Kinder mitnehmen und sich ohne Deutschkenntnisse durchwursteln. Während alle Asylsuchende unter den Kürzungen der Sozialhilfe infolge des Asylbewerberleistungsgesetzes leiden, trifft es die Familien besonders hart: Jede Mutter will ihr Kind richtig vorbereitet in die Schule schicken. In Bayern kostet die erforderliche Ausstattung etwa 300 DM. Ab September 1994 bekommt in München aber jedes sozialhilfebedürftige Asylbewerberkind für Schulbedarf nur 100 DM für das erste Schuljahr und für weitere Jahre nur 50 DM. Dies bedeutet eine klare Diskriminierung gegenüber anderen Sozialhilfeempfängern, die 140 DM plus 100 DM für Schultasche, 30 DM für Federmäppchen und 20 DM für Handarbeit (insgesamt 290 DM) bekommen. Für Ausflüge etc. muß die Familie aus ihrem monatlichen Taschengeld aufkommen. Asylkinder und -jugendliche können es sich selten leisten, teilzunehmen. Für sie kommen kulturelle Veranstaltungen oder Sportvereine gar nicht in Frage.

Auswirkungen auf der Mikro-Ebene

Auf der persönlichen Ebene haben Asylsuchende die gleichen Probleme wie alle anderen in der Gesellschaft: z.B. Beziehungs- oder Schulprobleme der Kinder. Die Probleme sind jedoch durch die o.g. Ausgrenzungen und durch die Unsicherheiten über Aufenthalt und Zukunftsperspektiven in Deutschland verschärft. Eine Reihe von zusätzlichen Belastungen kommt ebenfalls auf Asylsuchende zu:
Im Heimatland leben noch gefährdete Verwandte. Sie sind Anlaß von ständigen Sorgen und Schuldgefühlen. Hoffnungen und Erwartungen ruhen auf den abgereisten Familienmitgliedern. Sie dürfen nicht enttäuscht werden. Die Flüchtlinge versuchen, Geld oder Kleider nach Hause zu schicken oder ihre Verwandten ebenfalls aus der Heimat herauszuholen. Sie trauen sich

nicht, die Realität des schwierigen Lebens in Deutschland der Familie zu Hause mitzuteilen. Die Zurückgelassenen sollen sich keine Sorgen machen. Vielleicht haben sie auch Geld gesammelt, um die Flucht zu ermöglichen. Mädchen sind hier besonders betroffen, da sie häufig aus kulturellen Vorurteilen oder aufgrund politischer Aktivitäten von Verwandten an Schule oder Ausbildung gehindert werden. Die Familie versteht die teure Flucht nach Deutschland als den einzigen Weg, der Tochter ein unbehelligtes Leben zu ermöglichen. Dadurch entstehen Verpflichtungen, die noch vertieft werden, wenn das Mädchen entdeckt, daß eine Asylsuchende hier keine Ausbildung machen darf.

Familienleben und Liebe in einer Sammelunterkunft

„Das Leben in einem Container ist sehr unangenehm. Es ist komplizierter für Frauen: beim Kochen, Waschen und gemeinsamem Leben. Wir müssen besser organisieren, damit eine mit anderen vertragen kann."
Der Alltag einer Asylbewerberin in einer Gemeinschaftsunterkunft kann wie folgt aussehen: Mit bis zu 100 anderen teilt sie sich eine Küche mit sechs Doppelkochplatten. Ihr 12 qm großes Zimmer ist Schlaf-, Wohn- und Eßzimmer in einem. Es leben dort bis zu 4 Erwachsene oder Familienmitglieder. Zwei Duschen und zwei Toiletten teilt sie mit 30 Frauen und 15 Kindern. Ein Kartentelefon gibt es für 200 BewohnerInnen. Um 5:00 Uhr früh können 20 Beamte eine Polizeirazzia mit Ausweiskontrolle und Schrankuntersuchung durchführen. Beziehungen entwickeln sich nicht unter vier Augen sondern unter 20 oder 40. Nirgendwo kann sie sich zurückziehen. In den schmalen Gängen zwischen den Containern spielen die Kinder, streiten miteinander, fahren ihre Bobbycars und Dreiräder. Der Lärm ist pausenlos. Aggressionen und Gewalt sind intensiver auf 12 qm. Sexualität, Kindererziehung, Familienleben sind von diesen Lebensbedingungen stark geprägt. Der natürliche Kreis von Bezugspersonen und Bekannten, der über Generationen in einem normalen Gemeinwesen entsteht, fehlt der Asylbewerberin. Keine älteren Verwandten sind da, um bei der Geburt oder der Erziehung oder Ernährung der Kinder Rat zu geben. Wen kann die Asylbewerberin fragen, warum das Kind andauernd schreit oder was ihm fehlt? Die Männer sind oft nicht in der Lage, zu helfen: häufig ohne Arbeit, ihrer Rolle in der Familie als Schützer und Ernährer beraubt, spielen sie stundenlang Karten oder trinken. Die Mütter müssen trotzdem ihre Aufgaben erfüllen, weil die Kinder einfach da sind.
Wenn eine Asylbewerberin Hilfe in heiklen Fragen wie Verhütung, Schwangerschaft, Abbruch, Frauenkrankheiten usw. braucht, findet die Beratung in einer für sie fremden Sprache oder sogar im Beistand von anderen (dem Dolmetscher) statt. Da, wo Nuancen und Kenntnisse über kulturelle Erwartungen wichtig sind, werden BeraterIn und Asylbewerberin

von dem meist männlichen Dolmetscher (manchmal sogar eigener Partner!) abhängig.
Oft sind ihre Kinder der einzige bedeutungsvolle Wert des Exillebens. Für die Asylbewerberin ist es besonders hart, daß das Leben hier für Kinder manchmal gefährlicher als im Heimatland ist, ob durch Autoverkehr, kaltes Wetter, rassistische Angriffe oder mögliche sexuelle Belästigung. Zu Hause (z.B. Vietnam) können kleine Mädchen überall alleine herumlaufen. Kein Erwachsener würde ihnen etwas antun. Hier dagegen können sie dadurch sehr gefährdet sein. Wie soll die Mutter das wissen? Wenn sie die Gefahr für ihre Kinder erkennt, soll/kann sie ihre Erziehung grundsätzlich ändern? Wie geht es ihr dabei und wonach richtet sie sich? Soll sich die Erziehung nach den Werten der Heimat richten oder der Anpassung an Deutschland dienen?
„Ich möchte Kinder kriegen. Ich habe gerade meinen Paß bekommen. Ich werde hier bleiben. Aber wie soll ich meine Kinder erziehen, wenn sie sehen, daß ich trotz meines Passes wie Dreck hier behandelt werde?"
Die Bereitschaft von Müttern und Vätern, sich zu opfern, um eine „bessere" Zukunft für ihre Kinder zu sichern, macht mich immer sehr betroffen:

Als sie von dem Abkommen zwischen den vietnamesischen und deutschen Regierungen hören, durch das 40.000 vietnamesische Flüchtlinge binnen fünf Jahren nach Hause geschickt werden sollte, suchen Eltern verzweifelt einen Weg, um ihre Kinder vor einer Rückkehr zu schützen: Eine Mutter gibt ihr Kind zur Adoption frei. Eine andere trennt sich vom Vater und geht eine Ehe mit einem Landsmann mit Bleiberecht ein. Sie ziehen in eine Wohnung ein, die vom Vater finanziert wird.

Frau sein zwischen zwei Kulturen

Eine Frau oder ein Mädchen, die/das in einer Kultur aufwächst, in der kaum Kontakt mit Jungen erlaubt ist, fühlt sich hier im Umgang mit europäischen Männern sehr unwohl:

Ein Mädchen aus sehr geschützten Verhältnissen kam allein nach München. Es kannte niemanden in seinem Alter und wohnte in einem Zimmer mit fünf Frauen, die nachts auch Männer zu Besuch hatten. Es wollte studieren und ging voller Ehrgeiz zum Deutschkurs. Damit hörte es aber bald auf, weil die Männer immer Annäherungsversuche machten. Es konnte keinen Kontakt mit anderen knüpfen. Dann trat ein älterer Mann in sein Leben. Wegen dieser Liebesbeziehung nannte das Mädchen sich selbst ein „schlechtes" Mädchen, und wurde tatsächlich als solches von eigenen Landsleuten abgelehnt.

Dieses Phänomen des „schlechten Mädchens" stellt in der Betreuung ein Sonderproblem dar: Wie wird es in einer Beratung aufgedeckt und bearbeitet, wenn die Frau von ihren Landsleuten (also auch vom Dolmetscher) als nicht „betreuungswürdig" betrachtet wird? Ihre Ausgrenzung von ihrer eigenen Gemeinschaft bedeutet dabei nicht, daß sie einen Zugang zur deutschen Gesellschaft gefunden hat.

Zur Praxis: Die Entwicklung eines Modell-Projekts

Grundlegende Gedanken zum Menschenbild und theoretische Bausteine eines Handlungskonzepts

Bei der Entstehung dieses Modell-Projekts war mein aus jahrelanger Praxis in der Gemeinwesenarbeit gewonnenes Menschenbild entscheidend: Asylbewerberinnen können ihre Probleme sehr klar sehen und auch selbst Lösungen entwickeln. Sie erkennen das, was für sie wichtig ist. Es fehlt ihnen aber an Ressourcen und Macht. Ihnen zu helfen, diese zu ergänzen, ist parteiergreifende, politische Sozialarbeit. Die emanzipatorische Pädagogik von Paulo Freire und das Machtkonzept von Silvia Staub-Bernasconi stützen diesen Ansatz.

Für Freire ist die Pädagogik (also auch die Sozialpädagogik) nie neutral. Sich Gedanken über Pädagogik zu machen, heißt gleichzeitig, sich Gedanken über Macht zu machen. Freire fordert uns auf, uns immer zu fragen, zu wessen Vorteil wir arbeiten und zu wessen Vorteil wir unsere politischen Aktivitäten entwickeln. SozialpädagogInnen müssen Respekt für das Denken und Fühlen der Betroffenen, mit denen sie arbeiten, entwickeln. Wenn sie den Betroffenen ihre eigenen Lösungen aufzwingen, dann sind diese Lösungen autoritär. Autoritäre PädagogInnen verneinen die Solidarität zwischen Lehrenden und Lernenden. Die Lernenden bringen Wissen über die eigene Realität in den Lernprozeß mit hinein. In diesem Prozeß sind Betroffene gemeinsam mit den PädagogInnen Subjekte. Ein Dialog entsteht, in dem beide voneinander etwas bekommen und sich durch den Prozeß verändern. Die Betroffenen sind keine Objekte bzw. „Patient/innen". (Freire/Macedo 1987)

Die zwei Formen der Macht, die Staub-Bernasconi (Staub-Bernasconi 1983 und 1990) definiert, bilden zwei Säulen meiner Analyse der Probleme und der Lösungsmöglichkeiten der Asylbewerberin: Auf der einen Seite gibt es die negative bzw. die **Behinderungsmacht**, die von der Politik und der Gesellschaft gegen AsylbewerberInnen ausgeübt wird, um ihre Wohn- und Verdienst-Möglichkeiten oder Ausbildungschancen, persönliche Entwicklungen, sowie soziale Kompetenzen so gering wie möglich zu halten. Diese persönlichen Ressourcen nennt Staub-Bernasconi „Ausstattungen". **Behinderungsmacht** verhindert den Zugriff auf politische Macht wie auch Versuche, einen schlechten Zustand zu beheben. Die Schwierigkeiten der Asylbewerberin gehen auf ihre Ohnmacht und geringe Ausstattungen und Ausgleichschancen in der deutschen Gesellschaft zurück. Im Gegensatz dazu steht die **Begrenzungsmacht**, die der Befähigung der Menschen dient. Sie baut Ausstattungen und Ressourcen auf. Sie erkennt zwar Ungleichheiten und Arbeitsaufteilungen an, wird aber nicht auf Kosten anderer Menschen ausgeübt.

Als Sozialpädagogin versuche ich, das **begrenzende** Macht-Potential der Asylbewerberin zu vergrößern, um die **behindernde** Macht, die die Gesellschaft und die Politik gegen sie ausübt, zu vermindern, um sie aus ihrer Ohnmacht herauszubringen und um die Chancen, den eigenen Willen durchzusetzen, zu vergrößern.[7] Da die Machtverhältnisse zwischen Asylbewerberinnen und der deutschen Gesellschaft **die** zentralen Faktoren sind, die das Leben, die Möglichkeiten und Grenzen der Asylbewerberinnen definieren, muß es die Aufgabe des/der Sozialpädagoge/in sein, einen Machtausgleich zu ermöglichen. Trotz ihrer niedrigen Stellung in der Gesellschaft, ihrer (seitens der Politik und des Gesetzes) absichtlichen Ausgrenzung und ihrer kulturellen Isolation, besitzen Asylbewerberinnen sowie auch Asylbewerber Quellen der Macht, beispielsweise in ihrer persönlichen Ausstattung (Lebenserfahrungen, Überlebenswille u.a.) oder in potentiellen Verbündeten (Landsleute, die schon länger in Deutschland etabliert sind, engagierte Ehrenamtliche, PfarrerInnen und Kirchengemeinde, manche PolitikerInnen, RechtsanwältInnen, Wohlfahrtsverbände usw.).

Machtanalyse

Die erste Voraussetzung solcher Handlungsweisen ist eine genaue Analyse aller Ressourcen und Machtquellen der einzelnen Person oder der Gruppe, um einen Handlungsplan zusammen mit ihnen zu erstellen und um ihre Fähigkeiten zu erweitern. Anfangs ist manchmal der einzige Weg zum Machtausgleich die Intervention des/der Betreuer/in. Er/sie muß Partei ergreifen. Wenn es um Arbeit mit Gruppen von Asylbewerberinnen gleicher Nationalität geht, ist der Weg ähnlich, wobei bei ihnen der Schwerpunkt oft beim Aufbau von Netzwerken (z.B. unter Landsleuten oder mit anderen Flüchtlingsgruppen) liegt. Der zu erstellende Plan beinhaltet Schritte, um die Machtquellen (rechtliche Hilfe im Asylverfahren, Dolmetscher, Kontak-

---

[7]Für eine detaillierte Analyse der Machtquellen von AsylbewerberInnen siehe Butterfield 1993 wie auch Miller in diesem Band.

te mit anderen Landsleuten usw.) zu erweitern bzw. die Ausstattungen (z.B. Sprachkenntnisse, Arbeitsstelle, bessere Wohnverhältnisse, Nachhilfe für die Schulkinder, Kindergartenplatz, Winterkleider, Verhütungsmittel) der Asylbewerberinnen zu ergänzen und sie zu befähigen, sich in Deutschland besser selbst helfen zu können.

Eine solche Machtanalyse kann nur durch Kenntnis über Kultur und Bräuche der Asylbewerberinnen und in enger Zusammenarbeit mit ihnen erstellt werden. Ihre Ängste müssen wahrgenommen werden. Der/die Sozialpädagoge/in ist gefordert, lange und genau zuzuhören und von den Asylbewerberinnen selber zu lernen, um ihre Fähigkeiten und Stärken zu erkennen und ihre Kultur zu verstehen. Es ist eine zeitaufwendige Arbeit, aber nur so kann die Asylbewerberin selbst ihre Probleme darstellen und an der Entwicklung einer Lösung teilnehmen. Es passiert immer wieder, daß die Zeit dafür nicht vorhanden ist: Im Asylverfahren gibt es Fristen von Tagen oder Wochen, in denen umgehende Reaktionen notwendig sind. Es gibt immer wieder Fälle, bei denen Menschen von sofortiger Abschiebung bedroht sind, oder bei denen sie sogar ohne Warnung in der Nacht von der Polizei abgeholt werden und morgens schon im Flugzeug sitzen. In diesen Fällen wird ohne Konzept agiert. Aber auf Dauer muß es das Ziel sein, Strukturen zu bilden, die auch im Notfall Zusammenarbeit und Mitbestimmung der Asylsuchenden erlauben.

Integration

Desweiteren ist Beistand für einen Prozeß der Integration zu leisten: Integration verstehe ich in diesem Zusammenhang nicht so, wie sie klassisch definiert ist, als eine Enkulturation, in der die Betroffenen lernen, die Erwartungen der Gesellschaft zu erfüllen (dies wäre eine Entkulturation der Asylbewerberin.) Unter Integration verstehe ich die Verbindung von alten Erfahrungen und von neuen, erst in der deutschen Gesellschaft gelernten Kompetenzen. Sie ist somit die Bildung von etwas Neuem: Die Betroffenen entwickeln, basierend auf ihren aus der Heimat mitgebrachten Kompetenzen und Haltungen, eine neue Kultur, eine neue Identität. Sie nehmen Elemente des Aufenthaltslandes dazu, um Barrieren zu beseitigen, z.B. Sprache, Umgang mit Behörden etc. Ihr Streben nach Überleben und Autonomie kann, muß aber nicht unbedingt eine Integration in die deutsche Gesellschaft bedeuten. Besonders schwierig für Asylbewerberinnen ist die Integration der Erziehungsmethoden der Heimat und des Aufenthaltslandes. Meine Aufgabe ist es, der Asylbewerberin mein Wissen über die deutsche Gesellschaft anzubieten und ihr zu helfen, ihre Lebenswelt zu verstehen, ihre Möglichkeiten wahrzunehmen und manchmal machtausgleichend gegenüber der Außenwelt zu fungieren.

Neue Strukturen

Die Sozialarbeit mit Asylbewerberinnen scheint oft eine Sisyphus-Arbeit zu sein. Die herrschende Politik und die Gesetze mit ihren kurzen Fristen und ihren ständigen Veränderungen schaffen einen derart massiven Druck, daß der/die Betreuer/in manchmal den Eindruck hat, nur zuschauen zu können. Deswegen ist es notwendig, sowohl für den/die Sozialpädagogen/in als auch für die Betroffenen, Handlungsweisen zu entwickeln, die Hoffnung geben, die Strukturen sowohl im täglichen Leben als auch in der Außenwelt ändern. Da die Problematik momentan nicht lösbar ist, ist eine Perspektive, die auf politische Änderungen zielt, unerläßlich. Ein Teil der Arbeit muß sein, durch Öffentlichkeitsarbeit eine Basis zu gewinnen, um politische Macht auszuüben.

Reflexionsfragen

Folgende Reflexionsfragen sind in Betracht zu ziehen: Zu wessen Vorteil arbeite ich? Anders gesagt, kann ich sicher sein, daß ich immer zum Vorteil der Asylbewerberin arbeite? Wenn sie sagt, daß es ihr Selbstinteresse ist, am Rande der Gesellschaft zu bleiben, weil sie sich hier nicht anpassen oder nicht bleiben will, kann sie sich das leisten, wenn sie überleben will? Und was mache ich, wenn ich anders denke? Was macht sie betroffen? Z.B.: Unsicherheit durch Verlust des bekannten Kontextes, Angst um die Zukunft, Hilflosigkeit im fremden Land oder weil sie das eigene Schicksal nicht bestimmen kann. Und wenn die Familie ausgewiesen wird oder zurückkehrt? Schaden ihr dann die Änderungen, die durch die erzielte Integration entstanden sind? Ist sie dadurch unfähig geworden, in der Heimat zu leben? Diese Fragen sind im Fall von Kindern, die sich noch in der Entwicklungsphase ihrer Identität befinden, besonders wichtig.
In der Praxis stelle ich mir stets eine Reihe von Fragen, die ich nie völlig beantworten kann: Muß der Arbeitsansatz wesentlich anders sein, wenn es um Asylbewerberinnen geht? Muß die Betreuerin eine Frau sein? Was ist wichtiger für die Betroffene, daß sie hier fremd und Frau ist oder daß sie hier fremd und Flüchtling ist? Sieht sie sich selbst erst als Frau oder als Vietnamesin, Togolesin, Kurdin ...? Mit wem fühlt sie sich solidarisch? Soll die Betreuung in der Heimatsprache (in Anwesenheit von einem Mann, der auch konkrete kulturelle Bedingungen übersetzen kann) oder in einer Fremdsprache mit einer Frau ablaufen? Wenn ein Spezialangebot für Asylbewerberinnen notwendig ist, gibt es das nötige Personal oder die Mittel dafür? Wenn nicht, welche Strukturen oder Handlungsweisen helfen mir, dieses Problem zu meistern?

Konkrete Ziele

„So wünschen wir uns ein ganz normales Leben, ohne irgendwelche Drohungen."
Aus meinen Erfahrungen weiß ich, daß Sicherheit das allerwichtigste Bedürfnis der Asylbewerberin ist. Mit der Betroffenen versuche ich somit stets festzustellen, wodurch Sicherheit entstehen könnte. In vier Bereichen kann ich mit der Betroffenen auf das Ziel Sicherheit hinarbeiten:
Bleiberecht: Hier geht es darum, mit meinem Wissen über ihre Rechte im Asylverfahren einen längeren bzw. sicheren Zeitraum zu schaffen und alle ihre Ansprüche festzustellen.
Seelische und körperliche Gesundheit: Während alle Flüchtlinge gesundheitliche Schwierigkeiten haben, ist dieser Bereich für Frauen besonders wichtig, für sie selbst und für ihre Kinder. Einfache Dinge, z.B. was zu machen ist, wenn sie ihre Tage bekommt? (Tampons sind vielen Frauen aus anderen Ländern fremd.), aber auch schwierige Fragen über Kinderkrankheiten und Komplikationen in der Schwangerschaft beunruhigen Asylbewerberinnen.
Kommunikations-Möglichkeiten und Kontakte: Besonders wichtig ist die Ermöglichung von Kontakten mit anderen Frauen bzw. Landsleuten und mit der eigenen Sprache und Kultur, aber teilweise auch mit der deutschen Gesellschaft. Die Bildung eines Gemeinwesens, in dem die Asylbewerberin sich „zu Hause" (mit bekannter Sprache und vertrauten Sitten) fühlen kann, ist anzustreben. Innerhalb des Gemeinwesens kann sie (im Gegensatz zu ihren Erfahrungen in der deutschen Außenwelt) vieles (Kinderbetreuung, Streitigkeiten) in ihrem Alltag selber regeln.
Lebensbedingungen und -qualität: Hier geht es um die Zustände in der Unterkunft, um Arbeitsstellen, um Ausbildungschancen, um Kindergartenplatz, um Beziehungsprobleme usw.

Das Modell

„Ich habe das Gefühl, daß mein Asylantrag anerkannt wurde, ich als Person aber hier nicht anerkannt bin."
So, wie die Problematik der Asylsuchenden auf mehreren Ebenen zu verstehen ist, muß die Asylarbeit gleichzeitig auf mehreren Ebenen erfolgen. Der/die Sozialpädagoge/in braucht eine ganzheitliche Sichtweise. Zunächst kommt die direkte Arbeit mit Bewohnerinnen in der Unterkunft: Die Asylbewerberinnen kennenlernen und sie durch den Aufbau einer Vertretung in Problemlösungen mit einbeziehen. Die nächste Ebene ist die Ermöglichung der Kommunikation mit dem Gemeinwesen und eines Machtausgleichs mit der Außenwelt. Genauso wichtig ist die Kommunikation unter und die

Vernetzung mit Gleichen. Erst wenn die Probleme des Heimatlandes, des Alltags hier und des Ayslverfahrens für alle Beteiligten klar sind und ein Kommunikationsnetz untereinander und mit dem Gemeinwesen gebildet ist, ist die notwendige Basis für weitere Öffentlichkeitsarbeit und politische Aktionen geschaffen. Da beide, Asylbewerberinnen und Asylbewerber, mit der gleichen Ausgrenzung und der behindernden Macht in Deutschland zu kämpfen haben und sogar auch neben- oder miteinander in der Unterkunft wohnen, ist das Modell für die Arbeit mit allen Asylsuchenden entwickelt worden. Aber da Asylbewerberinnen teilweise andere Sorgen haben, gibt es auf jedem System-Niveau auch konkrete frauen- oder mädchenspezifische Handlungsweisen oder Projekte.

Die direkte, persönliche Arbeit mit Bewohnerinnen

Einzelfallhilfe

Hier bietet der/die Betreuer/in den Frauen Beratung an, vom Ausfüllen von Formularen für Ämter und Anrufen bezüglich Arzt-Terminen bis hin zu Gesprächen über Beziehungsprobleme und das Asylverfahren. So können konkrete Probleme, die zu Unsicherheit bei der Asylbewerberin führen, teilweise gelöst werden. Gleichzeitig lernt der/die Sozialpädagoge/in die Kultur und Prioritäten der Asylbewerberinnen kennen und kann beobachten, welche Bewohnerinnen besonders gut mit ihren Landsleuten reden können und wer für Ratschläge und Handlungen respektiert und anerkannt wird und als Vertretung fungieren kann.

Die Hilfe im Einzelfall ist bei Asylbewerberinnen sehr wichtig, da ihre Probleme oft sehr persönlich sind und sehr vertraulich behandelt werden müssen. Aus kulturellen Gründen kann es für sie besonders peinlich sein, überhaupt über ihre Probleme zu sprechen. Der/die Berater/in ist für sie ein Puffer gegenüber ÄrztInnen und Schwangerschaftsberatungsstellen. Mit Mädchen muß beispielsweise der/die Berater/in die Arbeit mit Vormund, Allgemeinem Sozialdienst (ASD), Jugendamt, Schule, Lehrstelle usw. koordinieren und gleichzeitig DolmetscherInnen finden, um dem Mädchen Schutz und Sicherheit anzubieten.

Gruppenarbeit

Nichtsdestoweniger gibt es reichlich Möglichkeit, kreative Projekte zu gestalten. Als Anreiz führe ich einige Beispiele an:
- Donna Mobile ist ein medizinischer Dienst von ausländischen Ärztinnen für Ausländerinnen in München, die mit Einfühlsamkeit in die Unter-

künfte kommen und Vorträge oder Beratungen anbieten. Auch ohne diesen Dienst kann der/die Sozialpädagoge/in über eine/n Dolmetscher/in mit Krankenschwestern oder Ärztinnen ähnliches anbieten. Dadurch kann beispielsweise sehr konkret über Verhütung und Periode gesprochen werden. Das Eintunken eines Tampons in ein Glas Wasser bringt auflockerndes Kichern und beantwortet gleichzeitig die Fragen der Asylbewerberinnen. Im entstehenden Dialog kommen neue Themen vor und es entwickelt sich ein für die spätere Arbeit notwendiges Vertrauen.
- Schwangerschaftsgymnastik ist den meisten Asylbewerberinnen fremd. In der Heimat halten sie sich anders fit. Sie scheint der Asylbewerberin lächerlich oder beschämend. Gleichzeitig will sie aber das Beste für ihr Kind und denkt, vielleicht wissen ja die Deutschen in diesem reichen Land besser Bescheid oder vielleicht wird die Ärztin sie nicht weiter versorgen, wenn sie nicht mitmacht. Eine Lösung, die diesbezüglich unter den Vietnamesinnen entstanden ist: Ein ehrenamtlicher vietnamesischer Betreuer, der schon länger in Deutschland ist, ging erst allein zur Gymnastik. Er machte die Übungen in der Stunde mit. Dann erklärte er bei einer Versammlung den Asylbewerberinnen, worum es ging. Die Männer wurden auch in die Diskussion miteinbezogen (sie sollten nicht denken, daß dieser Betreuer mit ihren Frauen etwas anfangen wollte.). Dann ging er mit den Asylbewerberinnen zur Gymnastik und machte mit. Auffallend in diesem Beispiel ist, daß die Vertrautheit zu dem Mann, der ihre Sprache sprach und ihre kulturellen Hemmungen verstand, wichtiger für die Asylbewerberinnen war, als daß es ein **Mann** war, der über diese privaten Themen sprach.

Vertretung

Durch diese Begegnungen werden mögliche Vertreterinnen der Bewohnerinnen bekannt. Zuerst als solche provisorisch von der Betreuung anerkannt, können die Bewohnerinnen bei einer Vollversammlung darüber abstimmen. Die Vertretung vermittelt dem/der Betreuer/in die Belange der BewohnerInnen. Sie übersetzt sowohl die Sprache wie auch die Probleme und die Erwartungen. Der/die Betreuer/in darf nicht von ihr verlangen, daß sie eine Mittelposition zwischen BewohnerInnen und Betreuung einnimmt. Sie muß zu den BewohnerInnen stehen können.
Diese Struktur bietet der Asylbewerberin die Sicherheit, in eigener Sprache und mit Menschen, die ihre kulturelle Haltung verstehen, zu kommunizieren.

Gemeinwesenarbeit

In der Kommunikation mit dem Staat und dem Gemeinwesen fungiert der/die Betreuer/in als Vermittler/in zwischen Asylbewerberinnen und beispielsweise Behörden. Durch seine/ihre Kenntnisse über die deutsche Gesellschaft kann der Asylbewerberin vieles erleichtert werden.

Der/die Betreuer/in ist auch gefordert, die möglichen Ressourcen des Stadtviertels (Kirche, Stadtrat, Schule, Vereine, Nachbarschaft usw.) sowie der städtischen und staatlichen Einrichtungen kennenzulernen und Vernetzungen mit ihnen zu bilden. In diesen Kontakten vertritt er/sie direkt die Interessen der Asylbewerberinnen.

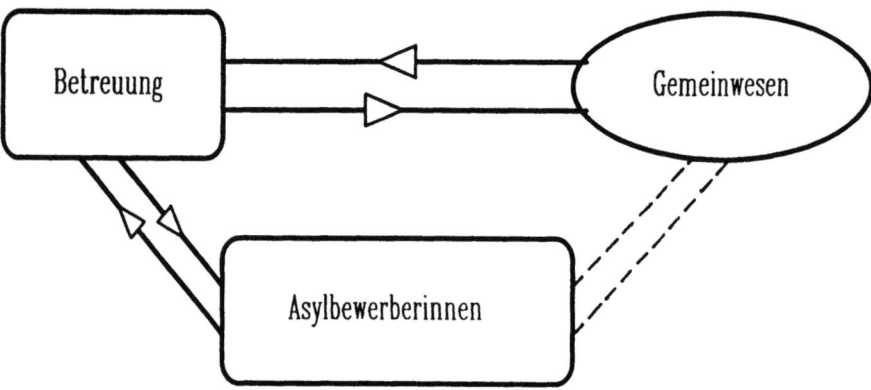

Auf der Basis der zwei Säulen, Vertretung in der Unterkunft und die Ressourcen des Stadtviertels, entwickelt die Betreuung Projekte, um die Lebensbedingungen der Asylbewerberinnen zu verbessern:

Projekt „Spielplatz"

Die Asylbewerberinnen stellten Forderungen für ihre Kinder: Z.B. einen Spielplatz, da es in den 12qm-Zimmern keine Spielmöglichkeiten gibt. Sie suchten auch Kindergartenplätze. Da es immer mehr zu tun gibt, als möglich ist, ist festzustellen, wieviel Wert die Bewohnerinnen tatsächlich auf einzelne Belange legen. Hier arbeitet die Sozialpädagogin mit der Vertretung zusammen, um (Frauen-)Vollversammlungen zu veranstalten. Wollen sie selber mitbauen, wenn ein Spielplatz errichtet wird? Haben sie Vorstellungen davon, wie er aussehen soll? Wenn Gelder dafür benötigt werden, haben sie Ideen, woher diese kommen können, sind sie bereit, auf etwas anderes zu verzichten, um die Kosten zu decken? Als sie sich dazu entschieden, selber zu bauen, wurden dann andere miteinbezogen: Ehrenamtliche mit Kontakten im Gemeinwesen konnten gespendete Obstbäume und Sträucher und eine selbst gebaute Wippe organisieren. Eine Pfarrgemeinde, eine Schülerinnengruppe und eine KonfirmandInnen-Gruppe, die schon in der Unterkunft BewohnerInnen kennengelernt hatten, sammelten Gelder, so daß weitere Geräte gekauft werden konnten. Das Gartenbauamt der Stadt München wurde angefragt, Erde, Sand und Baumstämme zu liefern. Mit ausgeliehenem Werkzeug bauten dann BewohnerInnen zusammen mit Ehrenamtlichen den Spielplatz. Hinterher gab es ein gemeinsames (von Bewohnerinnen vorbereitetes) Mittagessen.

Projekt „Kindergarten"

Das Problem Kindergartenplatz, weil nicht einmal alle einheimischen Kinder einen Platz bekommen, forderte mich dazu auf, meine Kontakte im Stadtviertel mit Kirchen, Eltern, den Kindergärten selbst, dem Jugendamt usw. abzurufen. Durch Öffentlichkeitsarbeit über die Lage der Asylkinder und Vernetzung mit den naheliegenden Einrichtungen konnten alle Asylbewerberkinder einen Platz bekommen. Die Beraterin fungiert als Puffer, wenn das Kind einmal im Kindergarten ist: Es wird zwischen kulturellen Unterschieden vermittelt oder die Regeln eines deutschen Kindergartens werden den Asylbewerberinnen erklärt.

Projekt „Kontakt mit dem Stadtviertel"

AnwohnerInnen aus dem Stadtviertel oder andere Interessierte können eingeladen werden, um mit den AsylbewerberInnen etwas zu unternehmen. Die Kontakte können beinhalten: Deutschkurse, Teestube, Patenschaften, Hausaufgabenbetreuung usw. Da eine gewisse Asymmetrie in solchen Beziehungen zwangsläufig ist, hat der/die Betreuer/in sowohl die Aufgabe des Puffers als auch des Machtausgleichs:
Der/die Betreuer/in klärt die kulturellen Unterschiede für beide Parteien. Er/sie muß die Ehrenamtlichen kennenlernen, mit ihnen zusammenarbeiten und versuchen zu verhindern, daß die Asylbewerberinnen nur als Hilfsbedürftige betrachtet werden. Wenn eine Asylbewerberin sich beispielsweise überfordert fühlt, aber wegen kulturell bedingter Höflichkeit oder eines Gefühls der Minderwertigkeit es nicht sagen kann, kann sie sich an die Betreuung wenden. Diese kann dann der Ehrenamtlichen die Bedürfnisse

der Asylbewerberin vermitteln. Bei kleinen Mißverständnissen mischt sich die Betreuung nicht ein. Da müssen die Kontakte direkt fließen.

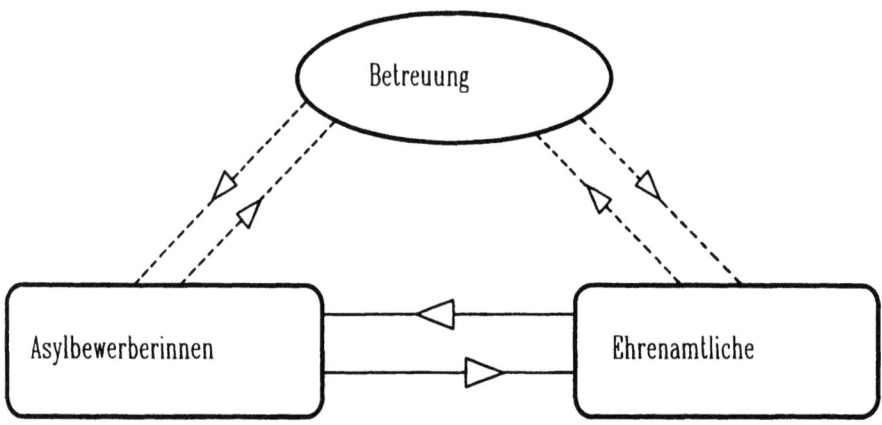

Projekt „Öffentlichkeitsarbeit"

Wenn die Asylarbeit einmal feste Wurzeln im Stadtviertel hat, können SozialpädagogInnen und Vertretung auf dieser Basis konkrete politische Ziele angehen. Als Beispiel schildere ich hier einen Fall:

> Als die vietnamesischen AsylbewerberInnen in ganz Bayern von Ausländerämtern schikaniert und bedroht wurden, mußten sie ihre Aufenthaltsgenehmigung jede zweite Woche verlängern lassen. Es wurden Abschiebungen versucht, trotz der Weigerung der vietnamesischen Regierung, die Menschen zurückzunehmen. Manche machten eine „Ping Pong" Reise zwischen Hongkong, Hanoi, Hongkong, Saigon bis zu 10 Tagen, bevor zugegeben wurde, daß sie nicht abschiebbar waren. Erst dann kamen sie zurück nach Deutschland. Oder in einem Fall wurde eine Frau mit ihrem Kind zum Flughafen gefahren. Der Ehemann, dessen Asylantrag noch nicht abgeschlossen war, wurde nicht abgeschoben. Nur durch die Intervention eines Pfarrers und die Ankündigung einer Mitteilung an die Presse konnte die Familie wieder zusammengeführt werden.

Wir reagierten auf zwei Ebenen. Einerseits erstellte die Vertretung durch ihre vernetzten Kontakte eine genaue Dokumentation über solche Fälle. Andererseits veröffentlichten wir diese Dokumentation im Gemeinwesen: Beim Dekanatsrat, in Kirchengemeinden, gegenüber den SpenderInnen, die mit Kleidern in die Unterkunft kamen usw. Unterschriftenlisten und Briefe wurden gesammelt und an das Innenministerium geschickt. PolitikerInnen des Stadtviertels wurden angesprochen und um Hilfe gebeten. Da genügend

Interesse im Stadtviertel bestand, waren sie auch bereit, höheren Parteimitgliedern zu schreiben. Das Innenministerium entschied, Vietnamesen und Vietnamesinnen eine Duldung bzw. eine Aussetzung der Abschiebung, die jeden dritten Monat verlängert werden kann, zu erteilen. Die Unterstützung der StadtviertelbewohnerInnen und Einrichtungen trug viel zu diesem Erfolg bei. Bei diesem Einsatz sehen wir deutlich, daß die Arbeit mit Asylbewerberinnen sich nicht nur auf frauenspezifische Probleme begrenzen darf.

Projekt „Vernetzung unter Flüchtlingen"

Gleichzeitig soll die Kommunikation zwischen Asylbewerberinnen und eigenen Landsleuten gefördert werden. Ob Asylbewerberinnen der gleichen Nationalität oder ob, wie es in machen Unterkünften der Fall ist, bis zu 40 unterschiedliche Nationalitäten zusammenwohnen, es fehlen meistens Platz oder Gelegenheit, um miteinander reden, kochen, tanzen, eigene Musik hören oder beten zu können. Kontakte können durch Feste und kulturelle Veranstaltungen entstehen. Wünschenswert ist eine institutionalisierte Vernetzung unter den Unterkünften und mit den Landsleuten, die schon länger hier leben. Ein Zentrum bietet einen Raum für Begegnungen, die von einfachem Miteinander-Ratschen oder Kartenspielen bis hin zur politischen Organisation und Solidarität angesichts drohender Abschiebungen reichen können.
Kontakte außerhalb der Unterkunft können auf verschiedene Weise entstehen: Über die Fachbasis der SozialpädagogInnen, über informelle Kontakte zwischen Landsleuten, über Veranstaltungen in anderen Unterkünften, über Ehrenamtliche und DolmetscherInnen.

Projekt „Eigene Organisation und Hilfe zur Selbsthilfe"

Mit der Hilfe eines Vietnamesen, der vor über 20 Jahren flüchtete, bildete die Vertretung in der Unterkunft die **Vietnamesische Initiative München** eine Kerngruppe von Männern und Frauen, die in mehreren Unterkünften eine Zeitschrift auf Vietnamesisch herausgibt. Darin wird über aktuelle Asylfälle und Änderungen in der Abschiebepolitik berichtet. Sie bieten auch Beratung und Dolmetscherhilfe sowie Begleitung bei Behördengängen an. In anderen Unterkünften halten sie Bewohnerversammlungen zu Themen des alltäglichen Lebens ab. Mit der Zeit kamen aus dem Großraum München und teilweise aus ganz Bayern genügend vietnamesische Flüchtlinge, so daß die Initiative einen umfassenden Blick für Asylmaßnahmen und die Entwicklung der Richtlinien bekommen hat.
Den Mitgliedern der Initiative und der Sozialpädagogin war es immer bewußt, daß diese Initiative sich besondere Mühe geben muß, um Frauen miteinzubeziehen. Da aus kulturellen Gründen die vietnamesische Asylbe-

werberin wenig Erfahrung hat, in der Öffentlichkeit aufzutreten, sowie auch selten mit Männern zusammentrifft und auf Grund ihrer noch größeren Ausgrenzung von der deutschen Gesellschaft selten gut Deutsch spricht, mußte die Gruppe überlegen, wie sie den Asylbewerberinnen ermöglichen könnte, teilzunehmen. Sie bildeten eine Kulturgruppe, die mit Tanz und Musik Veranstaltungen für Deutsche machten. Asylbewerberinnen nähten die Tanzkleider. Frauen trauten sich zwar nicht, Vorträge zu halten, blühten aber als Tänzerinnen oder Pianistinnen auf. Sie wurden von den ZuschauerInnen bejubelt. Die Männer gingen als Begleiter und nicht als Darsteller zu den Veranstaltungen. Mit der Zeit fing eine Asylbewerberin sogar an, im Betreuungsbüro zu hospitieren, um Deutsch zu lernen und eventuell Beratungen zu übernehmen.

„Ich als Flüchtling selber fühle mich verpflichtet, unseren Landsleuten zu helfen und auch die politische Situation darzustellen. Die Initiative ist deswegen für mich sehr sehr wichtig. Wenn ich zusammen in dieser Initiative arbeite, freue ich mich immer, weil ich unsere Kultur hier zeigen kann. In Vietnam wenn wir tanzen oder singen wollen, dann müssen wir das Programm einem Beamten geben und er schaut, ob etwas nicht gut für die Regierung ist, etwas gegen die Politik ist."

Mit der Zeit änderte sich meine Rolle: Die Initiative übernahm viele Beratungen und führte Fallgespräche mit mir. In diesem Dialog bekam ich Einblick in die vietnamesische Kultur sowie in die Belange der Asylsuchenden, wie ich sie sonst nie bekommen hätte.

Über meine Kontakte in der Asylfachbasis, durch die Caritas, in anderen Gremien usw., konnte die Gruppe ihre Kontakte ausweiten und sich Informationen holen. Allmählich fuhren einige Gruppenmitglieder auch mit mir zu bestimmten Gremien, erhielten dadurch direkte Kontakte und lernten, in einem breiteren (deutschen) Kreis ihre Belange zu vertreten. Als die Zusammenarbeit immer mehr eine Arbeit unter Gleichen wurde, entstand eine effektive Öffentlichkeitsarbeit: Interviews mit Zeitungen und das Auslegen von Unterschriftenlisten im Gemeinwesen, z.B. Kontakte mit Kirchengemeinden wurden nicht nur über die Sozialpädagogin vermittelt, sondern direkt von der Initiative übernommen. Unabhängig von der Sozialpädagogin liefen Kontakte mit Ehrenamtlichen und anderen HelferInnen oder SpenderInnen.

Die Deutschkenntnisse der Kerngruppe verbesserten sich, so daß sie bei Veranstaltungen mit amnesty international z.B. ohne Dolmetscher ihre Lage in Deutschland und das Grauen der „Ping-Pong"-Abschiebungen dokumentieren konnten.

Mit diesem Modell entsteht ein vernetztes Arbeitsfeld: das Asyllager mit seinen BewohnerInnen und den Fach- und Betreuungskräften, unterschiedlichen Menschen und Einrichtungen des Gemeinwesens auf der Meso- und der Makro-Ebene. Das entstandene System wird durch die folgende Skizze veranschaulicht. Durch verbesserte Ausstattungen und erweiterte Kompetenzen der Asylbewerberinnen und durch politische Änderungen verändern sich diese Vernetzungen kontinuierlich.

VIM : Vietnamesische Initiative München

Institutionalisierung der Hilfe zur Selbsthilfe

Ein Zentrum, das als Begegnungsstätte für Flüchtlinge gleicher Nationalität dient, ist der nächste Schritt in der Institutionalisierung von Vernetzung und Kommunikation. Es gibt hier zahlreiche Beispiele, wo Ausländer-Zentren oder Vereine gegründet wurden. Der Ausgangspunkt ist, Sicherheit anzubieten. Hier kann sich die Asylbewerberin in ihrer eigenen Sprache ausdrücken, hier kennt sie sich aus, hier sind die VerwalterInnen die Asylsuchenden selbst. Die Rolle des/der Sozialpädagog/in ist begrenzt. Er/sie bietet immer noch seine/ihre Kenntnisse über die deutsche Gesellschaft an, setzt sich nach Bedarf als Puffer oder als Machtausgleich in Verhandlungen über Ort, Trägerschaft, Gelder usw. ein.

Oft besteht die Hoffnung, daß das Flüchtlingszentrum als Integrationsort zwischen Deutschen und Asylsuchenden dienen wird. In einem früheren Versuch des Vereins der Freien Vietnamesen ist dies nicht gelungen. Die Flüchtlinge selber sagen, daß die Asymmetrie zwischen Einheimischen und Vietnamesen nicht abgebaut werden könnte: Die zwei Gruppen hatten sehr unterschiedliche Konzepte von Freizeit. Der/die Asylbewerber/in will in eigener Sprache plaudern; auf Deutsch Schach zu spielen bedeutet wieder Anstrengung. Die Flüchtlinge, die sich in der Unterkunft vom Essenspaket ernähren müssen, genießen im Zentrum das Kochen nach Art des Heimatlandes. Während die Deutschen Frühlingsrollen mögen, hat die Asylbewerberin im Zentrum kein Interesse, bayerisch zu essen. Die Deutschen kommen als HelferInnen oder als Interessierte an anderen Kulturen dorthin. Die AsylbewerberInnen kommen, um hier Gleiche zu treffen.

Ich kenne kein Beispiel, wo eine Begegnungsstätte für Flüchtlinge von mehreren Nationalitäten eröffnet wurde. Ich denke aber, daß die Frage gestellt werden muß, ob so ein Modell dazu dienen könnte, eine Machtbasis für Asylsuchende allgemein aufzubauen. Es könnte als Begegnungsgelegenheit für vereinzelte Nationalitäten oder als eine andere Form der Integration, durch die Asylbewerberinnen sich untereinander besser vernetzen können, dienen.

Fazit

Bei der Entwicklung dieses Modells lernte ich, daß bei einem frauenspezifischen Ansatz, gleichzeitig die Heimatkultur und die Solidarität unter Landsleuten (männliche und weibliche) zu berücksichtigen ist. Ich lernte auch, daß manches nur unter Frauen und anderes nur in der Heimatsprache zum Ausdruck kommen.

Mit diesem Modell, das Bewußtsein der eigenen Probleme, Wissen über gegebene Problemlösungen, Mitbeteiligung und Vernetzungen schaffen soll, kann der/die Sozialpädagoge/in eine Vision verwirklichen, die über die Lösungen des Alltags hinausführt. Es bietet den Asylbewerberinnen an, sich gegenseitig im Falle von Abschiebung zu unterstützen oder sich psychisch auf die kommende Rückkehr vorzubereiten. Hier ist sogar Raum, sich mit Perspektiven nach der Rückführung auseinanderzusetzen: ob die einzelne resignieren muß oder Widerstand im Heimatland organisieren kann. Diese Fragen können die Gleichbetroffenen viel besser besprechen bzw. beantworten als die/der Sozialpädagoge/in. Dieses Modell bietet den Asylbewerberinnen auch die Möglichkeit, aus ihrer Isolation herauszukommen und sogar mit ihren Verbündeten politisch zu agieren. Es stellt eine positive Alternative zu der täglichen Sisyphus-Arbeit im Asyllager dar und zwar durch eine systematische Perspektive und durch neue Strukturbildungen. Die Methodik zielt darauf, die Ohnmacht der Betroffenen abzubauen.

Dieses Modell entstand unter konkreten Zuständen, die nicht in der Arbeit mit Asylbewerberinnen universal oder konstant sind: So entwickelte sich beispielsweise hier das Vertrauen zwischen Männern und Frauen außergewöhnlich schnell, dank der Mitarbeit eines älteren Flüchtlings mit guten Deutschkenntnissen und langjährigen Betreuungserfahrungen. In den Fällen, in denen Asylbewerberinnen ihre Geschichten und Probleme nur unter Frauen äußern, kann die Bildung einer Vertretung viel langwieriger sein. Wenn viele Nationalitäten zusammen wohnen, wird die Vertretung ebenfalls anders aussehen. Rivalitäten zwischen Nationalitäten oder sogar gegenseitiger Rassismus erschweren effektive Problemlösungen und politische Zusammenarbeit in der deutschen Gesellschaft. Im Falle solcher Spannungen sind die Prinzipien und Methodik dieses Modells besonders triftig: Für die SozialpädagogInnen: Zuhören, Kennenlernen, einen Dialog eingehen, Wissen und Kompetenzen anbieten und für die Betroffenen: Beteiligung und Mitbestimmung, Erweitern der Kompetenzen, Hilfe zur Selbsthilfe, Selbst-Organisation.

Literatur

Asylverfahrensgesetz (AsylVfG)

Bestelmeyer, Franziska 1992: Rechtliche und sozialpädagogische Aspekte bei der Betreuung von unbegleiteten minderjährigen Asylbewerbern. Unveröffentlichte Diplomarbeit, Katholische Stiftungfachhochschule. München

Butterfield, Hester 1993: Emanzipatorische Pädagogik in der Sozialarbeit/ Sozialpädagogik: Fragen von Macht und Handlung dargestellt an

Beispielen aus der Teamarbeit und aus der Arbeit mit Asylbewerber/innen. Unveröffentlichte Diplomarbeit, Katholische Stiftungsfachhochschule. München

Davidson, Miriam 1994: Second-Class Refugees: Persecuted Women are denied Asylum. The Progressive, Mai/Juni, 22-25

Flüchtlingsrat Niedersachsen und PRO ASYL (Hrsg.) 1995: Das Ausländerleistungsgesetz / Rassismus im Sozialstaat: Ausgrenzung hat System. Hildesheim

Freire, Paulo/Betto, Frei 1986: Schule die Leben heißt, Befreiungstheologie konkret. Ein Gespräch. München

Freire, Paulo/Macedo, Donaldo 1987: Literacy: Reading the Word and the World. New York

Fritz, Florian 1994: Die sozialpädagogische Betreuung von Flüchtlingen in München: Rahmenbedingungen, exemplarische Analyse vorhandener Konzepte an Hand von Ausstattungs- und Machtfragen sowie Darstellung von Perspektiven. Unveröffentlichte Diplomarbeit, Katholische Stiftungsfachhochschule. München

Honey, Marta 1994: Mexicos Open Secret: Abortion Underground. The Nation. September, 310-312

Staub-Bernasconi, Silvia 1983: Soziale Probleme - Dimensionen ihrer Artikulation, Umrisse einer Theorie sozialer Probleme als Beitrag zu einem theoretischen Bezugsrahmen sozialer Arbeit. Diessenhofen

Staub-Bernasconi, Silvia 1990: Handlungsanweisungen zur Machtabsichtserklärung: Macht-Quellen-Analyse und die Bestimmung von Aktionsstufen. Zürich

Stumpp, Anita 1990: Unveröffentlichtes Arbeitspapier zur Asylfrage. Nürnberg 3.11.90

Stoller, Joyce 1994: Female Circumcision on Film. The Progressive. Juli, 13

Süddeutsche Zeitung, 14.11.92, 16.10.92, 13.07.94, 04.10.94, 12.08.95

The Progressive, Juli 1995, 9

UNHCR, Flüchtlinge, Nr. 2. Juni 1995, 3-13

„Crazy on the Road" - filmend sich selbst begegnen.
Reflexionen zu einer aktiven Medienarbeit mit Mädchen und jungen Frauen in der offenen Jugendarbeit

Elke Hardegger

Zwei Mädchen machen die Fliege. Bei Nacht und Vollmond seilen sie sich aus einem strengen Mädcheninternat ab. Ihre erste Zufluchtsstelle ist das Frauenklo in einer U-Bahnstation. Als sie bei einer Cousine Unterschlupf finden, stürzen sie sich ins bunte Leben. Schließlich gewinnen sie eine neue Freundin und machen sich auf ans Meer.

Dies ist in knappen Worten der Inhalt des Mädchenvideos „Crazy on the road - Sag dem Alltag goodbye": Eines der wenigen Videoprojekte innerhalb der außerschulischen Jugendarbeit, das ausschließlich von Mädchen gemacht und von Frauen betreut wurde. Denn es läßt sich feststellen, daß neben dem Einsatz von Foto oder Zeitung hauptsächlich Video ein Angebot für Jungen ist, welches ausschließlich von Pädagogen gemacht wird. Eine Betrachtung der gesamten Jugendvideoszene in der Bundesrepublik bestätigt dies: „Video ist ein Männermedium. Frauen bzw. Mädchen sind als Macherinnen nur selten zu finden... Sie wirken meist als Schauspielerinnen oder Statistinnen mit, Kamera, Regie und Schnitt sind in männlicher Hand" (Institut Jugend Film Fernsehen 1991, 9).[1]

Diese Ergebnisse bedeuten aber nicht, daß Mädchen und junge Frauen kein Interesse an Video hätten. Es fehlt eher ein notwendiges Selbstverständnis im Umgang mit Video hinsichtlich der Technik und der inhaltlichen Möglichkeiten. Hierfür müssen aber entsprechende Bedingungen gegeben sein, so daß Mädchen und junge Frauen den Einsatz von Video überhaupt kennenlernen und den Umgang damit erproben können. Daß diese Arbeit Spaß macht und erfolgreich sein kann, sollen zwei Beispiele aus der Praxis aufzeigen. Verbunden werden diese Praxisberichte durch eine Skizzierung der theoretischen Grundlagen einer solchen Arbeit.

Der eingangs kurz geschilderte Inhalt des Videofilms „Crazy on the Road" wurde von acht Mädchen im Alter von 13 - 16 Jahren aus dem Münchner

---

[1] Diese Übersicht erfaßt nicht nur Videoprojekte von Freizeiteinrichtungen, sondern auch freie Videogruppen.

Freizeitheim AKKU[2] produziert. Es handelt sich um ein Projekt, das mit Unterstützung des Medienzentrum München durchgeführt wurde.

Das Medienzentrum München des Instituts Jugend Film Fernsehen ist eine Einrichtung für die außerschulische Jugendmedienarbeit innerhalb Münchens. Neben medienpädagogischer Beratung und medientechnischer Versorgung werden hier auch spezielle dezentrale Medienprojekte mit Mädchen und jungen Frauen betreut.[3]

Von der Idee zur Premiere

Das Freizeitheim AKKU arbeitet seit Anfang 1990 mit einem geänderten pädagogischen Konzept, das seinen Schwerpunkt auf Mädchenarbeit legt. Damit Mädchen mehr Freiräume und Entfaltungsmöglichkeiten in ihrem Freizeitheim erhalten, sollen Situationen geschaffen werden, in denen sie sich ihr spezifisches Rollenverhalten bewußt machen, hinterfragen und Alternativen erlernen. Um dieses Ziel zu erreichen, wurde ein Videoprojekt angeboten, in dem alle Beteiligten die Charaktere und Rollen nach ihren Vorstellungen entwerfen konnten. Die anschließende schauspielerische Darstellung der erarbeiteten Charaktere sollte unabhängig von Rollenzuschreibungen sein. Im Vordergrund stand daher kein „Problemfilm", sondern ein Film, der vor allem Spaß macht und der den Mädchen etwas anderes zeigt, als es normalerweise von den Medien vermittelt wird.

Während verschiedener Aktivitäten, besonders an den sog. „Mädchentagen", konnte die Sozialpädagogin des Freizeitheims Besucherinnen, die zum Teil schon etwas Vorerfahrungen im Umgang mit Video hatten, für ein längeres Projekt gewinnen. Die Mädchen stammten aus München-Untergiesing und kannten sich bereits vom offenen Betrieb und von gemeinsamen Aktionen des Freizeitheims.

Der zeitliche Rahmen des Videoprojekts betrug insgesamt fünf Monate, während derer sich die Gruppe meist einmal wöchentlich für die Drehbuchentwicklung, die Dreharbeiten sowie die Nachbearbeitung im Schnittstudio traf. Regelmäßige Gespräche mit der Sozialpädagogin zur inhaltlichen und organisatorischen Klärung des Projektverlaufs fanden ebenso häufig statt. Ich hatte die Aufgabe der medienpädagogischen Leitung mit dem Schwerpunkt, die Entwicklung und Umsetzung der Filmidee zu unterstützen

---

[2] AKKU: Aktion Kommunikations- und Kulturzentrum Untergiesing, eine Einrichtung des Kreisjugendrings München-Stadt.

[3] Bei diesem Mädchenvideoprojekt war ich Praktikantin des Medienzentrums München innerhalb meines Sozialpädagogikstudiums.

und den Umgang mit der Videotechnik zu betreuen. Wie dies im einzelnen aussehen kann, werde ich im folgenden darstellen.

Vorbereitungsphase

Zur gemeinsamen Einstimmung auf die Produktion eines Videofilms und zum ersten Kennenlernen sah ich mit den Mädchen beim ersten Treffen den Film „Times Square" an. Er schildert den Aufstieg und Fall einer englischen New Wave-Sängerin. Bei der anschließenden Diskussion entstand bei den Mädchen die Idee, einen Spielfilm über das Thema „Abhauen" zu produzieren. Dieser Vorschlag wurde zur Grundidee der Filmgeschichte. Bei diesem Treffen tauschten die Projektteilnehmerinnen erste Erwartungen und Wünsche aus. Beim zweiten Treffen, zu dem noch weitere am Projekt interessierte Mädchen hinzukamen, wurde für das Thema ein erstes, vorläufiges Drehbuch ausgearbeitet. In dieser Runde forderten wir die Mädchen auf, ihre Erwartungen und Interessen an dem gesamten Projekt zu äußern sowie Ideen und Vorstellungen zu dem geplanten Film zu entwickeln. Zur besseren Veranschaulichung sammelten wir die vorgeschlagenen Drehorte, Handlungen und verschiedenen Rollen, die die Mädchen spielen wollten, an einer Wandtafel. Dabei bestand meine Aufgabe darin, die genannten Vorstellungen einzugrenzen und zusammenzufassen. Darauf aufbauend erarbeiteten wir gemeinsam Szenenbilder für die realisierbare Umsetzung mit Video. Hier war es oftmals notwendig, die Mädchen zu motivieren, ihre Vorstellungen auszusprechen. Manche allerdings hatten sich dazu bereits Gedanken gemacht und brachten selbständig Vorschläge ein. Bald stand fest: Es sollte ein Film werden, in dem Mädchen die Hauptrollen besetzen, in dem sie verschiedene Abenteuer erleben und aus eigener Hilfe immer wieder weiterkommen. Jede Mitwirkende entwarf ihre Rolle und ihren Charakter selbst. So entstanden die unterschiedlichsten Charaktere, vom braven Internatsmädchen bis hin zur ausgeflippten „Type". Jungen und Männer sollten in diesem Videofilm zwar auch vorkommen, aber nur in den Nebenrollen: als Machos, die die Ausreißerinnen in der U-Bahnstation „anmachen", oder als Disco-Typen, die von Mädchen „aufgerissen" werden.

Durchführung

Für die Dreharbeiten benötigten wir vier Monate, in denen wir uns einmal die Woche trafen. Für jeden Drehtag wurden die Szenen festgelegt, wobei die Mädchen während der Aufnahmen immer wieder spontan situative Veränderungen und Vorschläge einbrachten, z.B. bezüglich der Gestaltung der Requisiten. Ein Großteil der Dialoge entstand erst während des Spielens. Nach dem Drehen begutachteten wir gemeinsam die Aufnahmen, was zugleich die Motivation zum Weitermachen förderte. Die Mädchen beteiligten sich auch bei allen technischen Arbeiten wie Kameraführung, Ton und Licht. So lernten sie spielerisch den Umgang mit der Technik. Pädagogische Einflußnahmen erfolgten nur zur Unterstützung der Mädchen bei der Umsetzung ihrer Ideen, angefangen von der filmischen Auflösung einer Szene bis hin zur Schauspielführung. Einige Ideen mußten in Laufe der Zeit wieder gestrichen oder verändert werden. Äußere Umstände, wie der Ärger mit dem Hausmeister, forderten von allen, flexibel zu handeln und Alternativmöglichkeiten zu suchen. Gegen Ende der Dreharbeiten stand das Projekt mehrmals kurz vor dem Scheitern. Ein großer Streit, dessen Ursache außerhalb des Projekts lag, brach unter den Mädchen aus. Die Dreharbeiten mußten zuerst einmal zurückgestellt werden. Intensive Klärungsgespräche waren nun wichtiger und entscheidend für den weiteren Projektverlauf. Einige Mädchen wollten aussteigen, ohne die aber der Film nicht weiter gedreht werden konnte. Ein Wochenende im Freizeitheim, an dem wichtige Szenen in einer Kneipe und notwendige Nachtaufnahmen gedreht werden sollten, konnte nur mit großer Mühe abgehalten werden. Trotz Unstimmigkeiten und Streitereien untereinander wollten die Mädchen aber ihren Film beenden. Als alle Szenen aufgenommen waren, kamen nur noch wenige Mädchen der Filmgruppe ins Freizeitheim. Die „Luft war raus" und die Sommerferien begannen, so daß ein gemeinsamer Schnitt des aufgenommen Materials nicht mehr möglich war. Die Nachbearbeitung war nun die Aufgabe der Leiterinnen, sonst wäre das ganze Projekt gescheitert. Erst bei der Musikauswahl gegen Ende der Montage kamen einige Projektteilnehmerinnen dazu. Als sie dann einen Teil des geschnittenen Videos zum ersten Mal sahen, waren sie wieder interessiert und begeistert von ihrer Produktion. Der Stolz der Mädchen auf ihren Film wuchs zunehmend bei den verschiedenen Vorführungen, ebenso das Ansehen bei den Jungen im Freizeitheim.

Reflexion des Videoprojekts

Rückblickend zeigt sich, daß bei der Videoarbeit in der offenen Jugendarbeit mit vielen Hindernissen zu rechnen ist. Wichtig war die Vorarbeit und Motivation der Sozialpädagogin vor Ort, aber auch die Unterstützung des ganzen Teams des Freizeitheims. Fehlen diese scheitern oft solche Projekte, denn die Aufgaben während des offenen Betriebs müssen die anderen KollegInnen übernehmen. Die Vor- und Nachbesprechungen sind für eine Zusammenarbeit der Projektleitung sehr wichtig, denn sie gewährleisten, den Prozeßcharakter des Projekts zu reflektieren und entsprechend darauf zu reagieren sowie die einzelnen Rollen der Leitung zu hinterfragen. Die gute

Zusammenarbeit der Leitung dieses Projekts wirkte sich auf den gesamten Verlauf aus. Entscheidend war auch die Situation, daß das Filmprojekt nur von Frauen geleitet wurde. So konnte den Mädchen ein Rahmen gegeben werden, in dem sie ihr Verhalten frei von jeglicher männlicher Kontrolle oder Bevormundung ausprobieren und reflektieren konnten. Daß dabei viele Fähigkeiten entdeckt wurden, zeigt der Film „Crazy on the Road" ganz deutlich. Sehr zur Freude der Macherinnen gab es dann auch einen Preis bei dem bundesweiten Wettbewerb „Jugend und Video 1991" in Saarbrücken. Die Jury begründete die Auszeichnung wie folgt:
„In diesem Video beschreibt eine Mädchengruppe aus einem Jugendtreff ihre Wünsche nach Freiheit und Abenteuer. Die einzelnen Charaktere werden gut und nachvollziehbar entwickelt; die Dialogführung zeichnet sich durch einem szenetypisch-frechen Jargon aus. Mit der 'schnörkellosen' Regiearbeit und der direkten Kameraführung wird die eigenständige schräge Machart des Spielfilms unterstützt" (Dokumentation Jugend und Video 1991).

Dieses Mädchenfilmprojekt veranschaulicht, daß ein aktiver Umgang mit Video die Selbstbegegnung, die Artikulation von Bedürfnissen und Interessen bei den Mädchen unterstützt hat. Durch die Präsentation des Videofilms konnte diese Auseinandersetzung auch nach außen getragen werden. Das Medium Video diente hier als Mittler für Kommunikation. Diesem Einsatz von Medien liegt die Theorie einer aktiven Medienarbeit mit Jugendlichen zugrunde.

Theoretische Grundlagen einer aktiven Medienarbeit mit Mädchen und jungen Frauen

Das Konzept einer aktiven Medienarbeit mit Jugendlichen

Eine aktive Medienarbeit ist die Methode einer handlungsorientierten Medienpädagogik. Im Mittelpunkt dieser Theorie stehen nicht die Medien, sondern das Individuum als Subjekt in seinem gesellschaftlichen Kontext von Medien und Gesellschaft. Ein Individuum, das nicht durch vorgegebene Verhältnisse determiniert ist, sondern „eigene gesellschaftliche Handlungs- und Gestaltungsfähigkeiten besitzt" (Schell 1990, 2). Diese Sichtweise zeigt deutliche Parallelen zu einer emanzipatorischen Pädagogik. Ihre Leitziele sind „Mündigkeit" und „Emanzipation". Das Individuum als Subjekt gesehen, das eigene Fähigkeiten zum selbständigen Handeln und Verändern besitzt, soll die Zwänge, die seine Autonomie bzw. seine Selbstbestimmung be- oder verhindern, erkennen und beseitigen. In einer handlungsorientierten Medienpädagogik werden diese Zielvorstellungen durch das Leitziel „Herstellung authentischer Erfahrung" erweitert. „Authentische Erfahrung" zielt auf die selbständige Aneignung und Erforschung der sozialen Realität sowie die aktive Einwirkung auf diese Realität ab. Verstanden wird diese Zielvorstellung als „Prozeß und Ergebnis der Befreiung aus unnötigen gesellschaftlichen Abhängigkeiten und Zwängen und das Fortschreiten zu selbstbestimmtem Denken und Handeln" (Schell 1993, 151). Für diese Auseinandersetzung benötigt das Individuum Fähigkeiten zum Handeln und zum Kommunizieren. Somit ergibt sich als Voraussetzung zur Herstellung „authentischer Erfahrungen" die „Handlungskompetenz" und die „kommunikative Kompetenz". Hier ist einerseits die Fähigkeit gemeint, eigenes Handeln zu reflektieren und zu begründen sowie das Handeln anderer zu respektieren und beim gemeinsamen Handeln eigenverantwortlich mitzubestimmen (vgl. Schell 1993, 63). Andererseits bedarf es hierfür analytischer Fähigkeiten zum Kommunizieren, d.h. zu erkennen, wie Mitteilungen bzw. Botschaften formuliert werden und wie sie auf der anderen Seite wahrgenommen, verstanden und interpretiert werden, um dagegen eigene Standpunkte in die Interaktion einzubringen (vgl. Schell 1993, 64).[4]

Auf der Basis dieser Zielvorstellungen ergeben sich grundlegende Prinzipien für eine aktive Medienarbeit mit Jugendlichen. Ausgangslage ist die Lebenssituation der Jugendlichen, sind ihre Bedürfnisse, Interessen und Erfahrungen (in den verschiedenen Erfahrungsfeldern: Schule, Arbeitswelt, Freizeit und die Massenmedien selbst). Daraus entwickeln sich die Themen und Inhalte für einen handelnden Umgang mit den Medien, welche exemplarisch aufgearbeitet und im dialektischen Sinne in Beziehung zu den gesamtgesellschaftlichen Bedingungen und politischen Verhältnissen gesetzt werden sollen. So können Widersprüche aufgedeckt, Utopien entwickelt und Handlungsperspektiven erarbeitet werden. Durch die Erfahrung des gemeinsamen Lernens in der Gruppe wird Solidarität gefördert und die Durchsetzbarkeit von Interessen vergrößert. Durch das Erstellen eines medialen Produkts wird gemeinsames Handeln zur unmittelbaren Erfahrung. Individuelle und kollektive Fähigkeiten werden entdeckt und Verhalten reflektiert, Utopien werden konkretisiert, Veränderungen spielerisch erprobt und Handlungsspielräume erweitert. Durch das Produkt können Interessen artikuliert und öffentlich vertreten werden. Dieser handelnde Umgang mit Medien ermöglicht es, sie als Mittel für Kommunikation zu nutzen. Das bedeutet auch, daß die RezipientInnen von Medieninhalten die Möglichkeit erhalten, ihre eigenen Sichtweisen öffentlich zu machen und so individuelle und kollektive Erfahrungsräume innerhalb der Gesellschaft mitzugestalten.[5] Dies

---

[4] S. weiterführend dazu: Baake 1973.
[5] Das ist eine Blickrichtung, die auf die Radiotheorie von Berthold Brecht (1932) zurückgeht. Er stellte die Forderung auf, das Radio von einem einseitig sendenden Medium zu einem wechselseitigen kommunikativen Medium umzuwandeln.

ist eine Chance für Partizipation, deren Effektivität durch Solidarität verstärkt werden kann.
Bei der Realisierung einer medialen Produktion, und um Medien überhaupt als Kommunikationsmittel nutzen zu können, sind auch medien- und filmtechnische Kenntnisse notwendig.[6] Die medienpädagogische Leitung einer Gruppe soll Hilfestellungen anbieten, damit Botschaften bzw. Interessen einer medialen Produktion verständlich werden und somit für eine Öffentlichkeit zugänglich sind. Folglich muß eine medienpädagogische Leitung nicht nur Ziele und Methoden didaktisch aufbereiten können, sondern auch technische, inhaltliche und dramaturgische Kenntnisse besitzen, um die Gruppe bei der Herstellung ihres medialen Produkts beraten und unterstützen zu können.

Für eine aktive Medienarbeit gibt es theoretische Konzeptionen, jedoch hauptsächlich im Zusammenhang mit Jugendlichen allgemein. Mädchen werden dabei subsumiert unter dem Begriff Jugendliche. Der spezielle Lebenszusammenhang von Mädchen und jungen Frauen, ihre spezifischen Probleme und Stärken, Denkweisen und Interessen finden dabei wenig Beachtung. In Forschung und wissenschaftlicher Literatur über Jugendfragen kommen Mädchen ebenfalls wenig vor. Erst in der feministischen Literatur und seit dem 6. Jugendbericht 1984 des Bundesministeriums für Jugend, Familie und Gesundheit wird der Arbeit mit weiblichen Jugendlichen ein besonderer Stellenwert gegeben. Unter anderem entwickelte sich daraus eine parteilich-feministische Mädchenarbeit, die in der außerschulischen Jugendarbeit in Ansätzen praktiziert wird.

Die parteilich-feministische Mädchenarbeit

Eine parteilich-feministische Mädchenarbeit möchte die Situation von Mädchen durch eine gleichwertige Verteilung von Lebenschancen verbessern. Hintergrund ist die Erfahrung einer geschlechtsorientierten gesellschaftlichen Benachteiligung von Mädchen und Frauen. Dazu gehört die Erfahrung, daß männliche Fähigkeiten und Verhaltensweisen höher bewertet werden als weibliche. Dadurch wird eine Chancengleichheit für weibliche Jugendliche verhindert (vgl. Klees 1989, 33). Diese Arbeit versteht sich als eine parteilich-feministische, da sie sich für Mädchen und ihre Belange einsetzt und jegliche Formen der Ausgrenzung und Diskriminierung von Mädchen und Frauen aufdeckt, thematisiert und dagegen ankämpft. Das bedeutet, nicht nur individuelle, sondern auch gesellschaftliche Verände-

---

[6] Für die praktische Videoarbeit mit Jugendlichen vgl. Institut Jugend Film Fernsehen 1994.

rungsprozesse zu initiieren. Gesehen als ein globaler Ansatz, fordert sie in allen Bereichen wie Jugendarbeit, Schule, Familie und Öffentlichkeit die Hierarchie zwischen Jungen und Mädchen, zwischen Männern und Frauen durch eine Entwicklung von neuen Geschlechterkonzepten aufzuheben, die vielfältige Formen von weiblichen und männlichen Lebensentwürfen zuläßt. Als eine parteiliche Unterstützung der Mädchen lassen sich folgende Ziele bestimmen (vgl. Heiliger/Funk 1987, 59ff.):
- die Herstellung autonomer Handlungsfähigkeit,
- die Enttabuisierung sexueller und physischer Gewalt,
- die Thematisierung und Konfrontation mit den tiefen Verletzungen körperlicher und seelischer Integrität.

Eine parteilich-feministische Mädchenarbeit betrachtet Mädchen weder als defizitär noch als selbstverschuldete Opfer patriarchalischer Verhältnisse, sondern als Subjekte, die ihr Leben eigenständig und eigenverantwortlich gestalten wollen und können. Wichtige Grundvoraussetzungen und Lebensbedingungen, die weibliche Entwicklungsprozesse zu Eigenverantwortlichkeit und Selbstbestimmung be- und verhindern, müssen deshalb angesprochen und verändert werden. Daraus ergeben sich auch die Inhalte und Themen einer Mädchenarbeit, die sich an den Bedürfnissen und Interessen von Mädchen orientiert und an den positiven Fähigkeiten und Stärken der weiblichen Jugendlichen ansetzt. Diese Zugangsweise basiert auf dem Prinzip der „Neube- bzw. Aufwertung weiblicher Eigenschaften und Kompetenzen" (Klees u.a. 1989, 33ff.). Hierfür bedarf es einer grundlegenden Auseinandersetzung mit den spezifischen Lebenslagen von Mädchen und ihrem Entwicklungsprozeß auf dem Weg zum Erwachsenwerden.[7]

Das Jugendalter impliziert innovative Momente der Neubewertung und Neudefinierung von Geschlechtsrollenkonzepten. Mädchen erleben die strukturelle Gewalt des weiblichen Lebenszusammenhanges und rebellieren in Ansätzen gegen die Normen und Werte der Elterngeneration. Diese individuelle Motivation des Hinterfragens kann in der Mädchenarbeit aufgegriffen mögliche Alternativen erprobt sowie andere Lebensperspektiven durch Stärkung der Fähigkeiten und des Zutrauens zu eigenen Maßstäben gefunden werden. Eine parteilich-feministische Mädchenarbeit muß Mädchen unterstützen, den Sinnzusammenhang individuellen Handelns im Kontext von strukturellen Bedingungen zu erkennen.
Ein weiteres Prinzip ist die „Parteilichkeit der Pädagoginnen" (Klees u.a. 1989, 35). Feministische Mädchenarbeit ist immer als eine parteiliche zu

---

[7] Zur ausführlichen Betrachtung der Lebenssituationen von Mädchen mit allen ihren Problemlagen und Widersprüchen vgl. BMJFG 1984 sowie die dazu angefertigten Expertisen von Hagemann-White 1984 und Tillmann 1992.

verstehen, die sich an den Interessen und den Wünschen nach eigener Identitätsfindung der Mädchen orientiert. Eine parteiliche Perspektive ermöglicht es, Widersprüche in der weiblichen Sozialisation und die ambivalenten Verhaltensweisen von weiblichen Jugendlichen zu verstehen. Dann können Auflehnungs- und Bewältigungsformen erkannt und im pädagogischen Prozeß aufgegriffen werden. Der Anspruch an die Sozialpädagogin als Mädchenarbeiterin erfordert eine selbstbewußte und selbstkritische Reflexion der eigenen Rolle als Frau. Dies kann aufgrund gleicher bzw. ähnlicher Erfahrungen einen wertschätzenden und empathischen Umgang mit Mädchen ermöglichen. Wichtig ist jedoch die Anerkennung der Andersartigkeit und Entscheidungsfreiheit jedes einzelnen Mädchens und nicht ein Aufzwängen von Verhaltensweisen. Die Sozialpädagogin hat in der Mädchenarbeit eine entscheidende Identifikationsfunktion für die Mädchen. Diese kann durch eine indirekte Einflußnahme als pädagogische Chance genutzt werden und eine Motivation für Mädchen sein, ihr Frauenbild zu hinterfragen.
Die Arbeit in „geschlechtshomogenen Gruppen und Räumen" (Klees u.a. 1989, 37) als ein weiteres Prinzip der Mädchenarbeit, bietet für Mädchen Schutz- und Freiräume ohne Kontrolle und Übermacht der Jungen. Hier können alternative Verhaltensmöglichkeiten ausprobiert und erarbeitet werden. Somit bietet eine Mädchengruppe die Möglichkeit, eigene wie auch männliche Verhaltensweisen zu hinterfragen, ohne zugleich Ablehnung oder den Verlust von Anerkennung zu riskieren und ohne sich zugleich gegen Jungen durchsetzen zu müssen. In gemeinsamen Aktionen können Mädchen Erfahrungen sammeln, die mit Mädchen Spaß machen, bei denen sie etwas leisten können, ohne gleich nach ihrem Aussehen und ihrer Attraktivität beurteilt zu werden. Eine Atmosphäre der gegenseitigen Wertschätzung soll helfen, Rivalitäten und Konkurrenz untereinander abzubauen. Eine so geforderte Auseinandersetzung mit sich und anderen Mädchen schafft Vertrauen und Klarheit über sich selbst. Die Unterstützung bei der Entwicklung eines positiven Selbstwertgefühls kann durch die Aufwertung von weiblichen Fähigkeiten begünstigt werden. Eine parteilich-feministische Mädchenarbeit muß aber darüber hinaus auch Mädchen bei der Erweiterung ihrer Fähigkeiten unterstützen. Positive Erfahrungen in bisher männlichen Bereichen, z.B. in der Technik oder in angstbesetzten Bereichen, können so Selbstsicherheit und Selbstvertrauen vergrößern. Das Kennenlernen von alternativen und traditionellen Lebenskonzepten früherer und heutiger Frauenbiographien motiviert zur Auseinandersetzung und unterstützt die Planung eigener Lebenskonzepte der Mädchen. Bedeutend ist auch, Strategien zu entwickeln, um die eigenen Standpunkte öffentlich zu vertreten, etwa durch Hinführung an und Unterstützung bei der Beteiligung von Gremienarbeit in Freizeiteinrichtungen. Mit Hilfe von Theateraufführungen, Bandauftritten und insbesondere Präsentationen selbstproduzierter Videofilme können Mädchen ihre

Interessen artikulieren und vertreten. Diese Herstellung von Öffentlichkeit bewirkt, daß Leistungen von Mädchen aufgewertet werden.

Zusammenfassend sind in der Mädchenarbeit folgende kurz- bis mittelfristige Ziele anzustreben: Entwicklung eines Selbstwertgefühls, Konfliktfähigkeit, Durchsetzungsfähigkeit und Selbstbehauptung. Darüber hinaus sollen Mädchen auch Unterstützung erhalten, um sich gegenüber Jungen als gleichwertig zu erleben. Ein gleichberechtigtes und partnerschaftliches Verhältnis von Frau und Mann in Beruf, Politik und Gesellschaft, eine Partizipation in allen gesellschaftlichen Bereichen ist als ein langfristiges Ziel anzustreben.

Die Verbindung beider Theorien, der aktiven Medienarbeit einerseits, der parteilich-feministischen Mädchenarbeit andererseits, bietet die theoretische Grundlage für eine sozialpädagogische Praxis, die sich für Mädchen und Frauen einsetzt. Eine geschlechtsspezifische Sichtweise und Herangehensweise an die Medienarbeit mit Jugendlichen ist die einzige Chance, Video nicht als reines „Männermedium" aufrechtzuerhalten. Mädchen und junge Frauen sollen ebenso die Chance bekommen, ihre Interessen und Anliegen einer Öffentlichkeit zu präsentieren. Wie bereits angedeutet, bedarf die Artikulation und Darstellung eigener Interessen in einem medialen Produkt einer Auseinandersetzung mit der eigenen Lebenswelt. Ein weiteres Beispiel aus der Praxis soll eine solche Herangehensweise verdeutlichen.

„Femme totale" - eine Videodokumentation von jungen Frauen

Im Rahmen von Rock & Cinema 1992, einer Veranstaltung des Medienzentrums München in Zusammenarbeit mit verschiedenen Kooperationspartnern, entstanden zwei Videofilme, „Femme totale" und „Leipzigs Frauen sonnig-süß fruchtig-herb", die spezielle Mädchen- und Fraueneinrichtungen in München und Leipzig beleuchten. Diese Veranstaltungsreihe ist als ein Festival konzipiert. Ziel ist es, außergewöhnliche Filme und Musikbands Jugendlichen zu präsentieren. Rock & Cinema 92 stand unter dem Schwerpunktthema „Frauenpower". Es wurden erstmals Filme, Videos und Bands gezeigt, die die aktuelle Situation von Mädchen und Frauen in der Bundesrepublik und der ehemaligen DDR widerspiegelten. Neben provokanten, kritischen, ironischen Filmen und sanften, lautstarken, fetzigen Rockbands war die Premiere der beiden Videofilme „Femme totale" und „Leipzigs Frauen sonnig-süß fruchtig-herb" ein Höhepunkt der Ost-West-Veranstaltung. Durch Ausschreibungen in der Presse und Kontakte zu verschiedenen Jugendeinrichtungen in München und Leipzig meldeten sich je acht junge Frauen aus beiden Städten im Alter von 14 - 21 Jahren, die an den Videoseminaren teilnahmen. Vier Leipzigerinnen kamen nach München, um dort zusammen mit vier Münchnerinnen einen Videofilm zu produzieren. Gleichzeitig fand ein Videoseminar in Leipzig statt. Beide Seminare standen unter dem Thema, mit einer Videoproduktion „Alltag und Lebensräume von Mädchen und jungen Frauen in München und in Leipzig" zu erkunden und zu dokumentieren. Vor der Premiere bei Rock & Cinema fand eine gemeinsame Reflexion der beiden hergestellten Produktionen bzw. ein Austausch über Unterschiede und Gemeinsamkeiten zwischen der Ost- und West-Frauenszene statt.

Während der Osterferien 1992 entstand innerhalb von fünf Tagen mit einer Gruppe der Videofilm „Femme totale", der in Ausschnitten ihre Sichtweise der Mädchen- und Frauenszene in München dokumentiert. Mit Unterstützung einer weiteren Medienpädagogin leitete ich dieses Videoseminar in München. Die Planung des Seminars fand gemeinsam mit einer Mitarbeiterin des Medienzentrums München statt. Bei der Konzepterstellung wurde versucht, die Interessen der Teilnehmerinnen bei der Durchführung mitzuberücksichtigen. Ebenso war es im Vorfeld notwendig, über vorhandene Mädchen- und Fraueneinrichtungen zu recherchieren, sie auszuwählen und eventuelle Interviewmöglichkeiten abzusprechen.[8]

Erkunden und Erforschen mit der Videokamera

Das erste gemeinsame Treffen im Medienzentrum München galt dem Kennenlernen der Teilnehmerinnen und der Leitung sowie der Einstimmung auf das Thema. Die Gruppenmitglieder kannten sich bis auf zwei Freundinnen vorher nicht. Beim Austausch ihrer Wünsche, Erwartungen und Vorstellungen stellte sich heraus, daß sie hauptsächlich am Kennenlernen der Videotechnik interessiert waren, sich aber weniger mit dem Thema auseinandergesetzt hatten. Nach der Vorstellung des organisatorischen und inhaltlichen Ablaufs des Seminars fand die erste Ideensammlung und die Entwicklung des Filmexposés statt. Die Teilnehmerinnen hatten wenig Vorstellungen über spezielle Lebensräume von Mädchen und jungen Frauen. Ihre Freizeit verbrachten sie meist mit Freunden. Besondere Orte, an denen sie sich mit anderen Mädchen und Frauen trafen, kannten oder besuchten sie nicht. Sie waren aber interessiert, diese Orte kennenzulernen. Aus Termingründen von

---

[8] Das Videoseminar sowie die Veranstaltung wurde von der Abteilung Forschung des Institut Jugend Film Fernsehen wissenschaftlich begleitet, ausgewertet und dokumentiert (vgl. Dokumentation Mädchenszene - Rock & Cinema 1992).

seiten der Einrichtungen und des Seminars wurde im Kommunikationszentrum für Frauen zur Arbeitssituation (Kofra), Mädchenpower[9] (ein Projekt [der I.M.M.A.][10]) und dem Frauengesundheitszentrum (FGZ) gefilmt. Am ersten Tag stand zunächst die Technikeinführung auf dem Programm. Die Teilnehmerinnen hatten noch keine Vorerfahrungen im Umgang mit der Videokamera. Wichtige Grundlagen, wie Kamerabedienung, Bildgestaltung, Interviewtechniken und der Einsatz von Licht und Ton, konnten die Teilnehmerinnen durch Ausprobieren einüben. Spezielle Fragen über die genaue Funktion der Videokamera stellten sie nicht. Es war ein vorsichtiges Ausprobieren und Herantasten, wobei sich keine der Teilnehmerinnen besonders in den Vordergrund stellte. Bei den ersten Probeaufnahmen führten sie gegenseitige Interviews über ihre Eindrücke und Vorstellungen von München und Leipzig. Anschließend sahen wir diese Aufnahmen gemeinsam an. Durch diese spielerische Einübung kamen sie miteinander ins Gespräch.

Die geplanten Besuche in den verschiedenen Einrichtungen reichten allerdings für einen Videofilm nicht aus. Verschiedene Bilder waren auch für den Anfang, die Zwischenteile und für den Schluß notwendig. Die Münchnerinnen wollten den Leipzigerinnen ihre Stadt zeigen. So entstand die Idee, einen Erkundungsspaziergang mit der Videokamera zu unternehmen und dabei Frauen zu filmen. Das einladende Frühlingswetter führte uns in den Englischen Garten, zum Viktualienmarkt und in die Fußgängerzone. Abwechselnd filmten immer zwei Teilnehmerinnen, die sich selbst ihre Motive aussuchten. Als Leitung versuchten wir, die Teilnehmerinnen zum selbständigen Filmen zu motivieren, sich ihre Bilder auszusuchen und sie nur bei Problemen mit der Technik zu unterstützen. Am Ende des Spaziergangs wurden die Aufnahmen wieder gemeinsam begutachtet. Alle waren begeistert von ihren ersten Filmerfahrungen.
Am nächsten Tag fanden die beiden Interviews im Frauengesundheitszentrum und bei Kofra statt. Die eigentliche Planung, vorher konkrete Fragen zu überlegen, konnte aus zeitlichen Gründen nicht mehr durchgeführt werden. Es war allerdings auch nicht notwendig, denn die einladende Atmosphäre in beiden Einrichtungen, die Neugierde und das Interesse der Besucherinnen ließ interessante Diskussionen entstehen. Eine Teilnehmerin filmte im Frauengesundheitszentrum, eine andere bei Kofra.
Im Frauengesundheitszentrum wurde über Verhütungsmittel, Selbstuntersuchung und den kritischen Standpunkt gesprochen, warum hier Männer ausgeschlossen werden. Vielen Meinungen der Interviewpartnerinnnen konnten sich die Teilnehmerinnen nicht anschließen, besonders hinsichtlich des Ausschlusses von Männern. Einerseits faszinierte sie die Offenheit der

---

[9] „Mädchenpower" nennt sich heute „Ragazza".
[10] I.M.M.A.: Initiative Münchner Mädchenarbeit.

dort arbeitenden Frauen, über weibliche Sexualität zu sprechen, anderseits verunsicherte es sie auch. Ebenso in Kofra: Auch dort entwickelte sich neben der Frage, was hier für Frauen angeboten wird und wie Beratung und Unterstützung von Frauen in der Arbeitssituation aussieht, eine Diskussion über die Rechte der Männer. Die Benachteiligung von Frauen am Arbeitsplatz war ihnen anfangs nicht so recht einsichtig. Noch mehr erschreckte sie die Einstellung der Mitarbeiterinnen Männern gegenüber.

Die Aufnahmen von den beiden Einrichtungen wurden am nächsten Tag wieder gemeinsam angesehen. Sie lieferten Zündstoff zu einer weiteren inhaltlichen Auseinandersetzung innerhalb der Gruppe. Für den Videofilm wurden dann Ausschnitte ausgewählt, die den Teilnehmerinnen besonders wichtig waren. Nach einer Einführung in die Schnittanlage konnte so der erste Grobschnitt vorgenommen werden. Die Teilnehmerinnen ließen sich diesmal nicht von der Technik beeindrucken. Ich zeigte ihnen zunächst die wichtigsten Funktionen und gab Hinweise, was bei den einzelnen Aneinanderreihungen zu beachten ist. Danach führten sie dies selbständig und abwechselnd weiter, so daß jede Teilnehmerin für bestimmte Zeit die Nachbearbeitung der Interviewaufzeichnungen übernahm. Das war allerdings erst der Grobschnitt. Für den eigentlichen Handlungsbogen mußte noch ein Konzept erstellt und die eventuell noch fehlenden Aufnahmen nachgeholt werden. Viel Zeit blieb uns nicht mehr, denn in zwei Tagen sollte der Videofilm fertig sein: mit Vorspann, Abspann und mit Musik unterlegt. Doch durch das Engagement, das Interesse und die schnelle Entscheidungsfindung der Teilnehmerinnen sowie die effektive Arbeitsverteilung ließ sich zur festgesetzten Zeit die Produktion fertigstellen. So wurde aus einem vorher kaum vorstellbaren Thema eine intensive inhaltliche Auseinandersetzung, deren Struktur im Videofilm „Femme totale" erkennbar ist.

Neue Erfahrungen sammeln

Dieses Videoseminar zeigte deutlich, wie sich junge Frauen allmählich an ein Thema herantasten, über das sie sich vorher kaum Gedanken gemacht haben, vielleicht sogar ohne Seminar in dieser Intensität nie auseinandergesetzt hätten. Trotz aller Widersprüche hinterließ es Eindrücke, neue Erfahrungen, viele Fragen und Ungereimtheiten, mit denen sie sich sicherlich weiter beschäftigen. Für die Teilnehmerinnen aus München und Leipzig war es nicht selbstverständlich, daß Mädchen und Frauen sich an Orten treffen und diese als ihre Lebensräume bezeichnen. Obwohl in München diese Einrichtungen weit mehr als in Leipzig vorhanden sind, waren sie für die Münchner Teilnehmerinnen unbekannt. Die inhaltliche Diskussion in den besuchten Einrichtungen war geprägt von Neugierde, Ablehnung und Unverständnis. Auch bei der anschließenden Diskussion in der Gruppe und beim Treffen der beiden Videogruppen verteidigten sie ihre Standpunkte: Sie fühlen sich (noch) nicht als Frauen und damit auch nicht unterdrückt. Sie können nicht verstehen, daß Frauen erst einmal eine eigene Identität und damit auch Solidarität entwickeln müssen, bevor sie gemeinsam ihre Rechte durchsetzen können. Bedrohlich erscheint ihnen deshalb auch der Ausschluß von Männern. Weder den Teilnehmerinnen aus München noch aus Leipzig ist bewußt, daß es für sie normal und selbstverständlich sein kann, ihre Weiblichkeit auch in der Auseinandersetzung mit dem eigenen Geschlecht zu entwickeln. Daß aber Jungen und Männern diese Möglichkeit zugestanden wird und es für sie als selbstverständlich gilt, sich zu treffen, um gemeinsam etwas zu unternehmen (z.B. Fußballspielen, Kartenspielen), scheint für die jungen Frauen kein Vergleich zu sein. Daß hier eine Bewußtseinsbildung innerhalb dieses 5-tägigen Seminars stattfinden kann, ist sicherlich ein zu hoher Anspruch. Jedoch einen Anstoß gegeben zu haben, sich mit bestimmten Fragen erstmals auseinanderzusetzen, zeigt die intensive Erarbeitung. Denn sonst hätten sich die Teilnehmerinnen nicht mit so viel Engagement daran beteiligt. Die Erfahrung, daß ihre Standpunkte berücksichtigt und ernst genommen wurden, gab ihnen das Vertrauen, dabei zu bleiben und ihre Sichtweise des vorgegebenen Themas darzustellen. Die gleichgeschlechtliche Gruppe bot den Teilnehmerinnen außerdem die Möglichkeit, den Umgang mit Videotechnik so selbstverständlich zu erlernen wie sie es in einer gemischtgeschlechtlichen Gruppe sicherlich nicht gekonnt hätten.

Chancen aktiver Medienarbeit mit Mädchen und jungen Frauen

Beide Praxisbeispiele verdeutlichen, daß der Einsatz des Mediums Video in der außerschulischen Jugendarbeit viele Möglichkeiten für Mädchen und junge Frauen bieten kann. Einzelne Fähigkeiten können durch den Umgang mit Video entdeckt, erprobt und erweitert werden. Die Möglichkeit, neue Rollen auszuprobieren und zu hinterfragen, erweitert die Handlungsfähigkeit und Verhaltenssicherheit der Mädchen und jungen Frauen. Diese Art der Selbstdarstellung kommt den Interessen vieler Mädchen entgegen und kann durch die Arbeit mit Medien unterstützt werden. Desweiteren dient die praktische Medienarbeit den Mädchen und jungen Frauen zur Auseinandersetzung mit ihrer Umwelt, wie gerade das zweite Beispiel aufgezeigt hat. Für die Leitung von Medienprojekten und -seminaren heißt dies: Die Mädchen und jungen Frauen müssen bei der Artikulation ihrer Interessen in technischer und in inhaltlicher Hinsicht unterstützt werden. Dabei ist aber die Eigenständigkeit und Entscheidungsfreiheit der einzelnen Teilnehmerinnen ernstzunehmen und zu berücksichtigen. So kann praktische Medienarbeit manchmal auch nur ein Anstoß zu einer Auseinandersetzung mit den eigenen Wünschen und Möglichkeiten sein.

Medien als Kommunikationsmittel zu verwenden, ist in der außerschulischen Jugendarbeit besonders für Mädchen und junge Frauen eine Chance, ihre Partizipation bei der Gestaltung des gesellschaftlichen Lebens zu erhöhen. Deshalb muß die aktive Medienarbeit mit Mädchen und jungen Frauen in Theorie und Praxis der außerschulischen Jugendarbeit integriert werden. Sie ist ein wichtiges sozialpädagogisches Aufgabenfeld, denn sie ermöglicht es, gesellschaftliche Realitäten zu hinterfragen und Veränderungsprozesse anzuregen. Leider fehlen bis heute noch ausreichende Distributionsmöglichkeiten für Jugendvideoproduktionen. Die einzigen Ausnahmen bilden hier Wettbewerbe und Videofestivals. Allerdings trifft sich hier meist ein rein männliches Insiderpublikum. Die im Rahmen des Projekts „In eigener Regie" entstandenen Produktionen von Jugendgruppen vielleicht in nächster Zeit im Kabelfernsehen zu veröffentlichen, ist nur eine Chance.[11] Auch hier ist zu beobachten, daß bislang überwiegend Produktionen von Jungen und Männern entstehen. Es ist noch ein langer Weg, bis dieses Verhältnis ausgewogen sein wird. Dazu bedarf es nicht nur interessierter Videomacherinnen, sondern auch mehr Fachfrauen, die sie dabei unterstützen und beraten können, ihre Bilder zu entwickeln und ihre Interessen zu vertreten. Denn eine Videoproduktion läßt sich ohne filmtechnische und medientechnische Kenntnisse nicht realisieren und präsentieren. Folglich braucht eine praktische Medienarbeit mit Mädchen und jungen Frauen Zeit, Räume, technische Mittel, Engagement, fachliches Wissen in Theorie und Praxis und den Mut, neue Wege zu gehen. Mädchen und Frauen haben viel zu sagen, die Chance, dies in einem medialen Produkt auszudrücken, sollte ihnen nicht verwehrt werden. Warum also nicht filmend einen „Crazy Road" wagen?

---

[11] „In eigener Regie" ist ein bayernweites Förderprogramm für Jugendmediengruppen des Instituts Jugend Film Fernsehen mit Unterstützung der Bayerischen Landesmedienzentrale für neue Medien.

Literatur

Baake, Dieter 1973: Kommunikation und Kompetenz. Grundlegung einer Didaktik der Kommunikation und ihre Medien. München

Bundesminister für Jugend, Familie und Gesundheit (BMJFG) 1984: Verbesserung der Chancengleichheit von Mädchen in der Bundesrepublik. Sechster Jugendbericht. Bonn

Institut Jugend Film Fernsehen (Hrsg.) 1991: Dokumentation Flimmern & Rauschen: Tips zur Organisation eines Rock- und Videofestivals. München

Institut Jugend Film Fernsehen (Hrsg.) 1991: Dokumentation Jugend und Video. München

Institut Jugend Film Fernsehen (Hrsg.) 1992: Dokumentation Mädchenszene - Rock & Cinema. München

Institut Jugend Film Fernsehen (Hrsg.) 1994: Anfang, Günther/Bloech, Michael/ Hültner, Robert: Vom Plot zur Premiere, Gestaltung und Technik für Videogruppen. München

Hageman-White, Carol 1984: Sozialisation: Weiblich - männlich. Opladen

Heiliger, Anita/Funk, Heide 1987: Feministische Mädchenarbeit als Antwort auf die gesellschaftliche Ausgrenzung/Funktionalisierung von Mädchen und Frauen und die alltägliche Gewalt. In: Neubauer, Georg/ Olk, Thomas (Hrsg.): Clique - Mädchen - Arbeit. Jugend im Brennpunkt von Jugendarbeit und Jugendforschung. München, 52-72

Klees, Renate/Marburger, Helga/Schuhmacher, Michaela 1989: Mädchenarbeit. Praxishandbuch für die Jugendarbeit Teil 1. Weinheim/München

Schell, Fred 1990: Aktive Medienarbeit. in: Hüther, Jürgen (Hrsg.)/Schorb, Bernd/Brehm-Klotz, Christiane: Grundbegriffe der Medienpädagogik. 2. völlig neu bearbeitete Auflage. Ehningen bei Böblingen, 1-10

Schell, Fred 1993: Aktive Medienarbeit mit Jugendlichen. Theorie und Praxis 2. überarbeitete Auflage. München

Tillmann, Klaus-Jürgen 1992: Jugend weiblich - Jugend männlich. Opladen

Autorinnen

Butterfield, Hester, geb. 1944 in U.S.A., Bachelor of Arts, Harvard University und Graduate Studies in Soziologie, Boston University und University of California. Dipl.Sozialpäd.FH. Berufspraxis: Community Organizer (Sozialarbeiterin mit Schwerpunkt Gemeinwesenarbeit), Supervisorin und Projektberaterin, Cleveland, Ohio. Caritas Sozialdienst für Flüchtlinge und Asylsuchende, München. Arbeit mit geflüchteten Frauen, Männern und Kindern in Sammellagern.

Fröschl, Monika, geb. 1959. Dr.med.Dr.med.habil., Ärztin für Haut- und Geschlechtskrankheiten. Seit 1989 Professorin für Medizin an der Katholischen Stiftungsfachhochschule München. Leiterin einer medizinisch-psycho-sozialen Beratungsstelle, Arbeit mit suchtkranken Menschen, Initiatorin eines Gesundheitsförderungsprojektes für Mädchen.

Hardegger, Elke, geb. 1965. Erzieherin, Diplom Sozialpäd. FH, Videoeditorin. Studienbezogenes Praktikum im Medienzentrum München, danach freie Mitarbeiterin. Daneben Fachberaterin für Medienpädagogik des Instituts Jugend Film Fernsehen und des Bezirksjugendrings Oberbayern. Realisierung eigener Videofilme (meist Auftragsproduktionen sozialer Einrichtungen) sowie Assistenzen bei zwei professionellen Filmproduktionen. 1995 Ausbildung zur Videoeditorin an der Bayerischen Akademie für Fernsehen, seitdem angestellt im Sendezentrum München.

Irmler, Brigitte, geb. 1936. Sozialarbeiterin grad., Supervisorin, Paar- und Familientherapeutin. Seit 1971 Dozentin für Sozialarbeit/Sozialpädagogik und Praxisorientierte Ausbildung an der Katholischen Stiftungsfachhochschule München. Arbeisschwerpunkte: Theorien der Sozialarbeit, Sozialpädagogische Handlungslehre, Systemische Familienarbeit/-therapie, systemische Einzel-, Gruppen-, Teamarbeit, Leitung der Psycho-sozialen Beratungsstelle für StudentInnen. Supervisionstätigkeit in unterschiedlichen Praxisfeldern der Sozialarbeit sowie therapeutische Arbeit mit Einzelnen, Familien, Paaren und Gruppen.

Tina Kuhne, geb. 1953. Erzieherin, Dipl. Sozialpädagogin FH. Gründungsfrau der Initiative Münchner Mädchen Arbeit (I.M.M.A.e.V.) (1995: sechs unterschiedliche Projekte), und dort seit 1986 in der Kontakt- und Informationsstelle für Mädchenarbeit angestellt (Arbeit mit Multiplikatorinnen aus unterschiedlichen Bereichen der Kinder- und Jugendhilfe/ Mädchenarbeit). Arbeitsschwerpunkte: Kinder- und Jugendhilfeplanung für und mit Mädchen und jungen Frauen, feministische Mädchenpolitik, Mädchen und junge

Frauen mit unterschiedlichen Behinderungen, Wohnangebote für Mädchen/junge Frauen. Aufbau von und Arbeit in ganzheitlichen und feministischen Mädchenhäusern. Veröffentlichungen zu einzelnen Themen.

Lindmeier-Dankerl, Sonja, geb 1967. Erzieherin und Diplom Sozialpäd.FH. 1990/91 Jahrespraktikum beim Stadtjugendamt München, Abtl. Erziehungshilfen, Sachgebiet Sozialpädagogische Maßnahmen. Seit 1992 als Sozialpädagogin in der Heilpädagogischen Tagesstätte Kinderhaus Kai, München, tätig. Seit 1994 Zusatzausbildung in Familientherapie/Systemischer Therapie und Beratung.

Miller, Tilly, geb. 1957, Dr.phil., Dipl.sc.pol.Univ.; Dipl.Sozialpäd.FH. Seit 1990 Professorin für Sozialarbeit/Sozialpädagogik und Politikwissenschaft an der Katholischen Stiftungsfachhochschule München. Arbeitsschwerpunkte u.a.: Systemische Sozialarbeitstheorien, Sozialpädagogische Handlungslehre, Systemisches Problemlösen in sozialen Organisationen, Theorie, Methodik, Didaktik, Planung und Organisation der Erwachsenenbildung, Gruppen-/Teamarbeit, Corporate Identity und Öffentlichkeitsarbeit in der Sozialen Arbeit. Verschiedene Veröffentlichungen zu einzelnen Themenbereichen.

Pankofer, Sabine, geb. 1964, M.A., Studium der Sonderpädagogik, Psychologie, Soziologie. Mehrjährige Tätigkeit in einer Einrichtung der Jugendhilfe für Mädchen. Promoviert derzeit im Fach Psychologie zum Thema „Mädchen im geschlossenen Heim", gefördert durch ein Stipendium der Hans-Böckler-Stiftung. Arbeitsschwerpunkte liegen im Bereich Jugendhilfe und Mädchenforschung.

Reger, Roswitha, geb. 1953, Dipl.Sozialpäd.FH, Gründungsfrau der Initiative Münchner Mädchenarbeit (I.M.M.A.e.V.) und seit 1988 dort beschäftigt: 2 Jahre in der Zufluchtsstelle für Mädchen, seitdem im Bereich Selbsthilfegruppen für Mädchen und junge Frauen, die sexuelle mißbraucht wurden. Davor neunjährige Tätigkeit in der offenen Kinder- und Jugendarbeit.

Schmidt, Jutta, geb. 1960, Erzieherin, Dipl.Sozialpäd.FH. Praktikum während des Studiums in der Frauenteestube München (eine niedrigschwellige Einrichtung für Frauen ohne Wohnung) und im Nachsorgeprojekt der sozialtherapeutischen Wohngemeinschaft für ehemals suchtmittelabhängige Frauen „Prima Donna". Diplomarbeit zum Thema: Abhängigkeit als Ergebnis weiblicher Sozialisation und die Notwendigkeit eines geschlechtsspezifischen Ansatzes in der Sozialarbeit mit drogenabhängigen

Frauen. Ehem. Stipendiatin der Friedrich-Ebert-Stiftung. Seit 1994 Sozialarbeiterin im „L 43" - eine Notschlafstelle mit Kontaktladen für suchtmittelabhängige Frauen und Männer.

Tatschmurat, Carmen, geb. 1950, Dr.rer.pol. Seit 1991 Professorin für Soziologie an der Katholischen Stiftungsfachhochschule München. Arbeitsschwerpunkte u.a.: Arbeits- und Berufssoziologie, Identität (geschlechtstypisch, bikulturell), Feministische Forschung/Geschlechterforschung, Straffälligkeit, Obdachlosigkeit. Verschiedene Veröffentlichungen zu einzelnen Themen.

Völkl-Maciejczyk, Anna Margareta, geb. 1946, Dr. phil., Dipl.-Päd., Sozialarbeiterin (grad.). Seit 1981 an der Katholischen Stiftungsfachhochschule München, seit 1993 Professorin für Pädagogik und Sozialarbeit, zur Zeit dort auch Frauenbeauftragte. Davor mehrjährige Tätigkeit als Sozialarbeiterin in Köln und Hanau, Wiss. Mitarbeiterin am Hochschuldidaktischen Zentrum der TH Aachen, Leiterin des Instituts für Fortbildung der Stiftungsfachhochschule München.
Veröffentlichungen zu: Supervision, Professionalisierung, Frauen und Management, Gewalt gegen Frauen, Feministische Pädagogik.

Bei Fragen zur Produktsicherheit wenden Sie sich bitte an:
If you have any questions regarding product safety,
please contact:

Walter de Gruyter GmbH
Genthiner Straße 13
10785 Berlin
productsafety@degruyterbrill.com